Aula Virtual de Español

www.to-study.com

Gramática Española Global

Wah Sang Young

Aula Virtual de Español

www.to-study.com

Gramática Española Global

Wah Sang Young

글로벌 스페인어 문법

Gramática Española Global

마상영 저

Mah Sang Young

www.to-study.com

송산출판사

머 리 말

스페인과 중남미 대부분의 국가들, 미국 남서부, 적도 기니 등 세계적으로 널리 사용되는 스페인어는 그 사용 인구가 대략 4억이 넘는 것으로 추정된다. 특히, 미국에서만 4천만 이상의 히스패닉이 살고 있으며, 남서부에서는 영어이외에 스페인어를 꼭 구사할 수 있어야 취업 등에 유리하다는 사실은 스페인어의 중요성을 여실히 보여주는 또 다른 증거라 볼 수 있다.

스페인어는 이미 영어를 배운 사람에게는 매우 쉽게 접근할 수 있는 언어로 발음도 표기된 대로 구사되어 지는바 특별히 단어별 발음을 별도로 공부할 필요가 없다. 나아가, 영어의 어휘 중 70%이상이 라틴어에서 유래하였기 때문에 라틴어의 직계 자어(子語)인 스페인어의 어휘 습득도 그만큼 쉽게 해결할 수 있다. 스페인어 학습에 있어 이러한 여러 가지 장점에도 불구하고 외국어 공부는 많은 인내와 끈기를 요구한다. 최근에는 외국어를 단순히 암기나 모방으로 자연스럽게 터득할 수 있다는 주장이 팽배해 있으나, 이는 모국어 화자에게 해당되며, 외국인에게는 가벼운 회화나 여행을 위해서만 가능한 방법이다. 외국어를 체계적으로 습득하고 다양한 구문을 맘껏 구사하고 보다 중요한 분야에서 활용하기 위해서는 그 문법 전반에 관한 폭넓은 지식이 필수불가결하다.

『글로벌 스페인어 문법』은 기초적인 문법내용에서부터 고급수준의 내용까지 스페인어문법에 관한 거의 모든 내용을 담고 있다. 전반적인 내용은 스페인한림원(Real Academia Española)문법에 기초하여 분야별로 깊이 있게 다루고 있다. 특정 언어이론에 편중되지는 않았지만 까다로운 내용을 설명할 때는 Chomsky의 지배결속이론(1981년)의 개념을 도입하여 명쾌하게 설명하려 노력하였다.

본 저서에서는 문법 설명에 충실하고자 기존의 문법서들이 포함하고 있는 독해부분을 배제하고 대신 문법적 내용과 그에 상응하는 매우 다양한 예문과 연습문제(Ejercicios)를 담아 보다 깊이 있게 문법을 공부할 수 있도록 배려하였다. 그러나 이러한 문법적인 내용만 다루게 되면 학습자들이 딱딱하고 지루하게 느끼게 될 것이다. 이러한 점을 염두에 두고 우리가 머나먼 이국적인 느낌을 어렴풋이 품고 있는 스페인어권에 대한 테마별 소개를 각장 말미에 추가하였다. 투우, 플라멩꼬, 수많은 축제 등 많은 흥미 있는 문화 활동이 연중 끊임없이 이어져 뭇 사람들의 관심을 끄는 스페인 관련 테마들(역사, 문화, 예술, 인물, 등)에 관해 그림과 함께 정제된 설명을 곁들여 잠시 머리를 식히고 스페인어에 더욱 매력을 느낄 수 있도록 배려하는 공간을 마련하였다.

본 저서는 전체적으로 19장으로 이루어져 있으며, 그 내용을 대별해 보면- 제1장 발음, 제2장 인칭대명사 및 직설법 현재, 제3장 직설법 현재 불규칙 동사, 제4장 관사와 명사, 제5장 형용사와 부사, 제6장 지시사와 소유사, 제7장 수사, 제8장 대격, 여격 및 전치격 인칭대명사, 제9장 재귀 구문과 비인칭 구문, 제10장 비시제절 및 수동문, 제11장 과거 및 불완료 과거, 제12장 미래, 가능법 및 완료시제, 제13장 접속법, 제14장 명령법, 제15장 접속법의 용법, 제16장 관계사, 제17장 비교급 및 최상급, 제18장 의문문과 감탄문, 제19장 전치사-로 구성되어 있다. 각 장의 구분은 문법적 범주를 기준으로 나뉘어져 있으며, 장별 분량은 그 내용에 따라 차이가 있다. 또 스페인어 문장 앞 * 표시는 비문(틀린 문장)을 뜻한다.

본 저서를 출판하기까지 원고를 읽고 교정을 도와주신 Othón Moreno교수님과 오타 교정 등에 도움을 준 학생들에게 감사드리며, 끝으로 어려운 여건 하에서도 흔쾌히 출판을 허락해 주신 송산출판사의 윤우상 사장님께도 고마움을 전하는 바이다.

2007년 1월 마상영

목 차

제 15 장 접속법의 용법 309

제 16 장 관계사 347

제 17 장 비교급 및 최상급 373

제 1 장 발 음

1 알파벳

스페인어와 스페인어의 알파벳(alfabeto español)은 라틴어에서 유래하였으며 27개의 문자로 이루어져 있다. 각각의 문자는 대문자(mayúscula)와 소문자(minúscula)로 구성되어 있다.

순서	문	자	발	음	순서	문	자	발	음
1	**A**	**a**	[a]	아	15	**Ñ**	**ñ**	[eɲe]	에녜
2	**B**	**b**	[be]	베	16	**O**	**o**	[o]	오
3	**C**	**c**	[θe]	쎄	17	**P**	**p**	[pe]	뻬
4	**D**	**d**	[de]	데	18	**Q**	**q**	[ku]	꾸
5	**E**	**e**	[e]	에	19	**R**	**r**	[ér̄e]	에ㄹ레
6	**F**	**f**	[éfe]	에페퓌	20	**S**	**s**	[ése]	에세
7	**G**	**g**	[xe]	헤	21	**T**	**t**	[te]	떼
8	**H**	**h**	[átʃe]	아체	22	**U**	**u**	[u]	우
9	**I**	**i**	[i]	이	23	**V**	**v**	[úƀe]	우베
10	**J**	**j**	[xóta]	호따	24	**W**	**w**	[uƀe dóƀle]	우베 도블레
11	**K**	**k**	[ka]	까	25	**X**	**x**	[ékis]	에끼스
12	**L**	**l**	[éle]	엘레	26	**Y**	**y**	[i grjéga]	이 그리에가
13	**M**	**m**	[éme]	에메	27	**Z**	**z**	[θéta]	세따
14	**N**	**n**	[éne]	에네					

참고 사항

● 스페인한림원(RAE,1994년 4월)은 ch, ll를 각각 [c+h], [l+l]의 결합으로 간주하여 알파벳에서 제외하였으나 그 특이한 음가 [tʃe](체), [élle](엘레)는 별도로 인정하고 있다. 마찬가지로 r의 중복으로 구성되는 rr(erre doble)도 알파벳에서 사라지게 되었다. k와 w는 외래어를 표기할 때만 사용된다.

2 모음과 자음

단어를 발음할 때, 작은 발음 그룹이 나타나며 이 그룹을 음절(sílaba)이라 한다. 이러한 음절은 모음과 자음이 결합되어 이루어진다. 모음은 혼자서도 음절을 이룰 수 있으나, 자음은 홀로 음절을 이루지 못하며 음절의 중심이 되는 모음과 결합하게 된다.

1 모음(Vocales)

모음은 5개로 구성되어 있으며, 강모음과 약모음으로 구분된다.

모 음	a e i o u
강 모 음	a e o
약 모 음	i u

I 이중모음(Diptongos)

이중모음은, [강+강]모음 조합을 제외한, 모음 2개가 함께 나오는 경우로 음절 분해 할 때 하나의 모음으로 간주된다.

[강+약]모음	c*au*sa 이유	*ai*re 공기	*au*tor 작가	n*eu*tral 중립의
[약+강]모음	histor*ia* 역사	prec*io* 가격	pas*ión* 열정	c*ua*rto 방
[약+약]모음	c*ui*dado 조심	c*iu*dad 도시	h*ui*r 도망치다	

이중모음이 아닌 경우

- [강모음 + 강모음] 조합: id*ea* 아이디어 c*ao*s 혼란 Cor*ea* 한국
- [악센트 있는 약모음 + 강모음] 조합: t*ío* 아저씨 pa*ís* 국가

2 삼중모음(Triptongos)

삼중모음은 [약모음 + 강모음 + 약모음]조합으로 이루어진 경우로 음절분해 할 때 하나의 모음으로 간주된다.

estud*iái*s	공부하다(너희들, 직설법)	estud*iéi*s	공부하다(너희들, 접속법)
averig*uái*s	조사하다(너희들, 직설법)	averig*üéi*s	조사하다(너희들, 접속법)
Urug*uay*	우루과이	b*uey*	소

※ y는 [반자음] 또는 [반모음]으로 음절 끝에서는 반모음이 된다.

2 자음(Consonantes)

자음은 알파벳 중에서 모음을 제외한 것이며, 이중자음의 경우 음절분해 시 하나의 자음으로 간주된다.

이 중 자 음	b, c, t, f, g, p + ㄷ l/r 및 dr				
cule*br*a	뱀	ama*bl*e	친절한	con*cr*eto	구체적인
A*tl*ántico	대서양	con*fl*icto	갈등	*gl*oria	영광
den*tr*o	-안에(전치사)	a*pr*obar	합격하다	*dr*ama	드라마

3 발음 연습

스페인어 발음은 사전에 발음기호가 별도로 없으며 배우기에 매우 쉽다. 그러나 다음의 몇 가지 발음상의 규칙에 관해서는 미리 숙지해 두어야 한다.

발				음	예				문
ca 까	*ce* 쎄	*ci* 씨	co 꼬	cu 꾸	cacao 코코아 [까까·오]	*ce*niza 재 [쎄니·사]	*ci*garra 매미 [씨가·ㄹ라]	corazón 심장 [꼬라손·]	cubo 물통 [꾸·보]
ga 가	*ge* 헤	*gi* 히	go 고	gu 구	gato 고양이 [가·또]	*ge*nio 천재 [헤·니오]	*gi*ro 순회 [히·로]	gorila 고릴라 [고릴·라]	guapo 멋있는 [구아·뽀]

gue 게	gui 기	guerra 전쟁 [게-ㄹ라]	guitarra 기타 [기따-ㄹ라]
güe 구에	güi 구이	vergüenza 부끄러움 [베르구엔-사]	lingüística 언어학 [링구이-스띠까]
h (묵음)		ahora 지금 [아오-라]	huevo 계란 [우에-보]

1 단어 끝에 나오는 D음은 가볍게 앞 모음에 붙여서 발음해야 한다.

Madrid [마드릿ㄷ-] 마드리드	pared [빠렛ㄷ-] 벽

2 N음은 뒤 음의 영향으로 다음과 같이 바뀐다.

n의 위치	발음	예	문
c, g, j, q 앞	[ŋ]	concreto [꽁끄레-또] 구체적인	tanque [땅-께] 탱크
b, m, p, v앞	[m]	conmover [꼼모베-ㄹ] 감동시키다	un padre [움-빠-드레] 한 아버지

3 R는 단순진동음(vibrante simple)과 다중진동음(V múltiple)으로 구분된다.

R의 위치	발 음	예	문
음절 끝 & 모음 사이	ere [에레]	salir [살리-ㄹ] 나가다	partir [빠르띠-ㄹ] 출발하다
그 외의 경우 & rr	erre [에ㄹㄹ레]	radio [ㄹㄹ라-디오] 라디오	perro [뻬-ㄹㄹ로] 개

4 X는 자음 앞에서는 [s], 모음 사이에서는 [gs]로 발음된다.

발 음	예	문
[s]	excursión [에스꾸르시온-] 소풍	extraño [에스뜨라-뇨] 이상한
[gs]	exacto [엑삭-또] 정확한	existir [엑시스띠-ㄹ] 존재하다

※ 단, 원주민 언어에서 유래한 México, Texas는 각각 [메-히꼬], [떼-하스]라고 발음된다.

5 P는 S앞에서는 발음되지 않는다.

pseudónimo [세우도-니모] 필명(筆名)	psicología [씨꼴로히-아] 심리학

4 음절분해

음절(sílaba)이란 한 번에 발음되는 최소 단위로 모음이 기준이 되며, 이중모음 및 삼중모음은 하나의 모음으로 간주된다. 자음은 기준이 되는 모음에 연결되며, 이중자음은 하나의 자음으로 보아야 한다. 단어는 음절단위로 분해되는 바, 이를 음절분해(silabeo)라 하며 모음을 기준으로 다음과 같이 이루어진다.

1 [모음 사이의 자음] ➡ 뒤의 모음과 결합

casa	집 ➡	ca-sa	madre	어머니 ➡	ma-dre
muchacho	소년 ➡	mu-cha-cho	perro	개 ➡	pe-rro

※ 이중자음과 ch, ll, rr는 하나의 자음으로 간주된다.

2 [모음 사이의 두 개 자음] ➡ 각각 분리되어 앞·뒤의 모음과 결합

canción	노래 ➡	can-ción	conmigo	나와 함께 ➡	con-mi-go
acción	행동 ➡	ac-ción	extraño	이상한 ➡	ex-tra-ño

3 [모음 사이의 3개 이상 자음] ➡ 마지막 자음만 뒤의 모음과 결합

constante	한결같은 ➡	cons-tan-te	monstruo	괴물 ➡	mons-truo

4 [강모음 + 강모음] ➡ 서로 분리

Corea	한국 ➡	Co-re-a	tío	아저씨 ➡	tí-o

※ 악센트가 있는 약모음은 강모음으로 간주된다.

5 [접두사] ➡ 분리 (절대적인 기준은 아님).

desanimado	의기소침한	➡	des-a-ni-ma-do (de-sa-ni-ma-do)
bisnieto	증손자	➡	bis-nie-to

5 악센트 규칙

스페인어의 악센트 규칙은 다음과 같다.

1 [-모음 및 -n, -s로 끝나는 단어] ➡ 끝에서 두 번째 음절에 악센트

padre	아버지	libro	책	cuaderno	노트	nosotros	우리
Corea	한국	agua	물	radio	라디오	viudo	홀아비
boina	베레모	examen	시험	joven	젊은이	lunes	월요일

2 [-n, -s를 제외한 자음으로 끝나는 단어] ➡ 마지막 음절에 악센트

ciudad	도시	hostal	여관	moral	도덕	ordenador	컴퓨터
feliz	행복한	amar	사랑하다	señor	-씨(Mr.)	portavoz	대변인

3 [불규칙한 악센트] ➡ 항상 표기

fácil	쉬운	útil	유용한	tío	아저씨	país	국가
estación	역	nación	국가	jamón	햄	francés	프랑스의

※ 불규칙한 악센트는 대문자에도 계속 유지되어야한다: PAÍS, NACIÓN, etc.

6 악센트의 변화와 역할

스페인어에서 단어의 복수를 만드는 것은 매우 쉬우며, [-모음]으로 끝나면 [-s]를, [-자음]으로 끝나면 [-es]를 붙이면 된다.

모음 + s					자음 + es				
padre	아버지	➡	padres	아버지들, 부모	ciudad	도시	➡	ciudades	도시들
radio	라디오	➡	radios	라디오들	hotel	호텔	➡	hoteles	호텔들

1 복수를 만들 때 악센트 위치가 변하게 되면 원래의 위치에 악센트를 표기

해야 한다. 반대로, 불규칙한 악센트를 지닌 단어가 복수가 되어 원래 위치에 악센트가 가게 되면 악센트 표기를 없애야 한다.

ex**a**men 시험	➡	ex**á**menes 시험들	j**o**ven 젊은이	➡	j**ó**venes 젊은이들
naci**ó**n 국가	➡	naci**o**nes 국가들	confusi**ó**n 혼란	➡	confusi**o**nes 혼란들
franc**é**s 프랑스인	➡	franc**e**ses 프랑스인들	japon**é**s 일본인	➡	japon**e**ses 일본인들

참고 사항

● [carácter 성질 ➡ caracteres], [régimen 제도 ➡ regímenes]에서는 이런 규칙을 따르지 않는다. [país 국가 ➡ países]의 경우 원래 위치에 악센트가 가지 않으므로 악센트를 없애서는 안 된다.

2 악센트로 문법범주를 구별할 수도 있다.

tú	너(주격 인칭대명사)	tu	너의(소유형용사)
qué	무엇(의문대명사)	que	접속사/ 관계대명사(영어의 that에 해당)
aquél	저것(지시대명사)	aquel	저(지시형용사)
cuándo	언제(의문 부사)	cuando	-할 때(접속사)

7 의문사

의문사는 항상 악센트를 지니고 있고 의문문을 만들 때 사용되며, 상세한 내용은 [제18장 의문문과 감탄문]에서 다루기로 하겠다.

의문대명사	의문형용사	의문부사	일 치	내 용
qué	qué		-	무엇(사물), 직업(사람)
quién	-		수	누구(사람)
cuál	cuál (드뭄)		수	어느 것(사물), 누구(사람)
cuánto	cuánto	cuán(to)	성/ 수	얼마나 많은 (사람/ 사물)
		cuándo	-	언제
		dónde	-	어디에
		cómo	-	어떻게

1 [이유]를 표현하는 의문사(영어의 why)는 [por qué]로 [전치사 por (이유) + 의문대명사 qué (무엇)]로 구성되어 있다.

*¿**Por qué*** vienes tan tarde?	너는 왜 이렇게 늦게 오니?

2 부사는 [성·수]불변이므로 의문부사 cuánto도 변하지 않으나 형용사나 다른 부사 앞에서는 어미 [-to]가 탈락된다.

¡Cuán entusiasmadamente estudias!	너는 너무나 열심히 공부하는구나!

우선, 의문사가 이끄는 간단한 의문문을 살펴보도록 하자.

¿Qué comes (tú)?	너는 무엇을 먹니?	의문대명사
¿Qué *cosa* metes en la bolsa?	너는 무슨 물건을 봉지에 넣니?	의문형용사
¿Quién pone la mesa?	누가 식단을 차리니?	의문대명사
¿Cuál es tu profesión?	너의 직업은 뭐니?	의문대명사
¿Cuántos *dólares* le debo?	제가 당신에게 몇 달러 빚졌죠?	의문형용사
¿Cuánto vale este libro?	이 책값이 얼마죠?	의문대명사
¿Cuándo regresas (tú) a casa?	너는 언제 집에 돌아가니?	의문부사
¿Dónde está ella?	그녀는 어디에 있니?	의문부사
¿Cómo *(dice/ dices)*?	뭐라고?	의문부사
¿Cómo te va?	어떻게 지내니?	의문부사

의문사는 감탄사로도 사용되어 감탄문을 이끈다.

¡Qué *buena suerte!*	얼마나 운이 좋은지!	감탄형용사
¡Cuántos *libros* hay en la sala!	거실에 책이 얼마나 많은지!	감탄형용사

Lección 1
ejercicios

1 | 다음 단어를 스페인어로 읽어보자.

① exacto
② ahora
③ Texas
④ llover
⑤ queso
⑥ gente
⑦ conmigo
⑧ izquierda
⑨ psicólogo
⑩ hay
⑪ guitarra
⑫ examen
⑬ niño
⑭ conmover
⑮ México

2 | 다음 단어를 발음해 보고 필요한 경우 악센트를 찍어보자.

① Corea
② cancion
③ lingüistica
④ jamon
⑤ feliz
⑥ pasion
⑦ caracter
⑧ inutil
⑨ tio
⑩ examenes
⑪ faciles
⑫ jovenes

3 | 다음 단어를 음절분해 해 보자.

① perro
② sangre
③ siempre
④ desagradable
⑤ accidente
⑥ bisabuelo
⑦ constante
⑧ arroz
⑨ inmóvil
⑩ país

알타미라 동굴벽화

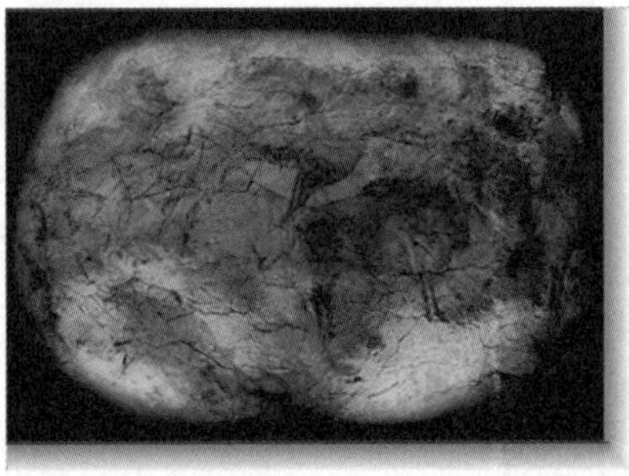

이베리아반도에서 가장 오래된 구석기시대의 인종인 크로마뇽인은 매우 특징 있는 문화유산인 동굴벽화를 많이 남겼다. 스페인의 북부지역 도시인 Santander의 서쪽에 있는 유명한 Altamira동굴에는 기원전 1만 5000년경에 그려진 것으로 추정되는 벽화들이 남아 있는 데, 이 벽화들은 세계적으로 가장 오래된 선사시대 예술품 중 하나이다. 크로마뇽인들은 150개 이상의 들소, 황소 그리고 사슴을 바위 위에 놀라우리만큼 정확히 그려놓았으며, 이 벽화들은 오늘날까지도 잘 보존되어 있다.

제 2 장 인칭대명사 및 직설법 현재

1 주격인칭대명사

주격인칭대명사들(pronombres personales nominativos)은 인칭과 수에 따라 변화하며 다음과 같다.

수 / 인칭	단	수	복	수
1	**yo**	나	**nosotro(a)s**	우리들
2	**tú**	너	**vosotro(a)s**	너희들
3	**él**	그	**ellos**	그들
	ella	그녀	**ellas**	그녀들
	Ud.	당신	**Uds.**	당신들
	ello	그것		

1 Ud.와 Vd.는 usted, 그 복수형인 Uds. 또는 Vds.는 ustedes의 약어(略語)이다.

2 [당신/ 당신들]은 실제 대화의 상대로 2인칭이나, 그 동사 변화형이 항상 3인칭과 동일하여 편의상 문법에서 3인칭에 함께 포함시켜 다루고 있다.

3 [nosotras/ vosotras]형은 여자들만이 있을 때 사용되며, 한 명이라도 남자가 함께 있으면 [nosotros/ vosotros]형을 사용해야 한다.

참고 사항

- 중남미에서는 vosotros를 사용하지 않으며, 이것을 ustedes에 포함시켜 사용한다. 즉, "당신들"이나 "너희들" 모두 중남미에선 ustedes라고 부른다.

4 아래의 복수형 인칭대명사들은 yo, tú, usted를 기준으로 다른 구성 요소들 하나 또는 그 이상이 첨가되어 이루어진다.

nosotros = yo+(tú)+(él)+(ellos)+ ...	우리들 = 나+(너)+(그)+(그들)...
vosotros = tú+(él)+(ellos)+(ella)+ ...	너희들 = 너+(그)+(그들)+(그녀)..
ustedes = Ud.+(él)+(ella)+(ellos)+ ...	당신들 = 당신+(그)+(그녀)+(그들)...

5 ello는 중성이므로 복수가 없다.

Él no tiene dinero, pero ***ello*** no le afecta.	그는 돈이 없지만, 그 사실은 그에게 영향을 미치지 못한다.

※ 여기서 ello는 앞 문장 전체를 대신한다.

6 인칭대명사 él과 정관사 el은 악센트의 유무로 구분한다.

인칭대명사	***Él*** es alto.	그는 키가 크다.
정관사	***El* libro** es interesante.	그 책은 재미있다.

2 주격인칭대명사의 특징

주격인칭대명사는 생략되거나 또는 꼭 사용되어야 하는 경우도 있고, 특별히 다른 특징들을 보여주는 경우도 있다.

1 주격인칭대명사의 생략과 의무적 사용

1 동사의 어미변화 또는 문맥상 인칭이 구별되는 경우 주격인칭대명사는 생략(언어학적 용어로 공범주인 pro로 나타남)된다.

Vamos a comer.	(우리) 식사 합시다.
¿Estudias mucho?	(너는) 공부 열심히 하니?
Te amo.	(나는) 그대를 사랑하오.

2 3인칭인 경우 주어를 분명히 구별하고자 하는 경우에는 사용해야 한다.

Él / ***Ella*** / ***Ud.*** es inteligente.	그는 / 그녀는 / 당신은 지성적입니다.
Ellos / ***Ellas*** / ***Uds.*** dicen que Juan es inteligente.	그들은 / 그녀들은 / 당신들은 환이 지성적이라고 얘기한다.
Yo / ***Él*** / ***Ud.*** no sabía dónde estaba María.	나는 / 그는 / 당신은 마리아가 어디에 있는지 알지 못하였다.

3 주어를 강조하는 경우 사용해야 한다.

Yo te amo.	나는 그대를 사랑하오.
Vosotros sois responsables.	너희들이 책임이 있다.

4 병렬문에서 두 주어 사이에 대비를 이룰 때는 사용해야 한다.

Ella es guapa, pero ***yo*** no lo soy.	그녀는 멋있지만, 나는 그렇지 못하다.
Si ***tú*** no vas allí, tampoco voy ***yo***.	네가 거기 가지 않으면, 나도 안 간다.

5 새로운 정보(REMA)인 경우 동사 뒤에 꼭 사용해야 한다.

¿Quién es? -Soy ***yo***, Antonio.	누구죠? -나야, 안또니오.
¿Quiénes son los culpables? -Los culpables somos ***nosotros***.	잘못한 사람들이 누구지? -잘못한 사람들은 우리들이야.

6 직접화법에서 주어로 나타나는 경우 꼭 사용해야 한다.

-Es Mario- me dice ***María***.	마리오야. 마리아가 내게 말한다.

7 명령문에서는 주로 생략되나, 나타날 경우 동사 뒤에 나온다.

Váyase, ***(usted).***	(당신), 가시죠.
No te levantes, ***(tú).***	(너), 일어나지 말아.

2 주격인칭대명사들의 여타 특징들

1 주격인칭대명사들끼리 병렬접속 될 경우, [3인칭-2인칭-1인칭]순으로 배열되며, 이는 에티켓으로 타인과 상대를 배려하는 관습에서 유래한다.

Ella, tú y yo somos alumnos.	그녀, 너 그리고 나는 학생이다.
****Yo, tú y ella*** somos alumnos.	*표시는 비문 표시이다.
Es un secreto entre ***tú y yo.***	너와 나 사이의 비밀이야.

2 대명사는 수식 형용사를 허용하지 않으나, mismo(a) [자신이], solo(a) [홀로] 등은 주격 인칭대명사 뒤에 나타날 수 있다.

Yo mismo me encargo de ese asunto.	나 자신이 그 문제를 책임지고 있다.
Tú sola puedes hacerlo.	너 혼자 그것을 할 수 있다.

3 sólo [단지], hasta [심지어는], incluso [심지어는] 등의 부사는 대명사 앞에서 수식할 수 있다.

Sólo ella puede entrar en ese cuarto.	단지 그녀만이 그 방에 들어갈 수 있다.
Hasta tú puedes subir a esa montaña.	너까지도 그 산에 올라갈 수 있다.

4 3인칭 주격인칭대명사(él, ella, ellos, ellas)는 사람만 언급할 수 있으며, 사물인 경우 불가능하며, 이 경우 지시대명사를 사용하여야 한다.

{***Ésta/ *Ella***} es mi casa.	이것은 나의 집이다.
{***Éste/ *El***} es nuestro colegio.	이것은 우리 학교이다.

*표시는 사용할 수 없는 경우를 의미한다.

그러나 전치격 인칭대명사의 경우, 사물까지도 지칭할 수 있다.

Ésta es mi mesa. Ponte a ***ella.***	이건 내 테이블이야. 그 앞에 앉거라.
Acaba de llegar un tren. La veo bajar de ***él.***	열차가 방금 도착했다. 그녀가 거기에서 내리는 것을 보고 있다.

5 기수(números cardinales)를 함께 대동할 수 있다.

Vosotros tres sois iguales.	너희들 셋은 똑 같구나.
Tenemos ante ***nosotros dos*** un coche nuevo.	우리 둘 앞에 새 차가 있다.

6 부정(不定)대명사 todo, todos, toda, todas가 인칭대명사와 함께 나타나는 경우 그 앞에 위치하나, 그것과 분리되어 나타날 수 있다.

Todas ellas son alumnas.	그녀들 모두는 학생이다.
Ellos vinieron ***todos*** a casa anoche.	그들 모두 어제 밤 집에 왔다.

그리고 인접한 명사가 대명사화 될 때는 홀로 원래의 위치에 남게 된다.

Terminando ***todas estas tareas,*** puedes regresar a casa. ➡ Terminándo***las todas***, puedes ...	이 작업들을 모두 끝내면, 너는 집에 돌아갈 수 있다.
No me digas ***todas esas tonterías.*** ➡ No me ***las*** digas ***todas.***	그러한 모든 엉터리 것들을 내게 얘기하지 말거라.

3 인칭 대체 현상

가끔 강조하거나 문체론적인 의도나 대화체에서 주어 자신을 직접적으로 암시하는 것을 피하기 위해 다른 인칭을 사용하기도 한다. 이러한 내용은 매우 까다롭고 상황이나 문맥을 파악해야 그 변화를 감지할 수 있다.

Un servidor no lo sabe. (=Yo no lo sé)	소인은(저는) 그 사실을 모르겠습니다.
¿Cómo ***estamos***? (=¿Cómo estás?)	어떻게 지내니?
Cuando ***vas*** a grandes almacenes, ***gastas*** más de lo previsto.	사람이 큰 백화점에 가게 될 때, 예상했던 것보다 많이 지출하게 된다.
Dicen que ese rumor es falso.	사람들은 그 소문이 거짓이라고 한다.
Uno no debe enfrentarse contra Dios.	인간은 신에 대항해서는 안 된다.

참고 사항

● 대명사들의 종류 요약

대명사는 말 그대로 명사를 대신하는 범주로 다음과 같이 분류될 수 있으며, 해당 단락에서 자세히 공부하게 될 것이다.

대명사의 분류	각각의 예들 중 일부
인칭대명사(pronombres personales)	yo (나), tú (너), él (그), ...
지시대명사(pronombres demostrativos)	éste (이것), ése (그것), aquél (저것), ...
소유대명사(pronombres posesivos)	el mío (나의 것), el tuyo (너의 것), ...
부정대명사(pronombres indefinidos)	alguien (누군가), algo (무엇), ...
관계대명사(pronombres relativos)	que (영어의 that), quien (영어의 who), ...
의문대명사(pronombres interrogativos)	qué (무엇), quién (누구), ...
감탄대명사(pronombres exclamativos)	qué (그토록), cuánto (얼마나), ...

3 직설법 현재 규칙변화

동사는 문장에서 가장 중요한 기능을 수행하는 범주이다. 동사는 자동사와 타동사로 구분되며, 전자는 목적어를 필요로 하지 않으나, 후자는 목적어를 필요로 한다. 동사는 명사나 대명사처럼 수의 형태소를 지니고, 인칭대명사처럼 인칭 형태소를 지닌다. 명사나 대명사에는 존재하지 않는 시제(tiempo)나 법(modo)의 형태소도 지닌다. 이러한 형태소들을 모두 제거하면 동사의 어간(raíz)이 남게 된다.

동사의 변화형들을 모두 일컬어 동사의 활용(conjugación)이라 하며, 여기에는 비인칭 형태(인칭 및 수의 어미변화를 하지 않음)들인 부정사(infinitivo), 현재분사(gerundio), 과거분사(participio)도 포함된다. 이러한 비인칭 형태들은 따로 분리하여 다루기로 하겠다.

스페인어의 동사들은 3가지 유형 -즉, 동사 원형이 -ar로 끝나는 제1변화 동사, 동사 원형이 -er로 끝나는 제2변화 동사, 동사 원형이 -ir로 끝나는 제3변화 동사- 으로 구분된다.

동사 / 인칭	제1변화 동사(-ar형)		제2변화 동사(-er형)		제3변화 동사(-ir형)	
	단 수	복 수	단 수	복 수	단 수	복 수
1	-o	-amos	-o	-emos	-o	-imos
2	-as	-áis	-es	-éis	-es	-ís
3	-a	-an	-e	-en	-e	-en

※ 방법: 동사 어미 [-ar], [-er], [-ir]를 떼고 해당 변화형 어미를 붙여서 만든다.

규칙동사에서 어간은 변화하지 않으나 악센트는 변한다. 악센트는 1, 2, 3 인칭 단수와 3인칭 복수에서는 어간의 끝음절에 오고 1, 2인칭 복수에서는 어간 뒤의 첫 음절에 나타난다. 불규칙동사도 어미변화는 동일하나, 어간의 [모음], [자음], [모음과 자음]이 변화한다.

자, 그럼, 규칙동사의 대표적인 예를 함께 살펴보자.

am***ar*** 사랑하다		le***er*** 읽다		abr***ir*** 열다	
am***o***	am***amos***	le***o***	le***emos***	abr***o***	abr***imos***
am***as***	am***áis***	le***es***	le***éis***	abr***es***	abr***ís***
am***a***	am***an***	le***e***	le***en***	abr***e***	abr***en***

다음의 일부 동사들을 사용하여 동사변화를 연습해 보도록 하자.

I	alabar	칭찬하다	atrasar	늦어지다	bailar	춤추다	bajar	내려가다
	cantar	노래하다	comprar	사다	entrar	들어오(가)다	estudiar	공부하다
	hablar	말하다	llevar	데리고 가다	tomar	잡다		
II	aprender	배우다	comer	먹다	correr	달리다	creer	믿다
	meter	넣다	vender	팔다	comprender	이해하다		
III	abrir	열다	descubrir	발견하다	escribir	쓰다	partir	떠나다
	permitir	허락하다	recibir	받다	vivir	살다		
	convivir	동거하다	compartir	함께 사용하다				

4 긍정문, 부정문, 의문문

문장은 긍정문, 부정문, 의문문으로 구분되며 기본 어순은 다음과 같다.

구 분	형 식	예	문
긍정문	S-V-O	Juan ***lee*** el libro.	환은 책을 읽는다.
부정문	S-**no**-V-O	Juan ***no lee*** el libro.	환은 책을 읽지 않는다.
	S-**부정어**-V-O	Juan ***nunca lee*** el libro.	환은 결코 책을 읽지 않는다.
	S-**no**-V-O-**부정어**	Juan ***no lee*** el libro ***jamás.***	환은 전혀 책을 읽지 않는다.

의문문	¿**V-S**-O?	¿***Lee Juan*** el libro?	환은 책을 읽니?
	¿**No-V**-S-O?	¿***No lee Juan*** el libro?	환은 책을 읽지 않니?
	¿**부정어-V**-S-O?	¿***Nunca lee Juan*** el libro?	환은 결코 책을 읽지 않니?
	¿**No**-V-S-O-**부정어**?	¿***No lee Juan*** el libro **jamás**?	환은 전혀 책을 읽지 않니?

▶ 부정문은 동사 앞에 no를 붙여서 만들며, no는 뒤에 여타 부정어의 출현을 허용한다. 그러나 그 부정어가 no위치에 나타나게 되면 no는 사라지게 된다.

참고 사항

● 동사는 크게 자동사와 타동사로 구분되며 타동사는 목적어를 지니게 된다. 스페인어에서 직접목적어가 사람(의인화된 사물로 구체적인 의미를 표현하는 경우 포함)이면 전치사 a를 그 앞에 놓아야 한다.

Juan quiere ***a*** Inés.	환은 이네스를 좋아한다.
María visita ***(a)*** Roma.	마리아는 로마를 방문한다.

5 규칙동사의 용법

1 제1변화 동사와 그 예문들

다음 동사를 인칭과 수에 맞춰 변화시켜 본 뒤 그 예문을 익히도록 하자.

I	alabar, amar, apagar, bailar, bajar, cantar, cambiar, comprar, dejar, echar, esperar, estudiar, firmar, hablar, llevar, localizar, pasar, presentar, prestar, tirar, tomar, tratar

Alabamos la victoria de la selección coreana de fútbol.	우리들은 한국 축구 대표 팀의 우승을 칭찬한다.
Te ***amo*** a ti.	나는 너를 사랑해.
Apagamos las luces antes de salir.	우리들은 외출하기 전에 불을 끈다.
Bailamos juntos en la fiesta.	우리들은 축제에서 함께 춤을 춘다.

La escalera mecánica ***baja*** sin cesar.	그 에스컬레이터는 쉬지 않고 내려간다.
El tiempo ***cambia*** mucho.	날씨가 많이 변한다.
Cambiamos *de tren* en Córdoba para ir a Granada.	우리들은 그라나다에 가기 위해 꼬르도바에서 열차를 갈아탄다.
Ellas ***cantan*** canciones populares.	그녀들은 유행가를 부른다.
Compramos en el supermercado.	우리들은 슈퍼마켓에서 쇼핑한다.
Ella ***echa*** agua en el vaso.	그녀는 컵에 물을 따른다.
¿A qué hora ***debo*** echar la basura en los contenedores?	몇 시에 용기에 쓰레기를 버려야 합니까?
¡Buen provecho! Os ***dejo.***	맛있게들 먹어라. 나 먼저 간다.
Mi padre me ***deja*** ir solo al campo.	아빠께서 나 홀로 들판에 가도록 허락하신다.
Espero ir en SONATA.	쏘나타차를 타고 가고 싶어.
Estudiáis la literatura española.	너희들은 스페인문학을 공부한다.
El director ***firma*** el documento.	과장님이 그 서류에 사인을 한다.
Hablamos en español en clase.	우리들은 수업 중에 스페인어로 말한다.
Llevamos una vida fantástica.	우리들은 환상적인 생활을 하고 있다.
Debes ***localizar***lo ahora mismo.	너는 지금 당장 그의 위치를 파악해야 한다.
¿Qué te ***pasa?***	너, 무슨 일이니?
Pásame el salero, por favor.	미안하지만, 소금 병 좀 건네주렴.
Le ***presento*** a Ud. a mi amigo Juan.	당신께 내 친구 환을 소개합니다.
Ella me ***presta*** dinero a veces.	그녀는 내게 가끔 돈을 꿔준다.
El niño le ***tira*** la pelota al otro.	그 아이는 다른 아이에게 공을 찬다.
Tú ***tomas*** café, pero yo no (lo ***tomo***).	너는 커피를 마시지만, 나는 아니야.
Este libro ***trata*** de la historia coreana.	이 책은 한국 역사를 다루고 있다.
Trato *de comprar* un coche nuevo.	나는 새 차를 사려고 노력 중이다.

2 제2변화 동사와 그 예문들

다음 동사를 인칭과 수에 맞춰 변화시켜 본 뒤 그 예문을 익히도록 하자.

II	aprender, comer, comprender, correr, creer, leer, vender

Aprendo español en la universidad.	나는 대학에서 스페어를 배운다.
Aprendemos *a escribir* en chino.	우리들은 한자로 쓰는 것을 배운다.
Ella ***come*** demasiado.	그녀는 지나치게 많이 먹는다.
Comemos esta sandía sin pepita.	우리는 이 씨 없는 수박을 먹는다.
A veces no me ***comprendes.***	가끔 너는 나를 이해하지 못하는 구나.
Los perros ***corren*** en el patio.	개들은 마당에서 달린다.
Creo *en* ti.	나를 너를 믿는다.
Venden muchas frutas en esa tienda.	그 가게에서 많은 과일을 판다.

3 제3변화 동사와 그 예문들

다음 동사를 인칭과 수에 맞춰 변화시켜 본 뒤 그 예문을 익히도록 하자.

III	abrir, descubrir, escribir, partir, compartir, recibir, vivir

Abrimos las ventanas.	우리들은 창문들을 엽니다.
Comparto el piso con Inés.	나는 이네스와 아파트를 함께 사용한다.
Descubro el lápiz bajo la silla.	나는 의자 밑에서 연필을 발견한다.
Él le ***escribe*** una carta al día a Ana.	그는 아나에게 하루 편지 한 장씩 쓴다.
Partimos temprarno para Madrid.	우리는 마드리드를 향해 일찍 떠난다.

¿Me ***permites*** fumar?	담배 피워도 괜찮겠니?
¿Dónde ***vives*** ahora?	너는 지금 어디에 사니?
¿***Recibes*** cartas de tus amigos?	너는 친구들에게서 편지를 받니?
Recibo a los invitados a la entrada.	나는 입구에서 초빙 인사들을 맞이한다.
Los españoles ***viven*** alegres.	스페인 사람들은 즐겁게 산다.

참고 사항

● hablar, estudiar, aprender, 등의 동사 다음에 언어명칭이 오면 정관사 el을 생략하나 그 둘 사이에 부사가 오면 생략하지 않는다.

Hablo ***español.***	나는 스페인어를 한다.
Hablo ***bien el español.***	나는 스페인어를 잘 한다.
¿Estudia ella ***coreano?***	그녀는 한글을 공부합니까?
¿Estudia ***mucho*** ella ***el coreano?***	그녀는 한글을 열심히 공부합니까?
Aprendemos ***inglés.***	우리는 영어를 배운다.
Él aprende ***con entusiasmo el inglés.***	그는 영어를 열심히 배운다.

Lección 2
Ejercicios

1 | 괄호 안에 알맞은 인칭대명사를 넣어보자.

① ( ) hablamos español.
② María es bonita, pero ( ) no lo eres.
③ ( ) somos estudiantes.
④ ( ) te amo.
⑤ ¿Quién es? -Soy ( ), José.
⑥ ( ) tomas té, y ella también.
⑦ ¿Habláis ( ) muy bien en inglés?
⑧ ¿Qué aprendes ( ) en la escuela?
⑨ Juan no tiene ni un centavo, pero ( ) no le hace deprimido.
⑩ ( ) no me comprendes.

2 | 괄호 안에 알맞게 동사를 변화시켜 넣어보자.

① Ellos ( ) de avión en París. (cambiar)
② Juan me ( ) allí. (esperar)
③ Ustedes ( ) leche en el vaso. (echar)
④ María, tú y yo ( ) juntos en la biblioteca. (estudiar)
⑤ (tú) ( ) a manejar el ordenador. (aprender)
⑥ Ellos ( ) a los invitados a la puerta. (recibir)
⑦ ¿Cuántas veces al mes ( ) (tú) la carta a tu novia? (escribir)
⑧ El libro ( ) de la literatura española. (tratar)
⑨ ¿Cuándo ( ) (vosotros) para EE UU.? (partir)
⑩ ( ) que el rumor es verdadero. (decir)

3 | 문장에서 틀린 부분을 찾아 고쳐보자.

① Dicen que el es inteligente.
② María es alta, y lo soy también.
③ ¿Quién es responsable? El que es responsable soy.
④ Ella es una casa muy bonita.
⑤ Juan nunca no lee el libro.
⑥ Carmen ama Juan.
⑦ Es un secreto entre yo y tú.
⑧ Aprendemos escribir en ruso.
⑨ Mi padre trata a comprar un piso grande.
⑩ Ellos creen a mí.

세고비아의 수로교

마드리드의 북서쪽으로 그리 멀지 않는 **Segovia**시에는 유명한 로마시대 유적으로 로마 수로교(水路橋)가 있어 관광객들에게 깊은 감명을 주고 있다. 세계 도처에서 발견되는 수많은 로마 수로(水路) 중 가장 보존이 잘 된 것이다. 화강암으로 축조된 거대한 구조물을 통해 이웃에 있는 **Guadarrama**산맥으로부터 물이 흘러 온다. 간결·우아·장대한 모습을 한 이 수로교는 **2000**년 동안 모진 비바람을 견뎌내며 **Segovia**시에 물을 공급해 오고 있으며 지금도 원형은 훼손되지 않은 채 현대적인 관으로 교체되어 계속 그 역할을 다하고 있다.

제 3 장 직설법 현재 불규칙 동사

1 SER동사와 ESTAR동사

SER동사와 ESTAR동사는 영어의 be동사에 해당하며, 각각의 특징과 변화형들은 다음과 같다.

SER	-이다	본질적인 내용 표현	주격보어: 형용사, 부사, 전치사구, 명사
ESTAR	-이다	상태 표현	주격보어: 형용사, 부사, 전치사구
	-에 있다	장소 표현	

동사 / 인칭	SER		ESTAR	
1	soy	somos	estoy	estamos
2	eres	sois	estás	estáis
3	es	son	está	están

1 SER동사의 용법

SER동사는 국적, 지속적인 마음, 직업, 시간, 본유적인 자질 등을 표현한다.

Juan ***es español.***	환은 스페인 사람이다.
Somos felices.	우리들은 행복하다.
Juan ***es profesor de E.G.B.***	환은 초등학교 선생님입니다.
El Sr. Kim ***es un gran médico.***	김씨는 위대한 의사입니다.
¿Qué día es hoy? -(***Hoy***) Es ***domingo.***	오늘은 무슨 요일이니? -일요일입니다.

Son las dos de la tarde.	오후 2시입니다.
Es necesario preparar bien las clases.	수업을 잘 준비할 필요가 있습니다.
El cielo no ***es rojo*** sino ***azul.***	하늘은 붉지 않고 푸릅니다.
Estos regalos ***son para ti.***	이 선물들은 너를 위한 것들이다.
¿Cuánto es (el precio)? -(El precio) ***Son 10 euros.***	(값이) 얼마죠? -(값은) 10유로입니다.
La temperatura ***es de 20 grados.***	기온은 20도이다.

참고 사항

● 스페인의 교육 체제는 E.G.B. (Educación General Básica: 초등학교), Bachillerato (중등학교), COU (Curso de Orientación Universitaria: 대학 예비 과정), Universidad (대학: Licenciatura (학사+석사 과정), Doctorado(박사과정))으로 나뉘어져 있다.

1 [SER DE -]구문: '출신, 소유, 제품, 재료' 표현

Somos de Corea.	우리들은 한국인(출신)이다.
El libro ***es de Juan.***	그 책은 환의 것이다.
Este televisor ***es de China.***	이 TV세트는 중국제품이다.
Este juguete ***es de metal.***	이 장난감은 쇠로 되어 있다.

2 주어와 SER동사 사이의 일치문제

계사동사(자체로는 의미가 없음)인 SER는 주어에 주격만 부여하고, 의미는 주격보어가 부여하게 된다. 따라서 주어와 SER동사 그리고 주어와 주격보어(형용사와 명사의 경우)사이에 성·수일치를 하게 된다.

Nosotros *somos* ***españoles.***	우리들은 스페인 사람이다.
María *es* ***enfermera.***	마리아는 간호사이다.

그러나 가끔 이러한 원칙이 충족되지 않은 것 같은 경우가 나타나기도 한다.

Los españoles somos europeos.	우리 스페인 사람들은 유럽인이다.
Los españoles sois europeos.	너희 스페인 사람들은 유럽인이다.

위 예문들에서 화자나 청자는 주어에 내포되어 있다. 또, los españoles는 실제로는 주어가 아니다. 주어는 눈에 보이지 않는 주격인칭대명사(pro)로 나타나고, los españoles는 그것과 동격을 이루게 된다. 이러한 사실은 pro의 자리에 실제로 인칭대명사를 넣어봄으로써 확인할 수 있다.

pro Los españoles somos europeos.	우리 스페인 사람들은 유럽인이다.
➡ ***Nosotros los españoles somos*** europeos.	우리 스페인 사람들은 유럽인이다.
pro Los españoles sois europeos.	너희 스페인 사람들은 유럽인이다.
➡ ***Vosotros los españoles sois*** europeos.	너희 스페인 사람들은 유럽인이다.

참고 사항

● SER동사 구문에서 주격보어가 "분류" 또는 "확인"을 의미하는가에 따라 관사 동행 여부가 결정된다.

¿Qué es Juan? (Juan) *Es* ***alcalde.***	환은 뭐하는 분입니까? 환은 시장입니다. [분류(직업)]
¿Quién *es* Juan? (Juan) *Es* ***el alcalde.***	환이 누구죠? 환이 그 시장입니다. [확인]
¿Quién *es* Juan? ***El alcalde*** *es* Juan	누가 환이죠? 그 시장이 환입니다. [확인]

2 ESTAR동사의 용법

ESTAR동사는 주어의 '(일시적 또는 완료된) 상태'나 '위치'를 표현하며, 계사동사로서 자체의 의미는 지니지 않으나 주어와 인칭 및 수에서 일치를 한다. 주어에 의미를 부여하는 것은 바로 주격보어이다.

Estamos cansados.	우리들은 피곤하다.
María ***está muy alegre.***	마리아는 매우 즐겁다.
Juan ***está ahora en su despacho.***	환은 지금 그의 사무실에 있다.
España ***está en la Península Ibérica.***	스페인은 이베리아반도에 있다.
¿Cómo(=Qué tal) estás? -Estoy bien, gracias, ¿y tú?	어떻게 지내니? -잘 있어, 고마워, 너는?
¿Qué tal está de salud? ***-Estoy {bien/ mal}*** de salud.	건강은 어떠세요? -나는 건강이 {좋/나쁘}다
Mi corazón ***está roto.***	내 가슴은 산산이 부서져 있다.

¿A **cuánto está** el euro hoy?	오늘 유로화는 얼마죠?
El euro **está a 1,40 dólares.**	유로화는 1.40달러입니다.

3 SER동사와 ESTAR동사의 용법 비교

SER동사는 본질적인 내용의 술어와 더불어 사용되나, ESTAR동사는 일시적인 상태를 표현하는 술어와 함께 나타난다. 그러나 술어로 사용되는 다수의 형용사가 본질적인 내용과 일시적 상태를 동시에 표현할 수 있기 때문에 그 차이를 파악하는 것이 쉽지 않다. 다음의 비교를 참고하면 도움이 될 것이다.

본질적 술어	일시적 상태를 표현하는 술어
María ***es gorda.*** 마리아는 뚱뚱하다. [체질]	María ***está gorda.*** 마리아는 살이 쪘다.
Somos listos. 우리는 영리하다.	***Estamos listos.*** 우리는 준비가 되어 있다.
Ella ***es atenta.*** 그녀는 예의바르다.	Ella ***está atenta.*** 그녀는 신경을 쓰고 있다.
Ella ***es {celosa/ nerviosa}.*** 그녀는 {질투하는/ 신경질적인} 여자다. [성격]	Ella ***está {celosa/ nerviosa}.*** 그녀는 {부러워/ 초조해} 한다. [심리 상태]
Ud. ***es feliz.*** 당신은 행복하다.	Ud. ***está feliz*** con el resultado. 당신은 결과에 만족해한다.
Soy {soltera/ casada/ viuda}. 나는 {미혼/ 기혼/ 미망인}이다. [신분]	***Estoy {soltera/ casada/ viuda}.*** 나는 {미혼/ 기혼/ 미망인}이다.[신분] ➡ 더 많이 사용함.
Soy camarero. 나는 종업원이다. [직업]	***Estoy de camarero en un bar.*** **현재** 나는 바에서 종업원으로 있다.
En clase ***somos veinte estudiantes.***	수업에는 우리 모두 20명입니다. [전체 인원]
En clase ***estamos veinte estudiantes.***	수업에는 현재 우리 모두 20명입니다. [현재 인원]

또한 일반적으로 위치는 공간적이던 시간적이던 ESTAR동사로 표현되지만, '때 또는 행사나 사건'을 언급할 때는 SER동사가 사용된다.

일반적 (시간적 & 공간적) 위치	
¿En qué {país/ ciudad/ lugar} estamos? ***-Estamos {en Corea/ en Seúl/ en la calle Chongro}.***	우리는 어느 {나라/ 도시/ 장소}에 있습니까? {한국에/ 서울에/ 종로거리에} 있습니다.
¿En qué {año/ estación/ mes/ día de la semana} estamos? -Estamos ***{en 2008/ en verano/ en enero/ en martes}.***	지금이 {몇 년도/ 어느 계절/ 몇 월/ 무슨 요일}입니까? {2008년/ 여름/ 1월/ 화요일}입니다.

때/ 행사나 사건(공연, 시험, 영화, 학술회의 등)	
¿*Cuándo es* ahora? -(Ahora) *Es {primavera/ julio/ sábado}*.	지금 때가 어느 때입니까? -{봄/ 7월/ 토요일}입니다.
¿Dónde es *{el examen/ la conferencia/ la película}*? -(Es) *{En el aula 10/ En el hotel/ En CINUS}*.	그 {시험이/ 회의가/ 영화가} 어디서 이뤄집니까? {10번 강의실/ 그 호텔/ CINUS}에서 이뤄집니다.

참고 사항

* 표시는 비문 의미

● ESTAR동사: 본질적인 내용을 표현하는 술어 불허 SER동사: 일시적인 상태를 표현하는 술어 불허.

Ella {*es*/ **está*} *inteligente/ sabia/ coreana.*	그녀는 {영리하다/ 현명하다/ 한국인이다}.
Ella {*es*/ **está*} *de Corea.*	그녀는 한국인이다.
Ella {*está*/ **es*} *de buen humor.*	그녀는 기분이 좋다.
Ella {*está*/ **es*} *bien de salud.*	그녀는 건강하다.

4 ESTAR동사와 HAY의 용법 비교

[-이 있다]라는 표현은 스페인어에서 ESTAR동사와 HAY(haber동사의 3인칭 불규칙 형태)로 표현될 수 있으나, 둘 사이에 용법상의 차이가 존재하므로 이를 구별할 수 있어야 한다.

ESTAR	구체적인 주어	정관사/ 소유형용사+명사, 대명사, 고유명사, 등
HAY	비구체적인 보어 명사	부정관사/ 의문사+명사, 부정대명사, 의문대명사, 등
	해석-주어, 실제-직접 보어	lo, la, los, las로 대명사화

¿*Dónde está* el libro? -El libro *está en la mesa.*	그 책은 어디에 있습니까? -그 책은 테이블 위에 있습니다.
¿*Dónde están* tus hermanos? -Ellos *están en casa.*	너의 형제들은 어디에 있습니까? -그들은 집에 있습니다.
¿*Qué hay* en la mesa? -*Hay un libro* en la mesa.	테이블 위에 무엇이 있습니까? -테이블 위에는 책 한 권이 있습니다.

¿Hay alguien en la sala? *-No, no hay nadie* en la sala.	거실에 누군가 있습니까? -아니, 거실에는 아무도 없습니다.
¿Hay unos {varios/ muchos} libros en la mesa? *-Sí, los hay* en la mesa.	테이블 위에는 몇몇{여러 가지/ 많은} 책들이 있습니까? -예. 그것들은 테이블 위에 있습니다.

참고 사항

- *Un libro hay en la mesa라고는 할 수 없다. 이유는 hay앞에는 눈에 보이지는 않는 주어인 3인칭 단수 허사(expletivo)가 존재하며 이는 영어의 there (is/ are -)에 해당한다.
- 일반적인 사람들에게 [-해야 한다]라는 의미를 지닌 구문은 HAY QUE INF.(과거의 경우: Había que Inf.)로 이루어진다. 부정문이 되면 [-할 필요가 없다]는 의미가 된다.

Hay que comer para vivir.	(사람은) 살아가기 위해 먹어야 한다.
Hay que estudiar mucho.	(우리는/너희는) 열심히 공부해야 한다.
Había que sobrevivir pese al frío y el hambre.	(사람들은) 추위와 허기에도 불구하고 생존해야만 했다.
No hay que trabajar mucho.	(우리는/너희는) 열심히 일할 필요가 없다.

2 IR동사

IR(가다)동사는 '한 곳에서 다른 곳으로 움직이다'의 의미를 지니고 있으나, 동사구를 이루거나 비인칭동사로 사용되는 등 다양한 용법을 보여주고 있다.

인칭 \ 동사	IR	
1	voy	vamos
2	vas	vais
3	va	van

I '한 장소에서 다른 장소로'의 움직임

Voy a la escuela.	나는 학교에 갑니다.
Ellos *van de juerga.*	그들은 놀러 간다.

Espero ***ir*** *a Madrid.*	나는 마드리드에 가기를 원한다.
¿***Vais*** *al campo* con nosotros?	너희들 우리들과 들판에 가겠니?

2 [Ir + de + 명사] 숙어 구문

ir	de excursión / de picnic	소풍가다
	de compras	쇼핑가다
	de tiendas	물건 사러 가다
	de paseo	산책 가다
	de vacaciones	휴가 가다

Voy de excursión a la montaña.	나는 그 산으로 소풍간다.
¿A dónde ***vas de compras?***	너는 어디로 쇼핑가니?
¿De qué vas? - ***Voy de vacaciones*** a Málaga.	너는 뭐 하러 가니? -나는 말라가에 휴가 간다.

3 우설법 [Ir a INF.]와 [Vamos a INF.]

우설법(perífrasis, 迂說法) [Ir a INF.](-할 예정이다)는 미래를 표현하며 미래시제를 대신할 수 있다. [Vamos a INF]는 주로 대화체에서 '-합시다'라는 청유의 의미를 지니며, 이 경우 주어는 동사 앞에 나타나지 않는다. [Nosotros vamos a INF]로 이루어지는 구문은 미래를 표현하게 된다.

Voy a comprar un coche de segunda mano.	나는 중고차 한 대를 사려고 한다.
-***Vamos a comer***, niños.	얘들아, 식사하자.
Nosotros ***vamos a ir*** en tren a Busan pasado mañana.	우리들은 모레 열차로 부산에 갈 예정입니다.

4 비인칭구문-[상황이 진행되어 가다]

¿Cómo te va? -***Me va bien*** todo.	어떻게 지내니? -모두 잘 되어가고 있어.

5 [IR + 몇몇 동사의 현재분사형]-[진행되어가고 있는 행위]

Ellas ***van llegando*** *al destino.*	그녀들은 목적지에 도착하고 있는 중이다.
Juan ***va corriendo*** *a la escuela.*	환은 학교에 달려가고 있다.

3 어간모음 불규칙 변화 동사

어간모음 불규칙 변화 동사는 **어미**는 **규칙적**으로 변하므로 어간의 변화에 유의하면 쉽게 활용할 수 있을 것이다.

1 어간모음 [E ➡ IE] 변화 동사

동사어미 / 인칭	-AR, -ER, -IR	
1	-ie-	-e-
2	-ie-	-e-
3	-ie-	-ie-

sentar (앉히다)		entender (이해하다)		sentir (느끼다)	
siento	sentamos	entiendo	entendemos	siento	sentimos
sientas	sentáis	entiendes	entendéis	sientes	sentís
sienta	sientan	entiende	entienden	siente	sienten

다음의 동사들을 사용하여 동사변화를 해 보도록 하자.

I	calentar, comenzar, despertar, empezar, negar, nevar
II	atender, defender, encender, perder, querer
III	advertir, consentir, divertir, herir, mentir, preferir

위에서 배운 동사들의 용법을 살펴보도록 하자.

La estufa ***calienta*** el aire del cuarto.	난로가 방 공기를 데운다.
La clase ***empieza*** a las nueve.	수업이 9시에 시작된다.
Le ***confieso*** a Ud. mi secreto.	나는 당신에게 비밀을 고백한다.
La mamá ***despierta*** al niño.	엄마는 아이를 깨운다.
Ella ***niega*** mi propuesta.	그녀는 나의 제안을 거절한다.
Nieva a veces en invierno.	겨울에는 가끔 눈이 온다.
Él ***sienta*** a sus niños en la silla.	그는 자신의 아이들을 의자에 앉힌다.
La enfermera me ***atiende*** bien.	그 간호사는 나를 잘 간호한다.
Defienden el país contra los enemigos.	사람들은 적들에 대항해서 나라를 지킨다.
Ella ***enciende*** la radio para escuchar las noticias.	그녀는 뉴스를 듣기 위해 라디오를 켠다.
Los estudiantes no ***entienden*** las explicaciones del profesor.	학생들은 선생님의 설명을 이해하지 못한다. (*[de+el]* ➡ *del*로 축약됨).
No ***quiero*** perder tiempo sin hacer nada.	나는 아무것도 하지 않고 허송세월하고 싶지 않다.
Queremos al chico. (*[a+el]* ➡ *al*로 축약됨)	우리들을 그 소년을 사랑한다.
Te ***advierto*** el problema del proyecto.	나는 네게 그 계획의 문제점을 경고한다.
Tenéis que ***convertir*** la esperanza en realidad.	너희들은 꿈을 현실로 바꾸어야 한다.
Consiento en veranear en la playa.	나는 해변에서 피서하는데 동의한다.
Juan ***divierte*** a sus padres.	환은 부모님을 기쁘게 해 드린다.
La carta me ***hiere*** mucho.	그 편지는 나에게 큰 상처를 남긴다.
Prefiero quedarme aquí a ir al campo.	나는 들판에 가느니 여기에 머물고 싶다.

2 어간모음 [O ➡ UE] 변화 동사

인칭 \ 동사어미	-AR, -ER, -IR	
1	-ue-	-o-
2	-ue-	-o-
3	-ue-	-ue-

c*o*ntar (세다)		m*o*ver (움직이다)		d*o*rmir (잠자다)	
c*ue*nt*o*	c*o*nt*amos*	m*ue*v*o*	m*o*v*emos*	d*ue*rm*o*	d*o*rm*imos*
c*ue*nt*as*	c*o*nt*áis*	m*ue*v*es*	m*o*v*éis*	d*ue*rm*es*	d*o*rm*ís*
c*ue*nt*a*	c*ue*nt*an*	m*ue*v*e*	m*ue*v*en*	d*ue*rm*e*	d*ue*rm*en*

다음의 동사들을 사용하여 동사변화를 해 보도록 하자.

I	acordar, almorzar, colgar, costar, encontrar, mostrar, sonar, soñar
II	conmover, devolver, llover, morder, poder, soler, volver
III	morir, adormir

위에서 배운 동사의 용법을 살펴보도록 하자.

¿***Se acuerda de*** mí?	저를 기억하십니까?
¿A qué hora ***almuerzas***?	너는 몇 시에 점심식사를 하니?
¿Por qué no ***cuelgas*** el teléfono?	전화를 끊지 그러니.
Voy a ***contar***te una historia.	나는 네게 얘기 하나 해 예정이다.
Quiero ***contar*** *con*tigo.	나는 너에게 의지하고 싶다.
¿Cuánto ***cuesta*** esta ropa?	이 옷 얼마죠?
Encuentro al gato debajo de la mesa.	나는 테이블 밑에서 고양이를 발견한다.

Ellos nos ***muestran*** la foto.	그들은 우리들에게 그 사진을 보여준다.
La campana ***suena*** muy suave.	그 종은 매우 은은하게 울린다.
Siempre ***sueño*** *con*tigo.	나는 항상 너의 꿈을 꾼다.
El atentado ***conmueve*** a toda España.	그 테러는 모든 스페인을 경악시킨다.
Ella me ***devuelve*** el dinero prestado.	그녀는 빌린 돈을 내게 갚는다.
Llueve mucho en la zona tropical.	열대지방에서는 비가 많이 온다.
El viento ***mueve*** las hojas del árbol.	바람에 나뭇잎들이 움직인다.
El perro que ladra no ***muerde.***	짖는 개는 물지 않는다.
No ***puedo*** pronunciar bien esa palabra.	나는 그 단어를 잘 발음할 수 없다.
Suelen dar un paseo por el parque.	그들은 항상 공원을 산책한다.
Ellos ***vuelven*** a casa a descansar.	그들은 휴식을 취하기 위해 집에 돌아온다.
¿A qué hora ***duermes***?	너는 몇 시에 잠을 자니?
Me muero *de* hambre.	나는 배가 고파 죽을 지경이다.

참고 사항

● oler(냄새나다)동사의 변화 시 어두에 [ue-]가 나타나면 [hue-]로 표기한다.

- huelo hueles huele olemos oléis huelen -

Este zumo ***huele*** a limón. 이 주스는 리몬향기가 난다.

● [Volver a INF]는 [다시 -하다]라는 의미를 지닌다.

Ellos ***vuelven a descansar*** en casa. 그들은 집에서 다시 휴식을 취한다.

3 어간모음 [E ➡ I], [U ➡ UE], [I ➡ IE] 변화 동사

	[E➡I]		[U➡UE]		[I➡IE]	
1	-i-	-e-	-ue-	-u-	-ie-	-i-
2	-i-	-e-	-ue-	-u-	-ie-	-i-
3	-i-	-i-	-ue-	-ue-	-ie-	-ie-

medir (재다)		jugar (놀다)		adquirir (얻다)	
mido	medimos	juego	jugamos	adquiero	adquirimos
mides	medís	juegas	jugáis	adquieres	adquirís
mide	miden	juega	juegan	adquiere	adquieren

[동일유형]		cf. conjugar (동사 변화시키다)		[동일유형]
competir	pedir	conjugo	conjugamos	inquirir
despedir	reír	conjugas	conjugáis	
gemir	servir	conjuga	conjugan	

위에서 배운 동사의 용법을 살펴보도록 하자.

Beatriz ***compite*** en belleza con Ana.	베아뜨리스는 미모에 있어 아나와 견준다.
Despiden al pobre portero.	사람들은 그 불쌍한 수위를 해고시킨다.
Ellas ***se despiden*** *de* nosotros.	그녀들은 우리들과 작별을 한다.
Eligen al presidente mediante las elecciones generales.	사람들은 총선을 통해 대통령을 선출한다.
El enfermo ***gime*** durante la noche.	그 환자는 야간에 신음을 한다.
Antonio siempre ***impide*** nuestro plan.	안또니오는 항상 우리의 계획을 방해한다.
Ellos ***miden*** la altura del edificio.	그들은 건물의 높이를 잰다.
Juan ***mide*** 1,75. (un metro setenta y cinco)	환은 키가 1미터 75센티이다.

Ellos ***ríen*** al ver el espectáculo.	그들은 그 구경거리를 보고 웃는다.
Ellos ***se ríen*** *de* mí.	그들은 나를 비웃는다.
La máquina ***sirve*** para producir hilo.	그 기계는 실을 생산하는데 유용하다.
Los niños ***juegan*** en el patio.	아이들은 마당에서 놀고 있다.
Él ***juega*** *a*l tenis, *a*l fútbol y *a*l golf.	그는 테니스, 축구, 그리고 골프를 한다.
Conjugamos los verbos anteriores.	우리들은 이전의 동사를 변화시킨다.
Él ***adquiere*** dinero mediante el negocio.	그는 사업을 통해서 돈을 번다.
El policía ***inquiere*** el robo.	그 경찰이 도난사건을 조사한다.

4 음소 변화 동사

1 어미에 음소 첨가형 동사

	G첨가 (1인칭[단])		Z첨가 (1인칭[단])		Y첨가 (1,2[단],3인칭[단,복])	
1	**-go**	**-{e/i}mos**	**-zco**	**-c{e/i}mos**	**-uyo**	**-uimos**
2	**-es**	**-{éi/-í}s**	**-ces**	**-c{éi/-í}s**	**-uyes**	**-uís**
3	**-e**	**-en-**	**-ce**	**-cen**	**-uye**	**-uyen**

poner (놓다)	
pongo	ponemos
pones	ponéis
pone	ponen

nacer (태어나다)	
nazco	nacemos
naces	nacéis
nace	nacen

influir (영향을 미치다)	
influyo	influimos
influyes	influís
influye	influyen

componer	asir
oponer	salir
valer	
tener	venir
contener	convenir
obtener	intervenir
sostener	prevenir

agradecer	conducir
conocer	introducir
crecer	producir
merecer	reducir
obedecer	
parecer	

constituir	excluir
construir	influir
destruir	huir
disminuir	sustituir

※ g첨가 동사는 어간이 규칙적인 동사와 불규칙적인 동사로 구분된다. 어간이 불규칙이며 g음소가 첨가되는 동사들의 변화형을 살펴보면 다음과 같다.

tener	*tengo*	*tienes*	*tiene*	*tenemos*	*tenéis*	*tienen*
venir	*vengo*	*vienes*	*viene*	*venimos*	*venís*	*vienen*

I [어미에 음소 첨가형]동사들의 용법

자 그럼, 위에서 배운 동사들의 용법을 간략하게 살펴보도록 하자.

Ponemos la caja en la mesa.	우리들은 테이블 위에 그 상자를 놓습니다.
Ella ***compone*** una poesía.	그녀는 시 한편을 쓴다.
La junta ***se compone de*** diez miembros.	그 위원회는 10명의 멤버로 구성되어 있다.
Nos oponemos al proyecto.	우리들은 그 계획에 반대한다.
Este libro ***vale*** diez mil wones.	이 책 값은 만원이다.
Una botella grande ***equivale a*** más o menos dos litros.	큰 병은 대략 2리터에 해당한다.
Salimos a la calle.	우리들은 거리로 나간다.
La ***asgo*** de la manga.	나는 그녀의 소맷자락을 붙잡는다.
Tenemos hijos.	우리들은 자녀들이 있다.
Esta caja ***contiene*** libros.	이 상자는 책을 담고 있다.
No puedo ***contener*** la cólera.	나는 분노를 자제할 수 없다.

Empiezo a ***obtener*** éxitos en el negocio.	나는 사업에서 성공하기 시작한다.
Las paredes ***sostienen*** el techo de la casa.	벽들이 지붕을 지탱하고 있다.
Ellos ***vienen*** a ver el paisaje.	그들은 그 풍경을 보러 온다.
¿De dónde ***venimos*** y adónde vamos?	우리들은 어디에서 와서 어디로 가는가?
¿No le ***conviene*** llamarme esta tarde?	오늘 오후에 저를 불러주시겠습니까?
No debes ***intervenir*** en vidas ajenas.	타인의 삶에 개입을 해서는 안되네.
Más vale ***prevenir*** que curar.	치료하는 것보다는 예방하는 것이 낫다.
Le ***agradezco*** por su acompañamiento.	동행해 주셔서 감사합니다.
Este camino ***conduce*** a la Plaza Mayor.	이 길은 플라사 마요르로 향한다.
¿Puedes ***conducir*** el auto?	너는 자동차를 운전할 수 있니?
La economía de Corea ***crece*** sin cesar.	한국의 경제는 끊임없이 성장한다.
Juan ***introduce*** una moneda en la máquina de venta automática.	환은 자판기에 동전을 넣는다.
Merece (Vale) la pena de ver la película. (=Esa película es digna de ver.)	그 영화를 볼 만한 가치가 있다.
La tesis doctoral ***nace*** de una investigación profunda.	박사학위 논문은 심오한 탐구 끝에 나온다.
Ese chico ***obedece*** bien a sus padres.	그 소년은 부모님 말씀을 잘 따른다.
Juan ***parece*** tonto. cf. ***Parece*** que Juan es tonto.	환은 바보 같다.(실제는 사실 아님) 환은 바보 같다.(실제로 사실/ 거짓 가능)
Juan ***se parece*** *a* su padre. cf. Juan es parecido a su padre.	환은 아버지를 닮았다.
Producen muchas naranjas en la zona valenciana.	발렌시아지역에서 많은 오렌지를 생산한다.
No ***reduzco*** los gastos imprescindibles.	꼭 필요한 경비는 줄이지 않는다.
Concluimos que Inés no tiene culpa.	우리는 이네스가 잘못이 없다고 결론짓는다.
Cincuenta y un estados ***constituyen*** EE UU.	51개 주가 미국을 구성하고 있다. Cf. EE UU=Estados Unidos

Los arquitectos ***construyen*** el edificio.	건축기사들이 그 빌딩을 짓고 있다.
Los aviones de ataque ***destruyen*** la zona en conflicto.	공격기들이 분쟁지역을 파괴하고 있다.
Las ventas ***disminuyen*** cada vez más.	판매가 점점 더 줄어든다.
Quieren ***excluir*** a José de la lista.	사람들은 호세를 명단에서 빼기를 원한다.
La idea de Aristóteles ***influye*** mucho en su pensamiento.	아리스토텔레스의 사상은 그의 생각에 많은 영향을 끼친다.
El fin de semana ***huyo*** de la vida cotidiana.	주말에 나는 일상생활에서 도망친다.
El seleccionador español ***sustituye*** a Pedro por José.	스페인 감독은 뻬드로를 호세로 대체한다.

2 PONER동사의 용법

PONER동사는 '놓다 또는 (사역)만들다'의 의미로 사용되며, 재귀동사 PONERSE는 '착용하다, 입다, 서다 또는 위치하다', 나아가 '(어떻게) 되다' 등의 의미를 표현할 수 있다.

¿Dónde ***pongo*** las gafas?	안경을 어디에 둘까요?
Me pongo las gafas.	나는 안경을 쓴다.
Mi madre ***pone*** la mesa.	나의 어머니는 식사를 차린다.
Nos ponemos *a* la mesa. (=Nos sentamos...)	우리들은 식탁 앞에 앉습니다.
Ella me ***pone*** nervioso.	그녀는 나를 긴장시킨다.
Ella ***se pone*** nerviosa al verme.	그녀는 나를 보고 긴장한다.
Ponen (echan) una película de artes marciales en el cine.	그 영화관에서 무술영화를 상영하고 있다.
No debes ***poner en marcha*** el coche sin permiso previo.	사전 허가 없이 그 차를 시동 걸어서는 안 된다.

3 TENER동사의 용법

TENER동사는 '가지고 있다'의 의미를 지니며 특별한 경우를 제외하고는 구체적 의미의 정관사를 직접목적어 앞에 허용하지 않는다.

Tengo ***(unos/ *los) libros.***	나는 (몇몇/ *그) 책들이 있다.(구체적 목적어 불허)
Tenemos ***(unos/ *a los) hijos.***	우리들은 자녀들이 있다.(구체적 목적어 불허)
Mi coche tiene ***aire acondicionado.***	내 차는 에어컨이 있다.
***Tengo muchas ganas** de ir* a Francia.	나는 프랑스에 무척 가보고 싶다.

※ 마찬가지로 llevar peluca(가발을 쓰고 다니다)에도 정관사를 쓰지 않는다: Ahora *llevo peluca.*

그러나 구체적인 의미를 꼭 표현해야 하는 경우에는 정관사를 동반하며, TENER동사를 사용하여 신체의 일부를 표현할 때도 정관사를 사용한다.

¿Quién ***tiene el libro? -Lo tiene*** Ana.	누가 그 책 가지고 있니? -아나가 가지고 있어.
Ignacio ***tiene los pies planos.***	익나시오는 평발이다.
Inés ***tiene el pelo rubio*** y ***los ojos azules.***	이네스는 금발이며 푸른 눈을 지니고 있다.

1 [Tener + 과거분사(p.p.) + 명사]

완료 상태를 표현하며, 과거분사는 목적어의 보어로 원래는 목적어 뒤에 위치하나, 목적어를 직접 꾸며주는 수식어로 오해될 수 있어, 목적어를 목적어의 보어 뒤로 옮긴다.

Tenemos ***abierta la ventana.***	우리들은 그 창문을 열어두고 있다.
Tengo ***abiertas las puertas.***	나는 문들을 열어두고 있다.
Los periodistas extranjeros tienen ***prohibido entrar en el país.***	외국기자들은 그 나라에 들어갈 수 없다.

[Tener + 과거분사(p.p.) + 명사] 구문에서 명사는 과거분사(그 보어 포함)에 대하여 주어 기능을 하는바 항상 관사 위치가 채워져 있어야 한다.

Mi amiga tiene ***el pelo teñido de rubio.*** ➡ Mi amiga ***lo*** tiene ***teñido de rubio.***	나의 여자 친구는 금발로 염색하고 있다.

2 [Tener que INF.]

[-해야만 한다]는 의미를 지니며, 주어가 구체적으로 나타난다. 따라서 주어가 외적으로 나타나지 않는 [hay que INF.]구문보다 강한 의무를 표현하게 된다. 부정문이 되면 [-할 필요가 없다]라는 의미를 표현한다.

Tengo que estudiar español.	나는 스페인어를 공부해야 한다.
Juan y yo ***tenemos que ir*** allí esta tarde.	환과 나는 오늘 오후에 그곳에 가야 한다.
No tengo que aprender mucho el chino.	나는 중국어를 열심히 배울 필요가 없다.

3 TENER동사 관용구

tener	calor	덥다
	frío	춥다
	dolor	아프다
	miedo	무섭다
	hambre	배고프다
	sed	목마르다
	sueño	졸립다
	razón	옳다

Tenemos mucho calor en verano.	우리는 여름에 무척 덥다.
Tengo frío en invierno.	나는 겨울에 춥다.
Él ***tiene dolor de {cabeza/ estómago}***.	그는 {머리/ 배}가 아프다.
Mi hijo ***tiene miedo*** al mar.	나의 아들은 바다를 무서워 한다.
Los turistas ***tienen mucha hambre.***	그 관광객들은 배가 몹시 고프다.
Tengo sueño por la tarde en verano.	나는 여름 오후에는 졸립다.
Tienes razón.	네가 옳다.

2 HACER와 DECIR 동사 유형

I HACER동사와 DECIR동사

이들 동사에서는 1인칭 단수 어간의 음소 c가 g음소로 바뀌게 된다. 또 DECIR동사의 경우 동시에 어간모음 e가 i로 변화된다.

hacer (하다)		decir (말하다)	
hago	hacemos	***digo***	d*e*cimos
haces	hacéis	d*i*ces	d*e*cís
hace	hacen	d*i*ce	d*i*cen
deshacer satisfacer	rehacer	bendecir maldecir	contradecir predecir

이러한 동사들과 더불어 사용된 예문들을 간략하게 살펴보도록 하자.

¿Qué ***haces*** ahora en casa?	너는 지금 집에서 뭘 하니?
Ella ***deshace*** el azúcar en el agua.	그녀는 물에 설탕을 녹인다.
¿***Rehago*** el paquete?	제가 포장을 다시 해야 되나요?
Cada semestre ***satisfago*** a mis padres con la beca.	매학기 나는 장학금으로 나의 부모님을 흡족하게 해 드린다.
Es malo para ti ***decir*** mentiras.	네가 거짓말을 하는 것은 나쁘다.
Dios me ***bendice*** con buena suerte.	하나님은 제게 좋은 운으로 축복해 주신다.
Te ***contradigo*** en ir juntos a nadar.	나는 너와 함께 수영하러 가는데 반대한다.
Maldigo a veces mi mala suerte.	나는 가끔 나의 불운을 저주한다.
Es un pecado ***predecir*** el futuro.	미래를 예언하는 것은 죄악이다.

2 HACER동사의 용법

Voy a ***hacer un viaje*** por China.	나는 중국을 여행할 예정이다.
¿Me ***hace el favor de*** llevar las maletas a la entrada?	입구까지 가방들을 날라다 주시겠습니까?
Ana nos ***hace*** preguntas extravagantes.	아나는 우리에게 황당한 질문들을 한다.
No le ***hago daño*** a nadie.	나는 아무에게도 해를 끼치지 않는다.
Me ***hace falta*** el dinero.	나는 돈이 필요하다.
Diez por cinco ***hacen*** cincuenta.	10X5는 50이다.
Vas a ***hacerte*** mayor pronto.	너는 곧 성인이 될 것이다.

3 [HACE + 기간 + QUE + 종속절]

이 구문은 문어체로 [-한지 -가 되다]를 뜻하며, 구어체 구문인 [llevar + 기간 + 현재분사/ 과거분사/ 전치사구]와 동일한 의미를 지니고 있다.

¿Cuánto tiempo hace que vives en Seúl?	너는 서울에 산지 얼마나 되니?
Hace diez años que vivo en Seúl. (=***Llevo diez años (viviendo)*** en Seúl.)	나는 서울에 산지 10년이 된다.
¿Cuántas horas hace que me esperas?	네가 나를 기다린 지 몇 시간 되니?
Llevo tres horas esperándote aquí.	너를 여기서 기다린 지 세 시간이 돼.
Llevo un año ***fuera de*** mi país.	나는 내 나라를 떠난 지 1년이 된다.
Llevo un año ***separado de*** mi familia.	나는 가족과 떨어진 지 1년이 된다.
Llevo un año ***echando de menos*** a mi familia.	나는 가족을 그리워한 지 1년이 된다.

4 사역구문 [HACER + INF.]

원래 구문은 [Hacer + 목적어(부정사구문의 주어) + INF]이나 목적어는 대명사로 바뀌거나 아니면 부정사 구문 뒤로 옮겨진다.

El profesor ***nos hace pronunciar*** las palabras.	그 선생님은 우리가 단어들을 발음하도록 시킵니다.
La madre ***hace caminar*** *al* ***niño.***	어머니는 아이가 걷도록 시킨다.

5 HACER동사의 날씨 표현

hacer	{buen/ mal} tiempo	날씨가 {좋/ 나쁘}다
	sol	햇빛이 따사롭다
	viento	바람이 불다
	calor	날씨가 덥다
	frío	날씨가 춥다
	fresco	날씨가 시원하다

¿***Qué tiempo hace*** hoy?	오늘 날씨가 어떻습니까?
Hace {buen/ mal} tiempo hoy.	오늘 날씨가 {좋다/ 나쁘다}.
Hace mucho {calor/ frío/ fresco}.	날씨가 매우 {덥다/ 춥다/ 시원하다}.

참고 사항

● [눈이 오다], [비가 오다]는 hacer동사를 활용하지 않고 각각 nevar와 llover 동사를 사용한다.

Nieva mucho en invierno	겨울에 눈이 많이 온다.
Llueve a cántaros en la costa mediterránea.	지중해 해안에는 비가 억수같이 온다.

6 CAER동사와 OIR동사

1인칭 단수에 [-ig-]가 추가되며, oir의 경우 2인칭 단수 그리고 3인칭 단수 및 복수에 음소 y가 추가된다.

caer (떨어지다)			**oir** (듣다)	
ca*ig*o	caemos		o*ig*o	o*í*mos
caes	caéis		o*y*es	o*í*s
cae	caen		o*y*e	o*y*en
atraer contraer traer			desoír	

Te ***oigo*** bien.	나는 네 말이 잘 들린다.
Mi padre me ***desoye***, por eso estoy malhumorado.	아버지께서 제 얘기를 안 들으셔서 나는 기분이 나쁘다.
¿Me ***trae*** una botella de cerveza?	맥주 한 병 가져다주시겠습니까?
Ella me ***atrae*** por la inteligencia.	그녀는 지성으로 나의 관심을 끈다.
Me contraigo ante un hombre guapo.	나는 멋있는 남자 앞에서는 위축된다.
Las hojas ***caen*** en el otoño.	나뭇잎은 가을에 떨어진다.
¿*Me* ***cae*** *bien* este abrigo?	이 외투 나에게 어울립니까?
Por poco ***me caigo*** de la escalera.	하마터면 나는 사다리에서 떨어질 뻔했다.

참고 사항

● caer동사는 전치주어와 후치주어를 모두 허용하며, 후치주어의 경우 관사를 동반하지 않으며 자연현상을 표현하게 된다.

Transportada por las nubes, ***el agua cae*** en forma de lluvia o nieve.	물은, 구름에 의해 운반되어, 비와 눈의 형태로 떨어진다.
Vivo en un lugar donde en invierno ***cae nieve***.	나는 겨울에 눈이 내리는 지역에서 살고 있다.

3 기타 음소 첨삭 동사

1인칭 단수에 음소를 첨가시키는 동사로 dar, ver, caber가 있으며, 그 반대로 음소를 삭제시키는 동사인 saber, haber도 있다.

dar (주다)		**ver** (보다)		**caber** (차다)	
doy	damos	***veo***	vemos	***quepo***	cabemos
das	dais	ves	veis	cabes	cabéis
da	dan	ve	ven	cabe	caben

saber (알다)	
sé	sabemos
sabes	sabéis
sabe	saben

haber (조동사)	
he	hemos
has	habéis
ha	han

이러한 동사들과 더불어 사용된 예문들을 간략하게 살펴보도록 하자.

1 DAR동사의 용법

Mi amigo me ***da*** este regalo.	나의 친구가 내게 이 선물을 준다.
Te voy a ***dar una bofetada.***	내가 네게 뺨을 한대 때릴 거야.
El reloj acaba de ***dar las doce.***	시계가 방금 12시를 쳤다.
Dan *(echan)* una película mexicana.	멕시코 영화 한 편을 상영하고 있다.
Cada día ***doy un paseo*** por el parque.	매일 나는 공원을 산책한다.
No me ***da la gana*** *de decír*telo.	나는 네게 그것을 말하고 싶지 않다.
Me da lo mismo (= Me da igual).	나에게는 마찬가지야.
Date prisa o vas a llegar tarde.	서둘러라 그렇지 않으면 늦게 도착할 꺼다.
Ignacio me ***da (estrecha) la mano.***	익나시오는 내게 악수를 한다.
Le ***doy las gracias*** por su ayuda.	도와주신데 대해 감사드립니다.

2 VER동사의 용법

La ***veo*** a ella a veces en la escuela.	나는 학교에서 가끔 그녀를 본다.
Veo que ella corre de prisa.	나는 그녀가 급히 달려가는 것을 보고 있다.
La ***veo*** *(a ella) correr* de prisa.	나는 그녀가 급히 달려가는 것을 보고 있다.
Veo construida la casa.	보아하니 집이 다 지어졌다.

3 CABER동사의 용법

Este regalo no ***cabe*** en la caja.	이 선물은 상자에 들어가지 않는다.
No cabe la menor duda en el asunto.	그 사건에 의심의 여지가 추호도 없다.

4 SABER동사의 용법

No ***sé*** nada de política.	나는 정치에 대해서는 아무것도 모른다.
Sabe esquiar, pero no esquía bien.	그는 스키를 탈 줄 알지만, 잘 타지 못한다.
La sopa ***sabe a plátano.***	그 스프는 바나나 향기가 난다.

참고 사항

● SABER동사와 CONOCER동사의 비교

SABER 어떤 사실을 알다	
Sé que tienes razón.	나는 네가 옳다는 것을 안다.
No sé cómo explicártelo.	나는 네게 그것을 어떻게 설명해야 할지 모르겠다.
Sé el camino más corto al destino.	나는 목적지에 가장 빠른 길이 어느 길인지 안다.
CONOCER 경험으로 알다	
Conozco a Juan.	나는 환을 알고 있다.
Conozco Madrid.	나는 마드리드를 안다.
Conozco el camino más corto al destino.	그 목적지에 가장 빠른 길을 가봐서 안다.

5 발음에 따른 음소 변화 동사

다음 동사들은 1인칭 단수 음소가 [-O]음과 결합할 때 음가가 바뀌므로 원래의 음으로 발음하기 위해 음가를 변경한다.

vencer (승리하다)		coger (잡다)		seguir (따르다)		delinquir (위반하다)	
venzo	vencemos	***cojo***	cogemos	***sigo***	seguimos	***delinco***	delinquimos
vences	vencéis	coges	cogéis	sigues	seguís	delinques	delinquís
vence	vencen	coge	cogen	sigue	siguen	delinque	delinquen

convencer torcer(o➡ue) esparcir zurcir	escoger recoger elegir(e➡i) dirigir exigir	conseguir distinguir extinguir perseguir(e➡i)	

이러한 동사들과 더불어 사용된 예문들을 간략하게 살펴보도록 하자.

No ***convenzo*** a nadie de hacerlo.	나는 그걸 하라고 아무도 설득하지 않는다.
Quiero ***vencer*** en las oposiciones.	나는 경쟁시험에서 이기기를 원한다.
El niño ***tuerce*** la cuerda.	그 아이는 줄을 꼰다.
Una vez al día ***esparzo*** el agua sobre los céspedes.	하루 한번 나는 잔디 위에 물을 뿌린다.
Zurzo la ropa estropeada.	나는 헤진 옷을 꿰맨다.
Mi amigo me ***coge*** por la mano.	나의 친구는 내 손을 잡는다.
Escojo una ficha entre éstas.	나는 이 패들 중 하나를 뽑는다.
Recogen los restos de la cosecha en el campo.	사람들이 들판에서 추수 후 이삭들(잔존물)을 줍고 있다.
Corrijo las erratas.	나는 오타들을 교정하고 있다.
Él ***dirige*** una compañía multinacional.	그는 다국적 기업을 거느리고 있다.

Le ***exijo*** el perdón a él.	나는 그에게 용서를 청한다.
Voy a ***seguir***te adonde vayas.	나는 네가 가는 곳이면 어디든 갈 것이다.
cf. Voy a alcanzarle antes de doblar la esquina.	cf. 나는 모퉁이를 돌기 전에 그를 따라잡겠다.
Al fin ***consigo*** (=logro) buenas notas.	나는 마침내 좋은 성적을 얻는다.
Distingo a un hombre en la oscuridad.	나는 어둠 속에서 한 남자를 구별한다.
Ahora ***extingo*** (=apago) el fuego.	나는 지금 불을 끕니다.
Persigo a este perro por la calle.	나는 길을 통해서 이 개를 따라가고 있다.

참고 사항

● [Seguir + 현재분사/ 전치사구] (계속해서 -하다)

Sigo trabajando.	나는 계속해서 일을 하고 있다.
Ella ***sigue sin entenderlo.***	그녀는 계속 그것을 이해하지 못한다.

6 악센트 첨가 동사

동사 변화형에 악센트를 추가하여야 하는 동사들이 있으며, 이 경우 어간의 마지막 모음과 어미모음 사이에 [약+강]모음 또는 [강+약]모음으로 이중모음화 되는 현상을 피하기 위해 약모음 위에 악센트를 붙여야 한다.

variar (변하다)		graduar (졸업시키다)		reír (웃다)	
var***ío***	var***iamos***	grad***úo***	grad***uamos***	r***ío***	re***ímos***
var***ías***	var***iáis***	grad***úas***	grad***uáis***	r***íes***	re***ís***
var***ía***	var***ían***	grad***úa***	grad***úan***	r***íe***	r***íen***
confiar criar enfriar enviar	guiar vaciar fotografiar	acentuar actuar continuar efectuar	insinuar situar evacuar	sonreír	.

이러한 동사들과 더불어 사용된 예문들을 간략하게 살펴보도록 하자.

La temperatura ***varía*** de día a noche.	기온이 밤낮으로 바뀐다.
Le voy a ***confiar*** la tienda.	나는 당신께 가게를 맡길 것입니다.
(Me) ***Confío*** *en* ti.	나는 그대를 믿습니다.
Crío a un gato en casa.	나는 집에서 고양이 한 마리를 기른다.
La sopa ***se enfría*** pronto al aire libre.	스프가 밖에서는 금방 식는다.
Envío una carta al mes a mis padres.	나는 부모님께 한 달에 편지 한 장 보낸다.
En el invierno ***esquían*** en las pistas de Navacerrada.	겨울에 사람들은 나바세르라다의 슬로프에서 스키를 탄다.
Ana nos ***guía*** al Museo del Prado.	아나는 우리를 쁘라도미술관으로 인도한다.
Vacío el basurero una vez al día.	나는 하루 한번 쓰레기통을 비운다.
Ella quiere ***fotografiar*** el paisaje. (=Ella quiere ***sacar fotos*** *de*l paisaje.)	그녀는 그 경치를 사진 찍고 싶어 한다.
Ellos ***se gradúan*** *de* esta universidad.	그들은 이 대학을 졸업한다.
El profesor ***acentúa*** las reglas gramaticales.	선생님은 문법 규칙들을 강조하신다.
Ellos ***continúan*** *jugando* a las cartas.	그들은 계속해서 카드놀이를 하고 있다.
El médico ***efectúa*** la operación ahora.	그 의사는 지금 수술을 한다.
¿Qué ***insinúa*** ella con esas palabras?	그녀는 그러한 말로 뭘 암시하는가?
Sitúan la tropa en la zona estratégica.	전략요충지에 부대를 위치시킨다.
Evacúan a los soldados del punto más peligroso.	가장 위험한 지점에서 군인들을 소개시킨다.
El abuelo ***ríe*** *a carcajadas* a menudo.	할아버지께서는 자주 폭소를 터트리신다.
Ellos ***se ríen*** *de* mí.	그들은 나를 비웃는다.
Ella me ***sonríe*** con elegancia.	그녀는 내게 우아하게 미소를 짓는다.

Lección 3

ejercicios

1 | 괄호 안에 SER/ ESTAR 동사 중 알맞은 것을 골라 변화시켜 넣어보자.

① Carmen (   ) mexicana.
② María (   ) muy contenta.
③ El Sr. Kim (   ) un pintor muy famoso.
④ La casa (   ) de madera.
⑤ Ignacio (   ) en el centro de la ciudad.
⑥ Ellos (   ) estudiantes.
⑦ ¿Cómo (   ) Ud.?
⑧ ¿Qué (   ) Antonio?
⑨ ¿Dónde (   ) tus hijos?
⑩ El ordenador (   ) de Corea.

2 | 두 문장의 의미상의 차이를 설명해 보자.

① Ellos son muy gordos.
Ellos están muy gordos.
② Ella es lista.
Ella está lista.
③ Somos de Corea.
Estamos de buen humor.
④ Los muchachos son muy buenos.
Los muchachos están muy buenos.
⑤ Mi mujer es celosa.
Mi mujer está celosa.

3 | 괄호 안에 알맞게 동사를 변화시켜 넣어보자.

① El libro (　　　　) azul. (ser)
② ¿Qué (　　　　) allí? (haber)
③ Hay que (　　　　) mucho. (estudiar)
④ Juan y yo (　　　　) en el campo. (estar)
⑤ ¿A dónde (　　　　) de excursión vosotros? (ir)
⑥ La reunión (　　　　) a las tres de la tarde. (empezar)
⑦ Las enfermeras (　　　　) con cuidado a los enfermos. (atender)
⑧ Ella (　　　　) ir al extranjero a quedarse en casa. (preferir)
⑨ ¿A qué hora (　　　　) vosotros? (almorzar)
⑩ (　　　　) necesario para nosotros controlar el peso. (ser)
⑪ Te (　　　　) de mí. (despedir)
⑫ Unos niños (　　　　) al fútbol y otros a la pelota. (jugar)
⑬ (yo) (　　　　) tres hijos. (tener)
⑭ (yo) No (　　　　) nada de las matemáticas. (saber)
⑮ El profesor (　　　　) explicando la lectura. (seguir)

4 | 괄호 안에 알맞은 단어를 아래에서 골라 넣어보자.

a, con, de, en, mediante, para, que, sin

① El edificio es (　　　) metal.
② La clase empieza (　　　) las ocho de la mañana.
③ Llueve mucho (　　　) verano.
④ Queremos convertir la esperanza (　　　) realidad.
⑤ ¿Te acuerdas (　　　) mi amiga?
⑥ Los hijos quieren contar (　　　) sus padres.
⑦ Voy (　　　) ir a China a aprender la historia del Oriente Extremo.

⑧ Ella vuelve (　　　　) criticar al presidente.
⑨ Me muero (　　　　) aburrimiento.
⑩ Ellos se ríen (　　　) mí.
⑪ La ayuda alimentaria sirve (　　　　) salvar vidas.
⑫ El empresario adquiere mucho dinero (　　　　　) el negocio.
⑬ El número de solicitudes crece (　　　　) cesar.
⑭ Tenéis (　　　　) regresar pronto a casa.
⑮ Los alumnos quieren ir (　　　) vacaciones.

5 | HACER/ TENER동사 중에서 골라 괄호 안에 적당하게 변화시켜 넣어보자.

① Hoy (　　　　) buen tiempo.
② Inés (　　　　) mucha hambre.
③ Esta tarde (　　　　) calor.
④ Los alumnos (　　　　) mucho sueño por la tarde.
⑤ Los niños (　　　　) dolor de estómago.
⑥ En otoño (　　　　) fresco.
⑦ Mario (　　　　) miedo al mar.
⑧ En invierno, (　　　　) bastante frío, llueve poco y nieva muy a menudo.
⑨ Me parece que ellos (　　　　) razón.
⑩ (　　　　) mucho sol pero (　　　　) mucho viento.

6 | 다음 질문과 답의 뜻을 파악해 보자.

¿Qué tiempo hace hoy?

- Hace muy buen tiempo.
- Está despejado.
- Está muy nublado.
- Está muy soleado.
- Nieva mucho.
- Llueve mucho

7 | SABER/ CONOCER동사 중에서 골라 괄호 안에 적당하게 변화시켜 넣어보자.

① Yo ( ) bien a ese profesor.

② Yo no ( ) qué hacer.

③ La gente me ( ) bien.

④ ¿( ) tú Madrid?

⑤ Uno ( ) si es adicto a Internet o si está enamorado de su página Web.

8 | 문장에서 틀린 부분을 찾아 고쳐보자.

① Nosotros estamos coreanos.

② María es bien de salud.

③ ¿Dónde hay en el frigorífico?

④ Los libros están de mi profesor.

⑤ Mi amigo es de buen humor.

⑥ Tengo a los hijos.

⑦ Isabel tiene abierta las ventanas.

⑧ Hacen 5 años que vivo en España.

⑨ Los chicos continúan jugar al baloncesto.

⑩ La veo a ella sale.

스페인의 영웅 EL CID

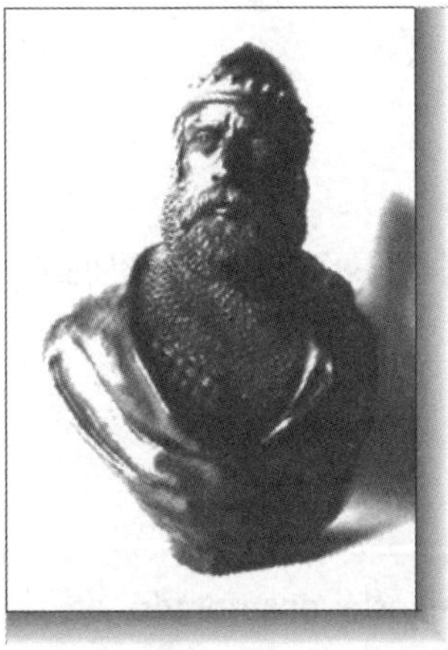

스페인의 영웅 **Ruy Díaz de Vivar**는 아랍어로 절대자(**Señor**)를 의미하는 시드(**Cid**)로 불렸다. 그는 **Castilla**왕국의 충성스럽고 용맹한 장군이었으며, **Alfonso VI (1065-1109** 재위) 시절 정치적 암투의 희생양으로 추방까지 당하게 되었다. 그러나 그는 자신을 추종하는 충실한 부하들과 함께 아랍인들을 이베리아반도에서 몰아내기 위한 투쟁을 계속한다.

EL CID는 **Castilla, Aragón** 그리고 **Cataluña** 등 북부 지역의 많은 전투를 승리로 이끈 뒤 마침내 지중해 지역의 요충지인 **Valencia**성을 아랍인들로부터 되찾게 된다.

EL CID는 자신을 왕으로 추대하려는 움직임을 단호히 배격하고, 다시 점령한 영토를 **Alfonso VI**에게 바친다. 마침내 왕은 그의 충성심에 감복하며 그와 화해를 하게 된다. 그의 영웅적인 전투에 관한 서사시인 "미오 시드의 노래"(**El Cantar de Mio Cid**)는 유랑 시인들에 의해 입에서 입으로 전설처럼 전해 내려 왔으며 스페인 문학 태동기의 중요한 작품이 되었다.

제 4 장 관사와 명사

1 관사

관사는 명사 앞에 나타나는 문법범주로, 한국어에는 존재하지 않으나, 서양 언어에서는 매우 중요하며, 명사 핵(명사의 보어가 있는 경우 이를 포함)의 내용을 제한한다. 관사는 정관사와 부정관사로 구분되며, 일반적으로 정관사는 구체적인 내용이나 통칭적인 의미를 부여하나 부정관사는 정해지지 않은 하나 또는 소수의 사물을 지칭할 때 사용된다.

관사 / 수	정관사		부정관사	
	남성	여성	남성	여성
단수	el	la	un	una
복수	los	las	unos	unas

el amigo	그 친구	***la*** amiga	그 여자 친구
los amigos	그 친구들	***las*** amigas	그 여자 친구들

un amigo	어느(한) 친구	***una*** amiga	어느(한) 여자 친구
unos amigos	몇몇 친구들	***unas*** amigas	몇몇 여자 친구들

이 외에도 성·수 불변의 **[중성관사 lo]**가 있으며, 뒤에 나오는 범주는 중성화된 명사범주이다.

El trabajo es ***lo primero.***	일이 제일이다.
Es increíble ***lo fuertes*** *que son los soldados.*	그 군인들이 얼마나 강한지 믿을 수 없을 지경이다.

1 정관사의 용법

정관사는 형태적으로 성·수 변화를 하며, 악센트를 지니지 않는다.

1 명사 통칭

어떤 사물 전체를 지칭하는 경우 정관사를 사용한다. 이 경우 관사의 지시적이거나 대용사적인 의미는 거의 사라진다.

El hombre es racional.	인간은 이성적이다.
Las casas son inevitables para vivir.	집들은 살아가는데 필수불가결하다.

2 특정 명사 지칭

이 경우 정관사는 지시형용사와 같은 역할을 하나, 지시형용사가 애정의 의미를 표현하는 데 비해 정관사는 그러한 의미를 내포하지 않는다.

La niña es bonita.	그 여자 아이는 예쁘다.
Ese chico tiene mucho humor.	그 소년은 유머가 많다. (valor afectivo)

3 언어 명칭 앞

단, hablar, enseñar, estudiar, aprender동사 바로 뒤에서는 생략된다. 그러나 이런 동사와 언어 명칭 사이에 부사가 나타나면 관사를 생략하지 않는다.

El español es interesante.	스페인어는 흥미 있다.
Juan habla ***español.***	환은 스페인어를 한다.
Juan ***habla bien el español.***	환을 스페인어를 잘 한다.

[전치사 + 언어 명칭]이 다른 범주를 수식하는 부사 또는 형용사 역할을 하는 경우에도 관사는 사용되지 않는다.

Hablo ***en español.*** [동사수식-부사역할]	나는 스페인어로 말한다.
María asiste a *la clase* ***de español.*** [명사수식-형용사역할]	마리아는 스페인어 수업시간에 참가한다.

4 신분어 앞

단, 호격인 경우는 나타나지 않는다.

El Sr. Kim habla chino.	김씨는 중국어를 한다.
La Srta. Park habla bien el japonés.	미스 박은 일본어를 잘 한다.
Señor Kim, ahora le toca cantar.	김씨, 이제 당신이 노래할 차례요.

5 명사의 내용 구별

축구팀(el equipo de fútbol)이나 비행기(el avión), 등을 표현한다.

el Barcelona	바르셀로나(축구)팀	***el*** Juventud	후벤 (축구)팀
los cazas (=los aviones de caza)			전투기

6 은유법 명사의 성 구별

José es ***el cabeza de familia.***	호세는 가장(家長: 남)이다.
María es ***la cabeza de familia.***	마리아는 가장(家長: 여)이다.

참고 사항

● **[a + el ➡ al], [de + el ➡ del] 축약현상**

정관사 el이 전치사 a와 de뒤에 올 경우 각각 al, del로 축약된다. 이 현상은 모음축약(reducción vocálica)에 의한 것으로 남성형뿐만 아니라 여성형과도 이루어진다.

Vamos ***al campo.***	들판으로 갑시다.
Voy a dar el libro ***al profesor.***	나는 그 선생님께 책을 드릴 거예요.
Vengo ***del colegio.***	나는 학교에서 옵니다.
Visito *el chalet* ***del Sr. Martínez.***	나는 마르띠네스씨의 별장을 방문한다.
Quiero ir ***al Asia.*** [女]	나는 아시아로 가고 싶다.
Creemos en *la inmortalidad* ***del alma.*** [女]	우리는 영혼의 불멸성을 믿는다.

● 정관사가 고유명사의 일부인 경우는 이러한 축약이 일어나지 않는다.

Queremos dirigirnos ***a El Dorado.***	우리들은 엘도라도로 향하기를 원합니다.
María es ***de El Salvador.***	마리아는 엘살바도르 출신이다.

2 부정관사의 용법

부정관사는 수형용사(uno 하나)와 연관이 있으며, 단수의 경우 "어느", "하나의"의 의미를 지니며, 복수가 되면 "몇몇"으로 해석된다. 이러한 부정관사의 구체적인 용법을 살펴보면 다음과 같다.

1 부정(不定: indeterminación, 정해지지 않음) 의미

Llama a la puerta ***una chica.***	*어떤* 소녀가 노크한다.
Un amigo me va a formatear el ordendador.	*어느* 친구가 내 컴퓨터를 포맷해 줄 것이다.

2 그룹 또는 종류에서 개별화

María es ***una española guapa.***	마리아는 *한* 예쁜 스페인 여자이다.
El nuevo Sonata es ***un buen coche.***	신형 쏘나타는 좋은 차(종)이다.

3 동일 유형 중 '전형적인 표본'으로 표현

Antonio es ***un militar de gran valor.***	안또니오는 매우 용기 있는 군인이다.
El perro Jindo es ***un perro fiel a su amo.***	진돗개는 주인에게 충실한 개이다.

4 "하나"라는 수의 개념

Queremos ***un rey;*** (no dos).	우리들은 (둘이 아닌) 한 분의 왕을 원한다.

또 상황에 따라서는 "특별히 구체적인 한 사람"을 의미할 수도 있다.

Un hombre entró allí. Él era alto.	한 남자가 그곳에 들어왔다. 그는 키가 컸다.

5 "의미"의 강조

Eres ***un cabrón.***	너는 (엄청) 나쁜 놈이구나.
Esta obra es ***una basura.***	이 작품은 쓰레기야.

6 todo와 더불어 '진정한(verdadero)/ 완벽한(completo)'의 의미 표현

Ignacio es ***todo un hombre.***	익나시오는 진정한 남자다.
Carmen es ***toda una mujer.***	까르멘은 완벽한 여자다.

7 환유(metonimia): "-같은 사람" 의미

Paco es ***un Nerón*** en casa.	빠꼬는 집에서는 네로(폭군)같은 사람이다.
Pienso que mi sobrino es ***un Mozart.***	나는 내 조카가 모짜르트라고 생각한다..

8 통칭적인 의미 (드뭄)

드물게는 특별한 한 사람이 아닌 어떤 사람이나 가능한 통칭적인 의미(sentido genérico)를 지닐 수도 있다.

Un hombre no puede hacer esto.	사람이면 이런 짓을 할 수 없지.
Un niño es inocente cuando nace.	태어날 때 아이는 선하다.

참고 사항

● **명사 핵이 생략된 경우 [un ➡ uno]로 바뀌게 된다.**

La casa es de ***un amigo tuyo*** y de ***uno mío.***	그 집은 네 친구 하나와 나의 친구 소유이다.
Tengo ***dos ordenadores viejos*** y ***uno nuevo.***	나는 낡은 컴퓨터 2대와 새 것 1대가 있다.

3 특이한 관사의 용법

악센트가 있는 [a-], [ha-]로 시작되는 단어 앞에서는 여성형 la/ una 대신에 el/ un을 사용해야 한다.

el agua	물	***el A***sia	아시아
el asma	천식	***el a***ula	강의실
el hambre	배고픔	***el ha***cha	도끼

이러한 규칙은 단수에만 적용되고 복수에는 적용되지 않는다.

{el/ un} ***á**guila*	{그/어느} 독수리	***{las/ unas}*** ***á**guilas*	{그/몇몇} 독수리들
{el/ un} ***a**ve*	{그/어느} 새	***{las/ unas}*** ***a**ves*	{그/몇몇} 새들
{el/ un} ***ha**cha*	{그/어느} 도끼	***{las/ unas}*** ***ha**chas*	{그/몇몇} 도끼들

또 이 규칙은 다음과 같은 경우에도 적용되지 않는다.

1 mucha(형용사)와 todo(대명사)의 경우

mucha agua	많은 물	***mucha*** hambre	심한 배고픔
toda el agua	그 물 전부	***toda el*** alma	온 마음(忠心)

2 여성 고유명사, 성(姓) 그리고 알파벳의 명칭

la Ana de ayer	어제의 그 아나	***la Álvarez***	그 여자 알바레스
la a	알파벳 A	***la hache***	알파벳 H

참고 사항

● 주의해야 할 것은 초급 문법에서 고유명사는 관사를 붙이지 못하는 것으로 되어 있으나, 경우에 따라서 고유명사도 보통명사화과정을 겪을 수 있다. 즉, 같은 성(姓)을 지닌 많은 사람들 중 특정인을 가리키는 경우, 국가를 시대별로 나누는 경우(la España del Siglo de Oro 황금세기의 스페인, la España de Hoy 오늘날의 스페인), 또 다른 여러 이유들로(예를 들어, 남북한 las dos Coreas, un tal Jiménez 히메네스라는 한 사람) 고유명사도 보통명사로 전환될 수 있다는 점을 알아야 한다.

3 성 구별이 필요한 종족 명칭에는 이러한 규칙이 적용되지 않는다.

el árabe	아랍 남자	***la árabe***	아랍 여자

4 관사와 명사 사이에 형용사가 나타나는 경우 la가 그대로 사용된다.

***el á**guila*	독수리	***la rapaz á**guila*	맹금류의 독수리
***el a**lma*	마음	***la pura a**lma*	깨끗한 마음

5 악센트가 있는 [a-], [ha-]로 시작하는 형용사 앞에서는 이러한 규칙이 적용되지 않는다.

la alta montaña	높은 산	***la hábil*** mano	숙련된 노동력

2 명사

문법적으로 단어를 분류할 때 형태론적으로 또는 통사론적으로 접근할 수 있다. 형태론적으로는 단어의 형태(forma)에 초점을 맞추어 분류하게 되나, 통사론적으로는 하나의 단어가 문장(oración) 내에서 어떠한 기능을 수행하는 가에 따라 구분할 수가 있다.

단어	형태론적 기준	형태 변화 단어	명사(수), 형용사(성·수), 대명사(성·수·인칭), 동사(법, 시제, 상, 수, 인칭)
		형태 불변 단어	부사, 전치사, 접속사
	통사론적 기준	단어의 문법적 범주 ⇄ 문장 내에서의 기능 (상관관계 규명)	하나의 명사(명사구)가 문장 내에서 다양한 기능 수행 반대로 하나의 기능이 여러 상이한 범주에 의해 수행됨.

Juan **viene** a casa.	환은 집에 옵니다.	명사-주어
Ella **ama** a ***Juan.***	그녀는 환을 사랑합니다.	명사-목적어
Ella está ***enamorada de Juan.***	그녀는 환을 사랑하고 있다.	명사-형용사의 보어
Ella va de compras ***con Juan.***	그녀는 환과 쇼핑을 간다.	명사-전치사의 보어
Me alegra ***su regreso.***	그의 귀환이 나를 기쁘게 한다.	명사-주어
Me alegra ***que él haya regresado.***	나는 그가 돌아와서 기쁘다.	종속절-주어
La chica está ***bienhumorada.***	그 소녀는 기분이 좋다.	과거분사-주격보어
La chica está ***de buen humor.***	그 소녀는 기분이 좋다.	전치사구-주격보어

명사와 형용사는 밀접하며, 공통적인 특징들(단/복수 형성, 등)도 많다. 같은 어원으로부터 파생된 경우, 둘 사이의 구별은 통사적 문맥에 의해 이루어진다. 즉, 기원, 인종, 국가를 지칭하는 español, americano, coreano, 등의 경우이다.

Los pisos coreanos son lujosos.	한국의 아파트들은 호화스럽다.	형용사
Los coreanos son aplicados.	한국인들은 부지런하다.	명사

1 명사의 성

스페인어의 명사는 문법적으로 남성과 여성으로 구분되며, 중성명사는 존재하지 않는다. 남성명사는 남성 관사나 남성 지시형용사들과 결합하며, 여성명사는 여성 관사나 여성 지시형용사들과 함께 나온다. 명사의 어미로도 남성명사와 여성명사가 어느 정도 구분이 가능하며, 다음과 같은 기준이 도움이 된다.

남성명사 어미		여성명사 어미	
-o	or***o*** 금, perr***o*** 개	**-a**	ros***a*** 장미, amig***a*** 여자친구
-or	doct***or*** 의사, col***or*** 색	**-d**	salu***d*** 건강, ciuda***d*** 도시
-ama	dr***ama*** 드라마, progr***ama*** 프로그램, panor***ama*** 파노라마	**-z**	cru***z*** 십자가, lu***z*** 빛, pa***z*** 평화
-ema	t***ema*** 테마, po***ema*** 시, probl***ema*** 문젯거리	**-za**	belle***za*** 미, pobre***za*** 가난, triste***za*** 슬픔
-che	co***che*** 자동차, bro***che*** 브로치	**-ción**	emo***ción*** 감정, esta***ción*** 역, na***ción*** 국가
-aje	vi***aje*** 여행, person***aje*** 인물	**-sión**	admi***sión*** 허용, pa***sión*** 열정, pen***sión*** 하숙집
		-ie	barbar***ie*** 야만성, espec***ie*** 종(류), superfic***ie*** 표면
		-umbre	c***umbre*** 정상회담, leg***umbre*** 야채

참고 사항

● 다음의 단어들은 일부가 생략되어 나타난 것으로 원래의 어미를 참작해 보면 그 성의 구별이 쉽다.

la radio	라디오	⇦	la ***radio(difusión)***
la moto	오토바이	⇦	la ***moto(cicleta)***
la foto	사진	⇦	la ***foto(grafía)***

I 여성명사 형성

남성명사를 기준으로 여성명사를 형성할 수 있다.

남성어미 ➡ 여성어미	남 성 명 사		여 성 명 사	
-o ➡ -a	am*o*	주인	am*a*	여자주인
	amig*o*	친구	amig*a*	여자친구
	novi*o*	애인	novi*a*	여자애인
	hij*o*	아들	hij*a*	딸
-e ➡ -a	president*e*	대통령	president*a*	여자대통령
	parient*e*	친척	parient*a*	여자친척
-r, -n ➡ +a	docto*r*	박사/의사	docto*ra*	여자박사/여의사
	profeso*r*	교수/선생님	profeso*ra*	여교수/선생님
	pinto*r*	화가	pinto*ra*	여류화가
	campeó*n*	챔피언	campeo*na*	여자챔피언
	leó*n*	사자	leo*na*	암사자
-ey ➡ -eina	r*ey*	왕	r*eina*	여왕
-ta ➡ -tisa	profe*ta*	예언가	profe*tisa*	여자예언가
-e, -s, -n ➡ -esa	príncip*e*	황태자	princ*esa*	공주
	duqu*e*	공작	duqu*esa*	공작부인
	marqué*s*	후작	marqu*esa*	후작부인
	cond*e*	백작	cond*esa*	백작부인
	vizcond*e*	자작	vizcond*esa*	자작부인
	baró*n*	남작	baron*esa*	남작부인
	tigr*e*	호랑이	tigr*esa*	암호랑이
-tor, -dor ➡ -triz	empera*dor*	황제	empera*triz*	황후
	ac*tor*	배우	ac*triz*	여자배우

참고 사항

● 그러나 이러한 여성명사 형성이 바람직스러움에도 불구하고 아직도 혼용되는 경우가 있다.

el médico	의사	***la médica/ la médico***	여의사
el poeta	시인	***la poetisa/ la poeta***	여류시인

2 남·여성 동형

1 남·여성 어미가 [-a], [-í], [-n]으로 끝난 명사

gu*ía*	가이드/ 안내인	idiot*a*	바보	indígen*a*	원주민
jove*n*	젊은이	belg*a*	벨기에인	iraqu*í*	이라크인

2 남·여성 어미가 [-o]로 끝난 명사

model*o*	모델	soldad*o*	군인	testig*o*	증인
doctorand*o*	박사과정생				

3 어미가 [-ante/ -ente]로 끝난 명사

comerci***ante***	상인	estudi***ante***	학생	comedi***ante***	코미디언
ayud***ante***	조수, 조교	naveg***ante***	항해자	particip***ante***	참가자
narcotrafic***ante***	마약거래인	camin***ante***	여행자	verane***ante***	피서객
teni***ente***	육군중위	terrateni***ente***	지주	oy***ente***	청강생

4 어미가 [-ista]로 끝난 명사

periodi***sta***	기자	pian***ista***	피아니스트	dent***ista***	치과의사
ego***ísta***	이기주의자	guitarr***ista***	기타리스트	deport***ista***	스포츠맨
novel***ista***	소설가	futbol***ista***	축구선수	ten***ista***	테니스선수
nacional***ista***	국가주의자	separat***ista***	분리주의자	oportun***ista***	기회주의자

5 어미가 [-nauta/ -ita]로 끝난 명사

astro***nauta***	우주항해사	inter***nauta***	인터넷사용자	cosmopol***ita***	세계인

6 합성명사

cara*dura*	철면피	**limpia***botas*	구두닦이	**chupa***tintas*	말단 공무원
porta*voz*	대변인	**guarda***espaldas*	경호원	***correveidile***	수다쟁이

3 자연성에 의한 구별

남성명사		여성명사	
hombre	남자	mujer	여자
papá	아빠	mamá	엄마
toro	황소	vaca	암소
caballo	말	yegua	암말
macho	수컷	hembra	암컷

4 성에 따른 의미변화

남성명사		여성명사	
el orden	순서, 질서	*la* orden	명령
el pez	물고기	*la* pez	송진
el radio	반경	*la* radio	라디오
el coma	혼수(상태)	*la* coma	구두점
el cometa	혜성	*la* cometa	연
el capital	자본	*la* capital	수도

2 명사의 수

명사는 셀 수 있는 존재나 사물을 지칭하는 가산명사(nombres contables)와 셀 수 없는 사물을 지칭하는 불가산명사(nombres incontables)로 구분할 수 있으며, 전자의 예로는 niño(아이), silla(의자), escuela(학교) 등이 있으며, 후자의 예로는 aire(공기), frío(추위), verdad(진실) 등이 있다. 그러나 불가산명사의 경우도, 한정된 의미를 지니게 될 때는 복수로 사용될 수 있다: las aguas del mar (그 바다의 물), Buenos Aires(부에노스 아이레스, La Plata 강 유역의 "좋은 공기"를 의미하는 데서 유래함).

가산명사의 경우, 모음으로 끝난 단어는 [+S]를 붙이고, 자음으로 끝난 단어는 [+ES]를 붙여 복수를 만든다. 단, [-Z]로 끝난 단어는 [Z ➡ C]로 고치고 [-ES]를 붙인다.

-모음	**+ S**
-자음	**+ ES**
-Z	**[Z➡C] + ES**

casa	집 ➡	casa*s*	libro	책 ➡	libro*s*
árbol	나무 ➡	árbol***es***	automóvil	자동차 ➡	automóvil***es***
pez	고기 ➡	pe***ces***	luz	빛 ➡	lu***ces***

I 강세모음으로 끝나는 단어는 [-S] 또는 [-ES]를 붙인다.

-á, -é	**+ S**

mamá	엄마 ➡	mamá*s*	papá	아빠 ➡	papá*s*
bebé	갓난 아기 ➡	bebé*s*	café	커피, 커피숍 ➡	café*s*
comité	위원회 ➡	comité*s*	puré	뻑뻑한 스프 ➡	puré*s*

-í, -ó, -ú	**+ ES**

ají	고추 ➡	ají***es***	marroquí	모로코인 ➡	marroquí***es***
bambú	대나무 ➡	bambú***es***	menú	메뉴 ➡	menú***es***

참고 사항

- **단독 모음의 복수 형성: 약모음의 경우 복수형성 시 악센트를 첨가한다.**

a ➡ aes　　e ➡ es　　o ➡ oes　　i ➡ íes　　u ➡ úes

2 그 외에 외래어, 라틴어 또는 그리스어에서 유래한 단어는 자음으로 끝나도 -S만을 붙여서 만들기도 한다.

bistec	비프스테이크 ➡	bistec*s*	coñac	꼬냑 ➡	coñac*s*
chalet	별장 ➡	chalet*s*	complot	음모 ➡	complot*s*
superávit	잉여 ➡	superávit*s*	déficit	결손 ➡	déficit*s*

※ 마지막 예의 t는 단/ 복수에서 발음되지 않는다.
club(클럽)의 복수는 club*s* 또는 club*es*이다.

I 단 · 복 동형 명사

어떤 명사들은 단수와 복수의 모습이 동일하며, 이 경우 그 명사를 수식해 주는 관사나 형용사 등을 통해 성·수를 구별할 수 있다. 이런 유형의 명사에는 대부분의 합성명사, 요일, 기타 몇몇 단어들이 해당된다.

합성명사	**abre***botellas*	병 따개	**abre***latas*	캔 따개
	apaga*incendios*	소화기	**corta***plumas*	연필 깍기 칼
	para*guas*	우산	**para***caídas*	낙하산
	porta*minas*	샤프펜슬	**porta***aviones*	항공모함

※ 이러한 합성명사의 예들은 매우 많으며, "§5. 파생명사와 합성명사"편을 참고하기 바란다.

요 일 (토, 일 제외)	lunes	월요일	martes	화요일
	miércoles	수요일	jueves	목요일
	viernes	금요일		

기 타	análisis	분석	énfasis	강조
	exprés	급행열차	éxtasis	무아지경, 황홀경
	brindis	축배	iris	무지개
	virus	바이러스	atlas	부도(분야별 내용이 담긴 지도)
	botones	벨보이	equis	X 또는 x

2 항상 복수로만 사용되는 명사

이 경우 복수의 개념은 [단수 + 단수]에서 오는 것이 아니라, 하나의 명사가 두 부분으로 구성되어 있다는 점에 기인하게 된다.

gafas	안경	anteojos	안경
calzoncillos	팬티	alicates	펜찌
tenazas	못 뽑개	tijeras	가위

※ 바지 pantalón/ pantalones, 반바지 calzón/ calzones에서 보 듯, 단수 또는 복수로 혼용되기도 한다. 청바지는 (pantalones) vaqueros 또는 (pantalones) tejanos이다.

산맥이나 군도는 그 구성 요소들이 복수이므로 항상 복수로만 사용된다.

los Alpes	알프스산맥	los Pirineos	피레네산맥
Baleares	발레아레스군도	Canarias	카나리아군도

※ 이 명사들이 주어가 되는 경우 동사는 단수 또는 복수로 일치된다.

이 외에도 단독으로 혹은 전치사의 보어로 복수로만 사용되는 명사들이 있다.

víveres	식료품	exequias	장례(식)
de ***veras***	진실로	a ***tientas***	더듬어서

3 항상 단수로만 사용되는 명사

cenit	천정(天頂)	nadir	천저(天底)
este, oeste, norte, sur	동, 서, 남, 북	sed	갈증
miedo	무서움, 두려움	salud	건강

3 명사의 종류

모든 사물의 이름인 명사(Nombre)를 분류해 보면, 사람, 동물, 사물을 지칭하는 보통명사와 같은 종류, 종(種) 또는 성(性) 내에 상이한 해석들을 개별화시키거나 구체화시켜주는 고유명사로 크게 구분된다. 의미면에서 다시 세분하면 보통명사는 수를 셀 수 있느냐 없느냐에 따라 셀 수 있는 가산명사와 셀 수 없는 불가산명사로 구분되며, 가산명사는 생물명사(인간명사와 비인간명사로 세분됨)와 무생물명사, 불가산명사는 추상명사와 물질명사로 구분된다. 또 보통명사에는 개체를 포함하는 집단을 의미하는 집합명사도 있다.

명 사 [NOMBRE]					
보통명사 [Nombre común]					고유명사 [Nombre propio]
가산명사 [+contable]			불가산명사 [-contable]		
생물명사 [+animado]		무생물명사 [-animado]	추상명사 [+abstracto]	물질명사 [-abstracto]	
인간명사 [+humano]	비인간명사 [-humano]				
hombre 남자	caballo 말	casa 집	deseo 소망	agua 물	Juan 환
mujer 여자	vaca 소	libro 책	idea 생각	aire 공기	José 호세
médico 의사	rana 개구리	televisor TV세트	esperanza 희망	leche 우유	María 마리아
profesor 교수	tigre 호랑이	ordenador 컴퓨터	amor 사랑	café 커피	España 스페인
padre 아버지	perro 개	ventana 창문	vergüenza 수치	azúcar 설탕	Estados Unidos 미국

집합명사 (Nombre colectivo)	familia 가족	gente 사람들	grupo 그룹	mayoría 대부분

Preparo la ***clase*** en ***casa***.	나는 집에서 수업준비를 한다.	보통명사.보통명사
Es una ***idea*** fantástica.	아주 훌륭한 생각이야.	추상명사
Antonio es de ***Estados Unidos***.	안또니오는 미국출신이다.	고유명사.고유명사

집합명사가 주어가 되는 경우, ser 또는 estar로 이루어지는 계사문에서는 동사가 복수가 되나, 일반 동사의 경우 문법적 일치를 이루어 단수가 될 수 있

으나, 또한 의미적 일치를 하여 복수도 될 수 있다.

La ***mayoría*** son ***alumnos.***	대다수는 학생이다.	집합명사-보통명사
La ***mayoría*** {tiene/ tienen} ***miedo*** del ***mar.***	대다수는 바다를 두려워한다.	집합명사-추상명사-보통명사

이러한 명사들 중 자주 거론되는 명사들의 개념과 내용을 정리해 보기로 하자.

1 보통명사

형태가 있는 사물의 일반적인 이름을 보통명사라 부르며, 그 예로는 chico, caballo, árbol, libro, manzana, edificio, radio, 등 무수히 많다. 형태는 없지만 일정한 단위를 표현하는 다음과 같은 단어도 보통명사에 속한다.

시간을 표현하는 단어	hora 시간, día 날, semana 주, año 년, ...
무게를 표현하는 단어	libra 파운드, gramo 그램, kilo 킬로, ...
거리를 표현하는 단어	pulgada 인치, metro 미터, milla 마일, ...

보통명사는 정관사나 부정관사를 동반할 수 있으며, 이 경우 여러 가지 의미의 용법들로 사용되며 그러한 내용들은 [정관사]와 [부정관사]편에서 다루고 있다. 또 보통명사의 성·수에 대해서는 이미 앞에서 다루었다.

2 추상명사

형태가 없는 추상적인 개념을 나타내는 명사를 말하며, 셀 수 없는 명사로서 부정관사를 붙이거나 복수형을 쓰지 않는 것이 원칙이다.

amabilidad	친절	belleza	미	experiencia	경험
éxito	성공	educación	교육	verdad	진실
juventud	젊음	sabiduría	지식	consejo	충고
felicidad	행복	riqueza	부	suerte	행운

Me interesa ***la experiencia*** de los demás.	나는 타인들의 경험에 관심이 있다.

El éxito de mi hijo es ***mi éxito.***	내 아들의 성공이 나의 성공이다.
Esperamos ***una mejora*** en ***la educación*** de los jóvenes.	우리들은 젊은이들의 교육에서 개선을 바라고 있다.

추상명사가 구체적인 행위, 경험, 기회 등을 표현할 때에는 보통명사화 되어 부정관사를 붙이거나 복수형을 쓸 수 있게 된다.

Ella me cuenta ***sus experiencias*** de viaje por Europa.	그녀는 유럽여행의 경험들을 내게 얘기한다.
Tenemos ***muchos éxitos*** en el mercado videográfico.	우리들은 비디오시장에서 많은 성공을 거두었다.
Puedo entender cada una de ***estas cuatro educaciones.***	나는 이러한 4가지 교육제도 각각을 이해할 수 있다.

[전치사 + 추상명사]는 형용사 기능을 수행하여 명사를 수식한다.

Busco ***un hombre de experiencia*** para enseñar a los alumnos.	나는 학생들을 가르칠 경험 있는 사람을 찾고 있다.
Él es ***un político de gran importancia.***	그는 매우 중요한 정치인이다.
Quiero ayudar a ***los minusválidos en dificultad.***	나는 어려움에 처해 있는 장애인들을 돕고 싶다.
Detesto a ***los ciudadanos sin conciencia nacional.***	나는 국가의식이 없는 시민들을 경멸한다.

[전치사 + 추상명사]가 부사 기능을 수행하는 경우도 있으며, 이 경우 추상명사는 전치사 con, en, por, 등과 함께 구성된다.

Ella camina ***con elegancia.***	그녀는 우아하게 걷는다.
Los novios se casaron ***por fuerza.***	신랑신부는 강요에 의해 결혼을 했다.

참고 사항

- [lo + 형용사]는 추상명사의 의미를 표현한다. 반면에 [el/ la/ los/ las + 형용사]는 보통명사의 의미를 표현한다.

Debes hacer interesante ***lo importante.***	너는 중요한 것을 재미있게 만들어야 한다.
Soy amable con ***los buenos.***	나는 선량한 사람들에게는 친절하다.

3 물질명사

일정한 형태가 없는 물질을 표현하는 명사를 물질명사라 한다.

재료	madera 목재, cristal 유리, seda 비단, papel 종이
기체	aire 공기, gas 가스
액체	agua 물, aceite 기름, leche 우유, vino 포도주
식품	azúcar 설탕, café 커피, mantequilla 버터, pan 빵
천연물	lluvia 비, nieve 눈, roca 바위
기타	dinero 돈, fuego 불

물질명사는 불가산 명사로서 부정관사를 붙이거나 복수형을 쓰지 않는 것이 원칙이다.

No podemos vivir sin ***aire*** y ***agua.***	우리는 공기와 물이 없으면 살 수 없다.
Quiero ***pan.***	나는 빵을 원한다.
Mamá me da ***dinero*** cada día.	엄마는 매일 내게 돈을 주신다.
¿Quieres ***agua?***	너 물 마시고 싶니?

그러나 명사를 전체적으로 통칭하는 의미로 사용되는 경우 단수 정관사는 사용될 수 있다.

La leche nos sirve para la salud.	우유는 우리들의 건강에 좋다.

1 물질명사의 수량 표시

① 물질명사는 불가산 명사이므로 양(量)을 표시하는 mucho, poco, bastante 등과 같은 형용사를 사용하여 양을 표시한다.

Mi tío bebe ***mucho vino.***	나의 아저씨는 포도주를 많이 마신다.
Tengo ***mucha hambre.***	나는 매우 배가 고프다.

② 물질명사를 수량화하기 위해서는 [수사 + 단위명사 + de + 물질명사]구문을 사용하게 된다.

un trocito de pan	빵 한 조각	una botella de aguardiente	소주 한 병
una hoja de papel	종이 한 장	dos cucharadas de azúcar	설탕 두 스푼
seis libras de carne	고기 6파운드	un grano de maíz	옥수수 한 알

Dame ***un vaso de agua.***	물 한 잔 주렴.
Inés quiere ***una botella de vino.***	이네스는 포도주 한 병을 원한다.
El profesor tiene ***una barra de tiza*** en la mano derecha.	교수님은 오른 손에 분필 한 개를 갖고 계십니다.

참고 사항

- 이러한 형태의 표현은 영어에서 보다는 제한적으로 사용되는 것 같다. 예를 들어, 영어의 a piece of furniture (가구 한 점)은 una pieza de mueble에 해당하나 스페인어에서는 보통 un mueble로 사용하고 있으며, 마찬가지로, dos muebles, tres muebles, ...식으로 사용한다.

2 물질명사의 가산명사화

물질명사는 불가산 명사이므로 부정관사를 붙이지도 않고, 복수형으로 만들지도 않는 것이 원칙이나, 그 물질로 만든 제품이나 그 물질로 된 개체, 또는 그런 물질의 종류를 표현하는 경우 가산명사화 되어 부정관사를 붙이거나 복수형을 취할 수 있다.

① 종류/ 개체

¿Cómo se hace ***un buen vino?***	좋은 포도주는 어떻게 만들어지죠?
Ella le da a su hijo ***una leche de soja.***	그녀는 아이에게 두유를 준다.
He colocado ***una roca*** en el centro del acuario.	나는 수족관 가운데에 바위 하나를 놓았다.
Las gafas son de ***dos cristales.***	그 안경은 두개의 유리로 되어 있다.
¿Quieres ***una cerveza?***	맥주 한잔 하겠니?

② 제품

Necesito ***un cristal.***	나는 유리잔 하나가 필요하다.
Te voy a comprar ***unos dulces.***	나는 네게 사탕 몇 개를 사줄 것이다.

③ 개별적 사건

Hay ***un gran fuego*** ardiendo cerca de la carretera.	도로 가까이 큰 불이 타고 있다.
Me gusta ver ***una nieve virgen*** en la montaña.	나는 산 속에 있는 아무도 밟지 않은 눈을 보고 싶다.

4 집합명사

집합명사는 단수상황에서 여러 개의 개체 또는 존재들의 집합체를 의미한다. 또한 그러한 집합명사들이 모여 다시 복수를 이룰 수 있다. 예를 들어, 한 가족은 5명의 식구(miembros)로 구성될 수 있으며, 또한 가족(familia)이 몇 모이면 가족들(familias)이 된다. 즉, 집합명사는 단수로 한 집단을 지칭하고, 복수로는 여러 집단을 지칭하게 되는 것이다.

familia	가족	ejército	군대
grupo	집단	equipo	팀
pueblo	민족	mayoría	대다수

※ pueblo는 '민족'을 의미할 때는 집합명사로, '마을'을 의미할 때는 보통명사로 취급된다.

Mi familia es numerosa.	나의 가족은 대가족이다.
Dos familias viven en aquella casa.	저 집에는 두 가구가 살고 있다.

이러한 집합명사는 특정한 수를 지칭하거나, 불특정 다수를 언급하기도 한다.

matrimonio	부부(2사람)	trío	3인조
asamblea	집회(불특정 다수)	arboleda	나무숲(불특정 다수)

또 구성요소들이 특화되거나, 동일 유형의 특성을 표현하는 집합명사가 있는가 하면, 이러한 내용이 전혀 존재하지 않는 것들도 있다.

1 특화되거나 동일 유형의 구성 요소들로 이루어진 집합명사

cabildo	승려회	coro	합창단
flota	함대	teclado	키보드
colmena	벌떼	olmeda	느릅나무숲

2 특화되지 않거나 동일 유형이 아닌 구성 요소들로 이루어진 집합명사

conjunto	전체	masa	집단, 군중
multitud	다중	serie	일련

참고 사항

● 매우 소수이긴 하지만 가산명사나 물질명사 중 몇몇은 은유적으로 특정한 의미의 집합명사로 바뀔 수 있으며 이 경우 꼭 단수로 사용되어야 한다.

la plata	돈	la cuerda	오케스트라의 현악기 전체

3 집합명사와 동사 사이의 일치

마지막으로 주의해야 할 점은 집합명사가 주어로 나타나는 경우 동사와의 일치문제로 그 내용은 다음과 같다.

① 집합명사가 계사동사(ser, estar, parecer 등)의 주어로 나타나는 경우 술어의 내용이 복수의 의미를 지니면 항상 복수로 사용되며, 집합명사 자체의 성(性)이 아니고 그 내용의 성(性)에 따라 주격보어의 성이 결정된다.

***La mayoría* {*son*/ **es*} alumnas.**	대부분은 여학생들이다. *표시: 비문 의미
***La mayoría* (*de los locales*) *están abiertos* todo el año.**	(점포) 대부분은 연중 열려있다.

※ ***La mayoría*** *(de las tiendas)* ***están abiertas*** todo el año. (가게 대부분은 ...)

② 집합명사가 여타 일반 동사의 주어인 경우 문법적 일치에 따라 단수가 될 수도 있고 의미적 일치(silepsis)에 따라 복수가 될 수도 있다.

***La mayoría* {*tiene*/ *tienen*} calor.**	대부분은 더워한다.

5 고유명사

고유명사란 María, Juan 등과 같은 사람 이름이나 Seúl, Corea 같은 지명 등으로 사람이나 사물의 고유한 이름을 나타내는 명사이다. 고유명사는, 보통명사와 달리, 자체의 본유적 의미를 지니지 않으며 같은 종류의 상이한 개체들을 개별화시키는 기능을 한다. 예를 들어, Apolo는 개, 비행기, 배, 사람, 말 등을 지칭할 수 있으며, 그 자체로는 어떠한 특별한 자질이나 속성을 표현하지 않는다. 고유명사의 첫 글자는 대문자로 쓰고, 부정관사나 정관사를 붙이지도 않으며, 복수형으로 하지도 않는 것이 원칙이다.

Inés fue a la montaña.	이네스는 그 산에 갔다.
Quiero ver a ***Antonio***.	나는 안또니오를 보고 싶다.

이 외에도 고유명사는 보통명사화 되거나 보통명사로 전환되어 사용되는 경우가 있으며, 그 경우 특이한 의미를 표현하게 된다.

1 고유명사의 보통명사화

이 경우 복수의 형성은 제로 형태소(morfema cero)로 이루어지며 다음과 같은 특징들을 보여준다.

① 고유명사에 부정관사를 붙여 사용하면 [-같은 사람]의 의미를 표현하게 된다.

Juan es ***un Nerón*** en casa.	환은 집에서 네로와 같은 폭군이다.
Él va a ser ***un Mozart***.	그는 모차르트와 같은 사람이 될 것이다.

② 가문(家門) 또는 [-씨 부부]를 표현하는 경우 성(姓)을 지칭하는 고유명사에 복수 정관사 los를 앞에 붙여 사용한다.

los Machado	마챠도가	***los*** Quintero	낀떼로가
los Pérez	뻬레스가	***los*** Kim	김씨가

※ 사학자들이 복수로 사용하기도 한다: *los Escipiones*(스키피온가), *los Borbones*(브르봉가)

El padre de ***los Machado*** fue médico.	마챠도가의 아버지는 의사였다.
Ésta sería una buena guardería para los tres hijos de ***los Pérez***.	이곳은 뻬레스부부의 세 자녀들에게 좋은 유아원이 될 수 있다.

③ [-의 작품], [-사 제품]이란 의미를 지닐 수도 있다.

Me cae mejor ***un Samsung*** que ***un Sony.***	나는 소니 제품보다 삼성제품이 더 마음에 든다.
El Museo anuncia la compra de ***dos Picasso.***	그 미술관은 피카소 작품 2점을 살 것이라 발표한다.

※ **마지막의 경우 복수형** dos picassos**를 더 많이 사용하고 있음.**

2 고유명사의 보통명사로의 전환

고유명사도 보통명사로 전환될 수 있다. 즉, 시대별로 어떤 국가를 구별할 수 있으며, 우리나라처럼 남북으로 분단된 국가도 있기 때문이다. 또 불특정의 의미를 부여함으로 고유명사의 유일성을 없앨 수도 있기 때문이다. 나아가, 동일 이름의 다수가 존재한다는 전제 아래 단수화(singularización)시키는 경우도 있다. 이런 경우 고유명사는 보통명사로 바뀌어 한정사나 보어의 수식을 받을 수 있다.

시대별 구분	la España del Siglo de Oro	황금세기의 스페인
복수화	las dos Coreas	두 한국(남한과 북한)
불특정화	un tal Jiménez	히메네스라는 사람
단수화	el Luis que se marchó ayer	어제 떠났던 루이스

En el grupo hay ***tres Marías.***	그 그룹에는 마리아가 세 명이다.
No es mi hermano ***el Luis que se marchó ayer.***	어제 떠난 루이스는 내 형이 아니다.

역사적으로 고유명사가 보통명사에서 유래한 것으로 이후 어휘적 공동화(空洞化)과정을 겪었음을 볼 수 있는 예도 있다. 미국은 51개 주로 구성되어 "합쳐진 주들"(Los Estados Unidos)에서 출발하여, 현재는 완전히 미국(Estados Unidos)이라는 국명으로 정착하게 되었다. 아직도 관사를 동반하는 경우도 있으나 이 경우에는 복수의 개념이 살아 있는 것으로 본다.

Los EE UU votaron en contra de la propuesta rusa.	미국은 러시아의 제안에 반대하여 투표하였다.
Estados Unidos votó en contra de la propuesta rusa.	미국은 러시아의 제안에 반대하여 투표하였다.

※ EE.UU.는 Estados Unidos의 약어이다.

4 증대사와 축소사

스페인어에는 여타 언어에는 존재하지 않는 특이한 성격의 접미사가 있으며, 이것이 바로 증대사, 축소사, 경멸사이다. 증대사는 해당 명사의 의미가 크다거나 또는 경멸의 의미를 지니도록 할 때 사용된다. 반면에 축소사는 명사의 의미가 작다거나 귀엽다거나 사랑스러울 때 사용한다. 경멸사는 의미를 폄하하기 위해 사용된다. 이러한 접미사들은 주로 명사에 적용되나(caballito 귀여운 말), 나아가 형용사(delgaditos 가녀린), 현재분사(callandito 조용한 상태인), 부사(cerquita 가까운), 전치사(hastita ...까지) 등 여타 범주에도 나타난다.

1 증대사(Aumentativos)

증대사는 "크다"거나 "경멸"의 의미를 표현한다.

접미사	기본형	뜻	증대형	뜻
-ón -ona	hombre	남자	hombr***ón***	거구의 남자
	mujer	여자	mujer***ona***	거구의 여자
	soltero, a	독신	solter***ón, na***	노총각, 노처녀
	chico, ca	소년, 소녀	chicarr***ón, na***	덩치 큰 소년, 소녀
	cabra	산양, 암양	cabr***ón***	숫 산양, 나쁜 자식
	preguntar	질문하다	pregunt***ón, na***	질문 꾼
	dormir	자다	dormil***ón, na***	잠꾸러기
-aco -acho	libro	책	libr***aco***, libr***acho***	거지같은 책
	rico, ca	부자	ric***acho, cha***	벼락부자, 졸부
	amigo	친구	amig***acho***	말썽꾸러기 친구
-ote -ota	caballero	신사	caballer***ote***	엉성한 신사
	cámara	홀, 방	camar***ote***	선실
	cabeza	머리	cabez***ota***	골통, 고집쟁이

2 축소사(Diminutivos)

축소사는 "작거나" 또는 "사랑스러운" 것을 표현한다.

-ito **-ita**	hijo, ja 아들, 딸	hij***ito, ta*** 귀여운 아들, 딸
	chico, ca 소년, 소녀	chiqu***ito, ta*** 사랑스런 소년, 소녀
	chiquito, ta 사랑스런 소년, 소녀	chiquit***ito, ta*** 매우 사랑스런 소년, 소녀
	momento 순간	moment***ito*** 짧은 순간
	ahora 지금	ahor***ita*** 지금 금방
-cito	montón 큰 덩어리, 뭉치	monton***cito*** 작은 덩어리, 뭉치
	padre 아버지	padre***cito*** 사랑스런 아버지
-illo **-illa**	chico, ca 소년, 소녀	chiqu***illo, lla*** 사랑스런 소년, 소녀
	escoba 빗자루	escob***illa*** 솔, 브러시
	cola 꼬리	col***illa*** 꽁초 cf. coleta 꽁지머리
	lente 렌즈	lent***illa*** 콘택트 렌즈
-ecillo	pan 빵	pan***ecillo*** 작은 빵
	pez 물고기	pec***ecillo*** 작은 물고기
-uelo **-uela**	demonio 악마	demoñ***uelo*** 도깨비
	tonto, ta 바보	tont***uelo, la*** 사랑스러운 바보
	río 강	riach***uelo*** 개천

3 경멸사(Despectivos)

경멸사는 경멸의 의미를 표현한다.

-arraco	pájaro 새	paj***arraco*** 하찮은 새
-acho	pueblo 마을	pobl***acho*** 빈촌, 한촌
-astro	poeta 시인	poet***astro*** 엉터리 시인

5 파생명사와 합성명사

I 파생명사

이미 앞에서 여러 번 우리는 파생(derivación)과 합성(composición)을 통해 형성된 단어들을 보았다. 파생은 어떤 단어에 형태소를 추가하여 다른 단어를 만들어 내는 것이다. 이러한 파생형태소는 굴절형태소(morfemas flexivos)와 차이가 난다. 굴절형태소는 단어의 문법적 범주와 의미에 변화를 주지 않으나, 파생형태소(morfemas derivativos)는 문법범주와 의미에 변화를 준다.

굴절형태소	수 형태소 -Ø, -S, -ES	amigo**Ø** 친구		amigo**s** 친구들	
		papel**Ø** 종이		papel**es** 종이들	
	동사의 변화형	cant**o**	cant**as**	cant**a**	...
		cant**aba**	cant**abas**	cant**aba**	...
파생형태소	접두사(Prefijos)	sabor 맛		**sin**sabor 무미	
		útil 유용한		**in**útil 쓸모 없는	
	접미사(Sufijos)	feliz 행복한		felici**dad** 행복	
		tarde 늦게		tard**ío** 늦은	

이러한 파생명사에는 접미사를 통해 만들어지는 축소사, 증대사, 경멸사도 포함되며, 형용사의 최상급(guapísimo, cansadísimo, 등)도 해당된다. 추가로, 접두사 및 접미사를 통해 이루어지는 파생명사의 예들 중 몇몇을 나열하면 다음과 같다.

I 접두사를 통해 파생된 명사

접두어 a-(부정, 부족), anti-(반대), auto-(스스로), bi-(두 개의), bis-(중복의), con-(함께), contra-(대항), ex-(밖으로), extra-(밖의), des-(부정, 반대), in-(무(無), 부(不)), hiper-(고(高)), hipo-(저(低)), inter-(서로), multi-(많음), neo-(새로운), pos(t)-(이후), pre-(이전), sin-(결여), super-

(초월, 초과), ultra-(극단, 초(超)), re-(다시), tele-(먼), 등을 통해 수많은 파생명사를 구성할 수 있으며, 다음은 그 예들 중 일부이다.

antibiótico	항생제	***anti***concepcionismo	산아제한
autobiografía	자서전	***auto***móvil	자동차
bisabuelo	증조할아버지	***bis***nieto	증손자
concuñado	동서	***con***suegro	사돈
contraataque	반격, 역습	***des***ventaja	불리, 단점
ex presidente	전임대통령	***extra***terrestre	E.T., 외계인
injusticia	불의	***multi***media	멀티미디어
hipertensión	고혈압	***hipo***tensión	저혈압
neologismo	신조어	***pos(t)***guerra	전후(戰後)
prehistoria	선사시대	***ultra***derecha	극우(極右)
sinvergüenza	철면피, 무치	***super***hombre	슈퍼맨
renacimiento	부활	***telé***fono	전화
telediario	텔레비전 뉴스	***tele***visión	텔레비전

2 접미사를 통해 파생된 명사

naci***miento***	탄생	plantea***miento***	기획
entr***ada***	입구	sal***ida***	출구
llam***ada***	통화	part***ida***	출발
padr***astro***	의붓아버지	madr***astra***	의붓어머니
hij***astro***	의붓아들	herman***astro***	배 다른 형제
deport***ista***	스포츠맨	futbol***ista***	축구선수
pian***ista***	피아니스트	violin***ista***	바이올린니스트
chantaj***ista***	공갈범	carter***ista***	소매치기
mujer***iego***	난봉꾼	andar***iego***	쏘다니는 사람
moned***ero***	동전지갑	flor***ero***	꽃가게 주인
camion***ero***	트럭운전기사	basur***ero***	청소부, 쓰레기 통

나아가 동사 파생명사(sustantivo deverbal)는 원래 동사의 의미와 그 통사적 속성을 그대로 유지한다.

Traerá el cambio ***la llegada de los socialistas al poder.***	사회당사람들의 집권은 변화를 가져다 줄 것이다.
⬅ Los socialistas llegan al poder.	사회당 사람들이 집권한다.
Nos expresa ***su creencia en que nuestro país tiene un futuro brillante.***	그는 우리에게 우리나라의 미래가 밝다는 믿음을 표명한다.
⬅ Él cree en que nuestro país tiene un futuro brillante.	그는 우리나라의 미래가 밝다고 믿는다.
No veo razonable ***su deseo de que vayas allí para ganar más dinero.***	네가 돈을 더 많이 벌기 위해 그곳에 가기를 바라는 그의 희망이 옳다고 나는 생각하지 않는다.
⬅ Él desea que vayas allí para ganar más dinero.	그는 네가 돈을 더 많이 벌기 위해 그곳에 가기를 원한다.

이러한 파생형태는 명사뿐만 아니라 형용사, 부사, 동사 등에도 많이 존재한다.

[형용사]

anormal	비정상적인	***a***sexuado	무성(無性)의
bicolor	두 색의	***bi***lateral	양측의
desagradable	불쾌한	***inter***cambiable	상호 교체 할 수 있는
prematuro	조숙한	***ultra***moderno	초현대식의

[부사]

anormal***mente***	비정상적으로	***in***dependiente***mente***	독립적으로

[동사]

contradecir	반박하다	***inter***venir	참견하다

2 합성명사

합성(composición)이란 둘 또는 그 이상의 단어들을 모아 다른 단어를 만들어 내는 과정이다. 그 결과 나타나는 단어가 합성어(palabra compuesta)이고, 이들 중 그 범주가 명사에 해당하는 것이 합성명사(nombre compuesto)이다. 합성어는 거의 모든 문법범주에 속해 있다.

명 사	**abre***botellas*	병따개	**boca***mina*	갱입구
	boca*calle*	지하철 출구	**pasa***tiempo*	놀이, 여흥
	traga*monedas*	슬롯머신	**traga***luz*	채광창
형 용 사	**agri***dulce*	시큼달콤한	**sordo***mudo*	농아의
	boqui*abierto*	입을 벌린	**peli***rrojo*	붉은 머리카락의
부 사	**tam***poco*	또한 ... 아니다	**de***prisa*	급히
수 사	**dieci***séis*	16	**veinti***nueve*	29
대 명 사	**quien***quiera*	누구이든 간에	**cual***quiera*	어느 것이든 간에
접 속 사	**por***que*	왜냐하면		

이러한 범주들 중 합성명사가 가장 많으며, 그 주요 내용들을 정리하면 다음과 같다.

합 성 명 사		3인칭 동사 + 복수 명사	
abre*botellas*	병 따개	***abre****latas*	캔 따개
abre*cartas*	편지따개 칼	***apaga****incendios*	소화기
caza*talentos*	스카우터	***corta****plumas*	연필깎기 칼
corta*uñas*	손톱깎기	***cumple****años*	생일
espanta*moscas* (***mata****moscas*)	파리채	***espanta****pájaros*	허수아비
guarda*espaldas*	경호원	***limpia****dientes* (***monda****dientes*)	이쑤시개

***mata**sellos*	소인, 스탬프	***para**guas*	우산
***para**caídas*	낙하산	***para**choques*	범퍼
***porta**minas*	샤프펜슬	***porta**aviones*	항공모함
***rompe**cabezas*	수수께끼	***rompe**corazones*	바람둥이
***rompe**hielos*	쇄빙선	***rompe**nueces*	호도까개
***salta**montes*	메뚜기	***saca**corchos*	코르크병 따개

위에서 나열한 합성명사들은 모두 단·복 동형이며, 사람을 의미하는 명사들은 남·여성 동형이다. 내부적인 구조는 [3인칭 동사 + 복수명사]로 이루어져 있다: [abre + botellas], [caza + talentos], [corta + uñas], [espanta + moscas], [para + caídas], [rompe + hielos], [salta + montes], etc. 또 여기서는 어휘적인 결합의 전형적인 합성이 일어나며, 나아가 합성이 이중으로 일어나는 경우도 있다: parabrisas([para + brisas]: 자동차 앞 유리) ➡ limpiaparabrisas([limpia + [para + brisas]]: 와이퍼). 또는 paraguas (우산)의 경우 합성과정에서 중복되는 모음 a 중 하나가 생략된다: [para + (a)guas]. 또 이러한 현상은 [명사 + 형용사]구조인 aguardiente([agua + (a)rdiente]: 소주)에서도 나타난다.

자, 그럼, 이러한 [명사 + 형용사]구조 또는 [형용사 + 명사]구조에 대해서 살펴보기로 하자. 이러한 구조에서 그 구성요소 사이에는 핵인 명사와 그것을 수식하는 형용사로 합성되어 있다. 또 hidalgo의 경우는 [명사 + 전치사구]로 전치사구 [전치사 + 부정대명사]가 명사를 수식해주는 구조이다.

*Blanca***nieves**	백설공주	**campo***santo*	묘지
*cien***pies**	지네(escolopendra)	*vana***gloria**	허영
(hijo de algo > hijodalgo >) ***hidalgo***			시골귀족

이런 예에서는 합성어 내 두 요소 중 하나(명사)가 핵 역할을 하고 다른 요소(형용사)는 수식어 역할을 한다. 그리고 대부분 원래의 의미를 함께 지니나 ciempies의 경우는 완전히 비유적으로 사용되어 "다리가 100개"([cien +

pies]에서 p앞의 n을 발음 나는 대로 m으로 표기함)라는 의미가 아니라 "많은 다리를 지닌" 곤충이 된다. 나아가 통사적으로 문장의 의미를 지닌 채 합성된 예들도 나타난다.

corre*vei*di*le*	m.f. 수다쟁이	**haz*me*rreír**	m. 어릿광대(payaso)
no*me*olvides	f. 물망초	**va*i*ven**	m. 왕복운동

나아가 합성과 파생이 함께 일어나는 현상(parasíntesis)을 다음의 예들에서 파악해 볼 수 있다.

pica*pedr*ero	←	pica(r) + piedra + 접미사 -ero	석공
radio*telegraf*ista	←	radio + telégrafo + 접미사 -ista	무선전신기사
para*caid*ista	←	para(r) + caída + 접미사 -ista	낙하산 병

6 [명사(핵) + 명사(보어)]구문

명사 핵이 다른 명사를 보어로 취하는 특별한 [명사(핵) + 명사(보어)]구문이 있으며, 이것은 합성(composición)과 보어화(complementación)의 중간단계에 있으며, 몇몇 특별한 특징들을 보여준다.

coche *cama*	침대 칸	**coche** *comedor*	식당 칸
curso *puente*	계절학기	**tren** *tranvía*	전차
pez *espada*	새치다래(물고기)	**hombre** *araña*	거미인간(스파이더맨)

1 오른쪽에 있는 명사는 어휘 핵이 될 수 없으며, 지정사(especificador)나 보어(complemento)를 지닐 수 없다.

***coche** *cama* comodísima	***pez** dos *espadas*

* 표시는 틀린 구문이다.

2 통사적인 현상이라기보다는 어휘적 기준에 관련된 형태론적 과정에 관한 것이다.

coche *cama*	침대 칸	***coche** *cine*	*영화관 칸

3 [명사(핵) + 명사(보어)]구문에서 두 번째 요소, 즉, 보어 명사가 고유명사(nombre propio)인 경우, 그 구문이 상대적으로 풍부하게 형성될 수 있다.

la calle *Balmes*	발메스가(街	**el juez** *Fontana*	폰따나판사
el río *Guadalquivir*	구아딸끼비-ㄹ강	**el señor** *Kim*	김씨(성(姓) 앞)
el presidente *Bush*	부시대통령	**el general** *Esquivas*	에스끼바스장군

이러한 구문은 실제로 많이 나타나며 거리 이름의 경우 la calle *Balmes*(발메스가)는 그 의고풍의 변이형 la calle de Balmes와 공존하고 있으나, 점차적으로 전치사를 사용하지 않는 경향이 지배적이다.

이러한 구문의 구조는 합성어(composición)의 그것과 똑 같다:

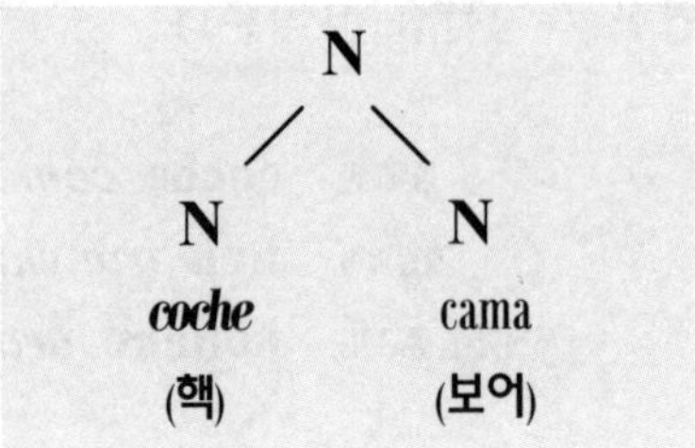

따라서 왼쪽 핵의 성·수에 따라 형용사가 변하여야 하고, 오른쪽의 보어명사는 성·수 변화를 보이지 않는다(coches *cama* cómodos).

7 경칭 및 이름 약어

1 경칭

경칭(敬稱)은 이름이나 명사 앞에 위치하며 존칭을 표현한다. 이러한 경칭도 사회적 신분이나 결혼여부 또는 직업에 따라 다양하다.

1 성(姓)이나 또는 보통명사 앞에 나타나는 경칭으로는 -씨: señor(Sr.), -부인: señora(Sra.), -양: señorita(Srta.) 등이 있다.

El señor profesor me lo enseña.	교수님께서 내게 그것을 가르치십니다.
La señorita Ramírez me llama.	라미레스양이 나를 부르신다.

2 성이나 이름 앞에 나타나는 신분과 결부된 경칭: rey, reina, infante, infanta, presidente, doctor, profesor, etc.

El presidente Bush necesita el apoyo global.	부시대통령은 전 세계적인 지지를 필요로 한다.
La reina doña Sofía es muy atractiva.	소피아왕비님은 매우 매력적이다.
La infanta Elena es joven.	엘레나왕녀는 젊다.

3 이름 앞에 붙는 경칭: don, doña, amigo, etc.

Don Sancho sale a la calle.	산쵸님이 길로 나가신다.
Mi amigo Juan es un buen chico.	내 친구 환은 좋은 소년이다.

4 추상명사(사람의 덕, 자질, 능력 등을 뜻함)를 사용하는 경칭-사회적으로 고귀한 신분이나 존경받는 인물: Su Majestad(폐하: 국왕), Su Alteza(저하, 마마: 왕자, 공주), Su Caridad(자매님, 수녀님), Vuestra Eminencia(대주교님, 추기경님), Su Excelencia(각하: 대통령, 수상), Su Santidad(성하: 교황), Su Señoría(귀하: 국회위원, 판사), 등.

Dígame ***Vuestra Eminencia*** qué es lo que desea.	대주교님, 원하시는 것이 무엇인지 말씀해 주세요.
Le ruego a ***Su Señoría*** que me preste atención.	제게 귀 기울여 주시기를 귀하께 청합니다.

Escucharemos las palabras de ***Su Alteza Real*** el Principe de Asturias.	아스뚜리아스의 왕자 저하 말씀을 들어보겠습니다.
Nos complace el Mensaje de Navidad de ***Su Majestad*** el Rey Don Juan Carlos I.	환 까를로스 1세 국왕 폐하의 크리스마스 메시지는 우리를 즐겁게 한다.
Manifestamos nuestro agradecimiento a ***Su Excelencia*** el Presidente de Corea Dr. Lee Sung Man.	우리는 한국의 대통령 각하 이승만박사님께 감사를 표시하는 바입니다.

2 이름 약어(Abreviaturas de los nombres)

다음의 약어는 대화체에서 친한 사이에 많이 사용되며, 동시에 애정을 담고 있는 표현이 되며, 이름(nombre)에만 적용되며 성(apellido)과는 무관하다.

이 름	약 어	이 름	약 어
Alberto	***Berto, Bertín, Tito***	Isabel María	***Belmari***
Antonio	***Toño***	Jesús	***Chus, Chuchi (fem.)***
Beatrice	***Bice***	Josefina	***Fina***
Bibiana	***Bibí***	José	***Pepe***
Carmen	***Menchu***	José Manuel	***Chenel***
Concepción	***Concha***	José María	***Chema (cf. José Mari)***
Fernando	***Nando***	José Miguel	***Chemil***
Enrique	***Quique***	Juan	***Juanito***
Francisca	***Paquita, Paca, Paqui***	Juan José	***Juanjo***
Francisco	***Paco, Fran*** (드물, 영어영향)	Juan de Dios	***Juan de***
Ignacio	***Nacho***	Manuel	***Manolo***
Isabel	***Isa, Bel***	María Carmen	***Mamen***

이 름	약 어	이 름	약 어
María Dolores	***Lola, Lores, Marilo***	Roberto	***Tito***
María Isabel	***Maribel***	Rosario	***Charo, Carito***
María José	***Mariajo; Pepa, Pepita***	Sebastián	***Sebas***
María Luisa	***Marisa***	Severiano	***Seve***
María Pilar	***Maripili***	Severiana	***Seve***
María Teresa	***Maritere***	Teresa	***Tere***
Mercedes	***Merche***	무명씨	***Chelo, Chela***
Pilar	***Pili***		

Violeta, Víctor등은 그대로 사용되며, 축소사(애칭)를 사용하여 표현하기도 한다.

Álvaro	***Alvarito***	Juana	***Juanita***
Ana	***Anita***	Teresa	***Teresita***
Carlos	***Carlitos***		

Lección 4

Ejercicios

1 | 괄호 안에 필요한 경우에만 정관사나 부정관사를 넣어보자.

① (　　) hombre es racional.
② María es (　　) mujer muy hermosa.
③ (　　) Sr. García es muy alto y guapo.
④ Se dice que ese músico es (　　) Mozart.
⑤ Estudiamos (　　) español.
⑥ (　　) inglés es la lengua universal de nuestro tiempo.
⑦ (　　) Señor Bosque, vamos a dar un paseo.
⑧ (　　) agua es fuente de vida
⑨ Es increíble (　　) rápido que pasa el tiempo.
⑩ La señora habla bien en (　　) chino.

2 | 다음 구문에서 정관사 사용이 잘못된 것만을 골라 바르게 고쳐보자.

① el hambre
② la Ana de ayer
③ el buena agua
④ la panorama
⑤ el foto
⑥ toda la alma
⑦ la árabe
⑧ el alta casa
⑨ el legumbre
⑩ la moto

3 | 밑 줄 친 명사를 생물/ 무생물/ 추상/ 물질/ 고유/ 집합 명사로 세분하여 보자.

Esta importante <u>enseñanza</u> de <u>Cristo</u> en ningún <u>momento</u> justifica la <u>creencia</u> popular de que el <u>infierno</u> es una <u>especie</u> de <u>lago</u> de <u>fuego</u> oculto, que de algún <u>modo</u> está ardiendo actualmente, y donde sufren la <u>mayoría</u> de los impíos desde el momento de su <u>muerte</u> y que seguirán sufriendo eternamente.

4 | 다음 명사의 여성형을 써 보자.

① guardaespaldas
② pintor
③ presidente
④ internauta
⑤ poeta
⑥ príncipe
⑦ emperador
⑧ toro
⑨ actor
⑩ modelo
⑪ tigre
⑫ veraneante
⑬ novelista
⑭ rey

5 | 다음 명사의 복수형을 써 보자.

① pez
② café
③ abrebotellas
④ amigo
⑤ análisis
⑥ complot
⑦ martes
⑧ virus
⑨ menú
⑩ papel

6 | 다음 단어의 축소사를 써 보자

① hijo
② pan
③ tonto
④ ahora
⑤ palo
⑥ chica
⑦ lente
⑧ libro
⑨ cola
⑩ casa

7 | 다음 단어에서 파생된 명사를 써 보자.

① biografía
② ataque
③ ventaja
④ vergüenza
⑤ moneda
⑥ visión
⑦ piano
⑧ tensión
⑨ fútbol
⑩ guerra

8 | 다음 합성명사를 분해하여 원래의 의미를 파악해 보자.

① cumpleaños
② correveidile
③ abrebotellas
④ nomeolvides
⑤ rompecabezas
⑥ pasatiempo
⑦ paracaidista
⑧ ciempies
⑨ portaaviones
⑩ tragamonedas

9 | 문장에서 틀린 부분을 찾아 고쳐보자.

① Debemos cumplir el orden del oficial.
② La mayoría es alumnos.
③ Ella despierta a el niño.
④ Mario es todo el hombre.
⑤ No podemos vivir sin aires y aguas.
⑥ Ellos escuchan el radio por la noche.
⑦ Los estudiantes no entienden las explicaciones de el profesor.
⑧ Este piso es de aquel amigo y de un suyo.
⑨ Venimos del Salvador.
⑩ EE.UU. quieren establecer relaciones estables con China.

꼬르도바의 회교사원

꼬르도바의 회교사원(Mezquita)은 다양한 크기와 형태의 기둥들로 구성되어 있으며 상이한 디자인으로 된 11개의 좁은 통로를 지니고 있어, 이 건물에 들어서면 마치 환상적인 동양의 숲 속에 있는 느낌을 받게 된다. Abderramán 1세가 서고트왕국의 교회 위에 꼬르도바의 거대한 회교사원을 세웠고, 이 사원은 다른 칼리프(회교국의 왕)들에 의해 확장되고 아름답게 치장되었다. Almanzor가 그것을 마지막으로 이슬람세계에서 가장 아름다운 사원으로 변화시켰다.

Fernando국왕이 13세기에 꼬르도바를 정복하여 이 거대한 회교 사원을 대성당으로 바꾸었으며 그렇게 오늘날까지 이어져 오고 있다. 풍부한 색깔의 아치들과 1천 개 가량의 기둥들로 이루어진 환상적인 미궁을 지니고 있다. 건축가들은 이러한 기둥들과 아치들을 건설하기 위해 로마양식을 채택했다.

알람브라궁전

Granada시의 언덕 위에 자리 잡고 도시를 내려다보고 있는 Alhambra궁전은

환상적인 건축물이다. "빨간 궁전"을 의미하는 알람브라궁전은 회교국왕부처의 거주를 위해 13세기와 14세기에 건설된, 세계에서 가장 아름다운 아랍 건축물 중의 하나이다. 외부에서 보이는 단조로운 사각형의 평범한 성벽들은 궁전 내의 아름다움을 숨기고 있다. 이 궁전은 즐겁고 호화로운 삶을 위해 만들어진, 평화와 안식을 표현하는 건축물이다. 다양한 색상의 아라비아타일로 이루어진 거실과 마당이 20개 이상이며, 기둥들에는 믿을 수 없을 정도로 섬세하게 세공된 회반죽 작품들이 나타나 있다. 모든 사소한 물건, 모든 마당, 모든 아치는 그 자체의 특징을 지니고 있다. 건물은 환상적이고 다양하게 디자인되어 있으며, 주위에 아치들이 늘어서 있고 아치들 위로 복잡한 기하학적 세공들이 나타나 있다. 알람브라궁전은 이슬람세계의 진정한 낙원이라고 볼 수 있다.

그러나 sultán(회교국의 군주)들은 알람브라궁전에 만족하지 못하고 바로 옆에 또 다른 궁전인 Generalife를 건설하였다. 오늘날까지도, 이 궁전의 정원들, 물이 솟고 떨어지는 우물들, 자그마한 저수지들과 폭포들, 도금양(桃金孃), 삼나무, 오렌지나무 그리고 레몬나무 등은 관능미 넘치는 동양적 분위기를 맘껏 발산하고 있다. 유명 미국작가 Washington Irving이 이곳에 살겠다고 결심하였다는 사실이 조금도 이상하지 않으며, 그는 그라나다시에서 <알람브라의 이야기들>이라는 훌륭한 작품을 남겼다.

제 5 장 형용사와 부사

1 형용사

형용사(adjetivo)는 격을 필요로 하지 않으며, 수식어로 기능한다. 그 주된 기능은 명사를 수식하거나, 계사구문에서 주어의 보어 역할을 하거나, 목적어의 보어 기능 등을 수행한다. 즉, 명사와 관련을 맺게 되므로 항상 그것과 성·수 일치를 해야 한다.

명사 수식	Inés es *una chica* ***bonita.***	이네스는 예쁜 소녀이다.
주어의 보어	***Juan*** es ***alto*** y ***guapo.***	환은 키가 크고 멋있다.
목적어의 보어	Veo ***cansada a Carmen.***	내가 보니 까르멘은 지쳐있다.

계사구문에서 형용사(전치사구나 과거분사도 마찬가지임)가 주어의 술어로 나타나는 경우, 대명사화 될 수 있으며 추상적인 내용을 언급하고 있는바, 주어와 일치되는 자신의 성·수 일치자질은 사라지고, 중성대명사 lo로 바뀌게 된다.

Tu corbata es ***bonita,*** pero ésta no ***lo*** es.	네 넥타이는 예쁘지만, 이것은 그렇지 않다.
Estas turistas están ***contentas,*** pero aquéllas no ***lo*** están.	이 여자 관광객들은 만족해 하지만, 저 여자 관광객들은 그렇지 않다.
Él está ***de buen humor;*** pero yo no ***lo*** estoy.	그는 기분이 좋지만, 나는 그렇지 않다.

※ 단 주격보어를 lo로 대체하는 것은 ser, estar, parecer동사와는 가능하지만 여타 유사 계사동사(resultar, quedar, 등)와는 불가능하다.

1 형용사의 명사 수식

형용사는 수식해 주는 명사의 성·수에 일치하여 변한다.

1 [-O]로 끝난 형용사

bonito, guapo, feo, alto, bajo, tonto, 등은 **[명사의 성·수에 일치]**한다.

un niño ***bonito***	예쁜 남자아이	unos niños ***bonitos***	몇몇 예쁜 남자아이
una niña ***bonita***	예쁜 여자아이	unas niñas ***bonitas***	몇몇 예쁜 여자아이

2 [-O]이외의 알파벳으로 끝나는 형용사

difícil, fácil, azul, verde, inteligente, feliz, 등은 **[명사의 수에만 일치]**한다.

un examen ***fácil***	쉬운 시험	unos exámenes ***fáciles***	쉬운 시험들
una lectura ***fácil***	쉬운 독해	unas lecturas ***fáciles***	쉬운 독해들

3 국적형용사

국적형용사는 분류형용사에 속하므로 **[항상 명사 뒤]**에 나타나야 한다. 이미 앞에서 보았듯, 일반형용사와는 달리 국적형용사는 성·수 일치 면에서 특이한 특징을 보여주고 있다. 즉, 국적형용사는 [-O]로 끝나건 끝나지 않건 명사의 성·수에 일치하는 유형과 성에는 관계없이 수에만 일치하는 유형으로 나뉘진다.

1 국적형용사 I: [-O]로 끝나건 끝나지 않건 ***명사의 성·수에 일치***

[-O]로 끝난 경우	[-O, -A, -OS, -AS]	coreano, ruso, 등
[-O]이외로 끝난 경우	**[-Ø, -A, -ES, -AS]** 여성명사 수식: [-A] 추가	español, francés, japonés, alemán, 등

un alumno ***coreano***	한 한국학생	unos alumnos ***coreanos***	몇몇 한국학생
una alumna ***coreana***	한 한국여학생	unas alumnas ***coreanas***	몇몇 한국여학생

un chico ***español_***	한 스페인소년	unos chicos ***españoles***	몇몇 스페인소년
una chica ***española***	한 스페인소녀	unas chicas ***españolas***	몇몇 스페인소녀

2 국적형용사 II: [-ense, -í, -ita, -ga]로 끝나는 경우 ***명사의 수에만 일치***

estadounidense	미국(Estados Unidos)의	canadiense	캐나다(Canadá)의
costarricense	코스타리카(Costa Rica)의	nicaragüense	니카라구아(Nicaragua)의
israelí	이스라엘(Israel)의	iraquí	이라크(Iraq)의
marroquí	모로코(Marruecos)의	iraní	이란(Irán)의
saudí	사우디(Saudí)의	belga	벨기에(Bélgica)의

un profesor ***estadounidense***	unos profesores ***estadounidenses***
una profesora ***estadounidense***	unas profesoras ***estadounidenses***

3 기타 국적형용사의 특징

국적형용사는 동시에 그 '국가의 사람 및 언어'를 의미할 수 있다.

el ***coreano***	한글	un ***coreano***	한국남자	una ***coreana***	한국여자
el ***español***	스페인어	un ***español***	스페인남자	una ***española***	스페인여자
el ***inglés***	영어	un ***inglés***	영국남자	una ***inglesa***	영국여자
el ***francés***	불어	un ***francés***	프랑스남자	una ***francesa***	프랑스여자

그러나 미국, 캐나다, 호주, 중남미 각국 등 예전에 식민지였다가 독립된 국가들은 언어명칭과 국민 명칭이 다르므로 주의해야 한다.

el ***español***	스페인어	un ***mexicano***	멕시코남자	una ***mexicana***	멕시코여자
el ***español***	스페인어	un ***cubano***	쿠바남자	una ***cubana***	쿠바여자
el ***español***	스페인어	un ***chileno***	칠레남자	una ***chilena***	칠레여자
el ***inglés***	영어	un ***estadounidense***	미국남자	una ***estadounidense***	미국여자

4 성 불일치 형용사

몇몇 형용사들은 수식하는 명사의 성에 관계없이 일정한 형태를 유지한다.

el pájaro ***macho***	수놈 새	la ardilla ***macho***	수놈 다람쥐
el pájaro ***hembra***	암놈 새	la ardilla ***hembra***	암놈 다람쥐
el animal ***indígena***	토착 동물	la vida ***indígena***	토착인의 생활
el producto ***agrícola***	농산품	la producción ***agrícola***	농업생산/ 농산물

2 형용사의 종류

형용사(adjetivo)의 종류는 크게 품질형용사(adjetivo calificativo)와 한정형용사(adjetivo determinativo)로 구분된다. 전자는 다시 자질형용사(adjetivo cualitativo)와 특질형용사(epíteto)로, 후자는 지시형용사(adjetivo demostrativo), 소유형용사(adjetivo posesivo), 의문형용사(adjetivo interrogativo), 부정형용사(adjetivo indefinido), 등으로 이루어진다.

<table>
<tr><th colspan="8">형 용 사</th></tr>
<tr><th colspan="4">품질형용사</th><th colspan="4">한정형용사</th></tr>
<tr><th colspan="3">자질형용사</th><th rowspan="2">특질형용사</th><th rowspan="2">지시 형용사</th><th rowspan="2">소유 형용사</th><th rowspan="2">의문 형용사</th><th rowspan="2">부정 형용사</th></tr>
<tr><th>분류 형용사</th><th>객관적 자질 형용사</th><th>평가 형용사</th></tr>
</table>

이러한 형용사들은 명사의 앞/뒤에서 명사를 수식하게 되나, 그 위치는 각각 차이가 나므로 해당 형용사 편에서 자세히 설명을 하겠으나, 전체적으로 다음과 같은 분포를 보여주고 있다.

형용사의 위치

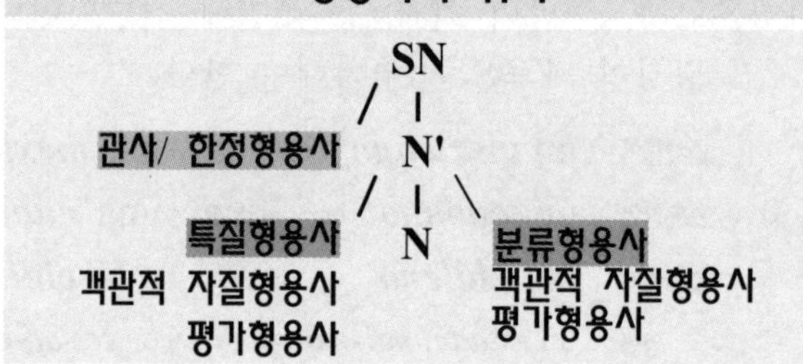

1 품질형용사

다음은 품질형용사(Adjetivo calificativo)의 구별과 위치를 요약한 것이다.

자질형용사(Adjetivo cualitativo)			특질형용사(Epíteto)
분류형용사 (Adjetivo clasificador)	객관적 자질 형용사 (Adjetivo de cualidad objetiva)	평가형용사 (Adjetivo valorativo)	
항상 명사 뒤	명사의 앞 · 뒤	명사의 앞 · 뒤	**항상 명사 앞**

I 자질형용사(Adjetivo cualitativo)

일반적으로 명사의 뒤에 나타나나, 관계사절이 같은 핵을 수식할 때는 명사 앞으로 올 수 있다. 그러나 분류형용사의 경우는 항상 명사 뒤에 나타난다.

una casa ***bonita***	예쁜 집 한 채	el amigo ***gordo***	그 뚱뚱한 친구
una ***bonita*** *casa* ***que se ve desde ahí***			그 곳에서 보이는 예쁜 집 한 채

1 분류형용사: 항상 후치

분류형용사는 항상 명사 뒤에 나타나야 하며, 명사 앞에는 올 수 없다.

un conflicto ***político/*** *un ***político*** conflicto	정치적 갈등
un producto ***agrícola/*** *un ***agrícola*** producto	농산품

2 객관적 자질형용사: 전치/ 후치

객관적인 의미를 표현하는 자질형용사는 명사의 앞/ 뒤 모두에 올 수 있다.

un mapa ***detallado/*** un ***detallado*** mapa	상세한 지도
un país ***inmenso/*** un ***inmenso*** país	거대한 국가
una sala ***grande/*** una ***gran*** sala	커다란 거실

3 평가형용사(Adjetivo valorativo): 전치/ 후치

화자의 평가를 표현하는 형용사도 명사의 앞/ 뒤에 모두 나타날 수 있다.

un error ***inmenso/*** un ***inmenso*** error	중대한 실수
un tío ***excepcional/*** un ***excepcional*** tío	특이한 아저씨

4 분류형용사와 평가형용사의 비교

분류형용사 agrícola, francés, naval 등은 명사 뒤에만 와야 하며 평가형용사 terrible는 명사 앞·뒤에 공히 나타날 수 있다.

un producto ***agrícola francés/*** *un ***francés*** producto ***agrícola*** *(비문)*	프랑스산 농산물
un combate ***naval terrible/*** un ***terrible*** combate ***naval***	끔찍한 해상전투

5 분류형용사에서 평가형용사로 의미가 전환되는 경우

분류형용사 dramático는 명사의 뒤에만 나타나나, "드라마틱한, 극적인"

의 의미(평가형용사)를 표현하면 명사의 앞·뒤에 공히 나타날 수 있다.

el género ***dramático/*** *el ***dramático*** género *(비문)*	연극장르
una situación ***dramática/*** una ***dramática*** situación	드라마틱한 상황

6 분류형용사와 평가형용사의 이중자질을 보유한 경우

infantil, religioso 등의 의미는 "소아의", "종교의"(분류형용사) 또는 "유치한", "종교심이 있는"(평가형용사)이라는 의미로 세분되어질 수 있다.

el asma ***infantil/*** * la ***infantil*** asma *(비문)*	소아천식
la actitud ***infantil/*** la ***infantil*** actitud	유치한 태도
un cuadro ***religioso/*** *un ***religioso*** cuadro *(비문)*	성화(聖畵)
un niño ***religioso/*** un ***religioso*** niño	종교심 있는 아이

2 특질형용사(epíteto): 전치

'명사 원래의 속성'을 표현하는 특질형용사는 항상 명사 앞에 나타난다.

el ***dulce*** bombón	달콤한 봉봉(쵸콜릿과자)	la ***dulce*** aguamiel	달콤한 꿀물
la ***blanca*** nieve	하얀 눈	un ***temible*** huracán	무서운 허리케인

3 전치·후치 형용사의 의미적 차이

명사 앞·뒤에 오게 됨에 따라 의미적 내용이 변하는 품질형용사도 있다.

un militar ***alto***	키가 큰 군인	un ***alto*** militar	고위 장성
una información ***cierta***	확실한 정보	una ***cierta*** información	어떤 정보
la gente ***pobre***	가난한 사람들	la ***pobre*** gente	가련한 사람들
el rey ***grande***	그 몸집이 큰 국왕	el ***gran*** rey	그 위대한 왕
ese amigo ***viejo***	그 늙은 친구	ese ***viejo*** amigo	그 죽마고우(竹馬故友)
una obra ***nueva***	새(로 출판된) 작품	una ***nueva*** obra	처음 보는 작품
el hablante ***mismo***	화자(話者)자신	el ***mismo*** hablante	바로 그 화자
el coche ***propio***	자신의 자동차	el ***propio*** coche	바로 그 자동차

또 어떤 형용사는 명사 뒤에서는 제한적 관계절의 의미(부분 집합)를 표현하나, 명사 앞에서는 설명적 관계절의 의미(전체 자질 설명)를 나타내기도 한다.

Los soldados ***viejos*** luchan en esta batalla.	그 늙은 군인들(만)이 이 전투에서 싸운다.
= *Los soldados* ***que son viejos*** luchan en esta batalla.	

Los ***viejos*** *soldados* luchan en esta batalla.	그 늙은 군인들 모두 이 전투에서 싸운다.
= *Los soldados,* ***que son viejos,*** luchan en esta batalla.	

2 한정형용사

한정형용사(Adjetivo determinativo)는 의미적으로 명사의 범위를 한정하며, 지시형용사(adjetivo demostrativo), 소유형용사(adjetivo posesivo), 의문형용사(adjetivo interrogativo), 부정형용사(adjetivo indefinido) 등으로 세분된다. 항상 명사 앞 관사의 위치에 나타난다.

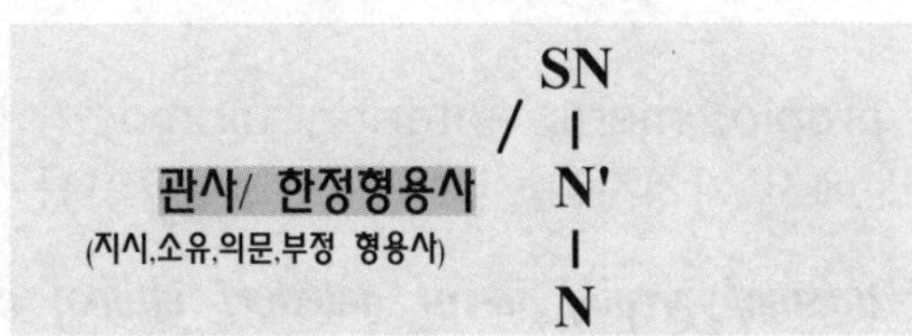

한정형용사와 관사 또는 둘 이상의 한정사가 함께 나타날 수 없다.

este libro/ ****el este*** libro	이 책
mi libro/ ****el mi*** libro	나의 책
¿***cuántos*** libros...?/ ****los cuántos*** libros	몇 권의 책들...?
algún hombre/ ****el algún*** hombre	어떤 남자

※ *표시는 비문

반면, 기수와 부정형용사 otro는 단독으로 또는 관사와 함께 나타날 수 있다.

siete libros	7권의 책들	***los siete*** libros	그 7권의 책들
otros libros	다른 책들	***los otros*** libros	그 다른 책들

todo/ todos는 양화사로 명사구 전체 앞에 나타난다.

todo el mundo	전 세계/ 모든 사람들	***todos*** los amigos	모든 친구들

단수주어는 SN의 지정사(ESPEC)자리가 채워져야 한다.

El		*niño*	llega a la escuela.	그 아이가 학교에 도착한다.
Un				한 아이가 학교에 도착한다.
Algún				어떤 아이가 학교에 도착한다.
El	*hermoso*			그 아름다운 아이가 학교에 도착한다.
El	*segundo*			그 두 번 째 아이가 학교에 도착한다.

지정사(Espec)위치가 비어 있는 구문은 비문을 야기한다.

-	**Niño*	llega a la escuela.	아이가 학교에 도착한다.
-	**Hermoso niño*		그 아름다운 아이가 학교에 도착한다.
-	**Segundo nino*		그 두 번 째 아이가 학교에 도착한다.

마찬가지로 mismo, propio, mero, anterior, último는 전치형용사의 위치에 오기 때문에 아래 구문에서 지정사(관사 또는 한정형용사)는 꼭 있어야 한다.

El {mismo/ propio/ mero/ anterior/ último} *niño*
{바로 그/ 바로 그/ 바로 그/ 이전의/ 마지막} 아이

****{Mismo/ Propio/ Mero/ Anterior/ Último}*** *niño*

참고 사항

● **부정대명사와 형용사**

형용사는 부정대명사도 수식할 수 있으며, 이 경우 형용사의 종류와 급(원급, 비교급)에 관계없이 반드시 뒤에서 부정대명사를 꾸며주어야 한다.

Quiero decirte ***algo***	***interesante.***	나는 네게	재미있는	뭔가를 얘기하고 싶다.
	español.		스페인적인	
	infantil.		유치한	
	mío.		나의	
	mejor.		더 좋은	

3 형용사의 어미탈락

형용사들 중 몇몇은 남성단수 명사 앞에 나타날 경우 어미모음 [-O]를 탈락시킨다. 나아가, santo는 [-TO]를 그리고 grande는 [-DE]를 탈락시킨다. grande의 경우 남·여성 단수 명사 모두 앞에서 어미 [-DE]가 탈락된다.

부정형용사	un(o) 하나의	algun(o) 어떤	ningun(o) 아무도·아닌
수형용사(서수)	primer(o) 첫 번째의	tercer(o) 세 번째의	postrer(o) 마지막의
품질형용사	buen(o) 좋은	gran(de) 커다란, 위대한	san(to) 성스러운

un buen español	한 좋은 스페인 남자	una ***buena*** española	한 좋은 스페인 여자
ningún hombre	어떠한 사람도...않다	***ninguna*** mujer	어떠한 여자도 ... 않다
el ***primer*** día	첫 번째 날	la ***primera*** clase	첫 번째 수업시간
el ***gran*** hombre	위대한 남자	la ***gran*** mujer	위대한 여자

그러나 복수가 되면 남·여성 명사 모두 원래의 형태에다 [-S]를 붙인다.

unos ***buenos*** españoles	몇몇 좋은 스페인남자들	unas ***buenas*** españolas	몇몇 좋은 스페인여자들
los ***primeros*** días	처음 몇 일	las ***primeras*** clases	처음 수업시간들
los ***grandes*** hombres	위대한 사람들	las ***grandes*** mujeres	위대한 여성들

4 형용사로 기능하는 명사들

몇몇 명사들은 형용사로 기능할 수 있으며, 이 경우 수에는 일치하나 성에는 변하지 않는다.

1 사람을 의미하는 몇몇 명사는 형용사로도 사용된다.

명 사		형 용 사	
el/la ***homicida***	살인자	*el arma* ***homicida***	살인무기
el/la ***hipócrita***	위선자	*el hombre* ***hipócrita***	위선자
el/la ***indígena***	원주민	*la escultura* ***indígena***	토착 조각

2 색깔을 표현하는 명사들도 형용사로 사용될 수 있다.

명 사		형 용 사	
la ***rosa***	장미	*el color* ***rosa***	장미 빛
la ***escarlata***	주홍색	*La Letra* ***Escarlata***	주홍글씨
la ***lila***	라일락	*la barra* ***lila***	연보라 막대

이 구문은 [명사 + de + 색깔 명사]에서 색깔 명사를 형용사 기능으로 전환시키던 전치사 de가 생략되었으며, 이러한 사실은 아직도 de가 사라지지 않은 채 사용되는 구문이 남아 있다는 사실을 근거로 추론해 볼 수 있다: La actriz tiene una vida de ***color de rosa*** (그 여배우는 장밋빛 인생을 살고 있다).

3 주로 형용사로 많이 쓰이는 몇몇 명사들도 있다.

명 사		형 용 사	
el/la ***agrícola***	농부	*el producto* ***agrícola***	농산품
el/la ***cosmopolita***	세계주의자	*el ambiente* ***cosmopolita***	범세계적 분위기

4 모든 나라의 국민과 지역 출신 명칭은 동시에 형용사로도 사용된다.

명 사		형 용 사	
el/la ***coreano/na***	한국인	*el pueblo* ***coreano***	한국민족
el/la ***hindú***	힌두교도	*la filosofía* ***hindú***	힌두교 철학
el/la ***andaluz/za***	안달루시아인	*el habla* ***andaluza***	안달루시아 말
el/la ***persa***	페르시아(Persia)인	*el hombre* ***persa***	페르시아인
el/la ***croata***	크로아티아(Croacia)인	*la mujer* ***croata***	크로아티아여성

※ 국명에서 유래한 이런 명사가 남성단수면 그 나라의 언어를 동시에 표현한다: *el coreano (한글), el español(스페인어)*. 그러나 캐나다, 미국, 중남미 국가 등에서는 영어나 스페인어 등 언어가 사용되므로 언어명칭으로는 사용되지 않는다: *canadiense(캐나다인, 캐나다의), estadounidense(미국인, 미국의), mexicano(멕시코인, 멕시코의), argentino(아르헨티나인, 아르헨티나의), 등.*

5 [-ista](-주의자)로 끝나는 명사는 동시에 형용사로도 사용된다.

명 사		형 용 사	
el/la ***optimista***	낙천주의자	*la visión* ***optimista***	낙천적 시각
el/la ***pesimista***	비관주의자	*la hipótesis* ***pesimista***	비관적인 가설
el/la ***feminista***	페미니스트	*la teoría* ***feminista***	페미니스트이론
el/la ***nacionalista***	민족주의자	*el partido* ***nacionalista***	민족주의정당
el/la ***separatista***	분리주의자	*el movimiento* ***separatista***	분리주의운동

※ 단, [직업]을 표현하는 [-ista]로 끝나는 수많은 명사들은 형용사로 쓰일 수 없다.

명 사		형 용 사	
el/la ***periodista***	신문기자	***periodístico***	신문의
el/la ***pianista***	피아니스트	***pianístico***	피아노의
el/la ***futbolista***	축구선수	***futbolístico***	축구의

6 몇몇 형용사들은 또한 명사로 사용될 수 있다.

형 용 사		명 사	
blanco	흰색의	el/la ***blanco/ca***	m. 흰색, m.f. 백인
negro	검은 색의	el/la ***negro/gra***	m. 검은 색, m.f. 흑인
azul	푸른	el ***azul***	푸른 색
virgen	순결한	el/la ***virgen***	m. 숫총각 f. 처녀, 동정녀

7 몇몇 형용사들은 [접두사 + 명사]로 이루어져 있다.

uni*color*	단색의	***bi****color*	두 색깔의
a*fin*	인접한	***im****par*	비할 바 없는

5 형용사의 특이한 특징들

이제까지 형용사의 일반적인 특징들을 살펴보았다. 여기서는 형용사의 일치와 수식범위, 형용사의 전치사 지배, 형용사의 의미변화 등을 살펴볼 것이다.

1 가끔 형용사의 일치문제와 실제 수식하는 범위를 규명해 볼 필요가 있다.

ⓐ	Estudio *las literaturas* ***inglesa y francesa.***	나는 영국과 프랑스의 문학을 공부한다.

형용사 inglesa와 francesa가 복수로 일치되지 않은 것은 la literatura inglesa와 la literatura francesa를 합치는 경우, 문학은 둘(literaturas)이 되나 영문학과 불문학에서의 단수개념은 그대로 남도록 하기 위함이다.

ⓑ	Nos agobia *el problema de la política* ***{nuevo/ nueva}.***	우리는 {정치의 새로운 문제/ 새로운 정치의 문제}로 괴로워한다.

nuevo는 멀리 있는 problema를 꾸며주며, nueva는 política를 수식해 주어 각각 의미적 차이를 보인다.

ⓒ	Esa zona está llena de *polvo y rocas* ***{rojos/ rojas}.***	그 지역은 {붉은 먼지와 바위들/ 먼지와 붉은 바위들}로 가득하다.

rojos는 [polvo y rocas] 전체를 꾸며주나, rojas는 [rocas]만을 수식한다.

2 드물지만 명사가 대명사화되어 형용사와 분리되는 경우가 있다.

No hay *cintas blancas*, pero sí ***las*** hay ***rojas.***	하얀색 리본은 없지만, 붉은 색 리본은 있다.
Los hay ***altos*** y ***bajos.***	키가 큰 것들과 작은 것들이 있다.

3 형용사는 전치사를 매개로 명사구나 부정사절을 보어로 취할 수 있다.

un hijo ***dependiente de su madre***	자신의 어머니에게 의존하는 아들
una historia ***fácil de memorizar***	암기하기 쉬운 이야기
una información ***digna de llamar la atención***	관심을 끌 만한 정보

Ella es ***amable conmigo.***	그녀는 나에게 친절하다.
El niño está ***lleno de polvo.***	그 아이는 먼지투성이다.

Ella está ***enfadada contigo.***	그녀는 너에게 화가 나 있다.
La montaña está ***cubierta de nieve.***	그 산은 눈으로 덮여있다.

4 문맥에 따라 형용사의 의미가 바뀌는 경우도 있다.

El campo está ***verde.*** *El chico está aún* ***verde.***	그 들판은 녹색이다. 그 소년은 아직 철이 없다.
El agua está ***tibia.*** *La niña está* ***tibia.***	그 물은 미지근하다. 그 소녀는 소극적이다.
Juan es *un chico* ***gordo.*** Se trata de *un asunto* ***gordo.***	환은 뚱뚱한 소년이다. 그것은 매우 중요한 문제다.

5 형용사의 자질이 근본적으로 변화가 불가능한 경우, 정도부사(muy, bastante, 등)를 허용하지 않는다. (*표시: 비문)

El hombre es **{mortal/ *muy mortal}.**	인간은 죽을 운명이다.
Dios es **{inmortal/ *muy inmortal}.**	신은 불사의 존재이다.
Me gusta *el producto* **{lácteo/ *muy lácteo}.**	나는 유제품(우유제품)을 좋아한다.

6 타 범주가 형용사의 기능을 수행하는 경우

1 부사의 형용사 기능 수행

일반적으로 부사는 명사구 내에서 명사를 수식하지 못하나, 다음과 같이 때를 표현하는 몇몇 부사는 명사구 내에서 명사를 수식하는 위치, 즉 형용사의 위치에 나타나 형용사의 기능을 수행하기도 한다.

el ***entonces*** presidente	당시의 대통령
el ***ahora*** alcalde	현재의 시장

2 전치사구의 형용사기능 수행

명사가 다른 명사를 직접 수식할 수 없다. 이 경우 전치사를 개입시켜 명사를 보어로 취하는 전치사구를 구성하여 다른 명사를 수식한다.

la casa ***de madera***	목조 가옥(木造 家屋)
los juegos ***de ordenador***	컴퓨터 게임들
un diálogo ***de cara a cara***	직접 대화
los países ***en vía de desarrollo***	개발도상국(開發途上國)들

※ 단, 예외적인 경우로 제4장의 § 6. [명사(핵) + 명사(보어)]구문이 존재한다.

7 소절(OR)의 술어로 나타나는 형용사

소절(Oración Reducida)은 문장이긴 하나 동사가 빠진 [주어 + 술어]구조로 이루어진다. 여러 가지 특징들을 보여주고 있으나, 여기서는 간략히 그 내용과 해당 예문을 살펴보기로 하겠다.

소절은 논항소절과 비논항소절로 구분된다. 논항소절은 주동사의 목적어로 동사로부터 의미역과 격을 받게 된다. 반면에 비논항소절은 문장의 부가 위치에 나타나며 없애도 문장의 문법성에 영향을 미치지 못한다.

1 논항소절

Considero	***tonto a Juan.***	나는	환이 멍청하다고	생각한다.
	tonta a María.		마리아가 멍청하다고	
	tontos a los chicos.		그 소년들이 멍청하다고	
	tontas a las chicas.		그 소녀들이 멍청하다고	

소절 내 어순이 [주어 + 술어]가 논리적으로 타당하나, 실제로는 [술어 + 주어]어순으로 사용되고 있다. 논항소절의 주어나 술어 중 어느 하나라도 빠지면 비문이 된다.

2 비논항소절

비논항소절은 공범주 주어(PRO: 눈에 보이지 않음)가 주절 주어와 같은 경우와 주절 목적어와 같은 경우로 구분된다. 그리고 비논항소절은 동사로부터 의미를 받지 않으며, 단지 부가어에 지나지 않기 때문에 없애더라도 문장이 비문이 되지 않고 정문으로 남게 된다.

1 비논항소절의 주어가 주어와 같은 경우

***El niño*$_i$** duerme	***PRO*$_i$ *tranquilo.***	그 아이는 편안히	잠을 잔다.
***La niña*$_i$** duerme	***PRO*$_i$ *tranquila.***	그 여자아이는 편안히	
***Los niños*$_i$** duermen	***PRO*$_i$ *tranquilos.***	그 아이들은 편안히	
***Las niñas*$_i$** duermen	***PRO*$_i$ *tranquilas.***	그 여자아이들은 편안히	

여기서 소절 내의 공범주 주어가 술어인 tranquilo와 일치하여 변하며, 그 공범주 주어를 통제하는 주절주어와 성·수 일치되어 있다. 여기서 "편안히"는 "주어의 상태가 편안하다"는 것을 의미한다. 다음 구문과의 차이를 파악해야 한다.

El niño	***duerme***	***tranquilamente.***	그 아이는	편안하게 잠잔다. (잠자는 모습)
La niña	***duerme***		그 여자아이는	
Los niños	***duermen***		그 아이들은	
Las niñas	***duermen***		그 여자아이들은	

이 문맥에서는 실제적으로 주어가 편할 수도 있으나, 편하지 않은데, 주사를 맞거나 진정제를 먹은 뒤 "자는 모습만 편안하게 잔다"는 내용을 표현할 수도 있다.

같은 유형의 예를 한 가지 더 들어보자.

***Ella*$_i$** condujo su coche ***PRO*$_i$ borracha.**	그녀는 음주운전을 했다.
Ella ***condujo*** su coche ***borrachamente.***	그녀는 술 취한 듯 운전을 했다.

위 문장에서 소절이 "주어가 술 취한 상태"임을 표현하고 있으며, 이러한 상황에서 운전을 했다는 것이다. 반면에, 아래 문장에서는 단지 "운전하는 모습이 술 취한 듯하다" 것을 의미한다. 즉, 화가 나거나, 흥분해서 "술 취한 듯" 운전했다는 의미를 지니게 되는 것이다.

2 비논항소절의 주어가 목적어와 같은 경우

Ellos pintan	PRO_i blanca	la casa$_i$.	그들은	그 집을 하얗게	칠한다.
	PRO_i blancas	las casas$_i$.		그 집들을 하얗게	

이 구문에서는 소절의 주어가 목적어와 동일하며, 목적어를 소절 뒤로 이동시켰다. 목적어 뒤 원래 위치에 소절을 둘 경우 [la casa blanca](하얀 집)로 명사를 수식하는 형용사로 해석될 수 있기 때문이다.

Comemos	PRO_i crudo	el pescado$_i$.	우리들은 회를 먹는다.

여기서도 마찬가지로 목적어를 소절 뒤로 이동시켰다. 이유는 [Comemos *el pescado crudo.*]했을 경우, "회를 먹은 건지" 아니면 "날생선"을 먹은 건지 분명치 않기 때문이다. 물론, el pescado와 crudo 사이에 휴지(pausa)가 있으면 소절이고(el pescado$_i$ [OR PRO_i crudo]), 없으면 명사구(el pescado crudo)로 "날생선"이라는 의미가 된다.

8 '인간의 성격 & 자질'을 표현하는 형용사 구문

Ellos son	*activos.*	그들은	능동적이다. cf. [반의어] pasivo
	amables.		친절하다.
	antipáticos.		불친절하다.
	apasionados.		격정적이다.
	aplicados.		부지런하다.
	atléticos.		씩씩하다. cf. atleta m.f. 운동선수
	atrevidos.		대담하다.
	arrogantes.		거만하다.
	avaros.		욕심이 많다.
	brillantes.		탁월하다.
	capaces.		유능하다. cf. capaz
	cariñosos.		다정하다.
	celosas.		질투심이 강하다.
	cínicos.		냉소적이다.

Ellos son	***cómicos.***	그들은	익살스럽다.
	compasivos.		인정이 많다.
	competentes.		유능하다.
	conservadores.		보수적(보수주의자)이다.
	corteses.		예의바르다. cf. cortés
	curiosos.		호기심이 많다.
	estrictos.		엄격하다.
	estudiosos.		학구파이다.
	estúpidos.		어리석다.
	flojos.		나태하다.
	generosos.		관대하다.
	histéricos.		신경질적이다.
	honestos		정직하다. cf. [반의어] mentiroso
	indecisos.		우유부단하다.
	inteligentes.		영리하다.
	liberales.		자유분방하다.
	listos.		영특하다.
	maleducados.		교양이 있다. cf. [반의어] bieneducado
	optimistas.		낙천적(낙천주의자)이다. cf. [반의어] pesimista
	pacientes.		인내심이 강하다/ 환자다. cf. [반의어] impaciente
	orgullosos.		자부심이 강하다.
	perezosos.		게으르다. cf. [동의어] holgazán
	realistas.		현실적(현실주의자)이다. cf. [반의어] idealista
	románticos.		낭만적(낭만주의자)이다.
	simpáticos.		친절(상냥)하다.
	sociables.		사교적이다.
	sagaces.		영리하다. cf. sagaz
	tacaños.		인색하다/ 의뭉스럽다.
	tenaces.		완강(집요)하다. cf. tenaz
	tímidos.		소심하다.
	tontos.		멍청하다.
	ultrasensibles.		극히 민감하다.
	vagos.		멍청하다.

9 국명과 국적형용사

Alemania	독일	*alemán, na*
(la) Argentina	아르헨티나	*argentino, na*
Australia	호주	*australiano, na*
Austria	오스트리아	*austriaco, ca*
Bélgica	벨기에	*belga*
Bolivia	볼리비아	*boliviano, na*
(el) Brasil	브라질	*brasileño, ña*
(el) Canadá	캐나다	*canadiense*
Chile	칠레	*chileno, na*
(la) China	중국	*chino, na*
Colombia	콜롬비아	*colombiano, na*
Corea del Sur	남한	*surcoreano, na*
Corea del Norte	북한	*norcoreano, na*
Costa Rica	코스타리카	*costarricense/ costarriqueño,ña*
Cuba	쿠바	*cubano, na*
Dinamarca	덴마크	*dinamarqués, sa*
(el) Ecuador	에콰도르	*ecuatoriano, na*
Egipto	이집트	*egipcio, cia*
El Salvador	엘살바도르	*salvadoreño, ña*
España	스페인	*español, la*
(los) Estados Unidos	미국	*estadounidense*
las Filipinas	필리핀	*filipino, na*
Francia	프랑스	*francés, sa*
Grecia	그리스	*griego, ga*
Guatemala	과테말라	*guatemalteco, ca*
Honduras	온두라스	*hondureño, ña*

India	인디아	*indio, a/ hindú*
Indonesia	인도네시아	*indonesio, sia*
Inglaterra	영국	*inglés, sa*
Irak	이라크	*iraquí*
Irán	이란	*iraní*
Irlandia	아일랜드	*irlandés, sa*
Islandia	아이슬란드	*islandés, sa*
Italia	이탈리아	*italiano, na*
(el) Japón	일본	*japonés, sa*
(la) Libia	리비아	*libio, bia*
México	멕시코	*mexicano, na*
Nicaragua	니카라과	*nicaragüense*
Pakistán	파키스탄	*paquistaní*
Panamá	파나마	*panameño, ña*
(el) Paraguay	파라과이	*paraguayo, ya*
(el) Perú	페루	*peruano, na*
Polonia	폴란드	*polaco, ca*
Portugal	포르투갈	*portugués, sa*
Puerto Rico	푸에르토리코	*portorriqueño, ña/ puertorriqueño, ña*
(la) República Dominicana	도미니카공화국	*dominicano, na*
Rumania	루마니아	*rumano, na*
Rusia	러시아	*ruso, sa*
Suecia	스웨덴	*sueco, ca*
Suiza	스위스	*suizo, za*
(el) Uruguay	우루과이	*uruguayo, ya*
Venezuela	베네수엘라	*venezolano, na*

※ "인도사람들"은 아메리카의 원주민인 인디오(indio)들과 혼란이 생기므로 "indios de India" 또는 hindúes라고 한다. 콜럼버스가 신대륙을 도착 후(1492-10-12) 인도로 착각한 것이 이런 혼란을 야기함.

1 부사

1 부사의 분류

부사는 형용사와 달리 다른 범주와 직접적인 일치관계를 지니고 있지 않다, 따라서 어미변화가 없다. 부사는 자체의 의미를 지닌 어휘적 부사(adverbios léxicos)그룹과 대명사적 부사(adverbios pronominales)그룹으로 대별할 수 있으며, 그 주요 내용을 요약하면 다음과 같다.

1 어휘적 부사 그룹

품질부사	bien 잘	mal 나쁘게	[-mente]형 부사
장소부사	cerca 가까이	lejos 멀리	arriba 위로
	abajo 아래로	adentro 안으로	afuera 밖으로
시간부사	antes 전에	después 후에	luego 다음에
	temprano 일찍	tarde 늦게	pronto 곧
방법부사	quizá(s) 아마도	acaso 아마도	

2 대명사적 부사그룹

지시부사	공간적	aquí 여기	ahí 거기	allí 저기
		acá 여기로	allá 아득한 곳에	
	시간적	ahora 지금	entonces 그당시	hoy 오늘
		ayer 어제	mañana 내일	anoche 어제 밤에
	방법적	así 그렇게		
	양적	tanto 그토록		
양 부사		poco 조금	mucho 많이	bastante 충분히
		casi 거의	demasiado 지나치게	

양적 시간부사	siempre 항상	nunca 결코-않다	jamás 결코-않다
양적 상 부사	todavía 아직까지	aún 아직도	ya 이미
수 부사	primero 첫 번째	segundo 두 번째	tercero 세 번 째
확인 부사	mismo 바로 그	sí 그렇다	no 아니다
	también 또한-이다	tampoco 또한-아니다	
관계 부사	donde -하는 곳에	cuando -하는 때에	como -방식으로
의문/ 감탄 부사	dónde 어디에	cuándo 언제	cuánto 얼마나

※ 양적 상 부사란 상(aspecto) 즉, "완료 또는 미완료 자질"을 표현하는 부사를 말한다.

너무나 다양하고 수많은 이러한 부사들을 다 언급할 수는 없으나, 많이 나타나는 부사들을 개략적으로 살펴보았다. 각기 부사의 특징들은 분야별로 해당 단락에서 상세히 다루기로 하고, 여기서는, 원래부터 부사인 경우, 형용사로부터 파생된 부사, 형용사로부터 범주 전환된 부사로 나누어 살펴보겠다.

1 원래부터 부사인 경우

bien 잘	mejor 더 잘
mal 나쁘게/ 서투르게	mucho 많이, 열심히
tan 그토록	también 또한, 역시
tampoco 또한, 역시 - 않다(부정문)	rápido 빨리

2 형용사에서 파생된 부사

형용사에 [-mente]를 붙여 '방법의 의미를 지닌 부사'를 만들게 되며, 이 경우 스페인어에서 유일하게 악센트를 2개 지닌 단어가 탄생하게 된다. 즉, 형용사의 원래 악센트(제1강세)가 유지되고, [-mente]에도 악센트(제2강세)가 부여되므로 결과적으로 악센트가 2개인 단어가 만들어진다(예: *fácilmente*).

1 [-O]로 끝난 형용사는 [-O ➡ -A]로 고치고 [-mente]를 붙인다.

rápido	빠른	rápid**a*mente***	빨리
lento	느린	lent**a*mente***	천천히
entusiasmado	열정적인	entusiasmad**a*mente***	열정적으로

2 [-O] 이외로 끝난 형용사는 [-mente]만 붙인다.

alegre	즐거운	alegre***mente***	즐겁게
feliz	행복한	feliz***mente***	행복하게
triste	슬픈	triste***mente***	슬프게

이러한 부사의 형성은 형용사의 원급에서뿐만 아니라, 비교급 및 최상급에서도 만들어질 수 있다.

① 비교급에서 형성되는 경우

interior***mente***	보다 더 내부적으로	exterior***mente***	보다 더 외부적으로
mejor***mente***	보다 더 좋게	peor***mente***	보다 더 나쁘게

② 최상급에서 형성되는 경우

bonísim**a*mente***	가장 좋게	facilísim**a*mente***	가장 쉽게
óptim**a*mente***	가장 훌륭하게	pésim**a*mente***	최악으로

이렇게 형성된 [-mente]형 부사들이 여러 개 함께 나열되는 경우, 마지막 형용사에만 [-mente]를 남기고, 이전의 형용사들의 어미 [-mente]는 생략된다.

Debes respirar ***profunda y pausadamente.***	너는 깊게 그리고 천천히 호흡해야 한다.
Quiero reflexionar ***larga y seriamente*** sobre mi futuro.	나는 나의 미래에 대해 오래 그리고 신중하게 심사숙고 하고 싶다.
El hotel está equipado ***moderna y elegantemente.***	그 호텔은 현대적이고 우아하게 설비되어 있다.

3 부사역할을 하는 전치사구 [con + 추상명사]

[con + 추상명사]는 [-mente]형 부사와 동일한 의미를 지니며, "매우"를 추가하려면, [con + 추상명사]의 경우 추상명사 앞에 형용사 mucho를, [-mente]형 부사 앞에는 muy를 덧붙여야 한다.

con alegría	=	*alegre**mente***	즐겁게
*con **mucha** alegría*	=	***muy** alegre**mente***	매우 즐겁게
con cariño	=	*cariños**amente***	다정하게
*con **mucho** cariño*	=	***muy** cariños**amente***	매우 다정하게
con cuidado		*cuidados**amente***	조심스럽게
con felicidad	=	*feliz**mente***	행복하게
con facilidad	=	*fácil**mente***	쉽게
con dificultad	=	*difícil**mente***	어렵게
con tranquilidad	=	*tranquil**amente***	편안하게

con 이외의 여타 전치사도 명사를 보어로 취하여 부사의 의미를 표현할 수 있다.

sobre todo	=	*especial**mente***	특별히
ante todo	=	*primero*	먼저
por último	=	*últim**amente***	최후에
al fin/ en fin/ por fin	=	*final**mente***	마침내
para siempre	=	*etern**amente***	영원히
de repente	=	*repentin**amente***	갑자기
en vano	=	*inútilmente*	공연히

4 [-mente]형 부사의 특징

이러한 [-mente]형 부사는 동사의 동작자질과 연관이 있으므로, 정적인 동사(verbos estativos: saber, conocer, 등)와는 함께 나타날 수 없다. 또한 pesar, medir동사 같은 경우는 상황에 따라 동작동사로 또는 정적인 동사로 기능하므로, 문맥에 따라 상이한 결과를 보여준다.

José ***sabe la historia.***	호세는 그 이야기를 안다.
*José ***sabe*** la historia ***cuidadosamente.***	*호세는 조심스럽게 그 이야기를 안다.

Inés ***pesa sesenta y cinco kilos.***	이네스는 65킬로그램이다.
*Inés ***pesa*** sesenta y cinco kilos ***cuidadosamente.***	*이네스는 조심스럽게 65킬로 그램이다.
Inés ***pesa*** el paquete ***cuidadosamente.***	이네스는 조심스럽게 소포의 무게를 단다.

Juan ***mide un metro setenta.***	환은 키가 1미터 70센티이다.
*Juan ***mide*** un metro setenta ***cuidadosamente.***	*환은 조심스럽게 키가 1미터 70센티이다.
Juan ***mide*** la mesa ***cuidadosamente.***	환은 그 테이블을 조심스럽게 잰다.

5 형용사에서 범주전환 된 부사

몇몇 형용사들은 형태론적으로 아무런 변화를 겪지 않고도 부사로 범주전환 될 수 있으며, 이 경우도 마찬가지로 형용사의 성·수일치 자질을 상실하게 된다.

María escribe ***pausado.***	마리아는 또박또박 글을 쓴다.
La Srta. Park habla ***{alto/ fuerte}.***	박양은 크게 얘기한다.
El tambor suena ***horrible.***	그 북은 끔찍한 소리를 낸다.
El profesor habla ***claro.***	그 교수님은 분명하게 말씀하신다.
Quiero trabajar ***duro*** y hacerme millonario.	나는 열심히 일해서 백만장자가 되고 싶다.

2 부사의 기능

부사는 ① 동사, ② 형용사, ③ 타 부사, ④ 문장전체를 수식한다.

① 동사 수식	María *estudia mucho.*	마리아는 열심히 공부한다.
② 형용사 수식	María es *muy bonita.*	마리아는 매우 예쁘다.
③ 타 부사 수식	María canta *muy bien.*	마리아는 노래를 매우 잘 부른다.
④ 문장전체 수식	*Afortunadamente* mi hijo no tiene examen hoy.	다행히 나의 아들은 오늘 시험이 없다.

그러나 실제로 부사는 거의 모든 통사범주의 기능을 수행할 수 있다. 이러한 부사들의 다양한 기능들을 다음과 같이 간략하게 소개하겠다.

명사 수식	el *entonces* presidente	그 당시의 대통령
명사 핵으로 기능함	el *ayer*/ el *ahora*	과거/ 현재
양화사 수식	en *aproximadamente* una hora	대략 한 시간 내에
동사의 지배를 받는 전치사의 보어	Hablaban de *ayer.*	그들은 과거에 대해 얘기하고 있었다.
	Pensamos en *ahí.*	우리들은 그곳을 생각하고 있다.
계사구문의 주어	*Hoy* es viernes.	오늘은 금요일이다.
계사구문의 술어	*Así* es la vida.	인생은 그런 것이야.
	María está *bien.*	마리아는 잘 있다.
소절의 주어	Considero *aquí* centro de la vida cultural.	나는 이곳이 문화생활의 중심지라고 여긴다.
동사의 논항 위치	Inés viste *elegantemente.*	이네스는 우아하게 입는다.
	Tu hijo se porta *bien.*	네 아들은 처신을 잘 한다.

3 부사의 위치

부사는 기본적으로 어떠한 부가위치에도 나타날 수 있고, 때론 논항 위치나 타 범주의 핵 위치에도 나타날 수 있다. 부가 위치에 나타나는 부사는 동사구 내 부사(방법부사)와 동사구 밖의 부사(동반부사, 시간부사, 장소부사, 등)로 양분할 필요가 있다.

1 동사구(SV)외 부사

시간부사, 동반부사, 장소부사, 등 방법부사를 제외한 대부분의 부사들이 해당되며, 문장 내에서 매우 다양한 위치에 나타날 수 있다. 동사구 밖은 물론 동사구 안에도 나타난다.

Ahora María estudia en casa.	*지금* 마리아는 집에서 공부한다.
María ***ahora*** estudia en casa.	마리아는 *지금* 집에서 공부한다.
María estudia ***ahora*** en casa.	마리아는 집에서 *지금* 공부한다.
María estudia en casa ***ahora.***	마리아는 집에서 공부한다 *지금.*

2 동사구(SV)내 부사

방법부사(Adverbios de modo) bien, tarde, 등이 해당되며, 동사구 내의 전치 또는 후치의 부가 위치에 나타나며, 동사구를 벗어나면 비문이 된다.

Juan *[habla* ***bien*** *el español].*	환은 스페인어를 *잘* 한다.
Juan *[habla español* ***bien*** *].*	환은 스페인어를 *잘* 한다.
*Juan ***bien*** *[habla español].*	*환은 *잘* 스페인어를 한다.
****Bien*** Juan *[habla español].*	* *잘* 환은 스페인어를 한다.

※ [ ]는 동사구를 표시한 것이며, *표시는 비문을 의미한다.

참고 사항

● 비문성에 관한 통사적 설명:

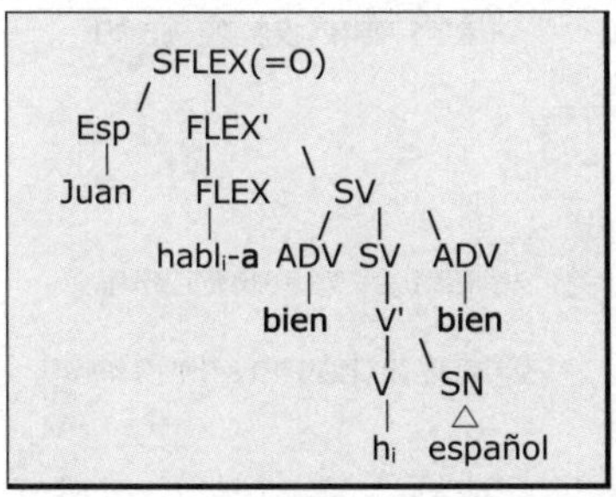

이 수형도에서 보듯이 스페인어에서는 방법부사가 SV의 전후에 자유로이 부가될 수 있다. 그러나 bien이 동사 habla앞에 나타날 수 없으며, 그 이유는 habl-이 동사 핵인 SV의 앞이나 뒤에 bien이 부가될 수 있으나, habl-이 자신보다 높은 위치에 있는 굴절통사소 핵인 -a로 핵-이동하여 접착되므로 겉으로 드러나는 굴절된 동사(habla)의 위치는 이미 SV의 위로 올라와 있다. 따라서 *Juan bien habla español과 같은 문장에서는 이미 bien이 SV보다 상위의 위치에 부가되어 있으므로 비문을 형성하게 된다.

그러나 이러한 방법부사들은 테마화(tematización)되는 경우 SCOMP의 Espec자리로의 이동이므로, 의문사구이동과 마찬가지로, 주어-동사 도치가 일어난다: ***Bien*** *habla Juan español.*

나아가, 방법, 시간, 장소, 도구 등을 표현하는 수식어들이 함께 나오는 경우, 방법수식어는 이미 그 위치가 SV 내로 제한되어 있으나, 여타 수식어들은 비교적 자유롭게 서로의 어순을 바꾸면서 나타날 수 있다. 따라서 아래 예문들에서 볼 수 있듯, 방법수식어가 여타 수식어보다 동사에게서 더 멀리 떨어져 있는 경우는 비문이 된다.

Juan limpia los zapatos ***cuidadosamente*** con un paño hoy en el patio.
Juan limpia ***cuidadosamente*** los zapatos con un paño hoy en el patio.
*Juan limpia los zapatos **con un paño** ***cuidadosamente*** hoy en el patio.
*Juan limpia los zapatos **en el patio** ***cuidadosamente*** con un paño hoy.
*Juan limpia **con un paño** los zapatos ***cuidadosamente*** hoy en el patio.

환은 오늘 마당에서 천으로 구두를 조심스럽게 닦는다.

4 문장부사와 동사구 내 부가 부사

문장부사(Adverbios oracionales)는 문장 전체를 수식하며, 문장 전체 내용에 대한 화자(hablante)의 판단을 표현하게 된다.

Afortunadamente mi hijo aprobó el examen. *다행히* 내 아들이 시험에 합격했다.

그러나 주의해야할 사항은 하나의 부사가, lógicamente에서 볼 수 있듯, 문장부사 및 동사구내 부사로 동시에 기능할 수 있으며, 그 의미적 차이도 뚜렷이 나타날 수 있다는 점이다.

1 문장부사의 경우

Lógicamente, él no contestó a la pregunta.	*당연히,* 그는 질문에 대답하지 못했다.
➡ Es lógico que él no haya contestado a la pregunta.	그가 질문에 대답하지 못한 것은 당연하다.

2 SV내 부가되는 방법부사의 경우

Él no contestó a la pregunta ***lógicamente.***	그는 질문에 *논리적으로* 대답하지 못했다.
➡ La forma de contestar la pregunta no es lógica.	질문에 대한 그의 답변방식이 논리적이지 못하였다.

즉, 문장부사는 문장을 수식하고, SV내 부가되는 부사는 동사를 수식하게 되는 바, 상이한 부사유형에 해당되므로 함께 출현하여도 무방하게 된다.

Lógicamente, Juan no contestó a la pregunta ***lógicamente.***	*당연히,* 환은 질문에 논리적으로 대답하지 못하였다.

5 수식 범주가 다양한 부사

다양한 통사범주를 자유로이 꾸며줄 수 있는 부사들이 있으며, 바로 sólo(단지), solamente(단지), hasta(심지어는), no(아님) 등과 같은 부사이다.

명사구 수식	***[Sólo [Antonio]]*** entró en esa sala. [단지 [안또니오]만]이 그 방에 들어갔다.
동사 수식	Antonio ***[sólo [entró]]*** en esa sala. 안또니오는 그 방에 [단지 [들어]만] 갔다.
동사구 수식	Antonio ***[sólo [entró en esa sala]].*** 안또니오는 [단지 [그 방에 들어갔다]].
전치사구 수식	Antonio entró ***[sólo [en esa sala]].*** 안또니오는 [단지 [그 방에]만] 들어갔다.
양화사 수식	***[No [todos]]*** *los días* son iguales. 하루 하루가 [다 같은 것은 아니다].

Lección 5
Ejercicios

1 | 형용사를 괄호 안에 맞게 변화시켜 넣어보자.

① los chicos ( ) (coreano)
② unas lecturas ( ) (fácil)
③ las teorías ( ) (feminista)
④ las niñas ( ) (español)
⑤ los soldados ( ) (iraquí)
⑥ la tía ( ) (estadounidense)
⑦ los animales ( ) (indígena)
⑧ las ardillas ( ) (macho)
⑨ un ( ) tío (bueno)
⑩ una ( ) mujer (grande)
⑪ Las guías están ( ). (contento)
⑫ Ellos llegan a casa ( ). (cansado)
⑬ Ella considera ( ) a sus amigas. (tonto)
⑭ Comemos ( ) el pescado. (crudo)
⑮ Las muchachas están ( ). (de buen humor)

2 | 부사나 전치사구 형성이 잘못된 것만을 찾아 고쳐보자.

① elegantemente
② efectivomente
③ felizmente
④ con muy dificultad
⑤ con gran cariño
⑥ dificilmente
⑦ guapísimamente
⑧ mejoramente
⑨ mucha amablemente
⑩ muy fácilmente

3 | 다음 구문 중 틀린 것만을 찾아 고쳐보자.

① una amiga inteligente
② un gran piso
③ un coreano producto
④ la cruel guerra
⑤ un hombre gordo
⑥ una dramática situación
⑦ la blanca nieve
⑧ la infantil asma
⑨ un excepcional chico
⑩ el dramático género
⑪ este mi amigo
⑫ los siete alumnos

4 | 두 구문 사이의 차이를 얘기해 보자.

① una noticia cierta	una cierta noticia
② la mujer pobre	la pobre mujer
③ una casa nueva	una nueva casa
④ el presidente mismo	el mismo presidente
⑤ los amigos viejos	los viejos amigos

⑥ Los chicos están aún verdes.
Ya está verde el campo que se ve a través de la ventana.

⑦ Aquellos hombres están tibios.
Está tibio el café que acaba de entregarme.

5 | 문장에서 틀린 부분을 찾아 고쳐보자.

① Las niñas están lleno de polvo.
② El ser humano es muy mortal.
③ Juan habla cariñoso y fuertemente.
④ Los niños duermen tranquilo en su cuarto.
⑤ Tus maletas son bonitas, pero éstas no las son.
⑥ José sabe la historia cuidadosamente.
⑦ Éstas son historias fácil de memorizar.
⑧ Bien Juan habla español.
⑨ Juan mide un metro setenta y ocho muy bien.
⑩ Juan limpia los zapatos en el patio cuidadosamente con un paño hoy.

로마네스크양식

중세 스페인에서는 다양한 건축 양식들이 도입되었다. **11**세기에서 **13**세기까지는 로마네스크양식이 지배적이었으며, 이 양식은 다른 유럽 국가에서 **Santiago de Compostela**시로 순례객들의 행렬이 지속됨에 따라 스페인에 도입되었다. 로마네스크양식의 성당들은 원초적 환희를 표현하는 인간과 동물의 형상들로 장식된 둥근 천장으로 이루어져 있으며 견고하고 어둡다. 이 양식의 많은 건물들 중 대표적인 예가 산띠아고 데 꼼뽀스뗄라시의 대성당으로, 높은 탑들과 웅장한 정면을 지니고 도시를 내려다보고 있다.

고딕양식

고딕양식은 **13**세기에 로마네스크양식이 공존하는 상황에서 융성하기 시작했다. 고딕양식의 건물은 외부에 뾰족 아치와 부벽(扶壁)들로 이루어져 있으며, 이 부벽들은 성벽을 얇게 만들 수 있도록 해주었다. 또한 크고 두꺼운 색깔이 있는 유리 창문들과 첨탑들이 많으며, 이 뾰족한 첨탑들은 하늘에 닿기를 원하는 것 같은 분위기를 자아낸다. 이러한 고딕양식의 건축물들이 **Burgos, León, Toledo** 그리고 **Sevilla**시에 있는 대성당들로, 모두 훌륭한 예술품들이다. 옆의 사진은 세비야시의 대성당이다.

제 6 장 지시사와 소유사

1 지시형용사와 지시대명사

이미 형용사 편에서 살펴보았듯, 지시형용사는 한정형용사 그룹에 속한다. 즉, 명사의 의미적 내용을 제한하고 지시하는 역할을 수행하는 것이다. 따라서 항상 명사 앞에 나타난다. 지시사는, 화자와 가까운 경우 [이(것], 청자와 가까운 경우 [그(것)], 화자와 청자에게서 공히 먼 경우 [저(것)]의 의미를 표현하며, 각각 지시형용사와 지시대명사(-것)로 다음과 같이 구분된다.

거리 \ 지시사		지시형용사		지시대명사		
		남성	여성	남성	여성	중성
화자 가까이	단수	este	esta	éste	ésta	esto
	복수	estos	estas	éstos	éstas	
청자 가까이	단수	ese	esa	ése	ésa	eso
	복수	esos	esas	ésos	ésas	
공히 멀 때	단수	aquel	aquella	aquél	aquélla	aquello
	복수	aquellos	aquellas	aquéllos	aquéllas	

단, 지시형용사는 관사와 마찬가지로 명사구의 지정사 자리를 차지하는 바, 관사와 함께 올 수 없다.

este amigo	이 친구	**el* ***este*** amigo	(비문)
esa mesa	그 테이블	**la* ***esa*** mesa	(비문)

1 지시형용사와 지시대명사의 구성

[지시형용사 + 명사]는 [지시대명사]로 대체될 수 있으며, 이 경우 지시대명사는 원래 구문의 의미를 전반적으로 반영할 수 있으나, 명사의 구체적인 의미까지는 표현할 수 없다.

este libro	이 책	➡	***éste***	이 것	***esta*** casa	이 집	➡	***ésta***	이 것
estos libros	이 책들	➡	***éstos***	이 것들	***estas*** casas	이 집들	➡	***éstas***	이 것들
ese amigo	그 친구	➡	***ése***	그 분	***esa*** amiga	그 여자친구	➡	***ésa***	그 분
esos amigos	그 친구들	➡	***ésos***	그 분들	***esas*** amigas	그 여자친구들	➡	***ésas***	그분들
aquel árbol	저 나무	➡	***aquél***	저것	***aquella*** ave	저 새	➡	***aquélla***	저 것
aquellos árboles	저 나무들	➡	***aquéllos***	저 것들	***aquellas*** aves	저 새들	➡	***aquéllas***	저것들

보다시피, 지시대명사가 사물뿐만 아니라 사람도 지칭할 수 있다. 그러나 사람을 지칭할 때 대하기 어려운 사람이나 친밀한 사이가 아닌 사람이 있는 경우 지시대명사를 사용하면 결례가 된다.

¿Quién es ***{ésa/ esa señora}***?	{그 분은/ 그 부인은} 누굽니까?
{Ésta/ Esta señora} es la tía de José.	{이 분은/ 이 부인은} 호세의 숙모입니다.

따라서 위와 같은 예문에서는 지시대명사를 사용하는 것보다는 [지시형용사 + 명사]구문을 이용하는 것이 바람직하다.

2 지시형용사와 지시대명사의 용법

아래 예에서 지시형용사와 지시대명사가 나타나며, 지시대명사는 악센트를 지니고 있다.

Estas plumas son caras, pero ***aquéllas*** no lo son.	이 펜들은 비싸다. 그러나 저것들은 비싸지 않다.
Ese chico va de juerga por la noche.	그 소년은 밤에는 놀러간다.
Este toro es más furioso que ***aquél***.	이 투우는 저것보다 더 사납다.

또한 다음 문장에서는 지시형용사가 홀로 나타나는 것 같지만 실제로는 명사 핵이 생략된 것이다(***Este libro*** de María y ***aquel (libro)*** de Ignacio...).

Este libro de María y ***aquel*** de Ignacio son de gran valor.	마리아의 이 책과 익나시오의 저 책은 매우 가치가 있는 책이다.

중성지시대명사 esto, eso, aquello는 항상 성·수 불변이다. 따라서 화자는 지칭하는 사물의 성·수에 대한 의식을 하지 않고 편하게 사용할 수 있다.

Eso es mentira.	그것은 거짓말이야.
¿Cuánto vale ***esto***? -***Ésa*** cuesta cien euros.	이것은 얼마죠? -그것은 100유로입니다.

즉, 두 번째 예에서 고객이 옷가게에서 셔츠(camisa)를 들고 값이 얼마냐고 묻는다. 그는 camisa란 명사를 알 수도 혹은 모를 수도 있으나 상관없이 esto라고 지칭하고 물을 수 있다. 물론, ¿Cuánto vale ***ésta***?라고 물을 수 있다. 그러나 대답하는 사람은 일반적으로 그 명사에 대한 정보를 잘 알고 있으므로 정확히 ***ésa***라는 지시대명사로 답하게 된다.

또한 지시대명사는 다른 대명사와 마찬가지로 문장에서 여러 가지 명사의 기능들을 대신할 수 있다.

1 주어

Ésta es mi amiga Carmen.	얘가 내 여자친구 까르멘이야.
Aquéllos van en coche a un concierto.	저분들은 차타고 음악회에 가신다.

2 목적어

No conozco a ***ése***.	나는 그(사람)를 모른다.
¿Ahora despierto a ***éstas***?	지금 이(여성)분들을 깨울까요?

3 동사의 지배를 받는 전치사의 보어

Juan *piensa* ***en eso***.	환은 그것을 생각하고 있다.
Para esto *sirve* el fondo público.	이것을 위해 공적 자금이 사용된다.

4 전치사의 보어

No tengo ni idea *de* ***eso.***	나는 그것에 대해 전혀 아이디어가 없다.
En eso tiene responsabilidad la prensa.	그것(그 문제)에 언론의 책임이 있다.

3 전자(前者)와 후자(後者)

지시대명사를 이용해, 앞 문장에 등장하는 사람이나 사물을 지시할 수 있다. 기준은 뒤 문장 시작 기점으로 가까운 사람이나 사물은 éste, ésta, éstos, éstas로, 먼 사람이나 사물은 aquél, aquélla, aquéllos, aquéllas로 지칭하게 된다. 반면에, 우리말 해석에서는 단순히 앞 문장 내에서 앞에서 나오는 것을 "전자"라고 하고 뒤에 나오는 것을 "후자"라 한다. 이러한 내용을 도표화하면 다음과 같다.

전자		후자	
뒤 문장에서 멀리 나타남		뒤 문장 가까이 나타남.	
aquél	**aquélla**	**éste**	**ésta**
aquéllos	**aquéllas**	**éstos**	**éstas**

María$_i$ enseña español a ***unos coreanos***$_j$. ***Éstos***$_j$ son jóvenes, pero ***aquélla***$_i$ es vieja.	마리아는 몇몇 한국인들에게 스페인어를 가르친다. 후자들은 젊으나, 전자는 늙었다.
Los profesores$_i$ le dan a ***Antonio***$_j$ muchos libros. ***Aquéllos***$_i$ son muy generosos y ***éste***$_j$ es muy aplicado.	선생님들은 안또니오에게 많은 책들을 준다. 전자들은 매우 너그러우며, 후자는 매우 부지런하다.

2 소유형용사와 소유대명사

소유형용사는 소유의 의미를 표현하는 형용사로 인칭에 따라 [나의], [너의], [그의, 그녀의, 당신의]; [우리의], [너희들의], [그들의, 그녀들의, 당신들의]의 의미를 표현하며, 명사 앞에 나오는 전치형과 명사 뒤에 나오는 후치형으로 구분된다. 소유형용사도 형용사의 일반적인 성·수 일치 규칙에 따른다. 즉 [-O]로 끝난 소유형용사는 성·수에 일치되나 [-O]이외로 끝난 소유형용사는 성에는 관계없이 수에만 일치한다. 그리고 소유대명사는 [-의 것]이라는 의미를 지니며, [관사 + 소유형용사 후치형]으로 구성된다. 그 세부적인 내용은 다음과 같다.

소유사 / 인칭	소 유 형 용 사				소 유 형 용 사	
	전 치 형		후 치 형		[관사 + 소유형용사 후치형]	
	단 수	복 수	단 수	복 수	단 수	복 수
1	**mi**	**nuestro**	**mío**	**nuestro**	**el mío**	**el nuestro**
2	**tu**	**vuestro**	**tuyo**	**vuestro**	**el tuyo**	**el vuestro**
3	**su**	**su**	**suyo**	**suyo**	**el suyo**	**el suyo**

3인칭의 su, suyo는 다음에서 볼 수 있듯, [그의, 그녀의, 당신의, 그들의, 그녀들의, 당신들의]의 여섯 가지 의미가 다 들어있다.

su casa
la casa ***suya*** ➡ la casa ***de {él/ ella/ usted/ ellos/ ellas/ ustedes}***
{그/ 그녀/ 당신/ 그들/ 그녀들/ 당신들}의 집

이러한 모호성을 피하기 위해서는, 위와 같이 [전치사 de + 인칭대명사]구문을 사용하면 되나, 중복으로 다음과 같이 사용하기도 한다.

su casa ***de él*** 그의 집　　***su*** casa ***de Inés*** 이네스의 집

그러나 이러한 중복형 구문은 최근에는 [de usted]와 [de ustedes]에만 국한되어 사용되고 있다.

su hijo ***de usted*** 당신의 아들　　***su*** oficina ***de ustedes*** 당신들의 사무실

참고 사항

● 중남미에서는 vosotros를 사용하지 않기 때문에 vuestro도 de ustedes로 바꾸어 사용한다. 즉, ***vuestra*** madre(너희들의 어머니)를 la madre ***de ustedes***라 한다.

'중성 소유대명사'는 [중성관사 lo + 소유형용사 후치형]로 구성된다.

Lo nuestro está en casa.	우리들의 것은 집에 있다.
No quiero ***lo tuyo***.	나는 네 것을 원하는 게 아니다.

1 소유대명사의 형성 과정

소유형용사와 소유대명사는 위에서 보았듯 매우 밀접하게 연관되어 있다. 그러면 실제로 둘 사이의 관계를 이해하기 위해, [소유형용사 + 명사] 또는 [관사 + 명사 + 소유형용사 후치형]을 [소유대명사]로 바꾸는 과정을 살펴보자.

mi amigo	***el*** amigo ***mío***	나의 친구	➡	***el mío***	나의 것
mi amiga	***la*** amiga ***mía***	나의 여자친구	➡	***la mía***	나의 것
mis amigos	***los*** amigos ***míos***	나의 친구들	➡	***los míos***	나의 것들
mis amigas	***las*** amigas ***mías***	나의 여자친구들	➡	***las mías***	나의 것들
tu amigo	***el*** amigo ***tuyo***	너의 친구	➡	***el tuyo***	너의 것
tu amiga	***la*** amiga ***tuya***	너의 여자친구	➡	***la tuya***	너의 것
tus amigos	***los*** amigos ***tuyos***	너의 친구들	➡	***los tuyos***	너의 것들
tus amigas	***las*** amigas ***tuyas***	너의 여자친구들	➡	***las tuyas***	너의 것들
su amigo	***el*** amigo ***suyo***	당신의 친구	➡	***el suyo***	당신의 것
su amiga	***la*** amiga ***suya***	당신의 여자친구	➡	***la suya***	당신의 것
sus amigos	***los*** amigos ***suyos***	그의 친구들	➡	***los suyos***	그의 것들
sus amigas	***las*** amigas ***suyas***	그의 여자친구들	➡	***las suyas***	그의 것들

※ 우리말에서는 사람을 소유대명사로 [-것]이라고 표현하지 않지만, 스페인어에서는 사람이나 사물 모두 소유대명사로 바꿀 수 있다. 이런 연유로, 위에서 사람이지만 [-것]으로 직역했지만, 번역시에는 [-의 친구(들)]이라고 명사가 있는 것처럼 해석해야 한다.

2 소유형용사 및 소유대명사의 용법

1 소유형용사는 전치형이 주로 많이 쓰이나, 후치형도 함께 사용된다.

Mi amigo me va a visitar.	나의 친구가 나를 방문할 것이다.
Tus padres viven en Seúl.	너의 부모님은 서울에 사신다.
Hay mucho que leer en ***esta obra mía.***	나의 이 작품 속에는 읽을 것이 많다.

2 감탄문이나 대화문의 호격에는 후치형이 주로 사용된다.

Amor mío, ¿vienes a verme?	여보, 나 보러 올 거죠?
Bueno, ***hija mía,*** me voy.	자, 얘야, 나는 간다.
¡Dios mío!	오, 하나님!

3 소유형용사가 주격보어로 나타날 때는 의무적으로 후치형을 사용해야 한다.

La mitad del dinero es ***tuya.***	그 돈의 절반은 네 꺼다.
¿De quién es esta cazadora? -Es ***mía.***	이 잠바는 누구의 것이니? -내 것이야.

4 소유대명사는 다음 문장들에서 보다 시피, 이미 이전에 나타난 명사를 지칭하게 되고 그것의 성·수에 따라 변화하나, 문맥에 따라서는 마지막 예에서 보듯, 성에는 따르나 수에는 따르지 않을 수 있다.

¿Dónde está su libro? - ***El mío*** está en la mesa.	당신의 책은 어디에 있습니까? -나의 책은 탁자위에 있다.
¿En qué coche vamos? -En ***el suyo.***	누구 차로 갑니까? -당신 차로요.
El coche de María es más nuevo que ***el nuestro.***	마리아의 차는 우리 것보다 더 새것이다.
Los dos vídeos son buenos, pero ***el tuyo*** es mejor.	두 비디오는 좋은 것이나, 너의 것이 더 좋다.

5 재귀구문이나 수혜나 피해를 받는 여격대명사가 나오는 구문에서는 소유의 의미가 나오더라도 소유형용사를 사용하지 못하며, 꼭 정관사를 넣어야 한다.

Me voy a ***quitar el sombrero.***	나는 모자를 벗을 것이다.
Te dejo ***la camisa*** en el otro cuarto. (=Dejo tu camisa en el otro cuarto.)	나는 네 셔츠를 다른 방에 두었다.
Inés ***me*** mira ***la mano.*** (=Inés mira mi mano.)	이네스는 내 손을 바라본다.
Me robaron ***el coche.*** (=Robaron mi coche.)	나는 자동차를 분실하였다. (주어가 불분명: 3인칭 복수 사용)

※ 따라서 다음과 같은 문장은 비문법적인 문장이다.

****Me*** voy a quitar ***mi sombrero.*** ****Me*** robaron ***mi coche.***

참고 사항

● 스페인어에서 소유형용사의 사용은 영어, 불어, 독어 등에 비해 훨씬 더 제한되어 있다. 스페인어에서는 다음과 같은 예문에서 소유형용사가 잉여적이거나 외국어의 영향이라고 여겨지고 있다.

He dejado *mi* mochila en la escuela.	나는 배낭 가방을 학교에 두고 왔다.
Ella saca *su* monedero del bolsillo.	그녀는 주머니에서 동전지갑을 꺼낸다.

● 스페인어에서는 이런 경우 소유형용사 대신 정관사를 사용한다.

He dejado ***la mochila*** en la escuela.	나는 배낭 가방을 학교에 두고 왔다.
Ella saca ***el monedero*** del bolsillo.	그녀는 주머니에서 동전지갑을 꺼낸다.

● 또 재귀대명사를 함께 사용하는 구문을 선호한다.

Me he dejado ***la mochila*** en la escuela	나는 배낭 가방을 학교에 두고 왔다.
Ella ***se*** saca ***el monedero*** del bolsillo.	그녀는 주머니에서 동전지갑을 꺼낸다.

Todo/ Cada/ Cualquiera 등으로 이루어지는 구문 분석

Todo(모든), Cada(각각의), Cualquiera(어떤 것이나), Ambos(둘 다), sendos(둘 또는 그 이상 각자의) 등은 의미적으로 비슷한 내용을 표현하고 있는 것 같으나 그 내용을 살펴보면 차이가 있다.

todo, ambos	부정형용사/ 부정대명사	*cada, cualquiera, sendos*	부정형용사

I *Todo*

단수인 경우 정관사의 유무에 관계없이 나타나나, 복수인 경우 꼭 정관사와 함께 나타나야 한다. 의미적으로는 두 가지로 세분할 수 있다.

Todo (el) hombre	***Toda (la)*** mujer	모든 남자(사람)	모든 여자
Todos los hombres (*Todos hombres: 틀린 구문)		모든 남자(사람)들	
Todas las mujeres (*Todas mujeres: 틀린 구문)		모든 여자들	

① 의미적으로 한정되는 경우

Todos te admiran.	*(너를) 그 사실을 아는) 모든 사람들은* 네게 찬사를 보낸다.

② 통칭적 의미를 표현하는 경우

Todos los hombres son mortales. =***Todo hombre*** es mortal.	모든 인간들은 운명적으로 죽게 된다. = 모든 인간은 운명적으로 죽게 된다.

나아가 단수/복수, 관사의 유무에 따라 미묘한 의미적 차이를 보이기도 한다.

Todo libro es útil. (불특정)	모든 책은 유용하다.
Todos los libros son interesantes. (특정)	그 책들은 모두 재미있다.
Todo el libro tiene un interés pedagógico. (특정: 전체 또는 책의 모든 각각의 부분들)	그 책 전체(또는 모든 각각의 부분들)은 교육적 관심을 보여준다.

2 *Ambos & Sendos*

사람과 사물에 관련되며, ambos(둘 다)는 부정형용사와 부정대명사로, sendos (둘 또는 그 이상 각각)는 부정형용사로만 사용된다. 여성인 경우 ambas와 sendas가 된다.

Ambas alumnas se portan bien.	그 두 여학생은 행실이 바르다.
Ambas tienen algo en común.	그 두 여자는 뭔가 공통점이 있다.
El rey y el príncipe han enviado ***sendos mensajes de ánimo*** a la selección española.	국왕과 황태자는 스페인대표팀에 각각 격려 메시지를 보냈다.

3 *Cada*

cada는 관사와 함께 올 수 없다: cada día/ *cada el día (틀린 구문)

Cada alumno tiene que llevar sus libros.	학생 각자(학생이면 누구나)는 자신의 책을 가져가야 한다.
Cada ciudadano tiene derecho a escoger libremente su residencia.	시민 각자는 자유롭게 주거지를 선택할 권리가 있다.
Los contenidos son renovados ***cada siete días.***	내용은 매7일마다 갱신된다. ➡ 같은 날 수를 주기로 반복

4 *Cualquiera*

Cualquiera도 관사와 함께 올 수 없으며(*cualquier el día), 명사 앞에서 -a가 탈락되며 복수 형태는 cual<u>es</u>quier(a)이다.

Para la mujer, ***cualquier hombre*** es machista.	여자에겐 어떤 남자든 남성우월주의자이다. ➡ 남성모두와 각각의 남자 지칭
Cualquier niño puede hacer ***cualquier cosa.***	어떤 아이나 어떤 것도 할 수 있다. ➡ 어떤 아이(것)인지는 중요치 않음

참고 사항

● todo와 cada 비교

La familia va a misa	***todos los domingos.***	매주 일요일마다 (반복)	그 가족은 미사에 참석한다.
	cada domingo.	각각 일요일마다 (변화가 있는 반복)	

● todo el mundo: [전 세계] 또는 [모든 사람들]

Estos chocolates se exportan a ***todo el mundo.***	이 초콜릿들은 전 세계로 수출된다.
Todo el mundo tiene un secreto.	모든 사람들이 비밀 하나는 갖고 있다.

● todo구문에서의 부분 부정

No todo el mundo tiene el mismo interés.	세상 사람 모두가 똑 같은 관심을 가지고 있는 건 아니다.
No todos los días son iguales.	모든 날이 다 똑 같은 건 아니다.

Lección 6
Ejercicios

1 | 괄호 안에 알맞게 지시형용사나 지시대명사를 넣어보자.

① (　　　　) chica es mi sobrina. (aquel)
② Estos libros son caros, pero (　　　　) no lo son. (ese)
③ (　　　　) es mi novia Ana. (este)
④ Ana les da a Juan y a Antonio un regalo. (　　　　) es belga y (　　　　) son de Rusia. (este/ aquel)
⑤ Las chicas van a la montaña con sus padres. (　　　　) son viejos, pero (　　　　) son jóvenes. (este/ aquel)

2 | 괄호 안에 알맞게 소유형용사나 소유대명사를 넣어보자.

① Voy a llevar a (　　　　) alumnos a la escuela. (mi)
② El alumno tiene muchos libros (　　　　). (suyo)
③ La victoria es (　　　　). (suyo)
④ Quieres enlazar tu página con la (　　　　). (mío)
⑤ ¿En qué coche vamos? -En el (　　　　). (tuyo)

3 | 다음 구문에서 잘못된 것만을 골라 바르게 고쳐보자.

① mi amigo
② el amigo tuyo
③ mi este amigo
④ las amigas mías
⑤ la nuestra amiga
⑥ la casa de Ignacio
⑦ el suyo edificio
⑧ lo tuyo
⑨ el coche de ellos
⑩ los tus padres

4 | todo/ cada/ cualquiera 등의 정확한 의미를 파악하여 해석해 보자.

① Todos los hombres son mortales.

② Cualquier hombre puede llegar a ser feliz con una mujer.

③ Cada ciudadano tiene derecho a escoger libremente su residencia.

④ Todo el mundo tiene derecho a defenderse.

⑤ Más de la quinta parte de los adultos de todo el mundo son analfabetos.

⑥ No todo el mundo tiene ganas de ir a un gimnasio.

5 | 문장에서 틀린 부분을 찾아 고쳐보자.

① Esta ropa es cara, pero aquél es barata.

② Este lápiz de Ana y esa de Mario son bonitos.

③ Tú piso es más grande que el mi.

④ Lo aquél está en la escuela.

⑤ El doctor se quita sus guantes.

아빌라시의 성벽

스페인 중세에 건설된 많은 성곽도시들 중 가장 잘 보존된 예로는 까스띠야의 도시 **Ávila**시이다. 많은 도시들이 그 당시에는 완전히 성벽들로 둘러싸여 있었다. **8**개의 출입문을 지닌 아빌라시의 인상적인 성벽들은, 아랍인들 지하의 도시를 재정복한 뒤, 알폰소**6**세가 건설하였다. 도시는, 전장 약 **6km**에, 높이 **12m**, 두께 **3m**로 **12**세기에 건설된 성벽들로 둘러싸여 있으며, 오늘날 지구상에 존재하는 가장 중요한 중세의 군사적 건축물 중 하나이다.

제 7 장 수 사

수사(數詞: numerales)는 일반적으로 널리 사용되는 기수(基數: numerales cardinales)와 순서를 표현하는 서수(序數: numerales ordinales)로 구분된다. 기수는 "하나, 둘, 셋, ..." 또는 "일, 이, 삼, ..."으로 표현되며, 짝수는 números pares, 홀수는 números impares라고 한다. 서수는 "첫 번째의, 두 번째의, 세 번 째의, ..." 또는 "제1의, 제2의, 제3의, ..."를 뜻한다. 또 기수와 서수를 이용하여 일부분을 표현하는 분수(分數)도 있다.

'하나, 둘, 셋, ...'의 단어들은 성격이 다른 두 가지 표기형태-즉, 'uno, dos, tres, ...'로 표현되는 언어학적 기호와 '1, 2, 3, ...'과 같은 수학적인 기호-를 지니고 있다. 이러한 수사는 일상생활에서 매우 중요하며, 쇼핑, 전화번호, 날짜, 시간 등에서 널리 사용되므로 잘 암기하여 구사하여야 한다.

1 기수

기수(numerales cardinales)는 명사 또는 형용사로 사용되는 기본 수사이다.

0	cero	**5**	cinco	**10**	diez	**15**	quince
1	uno	**6**	seis	**11**	once	**16**	dieciséis
2	dos	**7**	siete	**12**	doce	**17**	diecisiete
3	tres	**8**	ocho	**13**	trece	**18**	dieciocho
4	cuatro	**9**	nueve	**14**	catorce	**19**	diecinueve

20	veinte	**20**	veinte	**100**	cien(to)
21	veintiuno	**30**	treinta	**200**	doscientos
22	veintidós	**40**	cuarenta	**300**	trescientos
23	veintitrés	**50**	cincuenta	**400**	cuatrocientos
24	veinticuatro	**60**	sesenta	**500**	quinientos
25	veinticinco	**70**	setenta	**600**	seiscientos
26	veintiséis	**80**	ochenta	**700**	setecientos
27	veintisiete	**90**	noventa	**800**	ochocientos
28	veintiocho			**900**	novecientos
29	veintinueve				

1.000	mil	**1.000.000**	un millón
2.000	dos mil	**2.000.000**	dos millones
3.000	tres mil	**3.000.000**	tres millones
...	...	**...**	...
10.000	diez mil	**10.000.000**	diez millones
20.000	veinte mil	**20.000.000**	veinte millones
30.000	treinta mil	**30.000.000**	treinta millones
...	...	**...**	...
100.000	cien mil	**100.000.000**	cien millones
200.000	doscientos mil	**200.000.000**	doscientos millones
300.000	trescientos mil	**300.000.000**	trescientos millones
...	...	**...**	...
900.000	novecientos mil		

※ un billón (조): 1.000.000.000.000

기수는 하나의 단어(cero, uno, dos, ...)로 혹은 여러 단어(99 noventa y nueve, 9000 nueve mil, ...)로 구성된다. 16-99까지는 [십 단위 숫자 + y + 일 단위 숫자]로 구성되며, 16-29까지는 이 형태가 하나의 단어로 합성되어 사용지기도 한다.

16	diez y seis, dieci***séis***	23	veinte y tres, veinti***trés***
17	diez y siete, diecisiete	24	veinte y cuatro, veinticuatro
19	diez y nueve, diecinueve	26	veinte y seis, veinti***séis***
22	veinte y dos, veinti***dós***	29	veinte y nueve, veintinueve

※ 일 단위 숫자가 단음절인 경우, 합성형태에서 악센트를 추가하여야 함.

다음과 같이 2개의 기수가 나열될 경우 그 조합방식에 따라 다른 숫자가 된다.

1 [낮은 수 + 높은 수]배합 ➡ '곱하기'의 의미

dos mil	2000(2x1000)	novecientos mil	900,000(900x1000)

2 [높은 수 + 낮은 수]배합 ➡ '더하기'의 의미

mil dos	1002(1000+2)	mil novecientos	1900(1000+900)

두 개 이상의 단어로 이루어진 기수를 발음할 때는 마치 하나의 단어인양 간주하고 악센트를 부여하게 된다.

si**e**te (e에 악센트 있음)	7	siete m**i**l (뒤 단어의 i에 악센트 있음)	7000

※ 7000(siete mil)의 siete는 자신의 악센트를 잃게 된다.

다음은 스페인어 숫자 읽는 방법의 예이다.

6 7 8 . 6 5 7 . 3 5 7
↘millones ↘mil

seiscientos setenta y ocho ***millones*** seiscientos cincuenta y siete ***mil*** trescientos cincuenta y siete.

참고 사항

- **스페인어에서는 [.]가 천, 백만 등의 단위마다 삽입되며, 소숫점으로 [,]를 사용하므로, 우리의 경우와는 반대이다**

La temperatura media de Valencia es de ***25,5*** grados en verano y de ***15,5*** grados en invierno.	발렌시아의 평균 기온은 여름에는 25.5도이고 겨울에는 15.5이다.

1 기수의 성

기수는 각각 '0, 1, 2, 3, ...'의 수를 지칭할 때 명사가 된다. 기수의 문법적인 성은 '남성'으로 스페인어의 [수]라는 명사인 [número] 또는 [guarismo]가 남성명사인 데서 비롯되었다.

El siete es el número natural que sigue a***l seis*** y precede a***l ocho***.	7은 6다음에 그리고 8앞에 오는 자연수이다.
Te pongo ***un cinco***.	나는 네게 5점을 준다.
Me pusieron ***un cero*** en el examen.	나는 시험에서 0점을 받았다.
El novelista pertenece a La Generación de***l 98***.	그 소설가는 '98세대'에 속해 있다.

기수는 주로 단수로 쓰이나, 여러 개가 있는 보통명사로 볼 경우 복수가 될 수 있으며, 이 경우 일반적인 명사의 복수형성 규칙에 따르게 된다.

cinco/ cincos	5/ 여러 개의 5	diez/ dieces	10/ 여러 개의 10

El alumno saca muchos ***dieces*** en los exámenes.	그 학생은 시험에서 10점을 많이 받았다.

또, mil과 ciento는 miles de, cientos de의 관용구문을 구성하기도 한다.

Miles de personas dan su último adiós a Pavarotti en Módena.	수천 명의 사람들이 모데나에서 파바로티에게 마지막 작별을 고한다.
Cientos de trabajadores cortan el tráfico en protesta por el posible cierre de la empresa.	수백 명의 노동자들이 있을지 모르는 직장폐쇄에 대한 항의로 교통을 차단한다.

2 기수의 일치

기수가 한 집단을 이루는 사물들의 수를 표현하는 형용사로 기능하나, 형태면에서 성·수 일치를 결여하고 있다.

seis niños	6명의 남자아이들	***seis*** niñas	6명의 여자아이들
ocho perros	8마리의 개들	***ocho*** alumnas	8명의 여학생들

Los ***cero*** *puntos* son lamentables.	0점은 한스럽다.
Me pusieron ***cero*** *puntos* en matemáticas.	나는 수학에서 0점을 받았다.
El área es de ***cinco*** *kilómetros cuadrados.*	그 지역은 평방 $5km^2$이다.

그러나 다음의 두 경우는 예외로 성·수의 일치를 보이고 있다.

1 uno: 부정관사로도 사용되며 명사의 성·수에 일치됨

un chico	한 소년	***una*** chica	한 소녀
unos chicos	몇몇 소년	***unas*** chicas	몇몇 소녀
ciento ***un*** chicos	101명의 소년들	*ciento* ***una*** chicas	101명의 소녀들

La reunión dura ***una*** *hora.*	그 모임은 한 시간 지속된다.
Esta caja mide ***un*** *metro* de alto.	이 상자는 높이 1m이다.
Las naves pesan ***una*** *tonelada* cada *una.*	배들의 무게는 각각 1톤씩이다.

※ [a, ha시작하는 여성명사 앞]: una대신 un이 사용되고, 합성형태에서는 u위에 악센트를 찍어야 한다.

veinte y ***un*** aves	새 21마리	*veinti****ún*** aves	새 21마리
treinta y ***un*** hachas	도끼 31개	*veinti****ún*** hachas	도끼 21개

2 [200- 900(doscientos ... novecientos)]: 명사의 성에 일치됨

doscientos chicos	200명의 소년들	*doscient**as*** chicas	200명의 소녀들
novecientos un libros	책 901권	*novecient**as** **una*** plumas	펜 901개
quinientos dólares	500달러	*quinient**as*** libras	500파운드

참고 사항

● [대명사 + 기수]-기수는 명사 앞에 놓이나, 대명사가 나오는 경우는 그 뒤에 나타난다.

Nosotros cinco ya tenemos suficiente dinero.	우리 다섯은 이미 돈이 충분하다.
Vosotros dos sois iguales.	너희 둘 똑 같구나.

3 Ciento의 어미탈락

ciento는 형용사로 사용되는 경우 남성/여성 명사 앞에서 공히 어미 [-to]를 탈락시킨다. 그러나 명사로 사용되거나 숫자가 이어지는 경우 어미탈락은 없다.

cien millones	1억	***cien*** buenas chicas	100명의 선량한 소녀들
ciento *doce*	112	***ciento*** *una* chicas	101명의 소녀들

El cable tiene ***cien centímetros*** de largo.	그 케이블은 길이가 100센티미터이다.
En la pared hay ***un ciento*** medio borrado.	벽에는 반쯤 지워진 숫자 100이 있다.

4 Millón(백만)과 billón(조)

남성명사로, 명사 앞에서는 전치사 de를 동반하며, 복수가 되면 millones/billones가 된다. 그러나 다음에 숫자가 계속 이어지면 de는 나오지 않는다.

un ***millón*** *de* chicos	백만의 소년들	*dos* ***billones*** *de* wones	2조원
quinientos ***millones*** *doscientas* ***una*** chicas			500,000,201명의 소녀들

5 부분사 & 퍼센트

1 기수는 여럿 중의 일부를 표현하는 부분사로도 사용됨.

Vienen a verme ***los ocho de los veinte alumnos.***	20명의 학생들 중 8명이 나를 보러 온다.
Seis de sus ocho satélites fueron descubiertos por la nave espacial.	그 여덟 개의 위성 중 여섯이 우주선에 의해 발견되었다.

2 백분율(%): [기수 por ciento]형태로 표현됨

El partido obtuvo *el **14 y pico por ciento*** de votos.	그 당은 투표에서 14%보다 조금 더 획득했다.
Venden la cámara digital con un descuento *de **cinco por ciento.***	디지털카메라를 5%를 할인하여 판매한다.
Lo venden con un IVA de***l 9 por ciento.***	(그들은)그것을 부가가치세 9%를 붙여 판다.

※ IVA: Impuesto sobre el valor añadido

참고 사항

● [ciento por ciento] & [cien por cien]

(el/ un) ciento por ciento는 명사구로 '100%'를 의미하며, cien por cien은 부사구로, '완전히, 처음부터 끝까지'의 의미를 표현한다.

El ciento por ciento de los niños están matriculados a la edad correspondiente.	어린이들 100%가 해당 연령에 등록을 마쳤다.
Este es ***un proyecto cien por cien original*** en cuanto a diseño y a concepto	이 프로젝트는 디자인과 컨셉 면에서 완전히 독창적인 것이다.

6 셈

숫자를 사용하는 셈은 다음과 같이 이루어진다.

+	más 또는 y	×	(multiplicado) por
−	menos	÷	dividido por

Dos	***y***	siete	son	nueve.	2+7=9
Siete	***menos***	dos	son	cinco.	7-2=5
Dos	***por***	siete	son	catorce.	2x7=14
Ocho	***dividido por***	dos	son	cuatro.	8÷2=4
Dos coma ochenta y cinco	***más***	siete coma quince	son	diez.	2.85+7.15=10

※ 스페인어로 소수점은 [,](coma)로 표시하고, 천 단위 숫자는 [.]로 구분한다.

2 서수

서수(numerales ordinales)는 순서를 나타내며, 주로 형용사로 기능하나, 때론 명사나 부사로 사용되기도 한다. 형용사로 기능하는 경우 명사와 성·수 일치를 해야 하며, 12까지는 자주 사용되나 그 이상의 경우는 [명사 + 기수]구문, 즉, 명사 뒤에다 기수를 사용하여 서수를 대신하게 된다.

1º	**primer(o)**	**11º**	**undécimo**	20º	vigésimo
2º	**segundo**	**12º**	**duodécimo**	30º	trigésimo
3º	**tercer(o)**	13º	décimotercero	40º	cuadragésimo
4º	**cuarto**	14º	décimocuarto	50º	quincuagésimo
5º	**quinto**	15º	décimoquinto	60º	sexagésimo
6º	**sexto**	16º	décimosexto	70º	septuagésimo
7º	**séptimo**	17º	décimoséptimo	80º	octogésimo
8º	**octavo**	18º	décimoctavo	90º	nonagésimo
9º	**noveno**	19º	décimonoveno	100º	centésimo
10º	**décimo**				
1.000º milésimo				1.000.000º millonésimo	

1 형용사 기능의 서수

I 서수가 형용사로 사용되는 경우

명사와 성·수 일치를 해야 하며, 명사의 앞이나 뒤에 나타난다.

el ***tercer*** piso	3층	la ***quinta*** columna	제5열
en ***primer*** lugar	먼저	Carlos III ***(tercero)***	까를로스 3세
el ***décimo*** siglo/el siglo ***décimo***	10세기	Isabel I ***(primera)***	이사벨 1세

※ primero, tercero, postrero(마지막의)의 경우 남성단수 명사 앞에서 어미 [-o]가 탈락한다.

상황에 따라 서수의 수식을 받는 명사가 복수가 될 수 있으며, 이 경우 서수도 복수 형태로 변하게 된다.

los tres ***primeros*** capítulos	첫 3장(제1, 제2, 제3장을 뜻함)

몇몇 문법책에서 다음과 같은 구문에 나타나는 서수를 명사로 보고 있으나, 이 책에서는 계속 형용사로 간주하며, 명사가 생략된 구문이라고 생각한다.

Tú eres ***el tercero*** de la cola.	너는 줄에서 세 번 째 사람이다.
Soy ***la segunda*** de los tres hermanos.	나는 3형제 중 둘째이다.
Ellos son ***los primeros.***	그들이 첫 번 째 사람들입니다.
Viajo siempre en ***primera.***	나는 항상 일등칸으로 여행한다.

이 구문에서 el tercero는 el tercer hombre, la segunda는 la segunda hermana, los primeros는 los hombres primeros, en primera는 en primera clase로 각각 명사가 생략된 것으로 본다.

2 서수의 의미로 사용되는 [명사 + 기수]구문

"10번째 이상"의 경우 서수 대신 기수를 주로 사용한다. 이 경우 서수의 의미로 쓰인 기수는 원래의 성·수 불변의 기수의 특징을 그대로 유지한다.

el siglo ***veintiuno***	21세기	la página ***treinta y uno***	제31페이지
el capítulo ***treinta y uno***	제31장	el aniversario ***quinientos***	500주년 기념일
la habitación ***trescientos treinta y dos***	332호실		

2 부사 기능의 서수

서수는 때론 부사로도 사용된다. 즉, primero(먼저, 첫 째), segundo(둘째), tercero (셋 째)의 경우이다.

Primero, quería expresar mis agradecimientos a los presentes.	먼저, 참석자들에게 감사를 표하고자 합니다.

3 분수

분수(Numerales fraccionarios)는 기수가 분자로 나타나고 서수가 분모가 된다. 이 경우 분자(기수)는 형용사 기능을, 분모(서수)는 명사 기능을 수행하게 된다.

1 / 5	기수 / 서수	un 분자(형용사)	quinto 분모(명사)
2 / 5	기수 / 서수	dos 분자(형용사)	quintos 분모(명사)

이러한 수학적 분수와 parte(부분)라는 명사를 사용한 비수학적 분수도 일상생활에서 사용된다.

1 / 5	la (una) 분자(관사/기수)	quinta 분모(서수)	parte 부분(명사)
2 / 5	dos 분자(기수)	quintas 분모(서수)	partes 부분들(명사)

비수학적 분수에서 분자가 1인 경우, 정관사 la 또는 기수형용사 una가 공히 사용될 수 있다. 그렇다면, 이러한 분수들의 예를 살펴보도록 하자.

1 수학 용어로서의 분수

1/2	una	mitad	**2/3**	dos	tercios
1/3	un	tercio	**3/4**	tres	cuartos
1/4	un	cuarto	**4/5**	cuatro	quintos
1/5	un	quinto	**5/7**	cinco	séptimos
1/7	un	séptimo	**9/10**	nueve	décimos
1/10	un	décimo			

2 비수학적 분수

1/3	la	tercera	parte	2/3	(las)	dos	terceras	partes
1/4	la	cuarta	parte	3/4	(las)	tres	cuartas	partes
1/5	la	quinta	parte	4/5	(las)	cuatro	quintas	partes
1/7	la	séptima	parte	5/7	(las)	cinco	séptimas	partes
1/10	la	décima	parte	9/10	(las)	nueve	décimas	partes

1 가산(可算)명사의 분수주어가 1/2, 1/3, ...등으로 명사 parte가 단수인 경우 동사는 문법적 일치에 의거 단수가 되거나, 또는 의미적 일치로 복수가 된다.

La tercera parte de los turistas reserva viajes online.	관광객 중 1/3이 온라인 상 여행 예약을 한다.
La cuarta parte de los trabajadores utilizan Internet en el trabajo.	노동자 중 1/4이 일할 때 인터넷을 이용한다.

그러나 2/3, 3/5, ...등에서처럼 복수명사 partes가 나오면 동사는 복수가 된다.

Las dos terceras partes de los usuarios consideran bueno el sistema.	사용자들 중 2/3가 그 시스템이 좋다고 여긴다.
Las dos quintas partes de los accidentes de tráfico ocurren en la autopista.	교통사고 중 2/5가 고속도로에서 일어난다.

2 분수 주어의 보어 명사가 불가산(不可算) 명사(물질명사, 집합명사, 등)인 경우 동사는 단수 또는 복수가 된다.

Dos séptimas partes de la población pasa hambre.	인구 중 2/7가 배고픔을 겪는다.
Dos terceras partes del agua suministrada provienen de esa presa.	공급되는 물 중의 2/3가 그 댐에서 온다.

3 medio는 '절반'이라는 의미로 전적으로 분수로 사용되며, 다양한 의미의 남/여성 명사를 수식해 준다.

¿Me da ***medio kilo*** de patatas?	감자 반 킬로 주시겠어요?
Nos basta con ***media tarta.***	우리는 반 케이크면 충분합니다.

또한, 남성단수 형태로 부사기능을 수행하여 여타 범주를 수식하기도 한다.

María está ***medio dormida.***	마리아는 반쯤 졸고 있다.
Se apresura a salir a ***medio vestir.***	그는 옷을 반만 입은 채 나가려고 서두른다.

4 mitad도 '절반'이라는 의미를 지니며, 명사로서 기능한다. 문법적 일치(단수)나 의미적 일치(복수)를 할 수 있다.

La mitad son mujeres y niños.	반은 여자들과 아이들이다.
La mitad de sus libros {está/están} en su casa.	그의 책들 중 반은 그의 집에 있다.
La sirena es ***mitad mujer*** y ***mitad pez.***	인어(人魚)는 반은 여자이고 반은 물고기이다.
Ese autor es ***mitad hombre, mitad animal.***	그 범인은 반인반수다.

※ **계사구문은 의미적 일치만 허용**: *La mitad es mujeres y niños.(**비문**)

4 배수, 분포수사, 집합수사

배수(Numerales multiplicativos), 분포 수사(Numerales distributivos) 그리고 집합 수사(Numerales colectivos)에 관해서 살펴보도록 하겠다.

1 배수

배수(Numerales multiplicativos)는 일반적으로 접미사 [-ble] 또는 [-ple]로 형성되는 단어로 구성된다.

doble	두 배의	quíntuple	다섯 배의
triple	세 배의	...	
cuadrúple	네 배의	múltiple	여러 배수의

이러한 배수들은 주로 형용사로 사용되며, 명사의 수에 일치한다.

El atleta dio ***un triple salto.***	그 육상선수는 삼단 도약을 하였다.
Esta asignatura requiere ***triple esfuerzo*** más que aquélla	이 과목은 그 과목보다 세 배의 노력을 요구한다.

때론 배수도 명사로 사용된다.

Gano ***el doble*** que tú.	나는 너보다 두 배 번다.

그 외에도 우설법적으로 배수를 표현할 수 있다.

Ese país es ***dos veces*** más grande que Corea.	그 국가는 한국보다 두 배 더 크다.
Esta cifra es ***tres veces*** superior a la prevista.	이 수치는 예상했던 것보다 세 배나 높다.

또한 형용사, 전치사구, 동사 등도 배수를 표현할 수 있다.

Saco ***un billete de ida y vuelta.***	나는 왕복표를 끊는다.
Queremos ***una habitación triple.***	우리는 삼 인실을 원한다.
Ella mira ***la cama de matrimonio.***	그녀는 더블침대를 바라보고 있다.
Se duplican las cifras de entrada a la web.	웹 접속 수치가 두 배로 증가한다.

2 분포 수사

수적 분포 의미: ambos, bas(둘 다), sendos, das (각 각 모두의), cada uno (각자), 등

Ambos estudiantes nos expresan ***sendas opiniones.***	두 학생 모두 각자의 의견을 우리들에게 개진한다.
Cada uno debe pagar su cuota.	각자 자신의 회비를 내야 한다.

또한 다음과 같이 우설법적으로 분포의 의미를 표현하는 구문도 존재한다.

	una vez al mes.		한 달에 한 번	
Ellos regresan a casa	***tres veces al año.***	그들은	일년에 세 번	집에 돌아간다.
	cada dos meses.		두 달 마다	

3 집합 수사

사람이나 사물의 집합체를 표현하는 단어들, 즉 집합 수사들이 존재한다.

un par	두 개 1조	una decena	10개 1조
una docena	12개 한조	la cuarentena	40개 1조
un centenar	100개 한 조	un millar	1000개 1조

Te lo he dicho ***un par de veces.***	나는 너에게 두어 번 그걸 얘기해 줬다.
Pongo ***un par de tijeras*** en la mesa.	나는 가위 1개를 탁자 위에 놓는다.
Ella me da ***una docena*** de *plumas.*	그녀는 나에게 펜 1타스를 준다.

5 수사를 사용하는 표현들

이 단락에서는 우리가 일상생활에서 많이 사용하는 수사(數詞)를 이용한 표현들, 즉, 전화번호, 날짜, 시간에 관한 표현들을 살펴보겠다.

1 전화번호

전화번호(el número de teléfono)는 두 단위씩 끊어서 읽는 것이 원칙이다. 그러나 세 단위 수의 경우는 백 단위 숫자(100-999)대로 그대로 읽거나, 일 단위 수(1-9)와 두 단위 수(11-99)로 나누어서 읽는다. 또한 하나 하나 일 단위로 읽기도 한다.

922 262254	***novecientos veintidós, veintiséis veintidós cincuenta y cuatro***
	nueve veintidós, veintiséis veintidós cincuenta y cuatro
2297 2799	***veintidós noventa y siete, veintisiete noventa y nueve***

¿Cuál es tu número de teléfono?	네 전화번호는 무엇이니?
-(Mi número de teléfono) Es ***el 680 231 288.*** ***(seis-ocho-cero dos-tres-uno dos-ocho-ocho)***	-(내 전화번호는) 680-231-288번이다.

2 날짜 & 요일

1 날짜(년/ 월/ 일)

날짜는 기수로 표현하나, 1일만은 스페인에서는 기수 uno가 주로 사용되나 아메리카에서는 서수 primero의 사용이 더 일반화 되어 있다.

1 (uno/ primero) de enero	1월 1일	***2 (dos)*** de enero	1월 2일
1 (uno/ primero) de agosto	8월 1일	***31 (treinta y uno)*** de mayo	5월 31일

enero	1월
febrero	2월
marzo	3월
abril	4월
mayo	5월
junio	6월
julio	7월
agosto	8월
septiembre	9월
octubre	10월
noviembre	11월
diciembre	12월

¿Qué fecha es hoy?	오늘은 며칠입니까?
¿Qué día del mes *es hoy?*	오늘은 몇 월 며칠입니까?
-(Hoy) Es ***el 2 (dos) de mayo de 2002 (dos mil dos).***	-오늘은 2002년 5월 2일입니다.
¿A cuántos estamos hoy?	오늘은 며칠입니까?
-Estamos ***a 20 (veinte) de julio de 2007 (dos mil siete).***	-오늘은 2007년 7월 20일입니다.
¿En qué año estamos?	올해가 몇 년도입니까?
¿En qué estación (del año) estamos?	지금은 무슨 계절입니까?
¿En qué mes (del año) estamos?	지금이 몇 월입니까?
-Estamos {*en el año 2008/ en primavera/ en mayo*}.	-{2008년/ 봄/ 5월}입니다.
¿Cuándo es el cumpleaños de Inés?	이네스의 생일이 언제죠?
-Es el 12 (doce) de octubre.	-10월 12일입니다.

2 요일

el lunes	월요일
el martes	화요일
el miércoles	수요일
el jueves	목요일
el viernes	금요일
el sábado	토요일
el domingo	일요일

¿Qué día (de la semana) es hoy?	오늘은 무슨 요일입니까?
-(Hoy) Es ***lunes.***	-(오늘은) 월요일입니다.
¿Qué día es el dos de junio?	6월 2일은 무슨 요일이죠?
-Es ***viernes.***	-금요일입니다.
¿{En/A} qué día de la semana estamos?	오늘은 무슨 요일입니까?
-Estamos {en/ a} sábado.	오늘은 토요일입니다.

3 '-월에'라고 할 경우 [전치사 en + 월 이름]으로 구성되며, 이 경우 월 이름 앞에는 절대로 관사를 붙이지 않는다.

Voy a ir a Busan ***en julio.***	나는 7월에 부산에 갈 것이다.
La Navidad se celebra ***en diciembre.***	크리스마스는 12월에 축복한다.

※ **여기서 관사를 붙이면 틀리게 된다**: *en el julio'/ *en el diciembre.

그와 대조적으로, '-월 -일에'라고 날짜를 표현하는 경우는 전치사 en을 사용하지 않으며, 대신 정관사를 꼭 붙여야 한다.

Las clases empiezan ***el 21 de agosto.***	강의는 8월 21일에 시작된다.
El 1 de enero de 1999 nace el euro como moneda	1999년 1월 1일 유로화가 화폐로 탄생된다.

4 '초순에, 중순에, 하순에'라는 표현은 다음과 같이 이루어진다.

A principios de	***la semana***	주	초에
A comienzos de	***l mes***	월	초에
A mediados de	***l año***	년	중(순)에
A fines de	***l siglo***	세기	말에
A finales de			말에

※ **잘 알다시피**, [de el] ➡ [del]**로 축약된다.**

Ella va de compras ***a fines de la semana.***	그녀는 주말에 쇼핑을 간다.
Voy a ir a China ***a mediados de este año.***	나는 올해 중순경에 중국에 갈 것이다.
Hubo guerras ***a principios del siglo pasado.***	지난 세기 초에 전쟁들이 있었다.
A finales del siglo XIX se van consolidando las democracias en Europa.	19세기말에 유럽에서 민주주의가 공고화되어 간다.

5 '매일, 매주, 매월, 매년'과 같은 표현들은 [-mente]형 부사 또는 [cada + 명사]나 [todo(a)s lo(a)s 복수명사]구문으로 이루어진다.

diariamente	cada día	todos los días	매일
semanalmente	cada semana	todas las semanas	매주
mensualmente	cada mes	todos los meses	매월
anualmente	cada año	todos los años	매년

Un astronauta necesita ***diariamente*** dos kilos de oxígeno, dos litros de agua y 1,5 kilos de alimentos.	우주인은 하루 산소 2kg, 물 2l 그리고 음식 1.5kg이 필요하다.

6 '-요일에'는 [정관사 + 요일 이름]으로 주로 사용하며, 경우에 따라서는 전치사 en을 동반할 수도 있다.

Debo estar en casa ***el domingo.***	나는 일요일에 집에 있어야 한다.
La Semana Santa se concluye ***en el domingo.***	성주간(부활절 전의 1주간)은 일요일에 마무리된다.
Todos los domingos ellos van a misa.	매주 일요일마다 그들은 미사에 참석한다.

※ 동일 구문이 부사가 아닌 명사 기능을 수행하는 경우도 있다:

¿Por qué nos alegra *pensar en **el domingo***? (왜 일요일을 생각하기만 해도 우리는 즐거울까?)

또한 전치사 en을 사용하지 않고 단순히 [지정사(관사, 지시형용사, 부정형용사, 등) + 때를 표현하는 명사]구문이 많이 나타난다.

Ella va a ir a México ***(en) el año próximo.***	그녀는 내년에 멕시코에 갈 것이다.
Juan regresa a casa ***(en) este mes.***	환은 이번 달에 집에 돌아간다.
Voy a ir allí ***(en) algún día.***	나는 언젠가는 그곳에 갈 것이다.

나아가 절대로 전치사를 동반하지 않아야 하는 (때를 표현하는) 구문들로 있다.

Inés llegará ahí ***un día (de) después.***	이네스는 하루 뒤 거기에 도착할 것이다.
Él visita su pueblo natal ***cada 2 años.***	그는 매 2년마다 고향을 방문한다.
Ella llegó a Madrid ***un año antes.*** / ***horas antes.***	그녀는 1년 전에 / 수 시간 전에 마드리드에 도착했다.

3 시간

시간(hora)은 [ser동사 + 정관사 + 기수 + (horas 또는 hora)]로 표현된다.

¿Qué hora es?	몇 시입니까?
¿Qué horas son?	
¿Qué hora tiene Ud.?	
¿Tienes (tú) hora?	몇 시지?

Es la una (en punto).	1시 (정각)입니다.
Es la una (y) cincuenta y nueve. *=Son las dos menos uno.*	1시 59분입니다.(30분 이후 시간과 분 사이 y 생략 가능)= 2시 1분전입니다.
Son las dos en punto.	2시 정각입니다.
Son las seis y cuarto (=quince).	6시 15분입니다.
Son las nueve y media (=treinta).	9시 30분입니다.

위 예문들에서 파악할 수 있듯, 시간 hora는 여성명사이므로 관사나 형용사(medio)가 여성형에 일치하여야 한다. 또, 2시전까지는 동사 단수형 es와 일치하고, 2시 이후는 복수형 son에 일치한다. 즉, '시간'단위가 복수가 되는가 아니면 단수인가에 따라 ser동사의 수가 결정된다. cuarto는 1/4의 의미로 시간에서는 15분을, media는 1/2로 30분을 뜻한다. en punto는 정각을 의미하며 '제때에', '제 시간에'는 a tiempo로 표현한다.

Llegamos a la clase ***a tiempo.***	우리는 제때에 강의실에 도착한다.

오전/ 오후/ 밤 시간 표현은 다음과 같이 구성된다.

Son ***las diez***	***de la mañana.***	오전 10시 입니다.
Son ***las dos y pico***	***de la tarde.***	오후 2시 조금 지났습니다.
Son ***las once***	***de la noche.***	밤 11시입니다.

'오전, 오후, 밤 -시에'라고 구체적인 시간을 표현할 때는 위와 같이 이루어지나, '오전, 오후, 밤 동안에'라는 의미는 다음과 같이 표현한다.

Estudio	***por*** **(또는 *en*)** ***la mañana.***	나는	오전에	공부한다.
	por **(또는 *en*)** ***la tarde.***		오후에	
	por **(또는 *en*)** ***la noche.***		밤에	

'시속/ 분속/ 초속'은 다음과 같이 이루어진다.

Se registran *vientos de*	***100 kilómetros por hora.***	시속 100km의	바람이 기록된다.
	2 kilómetros por minuto.	분속 2km의	
	3 metros por segundo.	초속 3m의	

이 외에도 시간과 관계되는 표현들이 매우 많으며, 그 중 몇몇을 소개하면 다음과 같다.

El reloj acaba de ***dar las siete.***	시계는 방금 7시를 쳤다.
¿A qué hora empieza la clase? -Empieza ***a las nueve y media.***	몇 시에 수업이 시작됩니까? -9시 반에 시작됩니다.
Llegó aquí ***{a eso de/ sobre/ hacia}*** ***la una.***	그는 1시경에 여기에 도착했다.
Han pasado ***20 {minutos/ segundos}.***	20{분/초}가 지났다.
Salida ***a las 19:20*** / Llegada ***a las 09:25***	19:20 출발/ 09:25 도착 (열차 시간표)

Lección 7
Ejercicios

1 | 다음 숫자 및 분수를 스페인어로 써 보자.

① 0
② 23
③ 500
④ 900
⑤ 6,000
⑥ 30,000
⑦ 100,000
⑧ 200,000
⑨ 500,000
⑩ 1,000,000
⑪ 555
⑫ 975,876,203
⑬ 201,781,596
⑭ $\frac{1}{3}$
⑮ $\frac{3}{8}$

2 | 수사를 괄호 안에 알맞게 변화시켜 넣어보자.

① (   ) aulas (ciento)
② (   ) casas (quinientos)
③ (   ) hachas (treinta y uno)
④ dos (   ) de niños (millón)
⑤ el (   ) alumno (primero)
⑥ (   ) opiniones (sendos)
⑦ la habitación (   ) (quinientos)
⑧ las tres (   ) partes (séptimo)
⑨ dos (   ) de libros (docena)
⑩ la (   ) parte (cuarto)

3 | 다음 구문을 스페인어로 옮겨보자.

① 600만 채의 집
② 인구의 7분의 5
③ 21세기
④ 100명의 학생 중 80명
⑤ 펠리뻬 2세
⑥ 제199페이지
⑦ 500페이지(500장)
⑧ 왕복표
⑨ 더블침대
⑩ 연필 한 타스

4 | 문장에서 틀린 부분을 찾아 고쳐보자.

① María está media dormida.
② En la escuela juegan ciento y uno alumnos.
③ Me pusieron cero punto en esa asignatura.
④ Juan se ducha cinco vez a la semana.
⑤ Voy a ir a España año que viene.
⑥ Son la una en punto.
⑦ Son la nueve y media.
⑧ Son las nueve en la mañana.
⑨ Llegan a la clase en tiempo.
⑩ El reloj acaba de dar el siete.

이사벨여왕

14세기 후반 스페인에서는 재정복전쟁 와중에서 Castilla왕국과 Aragón왕국이 두각을 나타냈으며, 1479년 아라곤왕국의 Fernando 2세와 까스띠야왕국의 여왕 Isabel 1세(1451-1504)가 결혼함으로써 통일의 계기가 마련되었고, 마침내 가톨릭교도인 이들 국왕부처가 1492년 스페인에 남아 있던 아랍 세력의 마지막 거점인 그라나다왕국을 점령함으로써 스페인은 절대주의 왕정 시대에 진입하게 되었다.

1492년 10월 12일 이사벨여왕의 후원 하에 콜럼버스(Cristóbal Colón)가 신대륙을 발견한 이후 스페인은 남북아메리카의 식민지를 독점하게 되었고, 16세기에 멕시코와 페루의 은을 다량 확보하였다. 나아가 신대륙은 모직물 등 공업제품의 수출시장이 되어 16세기 중반 모직물이 까스띠야를 중심으로 대량생산되었다. 1516년 페르난도-이사벨 국왕부처의 외손자가 합스부르크가(家)의 까를로스 5세(독일 황제 겸 스페인 국왕, 스페인에서는 까를로스 1세로 불려짐)로 즉위하자, 치하에 스페인 본국, 식민지, 독일의 합스부르크령(領), 네덜란드, 및 이탈리아령이 통합되어 태양이 지지 않는다는 스페인제국이 출현하였다.

제 8 장 대격, 여격 및 전치격 인칭대명사

1 대격 및 여격 인칭대명사의 종류

대격(Caso acusativo)이란 동사가 직접목적어에 부여하는 격을 일컫는다. 반면에, 여격(Caso dativo)은 동사가 간접목적어에 부여하는 격을 의미한다. 이러한 격을 받는 인칭대명사들을 각각 대격인칭대명사(Pronombres personales de caso acusativo)와 여격인칭대명사(Pronombres personales de caso dativo)라고 부른다. 대격 및 여격 인칭대명사들은 인칭과 수에 따라 다음과 같이 다양하다.

구분 / 인칭	대격인칭대명사 (-을, 를)				여격인칭대명사 (-에게)			
	단	수	복	수	단	수	복	수
1	**me**	(男.女)	**nos**	(男.女)	**me**	(男.女)	**nos**	(男.女)
2	**te**	(男.女)	**os**	(男.女)	**te**	(男.女)	**os**	(男.女)
3	**le**	(男)	**les**	(男)	**le (se)**	(男,女)	**les (se)**	(男.女)
	lo	(男.物.中)	**los**	(男.物)				
	la	(女.物)	**las**	(女.物)				

※ 男:남성, 女:여성, 物:사물, 中:중성-을 의미한다.

대격인칭대명사 le와 lo, les와 los는 남성명사를 공히 지칭할 수 있으며, 여격인칭대명사 le와 les는 대격인칭대명사와 형태가 동일하다.

1 대격 및 여격 인칭대명사는 항상 동사 앞에 위치하며, 둘 다 함께 나타날 경우 여격인칭대명사가 대격인칭대명사보다 앞에 나오게 된다.

Mi amiga ***me lo*** da.	나의 여자친구가 나에게 그것을 준다.

2 대격 및 여격 인칭대명사가 함께 나오며, 둘 다 3인칭인 경우 여격인칭대명사 le와 les는 se로 바뀌게 된다.

María escribe ***esta carta a Antonio.*** ➡ María ***se la*** escribe. ***(le>se)***	마리아는 안또니오에게 이 편지를 쓴다. ➡ 마리아는 그에게 그것을 쓴다.
Antonio manda ***ese libro a las chicas.*** ➡ Antonio ***se lo*** manda. ***(les>se)***	안또니오는 그 소녀들에게 그 책을 보낸다. ➡ 안또니오는 그녀들에게 그것을 보낸다.
Entrego ***las notas a los estudiantes.*** ➡ ***Se las*** entrego. (**Les las* entrego)	나는 학생들에게 성적들을 건네준다. ➡ 나는 그들에게 그것들을 건네준다. (괄호 안은 비문)

※ **마지막 예문에서** *Les las entrego**가 틀린 이유는 여격인칭대명사와 대격인칭대명사가 모두 3인칭일 때** [le/les ➡ se]**로 바꾸어야 하는 규칙을 어겼기 때문이다.**

3 재귀대명사가 대격 혹은 여격 인칭대명사와 함께 올 경우 먼저 나온다. 따라서 어순은 [주어 + (재귀대명사) + (여격인칭대명사) + (대격인칭대명사) + 동사 ...]로 배열되며, 그 요소들은 상황에 따라 선택적으로 출현하게 된다.

Ella se pone ***el sombrero.*** ➡ Ella ***se lo*** pone.	그녀는 모자를 쓴다. ➡ 그녀는 그것을 쓴다.
Juan se dirige ***a mí.*** ➡ Juan ***se me*** dirige.	환은 나에게 향한다. ➡ 환은 내게 향한다.

2 대격 및 여격 인칭대명사의 용법

1 대격인칭대명사

대격인칭대명사는 직접목적어(일명, 직접보어)를 대신하는 대명사로 접어(接語, clítico)이기 때문에 항상 동사 앞에 붙어야 한다.

Rosa	***me***	**quiere.**	로사는	나를	좋아한다.
	te			너를	
	le			그를/ 당신을	
	lo			그를/ 당신을/ 그것을	
	la			그녀를/ 그것을	
	nos			우리들을	
	os			너희들을	
	les			그들을/ 당신들을	
	los			그들을/ 당신들을/ 그것들을	
	las			그녀들을/ 그것들을	

자, 그러면 이런 대격인칭대명사의 형성과정을 예를 들어 살펴보기로 하자.

María escribe ***esta carta.***	마리아는 이 편지를 쓴다.
➡ María ***la*** escribe.	➡ 마리아는 그것을 쓴다.
Antonio nos manda ***ese libro.***	안또니오는 우리들에게 그 책을 보낸다.
➡ Antonio nos ***lo*** manda.	➡ 안또니오는 우리들에게 그것을 보낸다.
Violeta quiere mucho ***a Antonio.***	비올레따는 안또니오를 무척 좋아한다.
➡ Violeta ***{le/ lo}*** quiere mucho.	➡ 비올레따는 그를 무척 좋아한다.

※ **사람이 직접목적어인 경우, 중복형은 불가능하다:** * Violeta *{le/lo}* quiere mucho ***a Antonio.***

Él quiere leer ***este libro.***	그는 이 책을 읽고 싶어 한다.
➡ Él {***lo*** quiere leer/ quiere leer***lo***}.	➡ 그는 그것을 읽고 싶어 한다.

¿Me permite entrar?	제가 들어가도 되나요?
➡ ***Lo*** siento, no (*se* ***lo***) puedo (permitir).	➡ 미안합니다. 그렇게 해 드릴수가 없네요.

※ **대명사가 직접목적어로 나올 수 없으며, 이 경우 항상 대격인칭대명사로 사용하거나 중복형을 사용해야 한다:** * María quiere ***a él.*** ➡ María ***{le/lo}*** quiere ***(a él).***

중성대명사 lo는 앞 문장 전체 내용이나, 주격보어 등의 내용을 대신하는 대명사로 사용된다.

Ella aprobó el examen, pero yo no ***lo*** sabía.	그녀는 시험에 합격했는데, 그러나 나는 그것을 알지 못했다.
Ana es ***guapa*** y ella también ***lo*** es.	아나는 멋있다 그리고 그녀도 또한 그렇다.
Ellas son ***profesoras*** y mi hijo también ***lo*** es.	그녀들은 선생님들이고 내 아들도 또한 그렇다.

가끔은 동사의 의미자질과 le-les/lo-los사이의 선택 사이에 상관관계를 이루는 경우도 있다.

Quiero	pegar*le*.	나는	그를/당신을	때리고	싶다.
	pegar*les*.		그들을/당신들을		
	pegar*lo*.		그것을	붙이고	
	pegar*los*.		그것들을		

여기서 볼 수 있듯, 동사 pegar는 "때리다"와 "붙이다"의 의미를 함께 가지고 있으며, le-les와는 "때리다", lo-los와는 "붙이다"의 의미를 표현하게 된다.

2 여격인칭대명사

여격인칭대명사는 간접목적어(일명, 간접보어)를 대신하는 대명사로 접어(clítico)이기 때문에 항상 동사 앞에 붙어야 한다. 대격인칭대명사와 함께 나오는 경우, 그것보다 앞서 나오고, 재귀대명사가 나타나는 경우는 그 뒤를 따르게 된다.

이러한 여격인칭대명사들의 형성과정을 살펴보도록 하자.

María escribe una carta ***a Antonio.***	마리아는 안또니오에게 편지 한 장을 쓴다.
➡ María ***le*** escribe una carta ***(a Antonio).***	※ 중복형(a Antonio)- 선택적; le - 의무적.

Antonio manda ese libro ***a María.***	안또니오는 마리아에게 그 책을 보낸다.
➡ Antonio ***le*** manda ese libro ***(a María).***	※ 중복형(a María)- 선택적; le - 의무적.

위에서 보듯, 간접목적어는 여격인칭대명사로 바뀌어 동사 앞에 나타나며, le가 여러 가지 의미(그에게, 그녀에게, 당신에게)를 지니게 되는 바, 누구인지를 정확히 해 주기 위해 다시 간접목적어를 추가로 써 줄 수 있다. 이를 중복형(Duplicado)이라 한다. 일단, 여격인칭대명사가 나오게 되는 경우 그것은 의무적으로 꼭 출현해 있어야 하나, 중복형은 선택적으로 나타날 수도 있고 나타나지 않을 수도 있다.

그러나 간접목적어가 대명사인 경우 항상 여격인칭대명사가 의무적으로 앞서 나타나야 한다. 마찬가지로, 중복형 [a + 대명사]는 선택적으로 나타날 수 있다.

María ***le*** escribe esta carta ***(a él).***	마리아는 그에게 이 편지를 쓴다.
Mis amigos ***me*** tiran bolas de nieve.	나의 친구들은 나에게 눈 뭉치를 던진다.
Él ***me*** regala una manta eléctrica.	그는 나에게 전기담요를 선물한다.

참고 사항

● **감정적 여격(Dativo ético)은 동사를 축으로 한 문장의 내용이 여격에게 혜택을 주거나 또는 피해를 주는 등 영향을 미칠 때 나타난다.**

Usted ***me*** ha salvado la vida.	당신이 제 목숨을 구해 주셨습니다.
Le reservo la habitación ***(para Antonio).***	나는 그를 위해 방을 예약합니다.
Me cortaron la mano.	내 손이 잘렸어.
Se ***me*** para el coche.	자동차가 서는 군 (내게 피해를 줌).
Se ***le*** murió el perro (a María).	그녀(에게) 개가 죽었어.
Me robaron la cartera.	내 지갑을 도난당했어.

3 대격 및 여격 인칭대명사의 동사어미 접목 현상

대격 및 여격 인칭대명사는 몇몇 경우 동사의 어미에 접목되는 현상을 보여준다. 이 경우 동사의 악센트 위치가 바뀌면 원래의 위치에 꼭 찍어주어야 한다.

I 동사원형(Infinitivo)

동사원형은 우설법(또는 동사구)에 나타나는 경우와 명사절에 나타나는 경우 대격 및 여격 인칭대명사와 관련하여 다음과 같은 특징들을 보여준다.

1 동사 우설법(Perífrasis verbales)

[조동사(poder, deber, soler, 등) + INF] 또는 [volver a INF., tener que INF., haber que INF., 등]에 나타나는 동사원형은 그 목적어로 대격 및 여격 인칭대명사가 나타나면 원형어미에 붙여 쓰거나 아니면 굴절동사 맨 앞까지 선행시켜야 한다.

Podemos ***leer el libro.***	우리들은 그 책을 읽을 수 있다.
➡ Podemos ***leerlo.*** ➡ ***Lo*** podemos ***leer.***	➡ 우리들은 그것을 읽을 수 있다.
Debo ***escribir la carta a José.***	나는 호세에게 편지를 써야 한다.
➡ Debo ***escribírsela.*** ➡ ***Se la*** debo ***escribir (a José).***	➡ 나는 그에게 그것을 써야 한다.
Tengo que ***hacer esa tarea.***	나는 그 일을 해야만 한다.
➡ Tengo que ***hacerla.*** ➡ ***La*** tengo que ***hacer.***	➡ 나는 그것을 해야만 한다.
Vuelvo a ***estudiar la química.***	나는 다시 화학을 공부한다.
➡ Vuelvo a ***estudiarla.*** ➡ ***La*** vuelvo a ***estudiar.***	➡ 나는 다시 그것을 공부한다.

참고 사항

● volver가 주동사로 쓰이면 [a + INF]가 전치사구가 되고 그 안의 INF절은 명사절이 되어 동사 앞 전치가 불가능하다.

Vuelvo (aquí) ***a (=para) estudiarla.***	나는 그것을 공부하기 위해 돌아온다.
****La*** vuelvo (aquí) ***a (=para) estudiar.***	※ 동사 앞 전치 불가.

● [예외] querer동사 다음에는 명사절이 나오나, 조동사와 마찬가지로 대격인칭대명사를 원형어미에 붙일 수도 있고 주절동사 앞으로 선행시킬 수도 있다. 다른 여타 동사들은 [2. 명사절을 이끄는 동사원형]의 규칙에 따른다는 점을 유의해야 한다.

Quiero ***estudiar la historia coreana.***	나는 한국사를 공부하고 싶다.
➡ Quiero ***estudiarla.*** ➡ ***La*** quiero ***estudiar.***	➡ 나는 그것을 공부하고 싶다.

2 명사절을 이끄는 동사원형

이 경우는 절대로 대격 및 여격 인칭대명사를 앞으로 전치시킬 수 없으며 항상 동사원형어미에 접목시켜야 한다.

Deseas ***estudiar la música clásica.***	너는 고전음악을 공부하기를 원한다.
➡ Deseas ***estudiarla.***	➡ 너는 그것을 공부하기를 원한다.

Pienso ***dar gracias a mi profesor.***	나는 내 선생님께 감사 드리려 한다.
➡ Pienso ***darle gracias (a mi profesor).***	➡ 나는 그분에게 감사 드리려 한다.

Es interesante ***bailar el flamenco.***	플라멩꼬 춤을 주는 것은 흥미 있다.
➡ Es interesante ***bailarlo.***	➡ 그것을 춤주는 것은 흥미 있다.

Voy allí para ***estudiar la informática.***	나는 전산학을 공부하러 그곳에 간다.
➡ Voy allí para ***estudiarla.***	➡ 나는 그것을 공부하러 그곳에 간다.

이런 구문에서는 대격 및 여격 인칭대명사가 절대로 원형동사 앞으로 빠져나갈 수 없다: ***La*** deseas estudiar. ***La*** voy allí para estudiar.

2 현재분사(Gerundio)

대격 및 여격 인칭대명사는 현재분사의 보어로 나타날 때, 어미 접목이 선택적인 경우와 의무적인 경우로 구분된다.

1 어미 접목이 선택적인 경우

[estar, seguir, continuar, etc. + gerundio]로 '진행'의 의미를 표현하는 동사복합체를 형성하는 경우 대격 및 여격 인칭대명사는 현재분사의 어미에 붙일 수도 있고 굴절동사 앞으로 선행시킬 수도 있다.

Estoy ***enseñando español a mi sobrino.***	나는 나의 조카에게 스페인어를 가르친다.
➡ Estoy ***enseñándoselo (a mi sobrino).*** ➡ ***Se lo*** estoy ***enseñando.***	➡ 나는 그에게 그것을 가르친다.
Sigo ***practicando las lecturas literarias.***	나는 계속 문학 독해들을 연습한다.
➡ Sigo ***practicándolas.*** ➡ ***Las*** sigo ***practicando.***	➡ 나는 계속 그것들을 연습한다.

어미에 붙는 경우, 악센트 위치가 변하기 때문에 현재분사의 원래의 위치에 악센트 부호를 찍어 주어야한다.

2 어미 접목이 의무적인 경우

대격 및 여격 인칭대명사가 [현재분사 구문 내의 보어]로 나타날 경우 현재분사의 어미에 의무적으로 접목되어야 한다.

Juan corre ***persiguiendo al perro.***	환은 개를 쫓아 달린다.
➡ Juan corre ***persiguiéndolo.***	➡ 환은 그것을 쫓아 달린다.
Su conducta, ***teniendo en cuenta su experiencia,*** es injustificable.	그의 행동은, 그의 경험을 고려하면, 정당화될 수 없다.
➡ Su conducta, ***teniéndola en cuenta,*** es injustificable.	➡ 그의 행동은, 그것을 고려하면, 정당화될 수 없다.

마찬가지로 어미에 붙으면서 악센트 위치가 변하기 때문에 현재분사의 원래의 위치에 악센트 부호를 찍어 주어야한다.

3 명령법(Imperativo)

명령법에서 대격 및 여격 인칭대명사는 긍정명령의 경우는 동사어미에 의무적으로 접목시켜야 하나, 부정명령에서는 반대로 꼭 동사 앞에 선행시켜야 한다.

1 긍정명령

Come (tú) *ese pan.* ➡ Cóme*lo.*	그 빵을 먹어라. ➡ 그것을 먹어라.
Diga *el cuento a Juan.* ➡ Díga*selo.*	그 얘기를 환에게 하세요. ➡ 그에게 그것을 말하세요.

명령 동사 어미접목 시 악센트 위치가 변하기 때문에 원래의 위치에 악센트 부호를 찍어 주어야한다.

2 부정명령

No comas (tú) *este pan.* ➡ No *lo* comas.	이 빵을 먹지 말거라. ➡ 이것을 먹지 말거라.
No diga *el cuento a Juan.* ➡ No *se lo* diga.	그 얘기를 환에게 하세요. ➡ 그에게 그것을 얘기하지 마세요.

참고 사항

● 명령문에서도 중복형은 언제나 가능하다.

Díga*selo a Juan.*	그것을 환에게 말씀 하세요.
No *se* lo diga *a Juan.*	그것을 그에게 말씀 하지마세요.

● todo와 명사의 분리는 명령문에서도 증명된다.

Dime *todas esas tonterías.* ➡ Díme*las todas.* ➡ No me *las* digas *todas.*	내게 그 모든 엉터리 짓들을 얘기해라. ➡ 내게 그 모든 것들을 얘기해라. ➡ 내게 그 모든 것들을 얘기하지 마라.

4 대격 및 여격 인칭대명사의 중복형

이제까지 대격인칭대명사와 여격인칭대명사를 공부하면서 여러 번 중복형(Duplicado)이 나타나는 것을 보았다. 이러한 중복형(Duplicado)은 사람에게만 사용되며, 사물에게는 적용되지 않는다. (다만, 의인화된 문맥에서는 사물도 사람인양 처리되므로 가능하다.)

1 대격인칭대명사의 중복형

① 대격인칭대명사와 명사 또는 의문대명사 사이의 중복형은 허락되지 않는다.

Juan quiere ***a María.***	환은 마리아를 좋아한다.
*Juan ***la*** quiere ***a María.***	※ 두 번째 문장은 비문(중복형 불가)

¿A quién quieres?	너는 누구를 좋아하니?
****¿A quién lo*** quieres?	※ 두 번째 문장은 비문(중복형 불가)

② 반면에, 대격인칭대명사와 직접목적어 대명사 사이에는 중복형이 나타날 수 있으며, 대명사만이 직접목적어로 나타나는 경우는 드물다. 물론, 대격인칭대명사만이 나타나는 것은 정문이다.

Ella ***me*** quiere ***a mí.***	그녀는 나를 좋아한다.
?Ella quiere ***a mí.***	※ 대명사만 직접목적어로 되는 경우 드물다.

Juan ***la*** quiere ***a ella.***	환은 그녀를 좋아한다.
?Juan quiere ***a ella.***	※ 대명사만 직접목적어로 되는 경우 드물다.

당연히 대격인칭대명사와 사물 명사 사이에 중복형은 불가능하다.

*Juan ***lo*** quiere ***este libro.***	환은 이 책을 원한다.(사물 중복형: 비문)

③ 대격인칭대명사와 직접목적어의 좌측탈구(Dislocación a la izquierda)

위에서 직접목적어인 명사와 대격인칭대명사가 함께 나타날 수 없다고 하였다. 그러나 직접목적어에 해당하는 명사를 화자가 강조하기 위하여 문장 앞에

(통사적으로 문장 밖에 위치함) 놓는 경우, 대격인칭대명사가 문장 내에서 목적어 역할을 하게 된다. 이 경우 주어-동사 사이 어순 도치는 일어나지 않지만 주어의 위치는 스페인어에서 항상 그렇듯이 자유롭게 변할 수 있다.

Este libro Juan ***lo*** quiere.	이 책, 환이 그것을 원한다.
Este libro lo quiere Juan. (선호되는 어순)	이 책, 환이 그것을 원한다.

A María Juan ***la*** quiere.	마리아를, 환이 그녀를 좋아한다.
A María la quiere Juan. (선호되는 어순)	마리아를, 환이 그녀를 좋아한다.

참고 사항

● 테마화(Tematización)

문장 앞의 문장 밖에서 명사를 강조하기 위해서 사용되는 좌측탈구(Dislocación a la izquierda)와 대비를 이루는 현상이 테마화(Tematización)로 여기서는 강조하고자 하는 명사를 문장 내의 시작위치로 이동시키는 것으로 의무적으로 주어-동사 어순도치가 일어난다.

Juan quiere ***este libro.***	환이 이 책을 원한다.
➡ ***Este libro quiere Juan.***	➡ 이 책을 원한다 환이.
➡ ****Este libro*** Juan quiere.	➡ ※ 어순도치 안되어 비문이 됨.
Juan quiere ***a María.***	환이 마리아를 좋아한다.
➡ ***A María quiere Juan.***	➡ 마리아를 좋아한다 환이.
➡ ****A María*** Juan quiere.	➡ ※ 어순도치 안되어 비문이 됨.

2 여격인칭대명사의 중복형

① 대격인칭대명사와는 달리, 여격인칭대명사는 명사 또는 의문대명사 사이의 중복형을 허락한다.

Doy el libro ***a María.***	나는 마리아에게 책을 준다.
Le doy el libro ***a María.***	※ 두 번째 문장도 정문(중복형 가능)

¿***A quién*** das el libro?	너는 누구에게 그 책을 주니?
¿***A quién le*** das el libro?	※ 두 번째 문장도 정문(중복형 가능)

② 여격인칭대명사와 간접목적어 대명사 사이에는 중복형이 나타날 수 있으나, 대명사만이 간접목적어로 나타나는 경우는 드물다.

Le doy el libro ***a ella.***	나는 그녀에게 책을 준다.
?Doy el libro ***a ella.***	※ 대명사만 간접목적어로 되는 경우 드물다.

3 전치격인칭대명사

전치사의 보어 위치에 나타나는 대명사를 전치격인칭대명사(pronombres personales de caso preposicional)라고 부르며, 다음과 같이 인칭 및 성·수에 따라 분류된다.

구분 / 인칭	전치격인칭대명사			
	단수		복수	
1	**mí**	(男.女)	**nosotros(as)**	(男.女)
2	**ti**	(男.女)	**vosotros(as)**	(男.女)
3	**él**	(男,物)	**ellos**	(男.物)
	ella	(女.物)	**ellas**	(女.物)
	usted	(男.女)	**ustedes**	(男.女)
	ello	(中)	-	

※ 男/ 女/ 物/ 中은 각각 남성/ 여성/ 사물/ 중성을 뜻한다.

1 3인칭 전치격인칭대명사가 "자신"이라는 의미를 갖는 경우, [él, ella, ellos, ellas, usted, ustedes ➡ sí]로 바뀌게 된다. 이 문제는 뒤에서 자세히 다룰 것이다.

2 전치격인칭대명사 mí와 소유형용사 mi(나의)의 구별은 악센트 유무로 이루어진다.

1 전치격인칭대명사의 용법

전치격인칭대명사는 여러 가지 전치사나 전치사구들의 보어로 나타난다. 그 구체적인 예들을 살펴보기로 하자.

No puedes vivir tranquilo ***sin mí.***	너는 나 없이는 편하게 살 수 없다.
Quiero despedirme ***de ti.***	나는 네게서 작별하고 싶다.
Nos acercamos ***a vosotros.***	우리들은 너희들에게 접근하고 있다.
Es fácil ***para usted*** aprender español.	당신이 스페인어 배우기는 쉽습니다.
Su madre ahorra dinero ***para ella.***	그녀의 어머니는 그녀를 위해 저축을 한다.
Partimos para Granada ***con ellos.***	우리는 그들과 함께 그라나다로 향해 떠난다.
Ellos juegan ***contra nosotros.***	그들은 우리들을 대항해서 게임을 한다.

2 3인칭 전치격인칭대명사 sí

3인칭 전치격인칭대명사 él, ella, ellos, ellas가 "자신"이라는 의미를 갖는 문맥에서는 모두 sí로 바뀌게 된다. 물론 타인을 위한 경우에는 바뀌지 않는다.

Juan está orgulloso ***de sí (mismo).***	환은 자신에 대해 자부심을 느낀다.
Juan está orgulloso ***de su hijo.***	환은 아들에 대해 자부심을 느낀다.
Ella ha sido una esclava ***de sí (misma).***	그녀는 자기 자신의 노예로 지내 온다.
Ella ha sido una esclava ***de usted.***	그녀는 당신의 노예로 지내 온다.
María trabaja ***para sí (misma).***	마리아는 자신을 위해 일한다.
María trabaja ***para él.***	마리아는 그를 위해 일한다.

그러나 전치사 entre는 보어의 의미가 "자신들"이 되는 경우에도 다음과 같이 두 가지 유형을 다 허용하고 있다.

Los alumnos se reúnen ***entre sí.***	학생들이 자신들끼리 모인다.

Hablan español ***entre ellos.***	그들은 자신들끼리 스페인어를 한다.
Ellos se festejan ***entre ellos.***	그들은 자신들끼리 축제를 즐긴다.

usted, ustedes도 "자신"의 의미를 갖는 구문에서 sí와 usted, ustedes 두 가지 형태를 공히 사용할 수 있다.

Usted lo usa ***para {sí/ usted} mismo.***	당신은 당신 자신을 위해서 그것을 사용한다.
Tome cuidado ***de {sí/ usted} misma.***	당신 자신을 돌보세요.

3 conmigo, contigo, 그리고 consigo

1 전치사 con이 mí나 ti를 보어로 취할 경우, 하나의 단어로 합쳐져, conmigo, contigo가 된다.

[con + mí] ➡ conmigo 나와 함께 [con + ti] ➡ contigo 너와 함께

Magdalena es muy *amable* ***conmigo.***	막달레나는 나에게 매우 친절하다.
José quiere ir a la escuela ***contigo.***	호세는 너와 함께 학교에 가고 싶어한다.

2 또 전치사 con이 3인칭 전치격 대명사 sí(3인칭 자신)와 함께 나타나는 경우 consigo가 된다. 또, mismo(자신의)라는 형용사를 뒤에 동반할 수 있다.

[con sí] ➡ consigo 자신이, 스스로

Ignacio quiere llevarte ***consigo.***	익나시오는 자신이 너를 데려가기를 원한다.
Ignacio quiere estudiar ***con ella.***	익나시오는 그녀와 공부하고 싶어한다.

Inés está disgustada ***consigo misma.***	이네스는 자신에게 속상해 하고 있다.
Inés está disgustada ***con usted.***	이네스는 당신에게 기분 나빠하고 있다.

4 [전치사 + 주격인칭대명사]구문

다음에 우리가 공부해 볼 몇몇 전치사는 자신의 보어로 전치격인칭대명사를 취하지 않고 대신 주격인칭대명사를 택한다.

1 entre tú y yo (너와 나 사이에)

이 경우 전치사 entre는 1, 2인칭 대명사를 포함한 보어를 취하는 경우 항상 주격인칭대명사를 선택한다.

Guardemos este secreto ***entre tú y yo.***	너와 나 사이에 이 비밀을 간직하자.
Las cosas se enfrían ***entre ella y tú.***	그녀와 너 사이 관계가 냉각되고 있다.

2 excepto/ menos/ salvo (...제외하고, 빼고)

Todos participan en la tertulia ***{excepto/ menos/ salvo} tú.***	너만 빼고 모든 사람들이 그 동아리모임에 참석한다.

3 según (...에 의하면)

Según ella y tú, el profesor me va a castigar.	그녀와 너에 따르면, 선생님이 나를 벌주실 것이다.

4 incluso 및 hasta(...포함해서)

Todos ***{incluso/ hasta} yo*** te esperamos.	나를 포함한 모든 사람들이 너를 기다린다.

이러한 전치사는 "심지어 ...까지"라는 의미로 사용되는 경우 부사로 범주전환되어 주격인칭대명사, 전치사구 등 여타 범주를 수식할 수 있다.

{Incluso/ Hasta} ellos lo comprenden.	심지어는 그들도 그것을 이해한다.
Ellos pueden entrar ***{incluso/ hasta} en esta sala.***	그들은 심지어 이 거실에까지도 들어갈 수 있다.

Lección 8 Ejercicios

1 | 다음 문장 내 명사들을 대명사로 바꿔 다시 구성해 보자.

① Ella me da ***el libro*** a mí. ➡
② Juan manda ***la carta a José.*** ➡
③ Ignacio se pone ***la corbata.*** ➡
④ Él quiere leer ***el libro.*** ➡
⑤ Carmen me escribe ***las cartas.*** ➡
⑥ Puedes cantar ***esa canción.*** ➡
⑦ Ella quiere escribirle ***la carta.*** ➡
⑧ Es fácil estudiar ***español.*** ➡
⑨ Vas allí a bailar ***el flamenco.*** ➡
⑩ Estoy enseñando ***español a Ana.*** ➡
⑪ Ella corre persiguiendo ***al cachorro.*** ➡
⑫ Di ***la historia a Carmen.*** ➡
⑬ Canta ***esta canción.*** ➡
⑭ No comas ***este pan.*** ➡
⑮ Dime todas ***esas tonterías.*** ➡

2 | 괄호 안의 우리말에 맞는 스페인어 전치사 구문을 써보자.

① Puedo vivir tranquilo ( ). (너 없이도)
② Es difícil ( ) conducir el coche. (그녀에게는)
③ María ahorra dinero ( ). (자신을 위해서)
④ Mi padre está orgulloso ( ). (아들에 대해)
⑤ Ella es amable ( ). (나에게)
⑥ María está contenta ( ). (자신에 대해)
⑦ Ellos se pelean ( ). (서로 서로)
⑧ Este es un secreto ( ). (너와 나 사이의)
⑨ Todos asistieron a la clase ( ). (너만 빼고)
⑩ ( ), la historia es verdadera. (너에 따르면)

3 | 문장에서 틀린 부분을 찾아 고쳐보자.

① María quiere a él.

② Inés es bonita, pero María no la es.

③ Usted me ha salvado mi vida.

④ Lo vuelvo aquí a comer.

⑤ Lo deseo terminar pronto.

⑥ Lo dime.

⑦ No le lo diga a Juan.

⑧ Antonio la ama a Inés.

⑨ ¿A quién la quieres?

⑩ Ignacio lo quiere este libro.

⑪ Ese libro Paco quiere.

⑫ María cree en sí mismo.

아스떼까제국

신대륙 발견 이전 중남미의 산악지대 고원이나 분지에는 고도의 문명이, 열대우림이나 온대초원에는 원시문명이 존재하였다. 14세기 멕시코고원의 Azteca 제국, 15세기 안데스산지의 Inca제국이 건설되었으나 이들 문명들은 16세기 초 스페인에 의해 정복되어 사라지게 되었다. 까를로스 5세는 제국주의정책의 일환으로 1519년 멕시코의 아스떼까왕국의 정복에 착수하게 되었고, 이를 완수한 인물이 Hernán Cortés(1485-1547)였다.

Azteca 비의 신 Tlaloc

아스떼까제국은 거대한 문명을 이뤘으며, 현재의 멕시코시인 제국의 수도 Tenochtitlán에는 30만 명 이상의 주민이 살고 있었다. Cortés는 단지 군인 700명과 말 12필로 전설같이 아스떼까왕국을 정복하였다. 아주 영리한 인디오여자 Malinche를 통역 겸 안내인으로 대동한 채 수적인 열세를 기동력과 무기의 우수성으로 극복하고 마침내 떼노치띠뜰란에 승리하여 들어가 Moctezuma왕을 굴복시켰다. 스페인은 멕시코 정복 후 1523년 부왕령(Virreinato)으로 삼아 "Nueva España(새로운 스페인)"라고 명명하고, 꼬르떼스를 초대 총독 겸 부왕으로 임명하였다.

제 9 장 재귀구문과 비인칭 구문

1 재귀구문

능동문에서 주어는 행동을 하는 사람 즉, 행위자(agente)를 의미하고, 수동문에서는 주어가 피동자(paciente)가 된다. 나아가, 주어가 행위를 하는 동시에 그 행위의 영향을 받는, 다시 말해, 주어가 행위자인 동시에 피동자인 문장들도 존재한다. 이러한 문장들을 재귀문(Oraciones reflexivas)이라고 부르며, 그런 문장들을 이끌어내는 동사를 재귀동사(Verbo reflexivo)라 한다.

능동문	Ella ***lava*** a Antonio.	그녀는 안또니오를 씻겨준다.
수동문	Antonio ***es lavado por*** ella.	안또니오는 그녀에 의해 씻겨진다.
재귀문	Ella ***se lava*** las manos.	그녀는 손을 씻는다.

이러한 재귀동사는 [동사 + 재귀대명사 se]로 이루어지며, 동사 활용 시 주어의 인칭과 수에 따라 [재귀대명사 변화형 + 활용 동사]의 형태를 갖게 된다.

1 재귀대명사 se의 변화형

구분 / 인칭	재 귀 대 명 사			
	단	수	복	수
1	**me**	(男.女)	**nos**	(男.女)
2	**te**	(男.女)	**os**	(男.女)
3	**se**	(男.女.物)	**se**	(男.女.物)

자, 그럼 일반 동사 poner와 재귀동사 ponerse를 비교해 보자.

poner (놓다)		**ponerse** (-되다, 입다)	
pongo	ponemos	me pongo	nos ponemos
pones	ponéis	te pones	os ponéis
pone	ponen	se pone	se ponen

Pongo la pluma en la mesa.	나는 테이블 위에 펜을 놓는다.
Me pongo nervioso.	나는 초조해 진다.
Me pongo el sombrero.	나는 모자를 쓴다.

2 자주 사용되는 재귀동사들

1 [타동사 + se] ➡ 재귀동사

아래 동사들은 타동사로 사용되며, 재귀대명사를 동반하는 경우 자동사의 의미를 갖게 된다.

acercar	접근시키다	acercarse	접근하다
acostar	눕히다	acostarse	눕다
apartar	분리하다	apartarse	멀어지다
bañar	목욕시키다	bañarse	목욕하다
casar	결혼시키다	casarse	결혼하다
despertar	깨우다	despertarse	깨다
duchar	샤워시키다	ducharse	샤워하다
extender	넓히다	extenderse	확장되다
fijar	고정시키다	fijarse	집중하다
hacer	하다	hacerse	되다
largar	느슨하게 하다	largarse	가버리다
lavar	씻겨주다	lavarse	씻다
levantar	들어올리다	levantarse	일어나다

llamar	부르다	llamarse	이름이 - 다
parecer	보이다	parecerse	닮다
quitar	제거하다	quitarse	벗다
sentar	앉히다	sentarse	앉다
trasladar	옮기다	trasladarse	이사하다, 이전하다
vestir	옷을 입(히)다	vestirse	옷을 입다

¿A qué hora ***acuesta*** a sus hijos?	당신은 자녀들을 몇 시에 재웁니까?
Ellos ***se acuestan*** a la nueve de la noche.	그들은 밤 아홉시에 잠을 잡니다.
Me ducho tres veces a la semana.	나는 일주일에 세 번 샤워한다.
Fíjate en este ejemplo.	이 예문에 신경을 써라.
¿Cómo ***te llamas***? - ***Me llamo*** Pedro.	네 이름이 뭐니? -나는 뻬드로야.
La familia va a ***trasladarse*** a Seúl.	그 가족은 서울로 이주를 하게 될 것이다.
Ella suele ***vestir***(=*llevar*) pantalones vaqueros azules.	그녀는 항상 푸른 청바지를 입고 다닌다.
Ella ***viste*** bien	그녀는 옷을 멋있게 입는다.
Ella ***(se) viste*** de rojo.	그녀는 붉게 옷을 입는다.

참고 사항

- vestir동사의 경우 타동사, 자동사, 재귀동사로 사용되며, '어떤 옷을 입다'라는 표현은 llevar 또는 타동사 vestir를 사용한다.

이 외에도 '자신'과 연관된 다양한 표현에 재귀동사가 사용된다.

echar	던지다	echarse	자신의 몸을 던지다
dedicar	바치다	dedicarse (a)	헌신하다
dirigir	향하게 하다	dirigirse (a)	향하다
esforzar	힘을 돋우다	esforzarse (por)	노력하다
preguntar	묻다	preguntarse	자문하다
tirar	던지다	tirarse	몸을 던지다

Ella ***echa*** un poco de agua en mi vaso.	그녀는 내 컵에 물을 조금 따른다.
Los estudiantes ***se echaron*** *a* la calle para manifestarse contra el gobierno.	학생들은 반정부 시위를 위해 거리로 뛰쳐나갔다.
Ella ***dirige*** la mirada a aquel lago.	그녀는 그 호수로 시선을 돌린다.
Ellos ***se dirigen*** *a* esa montaña.	그들은 그 산으로 향한다.
Los chicos ***se dedicaron*** *al* estudio.	그 소년들은 공부에 전념했다.
Nos esforzamos *por* conseguir la beca.	우리들은 장학금을 획득하기 위해 노력한다.
Me pregunto cuándo él volverá a casa.	나는 그가 집에 돌아올까 궁금하다.
Juan ***se tiró*** sobre el enemigo como una fiera.	환은 야수처럼 적을 덮쳤다.

참고 사항

● 타동사 temer는 se를 붙여도 자동사로 바뀌지 않으며, se는 '강조'하기 위해 첨가된다.

temer	두려워하다	temerse	두려워하다
(Me) Temo que venga a verme.		나는 그가 나를 보러 올까 두렵다.	

2 [자동사 + 재귀대명사 se] ➡ 재귀동사

이러한 재귀동사에서 재귀대명사는 없애도 비문을 만들지 않으나, 동사의 의미를 '강조'하기 위해 사용되는 것으로 생각된다.

comer	먹다	comerse	먹다
desaparecer	사라지다	desaparecerse	사라지다
escapar	달아나다	escaparse	달아나다
ir	가다	irse	가버리다, ...에서 가다
parecer	보이다	parecerse	닮다
pasar	지나가다	pasarse	잊혀지다
quedar	머물다	quedarse	머물다
morir	죽다	morirse	죽다
volver	돌아오다, 돌아가다	volverse	돌아오다, -로 변하다

Se comió todo.	그는 다 먹어치웠다.
Me quedo aquí.	나는 여기에 남는다.
Me muero de hambre.	나는 배고파 죽겠다.
¿Qué ***te parece*** esta opinión? - ***Me parece*** buena.	너는 이 의견이 어떠니? -나는 좋은 것 같아.
Me parezco mucho *a* mi madre.	나는 나의 어머니를 많이 닮았다.
Se *me* ***pasó*** lo que me dijo.	그가 말한 것을 잊어버렸다.
Perdona. ***Me voy.***	미안해. 먼저 간다.
Se volvió a mí.	그는 내게 돌아왔다.

이러한 재귀동사들 중 일부는 문맥에 따라 다양한 의미를 표현할 수 있다.

Me quedo *con* esta corbata.	나는 이 넥타이로 결정했다.
Se volvió loco.	그는 미치게 되었다.

3 [재귀동사 + 전치사]구문

[재귀동사 + 전치사]구문이 하나의 단위를 이루며, 전치사는 동사의 지배를 받는다. 따라서 다른 전치사로 대체가 불가능하다.

acordarse de	-을 기억하다	alegrarse de	-을 기뻐하다
arrepentirse de	-을 후회하다	atreverse a	감히 -하다
convertirse en	-으로 바뀌다	dignarse de	황송하게도 -하여 주시다
enfadarse con	-에게 화내다	entrevistarse con	-와 면접하다
olvidarse de	-에 대해 잊다	quejarse de	-에 대해 불평하다

¿***Se acuerda*** *de* mi propuesta?	제 제안이 기억나십니까?
Me atrevo *a* decirle la verdad.	나는 당신에게 감히 진실을 얘기합니다.
Se enfada *con*migo por cosas triviales.	그는 사소한 일들로 내게 화를 낸다.
El presidente ***se entrevista*** *con* su homólogo de EE UU.	그 대통령은 미국 대통령(대응인)과 회담을 한다.
¿*De* qué ***te quejas*** tanto?	너는 무엇에 대해 그토록 불평을 하니?

4 [재귀동사 + 신체일부] 또는 [재귀동사 + 의복]

주어가 자신의 몸을 어떻게 한다든가, 몸에 의복을 입거나 벗을 때, 이러한 구문을 사용하게 된다. 그러나 자신의 몸 전체와 관련이 있는 경우 또는 목적어가 의미적으로 확실히 이해되는 경우 목적어가 나타나지 않을 수 있다. 이 경우, 재귀대명사가 직접목적어 역할을 하는 직접 재귀문에 반해, 간접목적어 역할을 하는 바, 간접 재귀문이라 불린다.

adornarse	치장하다	afeitarse	면도하다
cortarse	깍다	lavarse	씻다
limpiarse	깨끗이 하다	maquillarse	화장하다
peinarse	이발하다	pintarse	그리다, 칠하다
ponerse	입다	quitarse	벗다
disfrazarse	가장하다	tatuarse	문신을 넣다

La protagonista ***se adorna la cabeza*** con una corona de flores.	여주인공은 머리를 꽃으로 된 관으로 장식을 한다.
Juan ***se afeita (la barba)*** cada mañana.	환은 매일 아침 면도를 한다.
Tengo que ***lavarme las manos.***	나는 손을 씻어야 한다.
Hay que ***limpiarse los dientes*** después de comer.	식사 후에는 치아를 닦아야 한다.
Mi novia ***se pinta los labios*** de rojo.	나의 애인은 입술을 붉게 칠한다.
Inés ***se quita el abrigo*** cuando entra en el cuarto.	이네스는 방에 들어갈 때 외투를 벗는다.
Ella ***se pone los Nike caros.***	그녀는 비싼 나이키신발을 신는다.
Juan ***se quita los guantes.***	환은 장갑을 벗는다.
Ese travestido ***se disfraza*** de *mujer*.	그 여장남자는 여자로 가장하고 다닌다.
Le gusta ***tatuarse el cuerpo***, tener melena y ***ponerse el pendiente.***	그는 몸에 문신을 하고, 장발을 하고 그리고 귀걸이를 하는 것을 좋아한다.

5 재귀동사: '상호' 표현

재귀동사가 상호(相互), 즉, '서로 서로'의 의미를 표현한다.

amarse	서로 사랑하다	disputarse	서로 논쟁하다
mirarse	서로 바라보다	odiarse	서로 증오하다
pelearse	서로 싸우다	respetarse	서로 존중하다

Nos amamos uno a otro.	우리는 서로 사랑한다.
Ellos ***se odian*** sin cesar.	그들은 끊임없이 증오한다.
Los políticos ***se pelean*** entre sí.	정치인들은 서로 싸운다.
Los sabios ***se respetan*** unos a otros.	현인들은 서로 서로 존경한다.

참고 사항

- **"서로 서로"는 여러 가지 구문으로 표현될 수 있다**: uno a otro, el uno al otro, unos a otros, los unos a los otros, mutuamente, recíprocamente.

6 [재귀동사 + 서술보어(명사, 형용사, 부사, 전치사구)]구문

[재귀동사 + 서술보어(명사, 형용사, 부사, 전치사구)]구문은 [-되다], [-여겨지다/ 느끼다/ 보이다], [-에 있다/ 위치하다]라는 의미를 지니게 된다.

1 [재귀동사 + 서술보어]구문: [-게 되다]

hacer	하다	hacerse	되다
poner	놓다	ponerse	어떤 상태가 되다
volver	돌아가다	volverse	-로 바뀌다

Hago la tarea.	나는 숙제를 한다.
Los dos van a ***hacerse buenos amigos.***	그 둘은 좋은 친구가 될 것이다.

Ella me ***pone*** nervioso.	그녀는 나를 초조하게 만든다.
Ella ***se pone nerviosa*** en mi presencia.	그녀는 내 앞에서는 초조해 한다.
Antonio ***vuelve*** a casa.	안또니오는 집에 돌아간다.
Al fin Don Quijote ***se volvió medio loco.***	마침내 돈키호테는 반쯤 미쳐버렸다.

2 [재귀동사 + 서술보어]구문: [-게 여겨지다/ 느끼다/ 보이다]

creer	-를 믿다	creerse	믿다
considerar	-를 고려하다	considerarse	여겨지다
sentir	-를 느끼다	sentirse	느끼다
ver	-를 보다	verse	보이다
mostrar	-를 보여주다	mostrarse	보이다

Yo te ***creía*** perdido en el bosque.	나는 네가 숲에서 길을 잃었다고 믿었다.
Yo ***me creía perdido*** en el bosque.	나는 (내가) 숲에서 길을 잃었다고 믿었다.
Lo ***considero*** honesto.	나는 그를 정직하다고 여긴다.
Se considera honesto.	그는 자신이 정직하다고 여긴다.
Siento mucho calor en esta casa.	이 집은 무척 덥게 느껴진다.
Te sientes feliz con tu novia.	너는 애인과 함께 있어 행복하게 느낀다.
Te ***veo*** de buen humor.	내가 보기에 너는 기분이 좋구나.
Se ve de buen humor.	그는 기분이 좋은 것처럼 보인다.
El turista le ***muestra*** su pasaporte.	관광객은 그에게 자신의 여권을 보여준다.
El Papa ***se muestra agotado.***	교황께서는 매우 지쳐 계셔 보인다.

3 [재귀동사 + 서술보어]구문: [-에 있다/ 위치하다/ 나타나다]

encontrar	발견하다	encontrarse	-에 있다
situar	-에 위치시키다	situarse	-에 위치하다

hallar	발견하다	hallarse	-에서 발견되다
poner	-를 놓다	ponerse	-에 서다
presentar	제시하다, 소개하다	presentarse	나타나다
quedar	남다	quedarse	-에 머물다

¿***Te encontraste*** *con* Juan en la calle?	너는 환을 거리에서 만났니?
Juan ***se encontró*** en la calle.	환은 거리에 있었다.
Deseo ***situar*** el cursor en el punto exacto.	나는 커서를 정확한 지점에 놓기를 원한다.
La RAE ***se sitúa*** en el centro de Madrid. (※ RAE: Real Academia Española)	스페인한림원은 마드리드중심지에 위치해 있다.
¿Dónde ***pongo*** el sombrero?	모자를 어디에 놓을까요?
Me pongo aquí. ¿Vale?	내가 여기에 서겠습니다. 되겠죠?
No me ***queda*** nada de comer.	내게는 먹을 것이 아무것도 없다.
¿Dónde ***se queda*** ahora María?	지금 마리아는 어디에 머무르고 있습니까?

참고 사항

● quedarse는 "-로 (결정)하다"의 의미를 지닐 때도 있다

Quédate *con* esta corbata. Te va bien.	너 이 넥타이로 정해라. 네게 잘 어울린다.

3 재귀대명사의 특이한 용법들

이제까지 살펴본 재귀대명사의 용법들 외에도, 재귀대명사는 '재귀'의 의미와는 무관한 다음과 같은 특이한 기능들을 할 수 있다.

1 무인칭 se

se는 일반적이고 통칭적인 주어를 의미하며, 동사는 항상 3인칭 단수가 된다.

Se dice que Juan es muy amable.	사람들은 환이 매우 친절하다고 말한다.
=***Dicen*** que Juan es muy amable.	※공범주 3인칭 복수주어도 같은 의미 표현

Se cree que María es atractiva.	사람들은 마리아가 매력있다고 믿는다.
Se supone que Corea tiene muchas posibilidades.	사람들은 한국은 가능성이 많다고 가정(생각)한다.
En esta tienda ***se vende*** varios comestibles.	이 가게에서는 많은 먹거리들을 팝니다.

2 수동의 se

재귀대명사 se가 수동의 의미를 표현할 수도 있고, 그 예는 다음과 같다.

Se ve la montaña a lo lejos.	멀리 산이 보인다.
Se rompe con facilidad esta porcelana.	이 도자기는 쉽게 깨진다.
Se tardarán unos días en localizarlo.	그의 위치를 확인하는데 며칠이 걸릴 것이다.
Se invierte mucho dinero en la empresa.	그 회사에 많은 돈이 투자된다.

그러나 때론 모호한 구문이 나타날 수 있는 데 이 경우 se는 무인칭으로도 수동의 se로도 해석이 가능하다. 아래 예에서, 수동문인 경우 명사구인 la visita del presidente가 피동자(paciente)로서 수동 주어가 되나, 무인칭인 경우 테마(tema)로서 동사의 직접목적어에 해당된다.

수 동	***Se recibe*** con gran entusiasmo la visita	그 대통령의 방문이 뜨거운 환영을 받는다.
무인칭	del presidente.	사람들은 그 대통령의 방문을 뜨겁게 환영한다.

또 alquilarse(임대하다), buscarse(찾다), venderse(판매하다), 등의 동사는 단수동사와는 무인칭의 의미를, 그리고 복수동사와는 수동의 의미를 지니게 된다.

수 동	***Se venden*** pisos.	아파트들이 팔린다.
무인칭	***Se vende*** pisos.	사람들이 아파트들을 판다.

참고 사항

● **중립의 se (se medio): 이제까지 본 어떠한 분류에도 속하지 않는 경우이다.**

No ***se me ocurre*** absolutamente nada.	내게는 전혀 아무것도 떠오르지 않아.
Se me olvidó su propuesta.	나는 그의 제안을 잊어 버렸어.

2 비인칭 구문 및 GUSTAR동사 구문

문장은 우리가 알고 있듯이, 주어와 동사가 각각 1, 2, 3인칭에 의거 일치하여 변하는 것이 원칙이며, 대부분의 동사들이 이러한 규칙에 따라 변한다. 그러나 항상 예외가 있듯이, 스페인어에는 인칭이 뚜렷이 드러나지 않거나 변하지 않으며 동사는 3인칭 단수로만 나타나는 소위 말하는 비인칭 구문과, 주로 동사가 [3인칭 단/ 복수]로만 나타나는 gustar동사 구문이 존재한다.

1 비인칭 구문

비인칭 구문(Construcciones impersonales)은 주어(sujeto)를 지니고 있지 않아 그렇게 불린다. 비인칭 구문은 크게 3가지 유형으로 구분된다.

I	인칭/ 수의 굴절 능력을 상실한 일련의 동사로 구성됨	날씨 및 때 표현
II	SE를 이용한 문장으로 주어가 나타나지 않음	'통칭적인 주어'가 존재한다고 가정
III	HABER동사로 구성되는 구문	해석 [-이 있다]

I 제 I 유형의 비인칭 구문: 날씨 및 때 표현

1 날씨 표현

En verano ***pro anochece*** tarde.	여름에는 밤이 늦게 온다.
Ahora ***pro truena*** y ***relampaguea.***	지금 천둥치고 번개가 친다.
pro Está despejado.	날씨가 맑다.
pro Hace fresco.	시원하다.

2 때 표현

pro Es de madrugada.	새벽이다.
pro Ya es tarde para partir.	이미 출발하기에는 늦다.

※ pro는 '눈에 보이지 않는 공범주 주어'이나, 일반적으로 표기하지 않는다.

위 예문들에서 나타나는 동사는 항상 3인칭 단수이다. 이러한 이유로 몇몇 언어학자들은 그러한 동사들을 유일인칭 동사들(verbos unipersonales)이라고 부르기도 한다(Bello, 1874, § 773). 이런 문장의 주어 위치는 비어 있으나, 실제로는 공범주 주어(pro: 의미가 없는 허사 주어 it과 동일함)가 나타난다. 그러나 이러한 의미를 못 받는 공범주 주어와 의미를 받는 공범주 주어(pro Juega)는 구별을 해야 한다.

pro Llueve	***It*** rains. 비가 온다
pro Hace mucho calor.	***It*** is very hot. 매우 덥다

※ pro는 **실제 눈에는 보이지 않으므로 표기하지 말 것.**

위 문장들에서 pro는 동사로부터 의미를 받지 못하고 주격만 부여 받는다. 반면에 아래 문장에서는 pro가 동사로부터 (행위자) 의미와 주격을 모두 받게 되며, 따라서 대명사 él/ ella/ usted 등과 동등한 역할을 한다.

pro Juega en el jardín.	***He*** plays in the garden. 그는 정원에서 논다.

※ pro는 **실제 눈에는 보이지 않으므로 표기하지 말 것.**

2 제 II 유형의 비인칭 구문: 무인칭 SE 사용

이 구문에서는 비인칭의 특성이 동사로부터 나오는 것이 아니며, se를 동사에 첨가함으로써 얻어지게 된다. 이 무인칭 se가 3인칭 단수 동사에 결합되어 일반적인 주어 즉, 통칭적 주어를 대변한다.

pro Se come bien en ese restaurante.	그 식당은 음식 맛이 매우 좋다.
Aquí ***pro se estudia.***	여기는 사람들이 공부하는 곳이다.
pro Se está bien aquí.	여기 사람들은 잘 있다.
pro Se tarda poco de aquí al centro.	여기서부터 도심까지는 시간이 조금 걸린다.

※ pro는 **실제 눈에는 보이지 않으므로 표기하지 말 것.**

이러한 비인칭 재귀구문은 비인칭 수동구문과 유사하여 혼란스러울 수 있으나, 다음의 기준에 따라 그 차이를 규명할 수 있다.

	비 인 칭 재 귀 구 문	비 인 칭 수 동 구 문
자동사	Aquí *se vive.* 여기 사람들이 산다.	-자동사와는 형성이 불가능 함-
타동사	En España ***se duerme*** la siesta. 스페인에서는 낮잠을 잔다.	***Se difundió*** la noticia. 그 소식이 유포되었다.
수동화	-불가-	La noticia ***fue difundida.*** 해석: 상동
[por 주어] 첨 가	-불가- *En España se duerme la siesta ***por la gente.***	***Se difundió*** la noticia ***por el diario.*** 그 소식은 그 신문에 의해 유포되었다.

비인칭 재귀구문과 3인칭 복수 구문 사이에 흥미로운 대조를 해 볼 수 있다.

En esa casa ***cenan*** tarde.	그 집에서 사람들은 늦게 저녁 식사한다.	주어: 통칭적/ 특정적 화자: 주어에 미포함.
En esa casa ***se cena*** tarde.	그 집에서 사람들은 늦게 저녁 식사한다.	주어: 통칭적 화자: 주어에 포함/ 미포함.

첫 번째 문장에서는 화자가 주어에 포함되지 못하며 주어는 정해진 사람들인 "그들"이 될 수 도 있으나, 또한 일반적인 사람들을 의미할 수도 있다. 이러한 해석이 Llaman a la puerta.(노크한다)에도 그대로 적용된다. 그러나 두 번째 문장에서는 주어는 일반적인 사람들을 의미하며 화자는 주어에 포함될 수도 또는 포함되지 않을 수도 있다. 반면, 복문 내 부사절 속의 3인칭 복수 주어는 항상 정해진 사람들을 의미한다.

Cuando cantan, se miran uno a otro.	그들은 노래할 때, 서로 바라다본다.

3 제 III 유형의 비인칭 구문: HABER동사로 구성되는 구문

haber동사는 중세에는 라틴어에서의 "가지고 있다"와 "존재하다"의 의미를 보유했었으나, 지금은 완료형(haber + p.p.)의 조동사로 또는 "있다"의 의미로 사용된다. 후자의 경우, 3인칭 단수로 고정되어 비인칭 구문을 구성한다.

공범주 주어(pro) + 비인칭 동사 haber + 보어

이 구문에서 haber동사는 의미를 지니고 있지 않은 공범주(pro)에 일치하여 3인칭 단수가 되며, 동사 뒤에 나타나는 보어는 대격을 받는다. 즉, 목적어가 되는 것이다. 이 목적어가 우리 말 번역 시 주어처럼 번역된다.

Hay un libro en la mesa. ➡ ***Lo hay*** en la mesa.	책 한 권이 탁자 위에 있다. ➡ 그것이 탁자 위에 있다.
Había un libro en la mesa. ➡ ***Lo había*** en la mesa.	책 한 권이 탁자 위에 있었다. ➡ 그것이 탁자 위에 있었다.
Hay {∅/ unos/ muchos} libros en la mesa. ➡ ***Los hay*** en la mesa.	{∅/ 몇몇/ 많은) 책들이 탁자 위에 있다. ➡ 그것들이 탁자 위에 있다.
Había {∅/ unos/ muchos} libros en la mesa. ➡ ***Los había*** en la mesa.	{∅/ 몇몇/ 많은) 책들이 탁자 위에 있었다. ➡ 그것들이 탁자 위에 있었다.

이러한 문장도 원래 구조는 다음과 같다.

pro Hay libros en la mesa. ➡ ***pro Los hay*** en la mesa.	***pro Había libros*** en la mesa. ➡ ***pro Los había*** en la mesa.

※ pro는 실제 눈에는 보이지 않으므로 표기하지 말 것.

위 구조를 보면, 왜 주어처럼 해석되는 책들이 haber동사의 주어가 아니고 목적어이며, 대명사화되면 대격대명사로 바뀌는지 쉽게 이해할 수 있다.

또 haber동사의 보어 명사는 정관사를 허용하지 않는다. 즉, 구체적인 의미를 지닌 명사를 보어로 허용하지 않는다. 또 이 보어(목적어)가 주어 위치에 나오는 것도 허용하지 않는다. 따라서 아래 문장들은 비문이다.

**Hay los libros* en la mesa. **Los libros hay* en la mesa.	그 책들이 탁자 위에 있다.
**Había los libros* en la mesa. **Los libros había* en la mesa.	그 책들이 탁자 위에 있었다.

반면에 '구체적인 주어가 있는 경우' "있다"는 estar동사를 사용하여 표현한다.

El libro está en la mesa.	그 책이 책상 위에 있다.
Los libros están en la mesa.	그 책들이 책상 위에 있다.

2 GUSTAR동사 구문

GUSTAR동사(좋아하다)는 의미상 주어 역할을 하는 여격대명사 me, te, le, nos, os, les를 기준으로 분류하나, 실제 문법적으로 주어(S)는 대부분의 경우 사물이 되므로, 3인칭 단/복수에만 국한되게 된다.

인칭 \ 수	단수	복수
1	me + V + S	nos + V + S
2	te + V + S	os + V + S
3	le + V + S	les + V + S

자, 그럼 GUSTAR동사를 사용하여 만든 예문을 살펴보도록 하자.

Me gusta	la rosa.	나는	장미를 좋아한다.
Te gusta		너는	
Le gusta		그는/ 그녀는/ 당신은	
Nos gusta		우리는	
Os gusta		너희는	
Les gusta		그들은/ 그녀들은/ 당신들은	

Me gustan	las rosas.	나는	장미들을 좋아한다.
Te gustan		너는	
Le gustan		그는/ 그녀는/ 당신은	
Nos gustan		우리는	
Os gustan		너희는	
Les gustan		그들은/ 그녀들은/ 당신들은	

gustar동사 구문에서 여격대명사는 절대 생략되어 질 수는 없으나, 중복형 (Duplicado)은 허용되며 주로 문두나 주동사 다음에 나타난다.

(A ella) Le *encanta* ***(a ella)*** jugar al tenis.	그녀는 테니스 치기를 무척 좋아한다.
(A Ana) Le *cautiva* ***(a Ana)*** esquiar.	아나는 스키 타기를 무척 좋아한다.
A ningún niño le gusta tomar la medicina.	어떤 아이도 약 먹기를 좋아하지 않는다.

gustar동사 구문에서는 원칙적으로 주어는 [3인칭 단/ 복수]만으로 이루어진다. 그러나 gustar동사는 3인칭 외에도 다양한 주어를 허용하는 경우가 있다.

Los Internautas no me ***gustáis.***	나는 너희 인터넷사용자들이 마음에 들지 않는다.
Me ***gustas*** sólo cuando ***estás*** de acuerdo conmigo.	나는 네가 나에게 동의할 때만 마음에 든다.

3 GUSTAR동사와 동일 유형의 동사들

스페인어에는 GUSTAR동사 및 동일 유형의 동사들이 매우 자주 사용되므로 이러한 동사들을 잘 배워서 많이 사용하여야 한다.

apetecer	-하고 싶다	cautivar	사로잡다
doler	아프다	faltar	부족하다, 필요하다
encantar	매우 좋아하다	hacer falta	부족하다, 필요하다
extrañar	이상하다	fastidiar	성가시게 하다
ir	어울리다	molestar	귀찮게 하다
parecer	-인 것 같다	servir	유용하다
dar {asco/ la gana/ miedo/ pena/ sueño/ vergüenza}	{구역질나다/ 하고 싶다/ 무섭다/ 괴롭다/ 졸립다/ 부끄럽다}		

이러한 비인칭 동사들의 용법들을 살펴보기로 하자.

No nos apetece estudiar más.	우리들은 더 이상 공부하고 싶지 않다.

Nos da asco su conducta maleducada.	우리는 그의 교양 없는 행동에 구역질이 난다.
No me da la gana (de) decírtelo.	나는 네게 그것을 말하고 싶지 않다.
Me da mucha pena verte aquí.	나는 너를 여기서 보게 돼 매우 괴롭다.
Me da vergüenza hablar a solas con Inés.	나는 이네스와 단둘이 얘기하는 게 부끄럽다.
Me duele *mucho* el estómago. =*Tengo mucho dolor de* estómago.	나는 배가 몹시 아프다. ※[tener dolor de...]도 동일한 의미 표현.
Me extraña compartir el piso con los desconocidos.	나는 낯선 사람들과 아파트를 함께 쓰는 것이 이상하다.
Le fastidian mucho a ella tus bromas.	그녀는 너의 농담에 무척 괴로워한다.
Nos hace falta una grúa para llevar este coche estropeado.	우리는 이 찌그러진 차를 운반하기 위해 견인차가 필요하다.
¿Cómo ***te va***? -***Me va*** bien todo.	어떻게 지내니? -모든 게 잘 돼가고 있어.
Me molesta tu presencia en esta reunión.	이 모임에 네가 있어 나는 피곤하다.
Me parecen absurdas tus opiniones.	나는 네 의견들이 불합리한 것 같다.
Nos sirven estas sillas para descanzar.	이 의자들은 우리가 휴식하기에 유용하다.

또 이러한 구문의 주어는 명사뿐만 아니라 명사절(que-절, 부정사절, 의문사절)이 될 수도 있다.

¿***Te molesta*** *que yo fume?*	[que-절]	너는 내가 담배 피우면 괴롭겠니?
¿Qué ***te parece*** *ir de juerga?*	[부정사절]	놀러 가는 것이 어떻겠니?
No me importa *quién venga.*	[의문사절]	누가 오든 나는 상관없다.

이들 구문 중에서도 que-절이 주어로 나타나는 구문은 매우 많으며, 술어의 의미적 내용에 따라 que-절 내의 동사는 직설법이 되거나 접속법이 된다.

1 QUE-절 내 직설법을 취하는 구문들

Parece	*que* Juan *tiene* razón.	환이 옳은 것	같다.
Resulta			으로 판명됐다.
Ocurre			으로 일이 진행된다.
Pasa			으로 나타난다.

또 비인칭 재귀대명사 se와 함께 일반적인 사람들이 주어가 되는 구문도 이러한 que-절을 허용한다.

Se ve	*que* Juan *sale* de allí.	환이 그곳에서 나오는 것	을 목격한다.
Se sabe			을 알고 있다
Se piensa			으로 생각한다.
Se supone			으로 추정한다.

2 QUE-절 내 접속법을 취하는 구문들

Me gustaría	*que* Juan *vaya* allí.	환이 그곳에 가는 것	이 나는 좋다.
Me importa			은 내게 중요하다.
Me preocupa			이 나는 걱정이다.
Me cuesta			이 나는 안타깝다.
Vale la pena			은 가치가 있다.
Puede ser			이 가능하다.
Puede suceder			은 가능한 일이다.
Basta			으로 충분하다.

Lección 9
Ejercicios

1 | 괄호 안의 동사를 알맞게 변화시켜 넣으시오.

① Ella (　　　　　　　　) nerviosa. (ponerse)
② ¿A qué hora (　　　　　　　　) tú? (despertarse)
③ Nosotros (　　　　　　　　) tres veces a la semana. (ducharse)
④ ¿Cómo (　　　　　　　　) ellos? (llamarse)
⑤ Ana quiere (　　　　　　　　) temprano. (levantarse)
⑥ Vosostros queréis (　　　　　　　　) aquí. (quedarse)
⑦ Yo (　　　　　　　　) de hambre. (morirse)
⑧ (　　　　　　　　) fácilmente este cristal. (romperse)
⑨ Los hijos (　　　　　　　　) con su madre. (enfadarse)
⑩ ¿De qué (　　　　　　　　) ustedes? (quejarse)
⑪ ¿Con qué (　　　　　　　　) tú la cabeza? (adornarse)
⑫ Tienes que (　　　　　　　　) los dientes cada día. (limpiarse)
⑬ Te gusta (　　　　　　　　) los labios. (pintarse)
⑭ Los niños (　　　　　　　　) entre sí. (pelearse)
⑮ Los alpinistas (　　　　　　　　) a la montaña. (dirigirse)

2 | 질문에 스페인어로 답해 보자.

① ¿Te acuerdas de mi propuesta?
② ¿Le echas la culpa a otra persona?
③ ¿Haces la tarea?
④ ¿Dónde se encuentra María?
⑤ ¿Dónde pone la corbata?
⑥ ¿Cómo le va?
⑦ ¿Os gusta nadar en la piscina climatizada?
⑧ ¿Le echas la culpa a otra persona?

3 | 문장 내의 se의 의미가 재귀, 상호, 무인칭, 수동, 중립 중 어느 것인가?

① Se me ocurre una idea.

② Se ve el lago a través de la ventana.

③ Se dice que los hispánicos son optimistas.

④ Los deportistas se respetan unos a otros.

⑤ Te llamas Paco.

4 | 괄호 안의 동사를 알맞게 변화시켜 넣으시오.

① En invierno (　　　　) temprano. (anochecer)

② Hoy (　　　　) nublado. (estar)

③ (　　　　) muchos alumnos en el colegio. (haber)

④ (　　　　) de noche. (ser)

⑤ Os (　　　　) cantar las canciones. (gustar)

⑥ Me (　　　　) vergüenza hablar ante el público. (dar)

⑦ Le (　　　　) jugar al golf. (cautivar)

⑧ Nos (　　　　) falta mucho dinero para ir al extranjero. (hacer)

⑨ (　　　　) mucho frío en invierno. (hacer)

⑩ Me (　　　　) tus intervenciones. (molestar)

5 | 문장 내 틀린 부분을 찾아 바로 잡아 보자.

① Hay el libro en la mesa.

② Los libros habían en la mesa.

③ Los libros está en la mesa.

④ Se come bien por la gente en este restaurante.

⑤ La considero guapo.

⑥ Nievan mucho en todas las provincias.

⑦ Me parece falsas esas respuestas.

⑧ Parecen que todos son responsables.

⑨ Me duelo mucho el estómago.

⑩ Me importa que Inés viene aquí.

잉카제국

남미의 페루에는 '태양의 아들들'이라 불리던 잉카인들이 거대한 문명의 잉카제국을 건설하였다. 그들은 **Machu Picchu**와 **Cuzco** 등 웅장한 도시들을 건설하였다. **Cuzco**는 제국의 수도로 기하학적으로 조각된 거대한 바위들로 건설된 궁궐들로 가득하였다. 이러한 바위 건조물들은 아직도 원형을 유지한 채 유구한 세월을 견뎌오고 있다.

Machu Picchu의 전경과 잉카제국의 영토

Cuzco시 전경

Inca제국(**1440-1532**)은 금과 은이 엄청나게 풍부하였으며, 안데스산맥의 수많은 산등성이들을 가로 지르는 방대한 도로망을 지니고 있었다. 이 도로를 **chasqui**라고 불리는 파발꾼들이 달려 다녔다. 잉카제국의 영토는 오늘날의 **Perú, Bolivia, Ecuador, Chile**까지 뻗어져 있었다. 또 다른 위대한 정복자이자 모험가인 **Francisco Pizarro(1478-1541)**가 **1530**년 배 **3**척과 **128**명의 용감한 사람들을 거느리고 잉카제국 정복에 나서 **1532**년 완수하였다.

무적함대

Felipe 2세는 신교를 믿던 영국을 카톨릭화 하고, 스페인 선박들을 나포하거나 아메리카 항구들을 약탈하던 Francis Drake경, John Hawkins경 등 유별난 영국해적들을 소탕하기 위해, 영국 정벌을 결정하고, "무적함대(Armada Invencible)"라고 친히 명명한 역사상 가장 엄청난 함대를 구성하였다.

무적함대는 130척의 함정, 2000개의 대포, 그리고 3만 명 이상의 병사들로 이루어져 있었다. 1588년 포르투갈의 리스본을 출발한 무적함대는 네덜란드 육군 1만 8000명과 합류하여 영국 본토를 정벌할 예정이었다. 영국의 엘리자베스여왕은 하워드경(卿)을 사령관으로 임명하고, 해전에 능통한 호킨스, 드레이크 등을 기용하여 80척의 함정과 8,000명의 병력으로 맞서 싸우게 하였다.

무적함대는 수적으로는 훨씬 우세하였으나, 폭풍과 영국 선박의 빠른 기동력 그리고 사령관인 메디나 시도니아의 절대적인 무능 때문에 치명적인 패배를 겪게 되어 겨우 54척만으로 본국으로 귀환하였다. 무적함대의 패배로 스페인은 해상 무역권을 영국에 넘겨주고 네덜란드도 독립시켜주게 되었다.

제 10 장 비시제절 및 수동문

비시제절은 동사원형(Infinitivo), 현재분사(Gerundio) 그리고 과거분사(Participio pasivo)와 연관된 구문들로 동사의 인칭에 따른 굴절이 없는 문장이다. 다시 말해, 동사가 인칭과 일치하여 변화하는 동사활용이 이루어지지 않는 문장이다. 수동문은 타동문의 목적어가 주어로 나타나며, [주어 + 계사동사(ser/estar) + 과거분사 + ...]로 이루어진다. 물론, 동사원형, 현재분사 그리고 과거분사와 함께 형성되는 동사 우설법에 대해서도 살펴보게 될 것이다.

부정사	명사 역할	과정이나 완료의 의미와는 무관	● 인칭 및 수와 무관 ● 시제를 표현하지 않음 ● 시제는 주절동사나 여타 부사나 문장 상황으로 추론할 수 있음
현재분사	부사 역할	과정 또는 진행의 의미를 표현	
과거분사	형용사 역할	완료 또는 종결의 의미	

명사 역할	***{Comer/ La comida}*** es indispensable.	{먹는 것은/ 식사는} 꼭 필요한 것이다.
부사 역할	Vete ***{corriendo/ rápidamente}***.	{달려서/ 급히} 가거라.
형용사 역할	Inés es ***{educada/ cortés}***.	이네스는 {교양 있다/ 예의바르다}.

1 부정사

부정사(Infinitivo)는 사전에 등재된 동사원형이다. 명사로 범주 전환된 경우는 성·수 변화를 하게 된다. 즉, 남성 단수 또는 남성 복수로 사용되게 된다.

poder	·할 수 있다	***(el) poder***	권력
deber	·해야 한다	***(el) deber***	의무
haber	소유하다, 완료형 조동사	***(el) haber***	자산
pesar	무게를 달다, 슬퍼하다	***(el) pesar***	슬픔

이러한 범주 전환된 명사들은 당연히 복수 형태들도 허용한다: (los) poderes, (los) deberes, (los) haberes, (los) pesares.

Nos encantan *los* ***poderes*** *políticos.*	우리들은 정치권력들을 매우 좋아한다.
Siempre cumplo con *mis* ***deberes.***	나는 항상 나의 의무들을 완수한다.

이 외에도 많은 부정사들이 마찬가지로 명사로의 전환을 허용하며, 문장 내에서 명사로 사용된다.

Él observa ***los ires y venires*** *del barrio.*	그는 그 지역의 '쉼 없는 모든 왕래'를 관찰한다.
Está profundamente fascinada por ***los cantares populares*** *andaluces.*	그녀는 안달루시아민요에 깊이 매료되어 있다.

부정사는 원래의 동사의 의미를 간직한 채 문장 내에서 다양한 명사적 기능들을 수행한다. 부정사절은 명사절로, que-절과 마찬가지로 문장이므로, 그 문법적인 성은 중성이며, 일치는 남성단수가 된다. 따라서 정관사 el를 허용할 수 있으나, 중성이므로 당연히 복수는 허용하지 않는다.

1 부정사절의 기능

1 주어

부정사절은 주어역할을 하며, 정관사 el을 동반할 수 있다.

Es mejor ***prevenir*** que ***curar.***	치료하는 것보다는 예방하는 것이 더 좋다.
(El) Estudiar es importante.	공부하는 것은 중요하다.

※ que-**절도 동일한 의미를 표현할 수 있다:** *(El) Que estudiemos* es importante.

단, 주어절이 긴 경우 문장 끝으로 이동시킨다.

Es importante ***estudiar mucho la gramática de la lengua española.***	스페인어 문법을 열심히 공부하는 것은 중요하다.

위의 예문들에서 부정사의 주어는 일반적인 사람들일 수도 있고, 특정 주어 일 수도 있으며, 그 해석은 문맥이나 상황에 따라 정해진다.

2 목적어

부정사절은 주절동사의 목적으로 기능할 수 있으며, 그 주어(PRO)는 주절의 주어와 동일하다.

El Sr. Park desea ***no fumar más.***	박씨는 담배를 더 이상 안 피고 싶어 한다.
Quiero ***comer la paella valenciana.***	나는 발렌시아산 빠에이야를 먹고 싶다.

※ paella는 스페인식 "해물 볶음밥"으로 발렌시아 지역의 것이 가장 유명하고 맛있다.

반면에, 주절 주어와 종속절의 주어가 상이한 경우 que-절이 사용된다.

Mi mamá desea ***que yo no fume más.***	어머니는 내가 담배를 더 이상 안 피기를 원하신다.
Quiero ***que comas la paella valenciana.***	나는 네가 발렌시아산 빠에이야를 먹기를 원한다.

그러나 사역동사(hacer, ...)나 지각동사(ver, oir, ...)는 주절 주어와 종속절의 주어가 상이하더라도 부정사절을 허용한다.

Le hago ***cantar*** *a Juan.* =Le hago a Juan ***que cante.***	나는 환이 노래 부르도록 시킨다.
Oigo ***cantar*** *los pájaros.* =Oigo ***que los pájaros cantan.***	나는 새들이 노래하는 것을 듣는다.

3 동사에 지배되는 전치사의 보어(sumplemento)

Me atrevo a ***decirle la verdad.***	저는 감히 당신께 진실을 말하고자 합니다.
El ordenador nos sirve ***para escribir.***	컴퓨터는 우리가 글을 쓰는데 유용하다.

4 상황보어

Ella va a la escuela ***después de comer.***	그녀는 식사를 한 후에 학교에 간다.
Él trabaja mucho ***sin quejarse de nada.***	그는 전혀 불평하지 않고 열심히 일한다.

5 주격보어

Acercarnos es ***hacer amigos.***	우리가 서로 접근하는 것이 친구가 되는 것이다.
Una de las cosas divertidas es ***el preparar los viajes.***	즐거운 일들 중 하나가 여행을 준비하는 것이다.

6 명사의 전치격 보어

Ya es *hora de* ***empezar la clase.***	이제 수업 시작할 시간이다.
Ella expresa *su deseo de* ***despedirse de mí.***	그녀는 내게서 작별하고 싶은 마음을 표현한다.

7 형용사의 전치격 보어

El texto es *fácil de* ***comprender.***	그 교재는 이해하기에 쉽다.
El lugar es *difícil* ***de localizar.***	그 장소는 찾아내기가 어렵다.

2 부정사(절)의 여타 특징들

부정사(절)은 이제까지의 특징들 외에도 몇 가지 재미있는 것들을 보여준다.

1 부정사절도 수동문으로 바뀔 수 있다.

Los mayores quieren ***ser respetados.***	어른들은 존경받고 싶어한다.
Resulta fatal ***ser derrotados*** *del combate.*	그 전투에서 패퇴한 결과는 치명적이다.

2 부정사절의 주어가 나타날 경우 반드시 부정사 다음에 두어야 한다.

Al ponerse el sol, regresamos a casa.	태양이 질 때, 우리는 집으로 돌아온다.
Juan me promete ***encargarse él mismo del asunto.***	환은 자신이 그 문제를 책임지겠다고 내게 약속한다.

3 부정사절은 여러 개 나열되어도 항상 단수로 처리된다.

Salir él y entrar ella es lo mismo.	그가 나가고 그녀가 들어오는 것은 마찬가지다.

4 부정사는 전치격 주어를 지닐 수 있다.

Nos gusta ***el cantar de los niños.***	우리는 어린이들이 노래하는 것을 좋아한다.

5 부정사는 조동사나 여타 동사들과 어울려 동사 우설법(perífrasis), 일명 동사구를 만든다.

deber INF	-해야만 한다	***poder INF***	-할 수 있다
haber de INF	그렇게 될 것이다	***soler INF***	항상 -하다
ir a INF	-할 것이다	***volver a INF***	다시 -하다
tener que INF	-해야만 한다	***haber que INF***	-해야만 한다

Ellos	***deben***	***aprender*** español.	그들은 스페인어를	배워야만 한다.
	pueden			배울 수 있다.
	han de			배워야만 할 것이다.
	suelen			항상 배우고 있다.
Ellas	***van a ir***	a la montaña.	그녀들은 그 산에	갈 예정이다.
	vuelven a ir			다시 간다.

참고 사항

- ir동사나 volver동사 다음에 부사가 있거나, 길게 휴지(pausa)를 두면 우설법이 아니며, 주동사와 상황보어절로 나누어진다.

Ella	***va (allí)***	***a*** ir a la montaña.	그녀는 그 산에 가기 위해	(그곳에) 간다.
	vuelve (allí)	***(=para)***		(그곳에) 돌아간다.

- tener que INF는 구체적인 주어가 명시되어야 하므로 그 의무감이 주어가 명시되지 않는 haber que INF구문보다 강하다. haber que INF구문은 일반적인 주어(우리들, 너희들, 당신들)에 대한 의무를 표현한다.

Los alumnos ***tienen que estudiar*** mucho.	학생들은 열심히 공부해야 한다.
Hay que estudiar mucho.	열심히 공부해야 한다.

6 부정사는 대부분의 전치사 뒤에 나올 수 있으나, ante, bajo, durante, hacia, según, contra, desde 뒤에는 나타날 수 없다. 또한 몇몇 전치사들과 어울려 특이한 의미를 지니게 된다.

① 조건

De haberlo sabido, no hubiéramos participado en la reunión.	그것을 미리 알았더라면, 우리들은 그 모임에 참석하지 않았었을 것이다.
A juzgar por tus comentarios, Juan parece tener la culpa.	너의 얘기들로 판단하건데, 환이 잘못한 것 같다.

② 때

Al llegar al pueblo, nos despedimos.	마을에 도착할 때, 우리들은 작별한다.
Al ponerse el sol, regresan a casa.	태양이 질 때, 그들은 집에 돌아간다.

③ 양보

Con ser tan inteligente, no soluciona esa ecuación de segundo grado.	그는 그토록 영리함에도, 그 2차 방정식을 풀지 못한다.
Con tener mucho dinero, ese tacaño no paga el salario de los empleados.	돈을 많이 가지고 있음에도, 그 수전노는 직원들의 월급을 지불하지 않는다.

④ 불완료

아직 행위가 이루어지지 않는 사실을 표현한다.

Esta es una obra ***por investigar.***	이 작품은 연구해야 할 작품이다.
El buceador tiene curiosidad ***por investigar*** *el fondo del mar.*	그 잠수부는 바다 속을 조사하는 데 관심을 지니고 있다.

2 현재분사

현재분사(Gerundio)는 "진행"의 의미를 표현하는 동사형태로 굴절을 허용하지 않으며 부사의 역할을 한다. 한정사(determinates)는 허용하지 않으나 자신의 보어들(complementos)은 허용한다. [estar + 현재분사]구문은 진행형을 형성한다. 현재분사는 규칙형과 불규칙형으로 구별된다.

1 규칙형 현재분사

구 분	어미형	보		기
-ar동사	***-ando***	cantar	➡	cant***ando***
-er동사	***-iendo***	beber	➡	beb***iendo***
-ir동사		partir	➡	part***iendo***

I	alabar, amar, bailar, bajar, comprar, estudiar, hablar, tomar, valorar, ...
II	aprender, comer, comprender, correr, vender, ...
III	abrir, descubrir, escribir, compartir, vivir, convivir, ...

2 불규칙형 현재분사

현재분사 형성에 있어 위에서 제시된 규칙적인 형태에 따르지 않는 경우가 있으며, 다음과 같이 2가지 경우로 구분되어 질 수 있다.

I [모음사이 또는 어두 i ➡ y]로 바꾸는 경우

caer	떨어지다	*ca + iendo*	➡	**ca*yendo***
constituir	형성하다	*constitu + iendo*	➡	**constitu*yendo***
creer	믿다	*cre + iendo*	➡	**cre*yendo***

destruir	파괴하다	*destru + iendo*	➡	**destru*yendo***
leer	읽다	*le + iendo*	➡	**le*yendo***
oír	듣다	*o + iendo*	➡	**o*yendo***
huir	도망치다	*hu + iendo*	➡	**hu*yendo***
ir	가다	*iendo*	➡	***yendo***

동일한 유형의 동사들로는 다음과 같은 것들이 있다.

distraer	마음을 딴 데로 돌리다	roer	갉다	traer	가져오다
argüir	짐작하다	atribuir	~탓으로 돌리다	contribuir	헌신하다
destruir	파괴하다	substituir	대체시키다		

2 어간모음의 약모음화 [e ➡ i] / [o ➡ u]

competir	경쟁하다	*comp[e→i]t + iendo*	➡	**comp*i*tiendo**
decir	말하다	*d[e→i]c + iendo*	➡	**d*i*ciendo**
medir	재다	*m[e→i]d + iendo*	➡	**m*i*diendo**
venir	오다	*v[e→i]n + iendo*	➡	**v*i*niendo**
dormir	자다	*d[o→u]rm + iendo*	➡	**d*u*rmiendo**
morir	죽다	*m[o→u]r + iendo*	➡	**m*u*riendo**
poder	할 수 있다	*p[o→u]d + iendo*	➡	**p*u*diendo**

동일한 유형의 예들을 살펴보자.

despedir(se)	(작별하다)	impedir	방해하다	bendecir	축복하다
maldecir	저주하다	convenir	의견이 일치되다	pedir	요구하다
sentir	느끼다	regir	통치하다	repetir	반복하다
reír(se)	(웃다)	sonreír	미소짓다	seguir	따르다

3 현재분사의 용법

현재분사는 문장 내에서 부사의 기능을 수행하며, 진행형을 만들거나, 부사절과 같은 기능을 수행하는 현재분사구문을 만든다. 또 부사처럼 축소접미사를 허용하기도 한다(Estudia *callandito.* 그는 조용히 공부한다.). 자, 그럼 현재분사들의 용법을 세분하여 공부해 보기로 하자.

I 진행형

1 [estar + gerundio]는 진행형을 표현하며, estar가 현재면 현재진행형, 불완료과거면 과거진행형을 구성하게 된다.

Estoy hablando con María en español.	나는 마리아와 스페인어로 얘기하는 중이다.
Juan me ***estaba diciendo*** la verdad.	환은 내게 진실을 계속 얘기하고 있었다.

2 [seguir/ continuar + gerundio]는 일이 계속 진행되는 상황을 표현한다.

El portero ***sigue trabajando*** sin descanso.	그 수위는 쉬지 않고 일한다.
El Ayuntamiento ***continúa estudiando*** el tema.	시청은 그 문제를 계속 검토 중이다.

3 [ir(se)/ andar + gerundio]구문에서는 동사의 원래 의미는 퇴색되고 진행의 의미를 표현하며, 다음과 같이 다양하게 사용된다.

① 점진적 행위

Nos vamos ***haciendo viejos.***	우리들은 늙어가고 있다.
La situación ***va mejorando.***	상황이 호전되어 가고 있다.

② 어렵게, 겨우 버티는 행위

¿Cómo te va? ***Voy tirando.***	어떻게 지내니? -겨우 버티고 있어.
Voy apuntando todo lo que me pide.	내게 요구하는 모든 것을 적고 있어요.

③ 약간의 경멸적인 표현

El enfermo ***se va quejando*** de los dolores que lleva por todo el cuerpo.	그 환자는 온 몸에서 나타나는 통증들에 대해 불평을 하고 다닌다.
El chaval ***anda buscando*** a una chica bonita.	그 녀석은 예쁜 소녀를 찾아다닌다.

4 [venir + gerundio]는 축적되어오는 행위를 표현한다.

Hace años que ***viene diciendo*** lo mismo.	그가 똑같은 내용(것)을 얘기해 온지 수년이 된다.
La deuda ***viene convirtiéndose*** en nuestra pesadilla.	그 부채는 우리들의 악몽으로 바뀌고 있다.

5 [salir + gerundio]는 어떠한 '행위의 결과'나 '달려 나가는 행위'를 표현할 수 있다.

Ese chico va a ***salir ganando.***	그 소년이 우승하게 될 꺼다.
Ella ***sale corriendo*** a recibir al maestro.	그녀는 선생님을 맞이하러 달려나간다.

6 기타 진행형 현재분사로 이루어지는 특수한 구문들

① [llevar + 기간 + gerundio]는 '-한지 얼마가 되다'는 의미로 기간을 표현한다.

Llevo diez años viviendo en Seúl.	나는 서울에서 산지 십년이 된다.
Llevo tres horas tratando de convencerla a ella.	내가 그녀를 설득하려고 노력한지 세 시간이 된다.

[Hace 기간 que ...]구문과 [desde hace 기간]도 마찬가지의 의미를 지닌다.

Hace diez años que vivo en Seúl.	내가 서울에서 산지 10년이 된다.
Vivo en Seúl ***desde hace*** *diez años.*	나는 10년 전부터 서울에서 산다.

② [quedarse + gerundio]구문도 진행의 의미를 표현한다.

Ella ***se queda mirándome.***	그녀는 나를 바라보고 있다.

2 현재분사구문

현재분사구문은 다양한 의미의 부사절(일명 상황보어절)과 같은 역할을 할 수 있다. 그 세부적인 내용은 다음과 같다.

1 [때(tiempo)]를 표현하는 현재분사구문

① "동시동작"을 표현한다.

Tomando un bocadillo ligero, María va a la biblioteca.	가벼운 샌드위치를 먹으면서, 마리아는 도서관에 간다.
Me canso mucho ***conduciendo el coche.***	운전하는 동안 나는 몹시 피곤해진다.

※ 이러한 구문은 mientras (que)로 이루어지는 부사절과 같은 의미를 지닌다.

➡ ***Mientras que toma un bocadillo ligero,*** María va a la biblioteca.

➡ Me canso mucho ***mientras que conduzco el coche.***

② "같은 시각"을 표현하며, 이 경우 동사는 계사동사(ser, estar)가 사용된다.

Estando en Sevilla, me enteré de esa noticia.	내가 세비야에 있을 때, 나는 그 소식을 알게 되었다.
La conocí, ***siendo yo bombero.***	내가 소방수였을 때, 그녀를 알게 되었다.

※ 이러한 구문은 cuando로 이루어지는 부사절과 같은 의미를 지닌다.

➡ ***Cuando estaba en Sevilla,*** me enteré de esa noticia.

➡ La conocí ***cuando yo era bombero.***

③ 주동사의 시제보다 빠른 시제 즉, 이전 시각을 표현한다.

Cruzando el río, llegó a su destino.	강을 건너, 그는 목적지에 도착했다.
Se siente feliz, ***sabiendo que su enemigo ha desaparecido.***	그의 적이 사라진 것을 안 뒤에, 행복해 한다.

※ 이러한 구문은 después de...로 이루어지는 부사절과 같은 의미를 지닌다.

➡ ***Después de cruzar el río,*** llegó a su destino.

➡ Se siente feliz, ***después de saber que su enemigo ha desaparecido.***

2 [조건]을 표현하는 현재분사

Una lengua, ***siguiendo a Saussure,*** es un sistema de signos.	언어란, 소쉬르에 따르면, 부호체계이다.
Su conducta, ***teniendo en cuenta su experiencia,*** es injustificable.	그의 행동은, 그의 경험을 감안하면, 정당화될 수 없다.

※ 이러한 구문은 si로 이루어지는 부사절(조건절)과 같은 의미를 지닌다.

➡ Una lengua, ***si seguimos a Saussure,*** es un sistema de signos.

➡ Su conducta, ***si tenemos en cuenta su experiencia,*** es injustificable.

3 [이유]를 표현하는 현재분사구문

Todo es terrible, ***sabiendo que soy culpable.***	내가 잘못한 것을 알기에 모든 것이 끔찍하다
Teniendo mucho que hacer, no puede ir de vacaciones.	할 일이 많기 때문에, 휴가를 갈 수 없다.

※ 이러한 구문은 como, porque, puesto que, 등으로 시작되는 부사절(원인절)과 같은 의미를 지닌다.

➡ Todo es terrible, ***porque sé que soy culpable.***

➡ ***Como tiene mucho que hacer,*** no puede ir de vacaciones.

4 [양보]를 의미하는 현재분사구문

Siendo tan joven, José se atreve a combatir por su patria.	그토록 어림에도 불구하고, 환은 조국을 위해 감히 투쟁하려 한다.
Siendo inteligente, María parece tonta.	영리함에도 불구하고, 마리아는 바보 같다.

※ 이 구문은 aunque, a pesar de que, pese a 등으로 시작되는 양보절과 같은 의미를 지닌다.

➡ ***A pesar de que es tan joven,*** José se atreve a combatir por su patria.

➡ ***Aunque es inteligente,*** María parece tonta.

5 [목적]을 의미하는 현재분사구문

이 경우 주동사로 전달동사(verbos de comunicación)가 나타난다.

Nos llama siempre ***pidiendo dinero.***	그는 항상 돈을 요구하러 우리를 부른다.
Me escribe ***hablando de su queja.***	그는 자신의 불평을 얘기하러 편지를 쓴다.

※ 이러한 구문은 para INF, a fin de INF, 등으로 이루어지는 부사절(목적절)과 같은 의미를 지닌다.

➡ Nos llama siempre ***para pedir dinero.***

➡ Me escribe ***para hablar de su queja.***

6 [병렬 접속]의 의미를 표현하는 현재분사구문

Juan es muy inteligente, ***sobresaliendo entre sus amigos.***	환은 매우 영리하며, 그의 친구들 사이에서 월등하다.

※ 이러한 구문은 접속사 y로 연결되는 대등접속문으로 바뀌어 질 수 있다.

➡ Juan es muy inteligente ***y sobresale entre sus amigos.***

3 목적어의 보어 구문

현재분사(Gerundio)는 아래와 같은 주절 동사가 나오는 경우 목적어의 보어(predicado)가 될 수 있다.

인지 동사	oír, ver, percibir, observar
표현 동사	describir, pintar, imaginar, mostrar, representar
발견 동사	encontrar, hallar
기 타	dejar

Vimos ***a Juan persiguiendo al perro.***	우리들은 환이 개를 추적하고 있는 것을 봤다.
Imagino ***a Inés sufriendo por el examen.***	나는 이네스가 시험으로 고통받고 있다고 믿는다.
La encontramos ***buscando a su hijo por todas partes.***	우리는 그녀가 사방으로 아들을 찾아다니고 있는 것을 보았다.

Voy a pintar*la* ***jugando a los bolos.***	나는 그녀가 볼링 하는 모습을 그리려 한다.
La imagen muestra ***al rey bajando del avión.***	그 장면은 왕이 비행기에서 내리고 있는 모습을 보여준다.
No puedo dejar*la* ***llorando.***	나는 그녀가 우는 것을 내버려 둘 수 없다.

4 절대분사구문

현재분사도 절대분사구문(Construcción absoluta)을 구성하며, 이 경우 현재분사의 주어는 주절의 주어나 목적어와는 상관없으며, 자신의 주어를 따로 지니게 된다. 이 주어는 항상 현재분사 뒤에 나타나야 한다.

Estando enferma Inés, no podemos salir de juerga.	이네스가 아파서, 우리들은 놀러나갈 수 없다. [**이유**]
Habiendo entrado el general, todos los soldados se pusieron firmes.	그 장군이 입장 완료하자, 모든 군인들이 차렷(부동) 자세를 취했다. [**때**]

첫 번째 예문에서는 절대분사구문이 이유를 표현하나, 두 번째 예문에서는 진행 동작이 완료되는 때를 표현하는 바 haber entrado의 진행형인 habiendo entrado가 사용되었다. 나아가, 이러한 절대분사구문은 조건이나 양보 등의 의미를 표현할 수 있으며, 주절과 콤마로 분리되므로, 문두뿐만 아니라, 문중이나 문미에도 나타날 수 있다.

Mañana, ***permitiéndolo Dios,*** iremos de excursión.	내일, 가능하다면, 우리는 소풍을 갈 것이다. [**조건**]
No le creemos, ***jurándonoslo usted mismo.***	우리는 당신을 못 믿겠소, 비록 당신 자신이 우리에게 그것을 맹세한다 해도. [**양보**]

5 기타

이 외에도 현재분사는 다음과 같은 특이한 특징들을 갖기도 한다.

1 의미 "강조"

Vístete ***corriendo.***	빨리 입어라.
Ven acá ***volando.***	빨리(날라) 와라.

※ 이 경우 원래의 의미는 퇴색되고, "빨리(rápidamente)"의 의미를 강조하게 된다.

2 위치

Mi casa está ***pasando el ayuntamiento.***	나의 집은 시청 다음에 있다.
El Congreso se encuentra ***bajando esta calle.***	국회는 이 길 아래에 있다.

※ pasando는 después de의 의미를, bajando는 abajo de의 의미를 각각 표현하고 있다.

3 예외적 형용사 기능

이미 이전에 보았듯, 현재분사는 문장 내에서 부사 기능을 수행한다. 그러나 매우 제한된 경우이긴 하나, 형용사의 기능을 수행 할 때가 있다.

Te echo un poco de ***agua hirviendo.***	네게 끓은 물 좀 따라 줄께.
Es peligroso ***el horno ardiendo.***	달아있는 화로는 위험하다.
Habrá ***cien ojos mirando*** cuando llamemos a la puerta.	우리가 노크할 때 주시하는 눈이 100개나 될 것이다.

※ agua hervida(끓인 물)는 완료의 의미로 이후 차가워 졌을 수도 있다.

4 명사로 전환된 현재분사

doctorar(se)	박사가 되다	➡ ***doctorando***	남/여 동형: 박사과정 학생
educar	교육하다	➡ ***educando, da***	학생

참고 사항

● 영어의 gerund(동명사)와 스페인어의 gerundio(현재분사)는 다르다. 영어의 동명사는 스페인어에서는 부정사(infinitivo)에 해당한다.

No smoking. ➡ ***No fumar.***	금연.
Eating too much is bad for the health. ➡ ***Comer demasiado*** es malo para la salud.	과식은 건강에 해롭다.

5 형용사적 현재분사

형용사적 현재분사(Participio presente)는, 현재분사(Gerundio)가 부사의 기능을 하는데 비해, 원래부터 형용사로 기능하도록 만들어졌다. 이런 이유와 순수한 현재분사와 구분하기 위해, "형용사적"이란 수식어를 '현재분사' 앞에 붙여 명명하였다. 주로, -ante, -ente 또는 -iente의 접미사를 이용하여 동사로부터 파생되어 이루어진다.

접미사	동사로부터 '형용사적 현재분사'로 파생되는 과정				
-ante	alarmar	경계하게 하다	➡	***alarmante***	경계하게 하는
	inquietar	조바심 나게 하다	➡	***inquietante***	조바심 나게 하는
-ente	proceder	유래하다	➡	***procedente***	유래하는
	sorprender	놀라게 하다	➡	***sorprendente***	놀라게 하는
-iente	crecer	성장하다	➡	***creciente***	커지는
	herir	상처를 입히다	➡	***hiriente***	상처를 주는
	concernir	관계되다	➡	***concerniente***	관계되는

이러한 형태는 능동 분사로서 책, 신문 등의 기사들의 타이틀을 쓸 때 관계사절 대신에 사용된다.

una situación ***preocupante*** =una situación ***que nos preocupa***	걱정스럽게 하는 상황
los alumnos ***sobresalientes*** =los alumnos ***que sobresalen***	뛰어나는 학생들
la cantidad ***restante*** =la cantidad ***que resta***	남아도는 양

3 과거분사

성·수 변화가 없는 부정사(Infinitivo)나 현재분사(Gerundio)와는 달리, 과거분사(Participio)는, 문장 내에서 형용사의 기능을 수행하며, 형용사와 마찬가지로, 자신이 수식하는 명사의 성·수에 일치한다. 또 수동문(ser/ estar + 과거분사)을 형성하는데 나타난다. 나아가, 완료형(haber + 과거분사)도 구성하며, 단지 완료형에서만 과거분사는 형태적으로 고정되어 성·수 변화에 무관하다.

구 분	어미형	보		기
-ar동사	*-ado*	cantar	➡	cant***ado***
-er동사	*-ido*	beber	➡	beb***ido***
-ir동사		partir	➡	part***ido***

다음 동사들을 사용하여 과거분사를 만들어 보자.

I	alabar, amar, bailar, bajar, comprar, dar, estudiar, hablar, tomar
II	aprender, comer, correr, creer, leer, poder, querer, saber, ser, vender
III	acudir, compartir, cumplir, dormir, ir, pedir, salir, sentir, venir, vivir

참고 사항

● leer, oir, reir 동사는 과거분사 형성 시 -ido의 i위치에 악센트를 유지하기 위해 leído, oído, reído로 악센트를 넣어야 한다(넣지 않으면 i음이 e, o등의 강모음에 이끌려 이중모음이 되어 악센트를 잃게 된다). 그러나 huir동사의 경우는 huido로 ido의 i위에 악센트가 유지되므로 첨가하지 않는다.

위에서 배운 규칙형은 매우 쉬우나, 다음의 불규칙 변화형들은 꼭 암기해야 한다.

어미형태	동사		과거분사		동일유형의 동사
-ierto	abrir	열다	***abierto***	열린	entreabrir 반쯤 열다 descubrir 발견하다
	cubrir	덮다	***cubierto***	덮힌	
	morir	죽다	***muerto***	죽은	
-uelto	volver	돌아오다	***vuelto***	돌아온	devolver 돌려주다
	resolver	해결하다	***resuelto***	해결된	revolver 휘젓다
-ito	escribir	쓰다	***escrito***	쓴	inscribir 기재하다
	describir	묘사하다	***descrito***	묘사된	prescribir 규정하다
-cho	decir	말하다	***dicho***	말한	predecir 예언하다 deshacer 부수다 satisfacer 만족시키다
	hacer	하다	***hecho***	한	
기 타	poner	놓다	***puesto***	놓은	
	romper	깨다	***roto***	깨진	
	ver	보다	***visto***	본	entrever 엿보다

자 그럼 과거분사의 특징에 관하여 살펴보기로 하자.

1 과거분사의 일치

과거분사는 명사를 수식하며, 명사의 성/수에 따라 일치하여 변한다.

El presidente electo es famoso por su inteligencia.	당선된 대통령은 현명함으로 유명하다.
Nos molesta ***este coche estropeado.***	찌그러진 차가 우리를 성가시게 한다.
Ella mira ***la flor rota*** por el chaval.	그녀는 그 젊은이가 망가트린 꽃을 바라본다.

Tengo ***hijos nacidos*** en París.	나는 파리에 태어난 아이들이 있다.
José, respetado de todos, trabaja mucho.	호세는, 모두에게서 존경을 받는데, 열심히 일한다.
Gonzalo, nacido el 20 de febrero de 1958, es profesor del colegio.	곤살로는, 1958년 2월 20일에 태어났는데, 그 학교의 선생님이다.

과거분사도, 형용사나 관계사절처럼, 제한적 용법과 설명적 용법으로 구분되어 사용된다.

Las casas ***bien construidas*** nos encantan. (=*Las casas* ***que están construidas bien*** nos encantan.)	잘 건축된 그 집들은 우리들을 매혹시킨다. ※ 많은 집들 중에 잘 건축된 일부 집들을 지칭.
Las casas, ***bien construidas,*** nos encantan. (=*Las casas,* ***que están construidas bien,*** nos encantan.)	그 집들은, 잘 건축되었는데, 우리들을 매혹시킨다. ※ 그 집들 전부가 잘 지어졌음

2 과거분사의 보어 역할

과거분사는 형용사처럼 주격 보어나 목적격 보어로 나타날 수 있다.

1 주격 보어

1 계사동사와 함께 나타난다. 이 경우 과거분사의 의미가 본질적인 내용을 의미하면 ser동사, 일시적인 상태를 의미하면 estar동사가 온다.

Mi tío es ***atrevido.***	나의 아저씨는 대담하다.
Estoy ***deprimido.***	나는 낙심하고 있다.

2 verse, sentirse, venir 등 준계사 동사의 주격 보어로 나타나기도 한다.

Me veo ***obligado*** a seguir su consejo.	나는 당신의 충고에 의무적으로 따라야 하는군요.
Me siento ***derrotado*** por su amenaza.	나는 그의 위협에 패배를 느낍니다.
María viene ***animada*** por el apoyo de su padre.	마리아는 아버지의 성원에 용기를 얻고 있다.

3 또 주어의 제2술어로 나타나는 과거분사도 있으며, 이 경우 이를 없애도 문장은 정문이 된다.

Ahora me encuentro ***perdido*** en este maldito bosque.	지금 나는 이 저주스런 숲에서 길을 잃고 있다.
Vuelves aquí ***convertido*** en héroe.	너는 영웅이 되어 여기에 돌아오는 구나.

※ 이 경우 제2술어인 과거분사를 생략하여도 주절동사(제1술어)가 있기 때문에 정문으로 남는다.

➡ Ahora me encuentro en este maldito bosque.

➡ Vuelves aquí.

2 목적격 보어

과거분사는 목적격 보어로도 나타나며, 이 경우 과거분사는 목적어와 성·수 일치를 한다. 그러나 목적어를 목적격 보어 뒤로 외치시키는 것이 상례이며, 그 이유는 원래의 위치에 두면, 목적격 보어가 목적어를 직접 수식해 주는 수식어로 오해받기 때문이다.

Hay que tener ***abiertas las ventanas*** cuando hace calor sofocante.			질식할 것 같이 더울 때는 창문들을 열어 두어야만 한다.	
Veo ***construida la casa.*** (=Veo ***que la casa está construida.***)			내가 보니 그 집은 건축이 끝났다.	
Juan lleva Ellos llevan	***puesta***	***la ropa interior.***	환은 그들은	내복을 입고 다닌다.
		la peluca.		가발을 쓰고 다닌다.
		la música a todo volumen.		음악 볼륨을 최대로 하고 다닌다.
		la tirita.		밴드를 붙이고 다닌다.
El ciclista lleva	***puestas***	***las gafas de sol.***	그 사이클선수는	선글라스를 끼고 다닌다.
	puesto	***el casco.***		안전모를 쓰고 나닌다.

3 절대분사구문

절대분사구문에서 과거분사는 항상 주어에 해당하는 명사 앞에 나와야 하며, 주로 때를 표현하나, 방법, 양보 등을 표현하는 경우도 있다.

1 때

Terminada la guerra, regresaron a sus pueblos natales.	전쟁이 끝나자, 그들은 자신들의 고향으로 돌아갔다.
Se fueron a casa, ***terminada la clase.***	수업이 끝나자, 그들은 집으로 가버렸다.

2 방법

Mario, ***dobladas las rodillas,*** rezaba a Dios.	마리오는, 무릎을 꿇은 채, 하나님께 기도하고 있었다.

3 양보

Leída la tesis en voz alta, nadie la entendió.	큰 소리로 읽혔음에도, 아무도 그 논문을 이해하지 못했다.

4 완료형

완료형은 [haber동사 + 과거분사]로 이루어지며, haber동사의 시제에 따라 현재완료, 과거완료, 미래완료로 구분된다. 완료형의 자세한 내용은 완료형편에서 다루기로 한다. 완료형에서는 과거분사가 성·수 일치 자질을 지니지 않으며, 조동사와 더불어 본동사로서 함께 복합동사형태를 구성하게 된다.

Se ha ido.	그는 가고 없다.
Al fin ***ha llegado*** el día.	마침내 기다리던 그 날이 다가왔다.
Te ***han dado*** una ciudadanía norteamericana.	네가 미국 시민권을 받았구나.
El rey ***se ha convertido*** en un tirano.	그 왕은 폭군으로 바뀌었다.
Juan ***había cometido*** un gran error.	환은 커다란 실수를 저질렀었다.
Juan ***habrá llegado*** mañana a esta hora.	환은 내일 이 시간에 도착해 있을 것이다.

5 수동태

수동태(voz pasiva)는 능동태(voz activa)에 반대되는 개념으로 능동태의 목적어가 주어가 되고 주어인 행위자는 전치사 por에 의해 이끌어진다. 그 외에도 [다양한 계사동사(estar, parecer, 등) + 과거분사]로 이루어지는 구문도 수동문을 구성할 수 있으며, [과거분사 + 전치사]구문이 명사를 꾸미는 경우도 있다. 모든 수동구문에서 과거분사는 주어나 피수식어의 성·수에 따라 일치하여 변한다.

1 [ser + p.p. + por 행위자]로 구성되는 수동문: 수동 행위 표현

능동문		수동문
Carmen ***escribe*** este libro. 까르멘은 이 책을 쓴다	➡	Este libro ***es escrito*** *por* Carmen. 이 책은 까르멘에 의해 쓰여진다.
Golpeamos a Juan. 우리들은 환을 때린다	➡	Juan ***es golpeado*** *por* nosotros. 환은 우리들에 의해 맞는다.
Ellos ***respetaron*** a Inés. 그들은 이네스를 존경하였다.	➡	Inés ***fue respetada*** *por* ellos. 이네스는 그들에 의해 존경을 받았다.

또한 ser동사 이외 다른 계사동사도 수동문을 형성할 수 있으며, 또한 수동문에 나타나는 과거분사가 주격보어 역할을 하는 경우 (주격보어 역할을 하는 형용사와 마찬가지로) 중성대명사 lo로 대체되어질 수 있다.

La casa	*es* *está* *parece*	***construida.***	그 집은	지어 진다 지어져 있다 지어져 있는 것 같다.

➡ La casa	***lo***	*es* *está* *parece*	그 집은	그리하여 진다. 그리하여져 있다 그리하여져 있는 것 같다.

수동문에서 행위자 주어는 por나 de에 의해 인도되나, por가 자주 사용된다.

El rector ***es respetado {por/ de}*** todos.	그 총장은 모든 사람들{에 의해/로부터} 존경을 받는다.

수동문을 구성할 때 수동문의 주어가 될 능동문의 목적어가 지정어 위치 (Espec)가 비어있어 구체성이 결여된 명사가 나타나는 경우 수동구문의 형성이 불가능하다.

Los obreros construyen ***casas.***	➡	****Casas** son construidas* por los obreros. **Son construidas* ***casas*** por los obreros.
노동자들이 집들을 짓는다.		*둘 다 비문임

자동사, 재귀동사로부터 형성된 과거분사는 ser동사 다음에 나올 경우 [por 행위자]구문은 나타날 수 없다.

Somos ***casados*** *(*por los padres).*	우리들은 (*부모님들에 의해) 기혼자들이다.
Carmen es ***divorciada*** *(*por su marido).*	까르멘은 (*그녀의 남편에 의해) 이혼녀다.
La fiesta es ***divertida*** *(*por nosotros).*	축제는 (*우리들에 의해) 즐겁다.

※ (*...)표현은 들어갈 수 없으며, 들어가면 비문이 된다.

또 타동사 중 소유의 의미를 지닌 tener동사 등은 수동구문을 허용하지 않는다.

Tengo dos hijos.	➡	*Dos hijos ***son tenidos*** por mí. * 틀린 문장
나는 자녀가 둘이다.		*두 자녀는 나에 의해 소유된다..

2 [estar + p.p. ...]로 이루어지는 수동문: 완료의 의미

El edificio ***está construido.***	그 집은 이미 지어져 있다.
El campo ***está cubierto*** de nieve.	그 들판은 눈으로 덮여있다.
Estamos cansados (de estudiar).	우리들은 (공부하는데) 지쳤다.
Estoy aburrida (de la vida monótona).	나는 (단조로운 생활에) 싫증이 난다.

그러나 estar동사로 구성되는 수동문에는 [por 행위자(agente)]구문을 추가할 수 없다.

*El edificio *está construido por todos.*	그 집은 모두에 의해 지어져 있다.
*La casa *está construida por ellos.*	그 집은 그들에 의해 지어져 있다.

*표시는 틀린 문장이다.

단, [por 행위자]가 아닌 단순히 '이유'를 의미하는 경우는 허용된다.

Estoy agotado por ese problema.	나는 그 문제 때문에 녹초가 되었다.

3 하나의 능동문이 두 가지 유형의 수동문으로 바뀔 수 있음

다만 행위의 수동 진행과 수동 완료의 의미 차이가 나타나게 된다.

Juan ***construye*** la casa. 환은 그 집을 짓는다.	➡	La casa ***es construida por Juan.*** 그 집은 환에 의해 지어진다.
	➡	La casa ***está construida*** *(*por Juan).* 그 집은 지어져 있다.(완료)

※ estar동사의 수동문은 [por 행위자(Juan)]를 허용하지 않는다.

4 비동작 동사의 수동 구문 형성: ser동사로만 가능(estar동사와는 불가)

Julio	***es*** ****está***	***amado por todos.***	훌리오는 모든 이들로부터 사랑을 받는다
Pablo	***es*** ****está***	***bien conocido por esa obra maestra.***	빠블로는 그 걸작으로 잘 알려져 있다.

6 과거분사로부터 전환된 명사

과거분사로부터 명사로 범주 전환된 명사들도 있으며, 그 주요 예들은 다음과 같다.

동	사	과 거	분 사	명	사
armarse	무장하다	*armado, da*	무장한	*la armada*	함대
entrar	들어가다	*entrado, da*	들어 온	*la entrada*	입구, 입장권
salir	나가다	*salido, da*	외출한	*la salida*	출구
partir	떠나다	*partido, da*	떠나는	*la partida*	출발
pasar	지나가다	*pasado, da*	지나가는	*el pasado* *la pasada*	과거 통행
venir bien	어울리다, 잘 오다	*bienvenido, da*	잘 온	*la bienvenida*	환영

마찬가지 방식으로 과거분사로부터 인칭명사(성/수 변화됨)로 전환된 경우도 있다.

acusar	고소하다	*acusado, da*	고소당한	*acusado, da*	피고
elegir	선출하다	*electo, ta*	선출된	*electo, ta*	당선자
querer	좋아하다	*querido, da*	좋아하는	*querido, da*	애인

7 2가지 유형의 변화형을 지닌 과거분사

몇몇 과거분사는 두 가지 유형의 변화형을 지니고 있다. 즉, 불규칙형의 과거분사와 규칙형의 과거분사를 동시에 지니고 있으며, 불규칙형 과거분사는 형용사의 성격을 많이 지니며 명사 수식에 사용되고, 규칙형 과거분사는 동사의 성격을 많이 간직하고 있으며, 완료형, 수동문, 절대분사구문에서 사용된다.

동	사	불규칙형 과거분사(형용사형)		규칙형 과거분사(동사형)
bendecir	축복하다	*bendito*	축복 받는	*bendecido*
confundir	혼동시키다	*confuso*	혼란스러운	*confundido*

despertar	깨우다	***despierto***	깬	***despertado***
difundir	유포하다	***difuso***	유포된	***difundido***
distinguir	구별하다	***distinto***	상이한	***distinguido***
elegir	선출하다	***electo***	선출된	***elegido***
eximir	면제하다	***exento***	면제된	***eximido***
expresar	표현하다	***expreso***	표현된	***expresado***
freír	기름에 튀기다	***frito***	튀긴	***freído***
hartar	물리게 만들다	***harto***	물린, 싫증이 난	***hartado***
imprimir	인쇄하다	***impreso***	인쇄된	***imprimido***
incluir	포함하다	***incluso***	포함된	***incluido***
insertar	삽입하다	***inserto***	삽입된	***insertado***
maldecir	저주하다	***maldito***	저주받은	***maldecido***
prender	잡다	***preso***	잡힌	***prendido***
presumir	짐작하다	***presunto***	짐작되는, 혐의가 있는	***presumido***
proveer	갖추다	***provisto***	갖춘	***proveído***
seleccionar	선택하다	***selecto***	선택된	***seleccionado***
soltar	풀어주다	***suelto***	풀어진	***soltado***
suspender	낙제시키다	***suspenso***	낙제한	***suspendido***

I 형용사형 과거분사

형용사와 마찬가지로 명사의 앞/뒤에서 명사를 수식하거나, 주격보어 또는 목적격 보어 역할을 한다.

El **bendito** *padre* nos apoya.	자비로운 신부님이 우리를 지지해 주신다.
Me golpea cada día *ese* **maldito** *chico.*	그 망할 녀석이 매일 나를 때린다.
No debo rehusar *al embajador* **selecto.**	나는 선출된 대사를 거부할 수 없다.
Inés sufre por *las asignaturas* **suspensas.**	이네스는 낙제한 과목들 때문에 괴로워한다.
Tiene ambición, es **despierto** y listo.	그는 야심이 있으며, 깨어있고 영리하다.

Está ***despierta*** porque la ***he despertado.***	내가 그녀를 깨웠기 때문에 깨어있다.
Resulta ***electo*** aquel candidato alto.	키 큰 저 후보가 선출되었다.
Lo veo ***despierto.***	내가 보니 그는 깨어있다.

2 동사형 과거분사

과거분사 동사형은 완료형(haber + p.p.)이나 수동문(ser/estar + p.p.)에서 사용되며, 수동문의 경우는 주격보어로 나타나는 형용사형과 혼란의 여지가 남아 있으나, 뚜렷이 수동의 의미가 부각되는 경우는 동사형 과거분사를 사용한다.

Hemos soltado la liebre.	우리들은 그 토끼를 풀어주었다.
El partido ***se ha suspendido*** por la lluvia.	그 경기는 비 때문에 연기되었다.
El asesino ***es maldecido*** por todos.	그 살인자는 모두에 의해 저주받는다.
El presidente ***fue elegido*** en las elecciones generales.	그 대통령이 총선에서 선출되었다.
Un cuadro ***está suspendido*** en la pared.	그림 하나가 벽에 걸려 있다.
Los aspirantes ***han resultado seleccionados*** por las respectivas Comisiones de Selección.	그 지원자들은 각각의 선발위원회들에 의해 선발되어졌다.

명사를 수식해 주는 경우도 과거분사가 수동의 의미를 지닌 채 형용사보다는 동사 범주의 특징을 유지하며 자신의 보어들을 가질 때는, 동사형 과거분사가 사용된다.

Hay *varios partidos* ***suspendidos por la lluvia.***	비 때문에 연기된 경기들이 많이 있다.
Allí vienen *los representantes* ***elegidos por el empresario.***	저기에 그 사주(기업가)에 의해 선발된 대표들이 오고 있다.

Lección 10
Ejercicios

1 | 두 범주의 의미를 구별해 보자.

① deber - el deber
② haber - el haber
③ comer - la comida
④ doctorarse - el doctorando
⑤ educar - el educando
⑥ armarse - la armada
⑦ entrar - la entrada
⑧ pasar - el pasado
⑨ venir bien - la bienvenida
⑩ acusar - el acusado

2 | 괄호 안에 동사를 알맞게 변화시켜 넣어 보자.

① Es necesario para ti (   ) la literatura española. (estudiar)
② Ellos pueden (   ) a la montaña. (subir)
③ Alfonso quiere (   ) rey de España. (ser)
④ Urraca está (   ) con un moro. (hablar)
⑤ De (   ) eso, no hubieras participado en la reunión. (saber)
⑥ Me hacen (   ) a la clase. (asistir)
⑦ El chico encuentra a una niña (   ) y la lleva a casa. (llorar)
⑧ Siempre me lavo las manos antes de (   ). (comer)
⑨ El atleta sigue (   ) sin cesar. (correr)
⑩ (   ) la clase, los alumnos empezaron a marcharse. (terminar)
⑪ Necesito un poco de agua (   ). (hervir)
⑫ Ésa es una novela fácil de (   ). (comprender)
⑬ Me veo (   ) a terminar esta tarea. (obligar)
⑭ Sancho lleva diez años (   ) en Sevilla. (vivir)
⑮ Debemos tener (   ) la puerta. (abrir)

3 | 밑 줄 친 부사절을 현재분사구문으로 바꾸어 보자.

① Mientras que cantan una canción, regresan al pueblo.
➡

② Cuando yo estaba en Londres, me encontré con Ignacio en la calle.
➡

③ Después de subir a la Giralda, podemos ver el panorama de Sevilla.
➡

④ El lenguaje, si seguimos a Saussure, se compone de lengua y habla.
➡

⑤ Aunque es viejo, mi abuelo quiere jugar al tenis conmigo.
➡

4 | 다음 문장을 수동문으로 바꿔 보자.

① Carmen escribe una carta. ➡
② Todos aman al presidente electo. ➡
③ Los arquitectos construyen el edificio alto. ➡
④ Tus amigos critican tu trabajo. ➡
⑤ El público elogia el discurso del diputado. ➡

5 | 문장 내 틀린 부분을 찾아 바로 잡아 보자.

① Ella expresa su deseo de se despide de nosotros.
② Hemos suelto a un pobre pájaro.
③ Al el sol ponerse, llegamos a la ciudad.
④ El edificio está construido por los arquitectos.
⑤ El bendecido padre quiere ayudar a los pobres.
⑥ El presidente es electo en las elecciones generales.
⑦ El padre, las rodillas dobladas, reza a Dios cada día.
⑧ Miriam es divorciada por su marido.
⑨ Le gustan las fotografías insertas por la editorial.
⑩ Se han rotos los ordenadores.

세르반테스의 『동키호테』

Miguel de Cervantes(1547-1616)는 세계적으로 성경 다음으로 많이 읽혀지고 있는 불후의 명작 『동끼호떼』를 저술한 작가이다. 그는 마드리드에서 30km거리에 있는 Alcalá de Henares에서 한 외과의사의 아들로 태어났으며, 독학을 하였다. 그의 유년기에 대해서는 거의 알려진 게 없다.

세르반테스는 1571년 터키인들의 지중해 진출을 저지하기 위한 그 유명한 Lepanto해전에 참여하여 전투에서 왼쪽 손을 못 쓰게 되었다. 1575년 스페인으로 귀환 중 터키해적에게 잡혀 북아프리카에서 5년간 포로생활을 하다가 석방되어 1580년에 스페인으로 돌아왔다. 그러나 귀국 후의 결혼생활과 군 생활도 평탄하지 못하였으며, 집필한 소설과 연극 작품도 대중들로부터 호응을 얻지 못했다. 안달루시아에서 여러 직업을 전전하였으며, 세리로 결산경리 과정의 실수가 있어 여러 번 감옥에 갇히기도 하였다.

동끼호떼와 산쵸 그리고 풍차

이러한 많은 고통과 고독한 감옥생활 속에서, 문학사에 길이 남을 기념비적인 작품 『Don Quijote de la Mancha』에 대한 아이디어를 품게 되었던 것 같다. 이 소설의 1부가 1605년 마드리드에서 출판되자, 즉시 스페인에서, 이 후 유럽에서 그리고 이윽고 전 세계에서 전례 없는 성공을 거두었다. 이 소설은 세계 각국의 언어로 번역되었고, 세계적인 불후의 명작으로 남게 되었다. 10년 후인 1615년 세르반테스가 이미 68세가 되었을 때, 『동끼호떼』의 제2부가 출판되었고 이 작품의 성공에도 불구하고, 세르반테스는 세상을 뜰 때까지 마드리드에서 가난하게 살며 여러 작품을 집필하였다. 위대한 소설가 세르반테스는 1616년 4월 23일 뭇 사람들의 무관심 속에서 가난하게 세상을 떠났으며 같은 날 영국의 위대한 문호 셰익스피어도 세상을 떠났다.

제 11 장 과거 및 불완료 과거

과거(Pretérito)는 일명 "직설법 부정과거(Pretérito indefinido)" 또는 단순 완료과거(Pretérito perfecto simple)라고도 불리며, 과거에 이루어진 행위나 사실을 언급한다. 반면에 불완료과거는 과거의 행위나 사실이 완료되지 않고 계속되는 경우를 표현하며, 과거 행위의 지속 또는 반복 등을 표현한다. 각각의 시제의 구체적인 내용에 대해서는 해당 단락에서 상세히 배우기로 하자.

1 과거

과거(Pretérito)는 과거에 이루어진 행위나 사실을 표현한다. 이 책에서는 이미 우리가 여타 외국어 공부에서 "과거"시제에 대해 잘 적응이 되어 있는 바, '과거'라는 용어를 사용하기로 했으며, 이는 넓은 의미의 과거가 아니며 불완료 과거 시제를 배제한 제한된 의미의 과거 개념이다. 이러한 좁은 의미의 과거 개념은 "직설법부정과거"나 "단순완료과거"라는 용어보다는 훨씬 쉽게 이해되리라 여겨진다.

1 과거의 규칙 변화

동사 / 인칭	제1변화 동사(-ar 형)		제2/ 3변화 동사(-er / ir 형)	
	단 수	복 수	단 수	복 수
1	-é	-amos	-í	-imos
2	-aste	-asteis	-iste	-isteis
3	-ó	-aron	-ió	-ieron

다음의 동사들을 사용하여 동사변화를 해 보도록 하자.

I	amar, bailar, cantar, comentar, comprar, dominar, estudiar, hablar, levantar, llorar, preparar, saltar, solicitar, tirar, tomar, trasladar, tumbar, trasnochar, velar
	acordar, acostar, contar, gobernar, mostrar, pensar, probar, recordar, renovar, sentar, sonar, volar
II	aprender, comer, comprender, vender
	atender, defender, encender, entender, extender, perder, oler, resolver, volver, mover
III	abrir, descubrir, escribir, partir, vivir

※ I, II의 두 번 째 그룹은 현재시제에서는 불규칙형이나 과거에서는 규칙형이다.

2 과거 불규칙 변화

I 일부 불규칙 변화

이 경우는 변화형의 일부분이 발음상 부정사 때의 원래 발음에 충실히 따르도록 표기에 변화를 주는 경우와 3인칭 어간모음이 더욱 닫혀 약모음으로 전환되는 경우로 구분된다.

I 1인칭 단수 변화형의 표기 변화

다음 예에서 보다시피, 원래의 음에 충실하기 위해 발음에 따라 표기를 바꾸는 경우(-car/-gar로 끝나는 동사)와 표기상 [ze]가 존재하기 않기 때문에 [ce]로 바꾸는 경우(-zar로 끝나는 동사)로 구분된다.

	-CAR		-GAR		-ZAR	
1	**-qué**	-camos	**-gué**	-gamos	**-cé**	-zamos
2	-caste	-casteis	-gaste	-gasteis	-zaste	-zasteis
3	-có	-caron	-gó	-garon	-zó	-zaron

tocar (만지다)		jugar (놀다)		empezar (시작하다)	
to*qué*	to*camos*	ju*gué*	jug*amos*	empe*cé*	empez*amos*
toc*aste*	toc*asteis*	jug*aste*	jug*asteis*	empez*aste*	empez*asteis*
toc*ó*	toc*aron*	jug*ó*	jug*aron*	empez*ó*	empez*aron*

aplicar	pescar	conjugar	apagar	alcanzar	comenzar
buscar	picar	negar	pagar		
explicar	volcar		tragar		

2 3인칭 단/복수형에서 [i ➡ y]교체하는 경우

	[강모음 + -ER/-IR]		[약모음 + -IR]	
1	-í	-ímos	-í	-imos
2	-íste	-ísteis	-iste	-isteis
3	**-yó**	**-yeron**	**-yó**	**-yeron**

leer (읽다)		huir (도망치다)	
le*í*	le*ímos*	hu*í*	hu*imos*
le*íste*	le*ísteis*	hu*iste*	hu*isteis*
le*yó*	**le*yeron***	**hu*yó***	**hu*yeron***

caer	roer	constituir	influir
creer	oir		

※ [약모음+-ir]경우는 1인칭 복수와 2인칭 변화형에서 모음 i위에 악센트가 위치하게 되므로, 불규칙하게 첨가하지 않아도 된다.

3 3인칭(단/복수) 어간모음의 약모음화: 각각 [e ➡ i], [o ➡ u]

pedir (요구하다)		**morir** (죽다)	
ped*í*	ped*imos*	mor*í*	mor*imos*
ped*iste*	ped*isteis*	mor*iste*	mor*isteis*
pidió	***pidieron***	***murió***	***murieron***
advertir	divertir	impedir	repetir
competir	elegir	medir	reír
consentir	freír	mentir	seguir
convertir	herir	preferir	sentir
despedir	hervir	referir	servir
dormir		adormir	

※ 동사 reír(웃다)는 reí, reíste, rio(rió), reímos, reísteis, rieron으로 변한다.

2 완전 불규칙 변화 동사

ser/ir	*fui*	*fuiste*	*fue*	*fuimos*	*fuisteis*	*fueron*
estar	*estuve*	*estuviste*	*estuvo*	*estuvimos*	*estuvisteis*	*estuvieron*
andar	*anduve*	*anduviste*	*anduvo*	*anduvimos*	*anduvisteis*	*anduvieron*
tener	*tuve*	*tuviste*	*tuvo*	*tuvimos*	*tuvisteis*	*tuvieron*
poder	*pude*	*pudiste*	*pudo*	*pudimos*	*pudisteis*	*pudieron*
haber	*hube*	*hubiste*	*hubo*	*hubimos*	*hubisteis*	*hubieron*
poner	*puse*	*pusiste*	*puso*	*pusimos*	*pusisteis*	*pusieron*
querer	*quise*	*quisiste*	*quiso*	*quisimos*	*quisisteis*	*quisieron*
saber	*supe*	*supiste*	*supo*	*supimos*	*supisteis*	*supieron*
caber	*cupe*	*cupiste*	*cupo*	*cupimos*	*cupisteis*	*cupieron*
dar	*di*	*diste*	*dio*	*dimos*	*disteis*	*dieron*
hacer	*hice*	*hiciste*	*hizo*	*hicimos*	*hicisteis*	*hicieron*
venir	*vine*	*viniste*	*vino*	*vinimos*	*vinisteis*	*vinieron*
decir	*dije*	*dijiste*	*dijo*	*dijimos*	*dijisteis*	*dijeron*
traducir	*traduje*	*tradujiste*	*tradujo*	*tradujimos*	*tradujisteis*	*tradujeron*
traer	*traje*	*trajiste*	*trajo*	*trajimos*	*trajisteis*	*trajeron*

위의 불규칙 동사와 같은 유형의 동사들은 다음과 같다.

tener형	*contener*	*detener*	*entretener*	*mantener*	*obtener*	*retener*	*sostener*
poner형	*componer*	*descomponer*	*disponer*	*exponer*	*posponer*	*proponer*	*suponer*
traer형	*atraer*	*contraer*					
venir형	*convenir*	*intervenir*					
hacer형	*deshacer*	*rehacer*	*satisfacer*				
decir형	*bendecir*	*maldecir*	*contradecir*	*predecir*			
traducir형	*conducir*	*introducir*	*producir*	*reducir*			

3 과거시제의 용법

1 과거에 이루어진 행위를 표현한다.

Apagué la luz hace una hora.	나는 한 시간 전에 불을 껐다.
Ellos ***cantaron*** en voz alta.	그들은 큰 소리로 노래를 불렀다.
Juan ***tiró*** la pelota a Antonio.	환은 안또니오에게 공을 찼다.
No ***pude*** localizar a Juan.	나는 환이 어디 있는지를 알 수 없었다.
Nació para comerciante.	그는 타고난 상인이다.
Estuve a punto de ahogarme, pero me ***salvaron*** los marinos.	나는 익사 직전이었으나, 해병들이 구해 주었다.
Un día los pescadores ***pescaron*** mucho más que el día anterior.	어느 날 어부들은 전날보다 훨씬 더 많은 고기를 잡았다.
Cuando ***pasaron*** dos días un amigo *leyó* el cartel.	이틀이 지났을 때 한 친구가 그 벽보를 보았다.
Ellos ***se mudaron*** a una ciudad cerca del mar y ***se compraron*** un piso.	그들은 바다 가까이의 한 도시로 이주하였고 그리고 아파트 한 채를 샀다.
Ana y Ramiro ***se casaron*** el 23 de abril de 1999.	아나와 라미로는 1999년 4월 23일 결혼하였다.

La sesión plenaria ***tuvo lugar*** el pasado 16 de febrero.	총회는 지난 2월 16일 개최되었다.
Traduje al español el manual de Windows.	나는 윈도우 책자를 스페인어로 번역했다.
¿A qué edad ***dijo*** su bebé "mamá" o "papá" por primera vez?	당신의 아기가 몇 살 때 처음으로 "아빠" 또는 "엄마"하고 얘기했습니까?
¿Cómo ***cupieron*** todos los animales en el Arca de Noé?	어떻게 모든 동물들이 노아의 방주에 들어갔지?
Cuando ***dieron*** las 8 de la noche, ***se oyó*** el ruido en las calles.	저녁 여덟 시를 쳤을 때 길에서 소음이 들렸다.
Como ciegos ***no quisisteis*** ver la Bondad y Amor del Creador.	맹인들처럼 너희들은 창조주의 자비와 사랑을 보려 하지 않았다.
Un sabotaje informático ***puso en peligro*** la vida de una tripulación de la NASA.	전산부분의 태업이 나사 승무원의 생명을 위험에 빠트렸다.
Me marché de allí corriendo. ***Corrí*** y luego ***anduve*** a través de las calles, y ***regresé*** a casa.	나는 그곳에서 급히 떠났다. 달렸고 그리고 후에 길을 걷었고 그리고 집에 돌아왔다.
A mediodía ***fuimos*** a la playa. Primero, ***nadamos***, porque ***hizo*** mucho calor. ***Pasamos*** dos semanas allí. ***Hizo*** mucho calor y ***nos bañamos*** mucho. ***Comimos*** muchos helados y ***bebimos*** mucha agua.	정오에 우리는 해변에 갔다. 먼저, 수영을 했다, 왜냐하면 매우 더웠기 때문이다. 그곳에서 2주를 보냈다. 날씨가 무척 더웠고 우리는 해수욕을 많이 했다. 아이스크림을 많이 먹었고 그리고 물도 많이 마셨다.

2 연속된 기간일지라도 종결된 사실을 표현할 때 과거가 사용된다.

Estuve dos meses en Granada.	나는 그라나다에 2개월 있었다.
Vivimos tres años en Londres.	우리는 런던에서 3년 살았다.
Anoche ***sonó*** la alarma durante una hora.	어젯밤 한 시간 동안 경보가 울렸다.
Estudiamos anoche durante tres horas.	우리들은 어젯밤 세 시간동안 공부했다.
Hace 3 años ***estuvimos*** visitando ese país durante un mes.	3년 전에 우리는 한 달 동안 그 나라를 방문하고 있었다.

4 과거시제와 여타 범주와의 구별

1 ser동사와 ir동사의 구별

ser동사와 ir동사의 과거형이 동일하여 어떻게 구별할 수 있을지 고민스러울 수도 있겠으나 문맥상 의미를 고려해 보면 쉽게 판별할 수 있다.

Juan ***fue*** *médico.*	환은 의사였다. (ser동사)
Juan ***fue*** *a la montaña.*	환은 그 산에 갔다. (ir동사)

2 규칙동사 제1/ 제3 변화 동사 복수의 현재/ 과거 시제 구별

규칙동사의 제1/ 제3 변화 동사의 경우 현재 변화형과 과거 변화형이 각각 -amos와 -imos로 동일하다. 이런 경우 그 구별은 문맥에 따라 구별해야 한다.

Ayer **llegamos** a casa a medianoche.	어제 우리는 자정에 집에 도착했다. (과거)
Siempre **llegamos** a casa a medianoche.	항상 우리는 자정에 집에 도착한다. (현재)

En el pasado ***vivimos*** un período de gran tempestad revolucionaria.	과거에 우리는 커다란 혁명의 태풍 기간을 살았다. (과거)
Vivimos en este hermoso planeta, al que llamamos Tierra.	우리는 이 아름다운 위성에 살고 있으며, 그것을 지구라고 부른다. (현재)

3 동형이의어(同形異義語)의 의미 및 범주 구별

이 경우 (생략된) 주어 다음에 오거나 뒤에 목적어가 있으면 동사로 구분하고, 목적어나 전치격 보어 등 명사의 위치에 오거나 관사나 지시사 등을 대동하면 명사로 본다.

1 traje: traer동사의 1인칭 과거/ 명사(옷)

Traje *una semilla de algodón* para plantarla.	나는 심기 위해 목화씨를 가져왔다.
Éste es *el* ***traje*** con el que se visten los toreros.	이것은 투우사들이 입는 옷이다.

2 vino: venir동사의 3인칭 과거/ 명사(포도주)

Jesús ***vino*** a hacernos libres.	예수님은 우리를 자유롭게 하기 위해 오셨다.
Traje *una botella de* ***vino***.	나는 포도주 한 병을 가져왔다.
Las bodegas climatizadas sirven para guardar bien *el* ***vino***.	온도 조절되는 술 창고들은 포도주를 잘 보관하기 위해 쓰인다.

2 불완료 과거

불완료 과거(Pretérito imperfecto)는 원래 직설법 불완료 과거(Pretérito imperfecto de indicativo)를 뜻하며, 지난 과거의 행위를 표현하나 그 행위의 시작과 종결에 화자의 관심이 없는 경우에 사용된다. 불완료 과거는 대부분 규칙변화를 하나, ser, ir, ver는 불규칙 변화를 한다.

1 불완료 과거의 동사변화

I 규칙동사

동사 / 인칭	제1변화 동사(-ar 형)		제2/ 3변화 동사(-er / ir 형)	
	단 수	복 수	단 수	복 수
1	**-aba**	**-ábamos**	**-ía**	**-íamos**
2	**-abas**	**-abais**	**-ías**	**-íais**
3	**-aba**	**-aban**	**-ía**	**-ían**

다음의 동사들을 사용하여 동사변화를 해 보도록 하자.

I	amar, tomar, estudiar, comprar, estar
II	beber, comer, leer, poner, tener, querer
III	descubrir, dormir, escribir, partir, salir

2 불규칙동사

	SER		IR		VER	
1	era	éramos	iba	íbamos	veía	veíamos
2	eras	erais	ibas	ibais	veías	veíais
3	era	eran	iba	iban	veía	veían

2 불완료 과거 시제의 용법

1 과거의 지속적 행위 또는 진행을 표현한다.

Juan ***contaba*** conmigo siempre.	환은 항상 나에게 의지하곤 하였다.
Ella ***discutía*** con el empleado.	그녀는 그 직원과 논쟁을 하고 있었다.

2 과거의 지속적 상태를 표현한다.

En aquellos días ***tenía*** mucha hambre.	그 당시 나는 배가 몹시 고팠다.
La casa ***estaba*** *cubierta de* nieve.	그 집은 눈으로 덮여 있었다.
Éramos como hermanos.	우리는 형제 같았다.
La mayoría ***estaban*** *de acuerdo con* nuestra opinión.	대부분이 우리 의견에 동의하고 있었다.

3 과거의 습관적 행위를 표현한다.

Cuando ***era*** niño, ***jugaba*** en el campo.	아이였을 때, 나는 들판에서 놀곤 하였다.
Cuando ***vivíamos*** en Granada, ***visitábamos*** Alhambra casi todos los días.	우리가 그라나다에 살고 있었을 당시 거의 매일 알람브라궁전을 방문하곤 하였다.
Cuando ***era*** niño, ***tenía*** muchos sueños.	내가 어릴 적에는 꿈이 많았다.

4 과거 한 시점에서, 그 행위가 완결되지 않고 계속되는 경우를 표현한다.

Supe que ***estabas*** enfermo.	나는 네가 아프다는 것을 알았다.
El profesor ***explicaba*** la lección cuando llegué a la clase.	내가 강의실에 도착했을 때, 그 교수님은 그 과를 설명하고 계셨다.
Cuando mi hermana ***oía*** la música clásica, entré en su cuarto.	내 누이가 고전음악을 듣고 있었을 때, 내가 그녀의 방에 들어갔다.
Tenía siete años cuando me mudé con mi familia a París.	내가 가족과 함께 파리로 이사했던 때가 일곱 살 때였다.

5 과거의 시간을 표현한다.

Eran las diez de la mañana.	그 때는 오전 열시였다.
Cuando vimos el reloj ***eran*** las cero horas.	우리가 시계를 보았을 때 영시였다.
Eran las once de la noche cuando llegaron a casa.	그들이 집에 도착했을 때는 밤 열한 시였다.

6 과거의 의도나 예상, 또는 미실현 행위(ir a INF형 사용)를 표현한다.

Cuando rematé supe que ***iba*** *a ser* gol.	내가 슛을 했을 때 나는 골이 되리라는 것을 알았다.
Iba *a ir* a España, pero no pude por falta de dinero.	나는 스페인에 가려고 했으나 돈이 없어 가지 못하였다.
Íbamos *a terminar* el trabajo en una hora, pero nos resultó imposible.	우리들은 한 시간 안에 그 일을 끝내려 하였으나, 불가능하였다.

2 과거 시제와 불완료 과거 시제의 차이

(직설법부정)과거는 상황이 종결된 내용을 표현하나, 불완료 과거는 과거 당시의 상황을 설명할 뿐 그 내용판단이 힘든 경우를 표현한다.

***Fue** difícil* decírselo.	→ 그에게 그걸 얘기하는 것이 어려웠으나 얘기했다.
***Era** difícil* decírselo.	→ 그에게 그걸 얘기하는 것이 어려웠으나 얘기했다. → 그에게 그걸 얘기하는 것이 어려워 얘기하지 못했다
No me ***apeteció*** comer.	→ 나는 먹고 싶지 않았다. (그러나 먹었다)
No me ***apetecía*** comer.	→ 나는 먹고 싶지 않았다. (그러나 먹었다) → 나는 먹고 싶지 않았다. (그래서 먹지 않았다)
Ellos ***quisieron*** vender el libro por una moneda.	→ 그들은 동전 한 닢에 그 책을 팔기를 원했다. (그러나 팔지 못했다).
Ellos ***querían*** vender el libro por una moneda.	→ 그들은 동전 한 닢에 그 책을 팔기를 원했다. (그러나 팔지 못했다). → 그들은 동전 한 닢에 그 책을 팔기를 원했다. (그리고 팔았다).
Tuvimos *que consultar* con el profesor.	→ 우리는 교수님과 상의해야 했다. (실제 이행)
Teníamos *que consultar* con el profesor.	→ 우리는 교수님과 상의해야 했고, 실제로 했다. → 우리는 교수님과 상의해야 했으나, 못했다.
Fui *a preguntárselo.*	→ 나는 그에게 그것을 질문하러 갔다. (ir a(=para) INF.)
***Iba a preguntár**selo.*	→ 나는 그에게 그것을 질문하려 하였으며.(ir a INF.), 실제로 했다 / 못했다.

Lección 11 ejercicios

1 | 동사를 과거형으로 알맞게 변화시켜 넣으시오.

① Los bomberos ( ) el fuego. (apagar)
② Vosotros ( ) al baloncesto antes de la cena. (jugar)
③ Los universitarios ( ) en el Carnaval. (volcarse)
④ Nadie ( ) gritar a Sancho Panza. (oir)
⑤ Me ( ) la espalda. (picar)
⑥ Yo ( ) el violín en el concierto ayer. (tocar)
⑦ Mis mejores amigos ( ) de mí. (despedirse)
⑧ Sé desde cuándo ( ) en marcha Windows. (ponerse)
⑨ Colón ( ) el Nuevo Mundo. (descubrir)
⑩ Ayer por la tarde ellos ( ) a buscar a los abogados. (venir)
⑪ Yo le ( ) por qué había llegado tarde. (explicar)
⑫ Ella ( ) que Cristo era el Mesías. (creer)
⑬ El jueves 6 de junio Juan ( ) en Cádiz. (estar)
⑭ Tú ( ) mucho por la calle. (andar)
⑮ Muchos de esos productos ( ) éxito momentáneo. (tener)

2 | 동사를 과거형 또는 불완료 과거형으로 알맞게 변화시켜 넣으시오.

① Tus amigos ( ) hace una hora. (venir)
② Las niñas cantaban mientras que ( ) a la comba. (saltar)
③ Ayer tú ( ) a Moncloa a comer en el restaurante chino. (ir)
④ Entré en la habitación cuando Ana ( ) la radio. (escuhar)
⑤ El sábado pasado ( ) un poco temprano. (levantarse)

⑥ (   ) las dos de la noche cuando Juan vino a llamarme. (ser)
⑦ Yo (   ) ganas de dar una vuelta, así que salí a tomar un autobús que realiza varias paradas en la ciudad. (tener)
⑧ Yo quería ir al Retiro, pero un poco después (   ) cuenta de que estaba yendo en dirección contraria. (darse)
⑨ El tiroteo se produjo cuando los guardias (   ) identificar a los terroristas. (intentar)
⑩ La primera niña clonada (   ) el jueves pasado. (nacer)

3 | 질문에 스페인어로 답해 보자.

① ¿Cuándo llegaste a la estación?
② ¿Dónde estabas el día de tu cumpleaños?
③ ¿Por qué no querían ir al asilo?
④ ¿Cómo eran sus padres cuando era niño?
⑤ ¿Con quién ibas a viajar el mes pasado?
⑥ ¿Qué solían hacer en casa cuando eran pequeños?
⑦ ¿Para qué querían ir a la cocina?
⑧ ¿Te gustó la película?

4 | 두 문장을 해석해 보고 의미상 차이를 살펴보자.

① Ellos iban a cenar.
Ellos fueron a cenar.
② No le fue fácil conseguir la victoria.
No le era fácil conseguir la victoria.
③ No les apeteció celebrar la fiesta en casa.
No les apetecía celebrar la fiesta en casa.
④ Tuve que ir a la biblioteca nacional para obtener información.
Tenía que ir a la biblioteca nacional para obtener información.
⑤ No quiso preguntar quién era.
No quería preguntar quién era.

엘 에스꼬리알 수도원

El Escorial수도원은 스페인의 가장 중요한 르네상스 양식 건축물로 이베리아반도의 중앙에 위치한 수도 마드리드에서 약 **50**킬로미터 떨어진 **Guadarrama**산맥에 위치하여 까스띠야평원을 내려다보고 있다. 이 수도원은 기념비적이고 장엄하고 엄격하다. 사원인 동시에 스페인 왕들의 묘지이며, 오래된 고본(稿本)들을 소장하고 있는 매우 가치 있는 도서관으로서, 고귀한 박물관이기도 하다. 나아가 아구스틴파 교인들의 수도원이자 학교이다. 이 건물은 **1557**년 **Juan Bautista**가 착공, **1584**년 **Juan de Herrera**가 완공하였으며, **Felipe II**세의 은둔자적 정신을 잘 반영하고 있다.

제 12 장 미래, 가능법 및 완료시제

이번 장에서는 미래(Futuro de indicativo)와 가능법(Modo potencial)에 관해 공부하기로 하겠다. 미래는 앞으로 이루어질 행위를 표현하며, 가능법은 과거 시점에서 본 미래를 표현하거나, 가능성을 표현한다. 미래 및 가능법은 둘 다 동사원형에 변화형 어미를 붙여 만든다.

1 미래 및 가능법 동사

1 규칙 동사

미래 및 가능법 동사의 규칙 변화형은 **[원형 + 변화형 어미]**로 구성되며 다음과 같다.

동사 / 인칭	미래 (-ar, -er, -ir)		가능법 (-ar, -er, -ir)	
	단 수	복 수	단 수	복 수
1	**-é**	**-emos**	**-ía**	**-íamos**
2	**-ás**	**-éis**	**-ías**	**-íais**
3	**-á**	**-án**	**-ía**	**-ían**

I	amar, tomar, estudiar, comprar, estar
II	aprender, beber, comer, comprender, leer, ser
III	abrir, descubrir, dormir, escribir, partir, ir

2 불규칙 동사

미래 및 가능법의 불규칙 동사는 같은 유형으로 변하는 바, 다음과 같이 함께 배울 수 있다.

1 [어미모음 ⇒ d]로 대체하는 경우

tener	*tendré*	*tendrás*	*tendrá*	*tendremos*	*tendréis*	*tendrán*
	tendría	*tendrías*	*tendría*	*tendríamos*	*tendríais*	*tendrían*
poner	*pondré*	*pondrás*	*pondrá*	*pondremos*	*pondréis*	*pondrán*
	pondría	*pondrías*	*pondría*	*pondríamos*	*pondríais*	*pondrían*
venir	*vendré*	*vendrás*	*vendrá*	*vendremos*	*vendréis*	*vendrán*
	vendría	*vendrías*	*vendría*	*vendríamos*	*vendríais*	*vendrían*
salir	*saldré*	*saldrás*	*saldrá*	*saldremos*	*saldréis*	*saldrán*
	saldría	*saldrías*	*saldría*	*saldríamos*	*saldríais*	*saldrían*
valer	*valdré*	*valdrás*	*valdrá*	*valdremos*	*valdréis*	*valdrán*
	valdría	*valdrías*	*valdría*	*valdríamos*	*valdríais*	*valdrían*

tener형	*contener, detener, entretener, mantener, obtener, retener, sostener*
poner형	*componer, exponer, imponer, oponer, posponer, proponer, suponer*
venir형	*convenir, intervenir*

2 어미모음을 탈락시키는 경우

poder	*podré*	*podrás*	*podrá*	*podremos*	*podréis*	*podrán*
	podría	*podrías*	*podría*	*podríamos*	*podríais*	*podrían*

haber	*habré*	*habrás*	*habrá*	*habremos*	*habréis*	*habrán*
	habría	*habrías*	*habría*	*habríamos*	*habríais*	*habrían*
saber	*sabré*	*sabrás*	*sabrá*	*sabremos*	*sabréis*	*sabrán*
	sabría	*sabrías*	*sabría*	*sabríamos*	*sabríais*	*sabrían*
caber	*cabré*	*cabrás*	*cabrá*	*cabremos*	*cabréis*	*cabrán*
	cabría	*cabrías*	*cabría*	*cabríamos*	*cabríais*	*cabrían*
querer	*querré*	*querrás*	*querrá*	*querremos*	*querréis*	*querrán*
	querría	*querrías*	*querría*	*querríamos*	*querríais*	*querrían*

3 기타 불규칙 형태

hacer	*haré*	*harás*	*hará*	*haremos*	*haréis*	*harán*
	haría	*harías*	*haría*	*haríamos*	*haríais*	*harían*
decir	*diré*	*dirás*	*dirá*	*diremos*	*diréis*	*dirán*
	diría	*dirías*	*diría*	*diríamos*	*diríais*	*dirían*

hacer형	*deshacer, rehacer, satisfacer*
decir형	*contradecir, predecir*

단, bendecir, maldecir의 미래형과 가능법은 규칙적으로 변한다.

bendecir	*bendeciré*	*bendecirás*	*bendecirá*	*bendeciremos*	*bendeciréis*	*bendecirán*
	bendeciría	*bendecirías*	*bendeciría*	*bendeciríamos*	*bendeciríais*	*bendecirían*
maldecir	*maldeciré*	*maldecirás*	*maldecirá*	*maldeciremos*	*maldeciréis*	*maldecirán*
	maldeciría	*maldecirías*	*maldeciría*	*maldeciríamos*	*maldeciríais*	*maldecirían*

3 미래 시제의 용법

미래 시제는 다음과 같은 내용들을 표현할 수 있다.

1 미래 행위

Partiré para España pasado mañana.	나는 모레 스페인으로 떠날 것이다.
Os echaremos *de menos.*	우리들은 너희들을 그리워 할 것이다.
La fiesta ***será (tendrá lugar)*** en mi casa.	축제는 나의 집에서 이루어질 것이다.
Para entonces todos ***estaremos*** calvos.	그때까지 우리 모두는 대머리가 될 것이다.
Haré todo lo que puéda.	나는 최선을 다 할 것이다.
Terminaré el trabajo cuanto antes.	나는 그 일을 가능한 빨리 끝낼 것이다.

2 현재의 가능한 사실 또는 추측

Serán las tres de la tarde.	지금은 오후 3시일 것이다.
Ella ***sabrá*** dónde están los niños.	그녀는 아이들이 어디에 있는지 알 것이다.
¿Cuánto ***gastará*** a la semana un millonario?	백만장자는 일주일에 얼마나 쓸까?
Juan ***tendrá*** veintiún años ahora.	환은 지금 21세일 것이다.

3 부드러운 명령 표현

No engañarás a nadie.	너는 아무도 속이지 말거라.
No iréis de juerga esta noche.	너희들 오늘밤에는 놀러 나가지 말거라.

※ 이 경우 일반적으로 2인칭으로 나타나며 '금지'를 표현하게 된다.

4 의문문이나 감탄문에 사용되어 '놀람'이나 '의구심' 표현

¿Quién ***llamará*** a la puerta a estas horas?	누가 이 시간에 노크를 할까? [놀람]
¡Si el empresario ***será*** responsable del pago de las prestaciones!	그 기업가가 대부를 갚아야 할 책임이 있는가! [의구심]

5 의구심을 표현하는 종속명사절에 사용됨

No sé *si* ***será*** *posible esta forma de publicar los artículos.*	나는 이런 식으로 논문들을 출판하는 것이 가능할지 알 수 없다.
Los príncipes herederos esperan un hijo, pero se desconoce *si* ***será*** *varón.*	왕세자부부는 아들을 원하고 있으나, 남자아이인지는 알려지지 않고 있다.

참고 사항

● si가 조건절(부사절)을 이끄는 경우, 미래나 접속법이 사용되지 않고 직설법 현재가 사용된다. 그러나 si의 위치에 donde, cuando, como가 나타나면, 접속법 현재가 사용된다.

Si me ***esperas***, te ***llevaré*** a la escuela.	네가 나를 기다리면, 너를 학교에 데려다 주겠다.
Donde me ***esperes***, ***vendrá*** mi amigo.	네가 나를 기다리는 곳에 내 친구가 올 것이다.

4 미래를 의미하는 여타 표현들

1 구어체에서 직설법 현재형이 약속된 일 또는 가까운 미래를 표현할 수 있다.

Voy a España *el año que viene.*	나는 내년에 스페인에 간다.
Esta noche ***voy*** al cine.	나는 오늘밤 영화관에 간다.
En seguida ***bajo.***	바로 내려갈 거야.
Nos vemos. (Hasta luego)	또 봅시다.
La semana que viene ***hay*** corrida.	다음 주에 투우가 있다.

2 예견된 또는 의도된 미래는 미래 시제나 또는 [IR A INF.]구문으로 표현할 수 있다.

Esta noche ***voy a ir*** al cine. =Esta noche ***iré*** al cine.	오늘밤 나는 영화관에 갈 것이다.

3 '미래의 의무' 는 [HABER DE INF.]구문으로 이루어진다.

Esta noche ***hemos de regresar*** a casa.	오늘밤 우리들은 집에 돌아가야 할 것이다.

5 가능법 시제의 용법

가능법은 과거에서 바라본 미래나 가상의 상황을 주로 표현하며, 그 주요 용법을 살펴보면 다음과 같다.

1 과거에서 본 미래 표현

Le ***prometí*** que lo ***haría*** yo mismo.	나는 그에게 내 자신이 그것을 하겠다고 약속했다.
Juan me ***comunicó*** que lo ***solucionaría.***	환은 그것을 해결하겠다고 내게 연락했다.
María me ***dijo*** que ***vendría*** a verme.	마리아는 나를 보러오겠다고 내게 말했다.

마지막 문장은 종속절에 접속법이 사용되어 명령의 의미를 표현하는 다음 문장과 대비를 이룬다.

María me ***dijo*** que ***viniera*** a verla.	마리아는 내게 그녀를 보러 오라고 말했다.

2 가정, 가능성 또는 추측 표현

1 내포된 조건 내에서 가능성 또는 추측

¿Te apetece participar en la manifestación? ***Sería*** interesante.	데모에 참가할 의향이 있니? 재미있을 텐데.
Sería una tontería poner en marcha el coche sin gasolina.	연료가 없는 자동차를 모는(시동 거는) 것은 어리석은 짓일 것이다.

2 현재나 미래의 가능성 또는 추측

Hoy día ***podríamos comer*** sandía hasta en el invierno.	요즈음 우리는 겨울에도 수박을 먹을 수 있다.
¿Podrían llegar a tiempo al destino?	그들이 제때에 목적지에 도착할 수 있을까?
No sé *si* ***podríamos alcanzar*** a Juan dentro de unos minutos.	우리가 몇 분 내에 환을 따라잡을 수 있을지 모르겠다.

3 조건절과 함께 사용되어 실현 불가능한 가정 표현
(즉 현재 사실에 반대되는 가정 표현)

Si tuviera mucho dinero, ***compraría*** un piso lujoso.	돈이 많다면, 호화로운 아파트를 살 수 있을 텐데. (돈이 없어서 못 삼)

4 과거의 가능성 또는 추측 표현

No querrían venir en aquel entonces.	그들은 그 당시에는 오기를 원하지 않았을 거야.
Serían las diez de la mañana cuando empezó la reunión.	그 모임이 시작된 때는 오전 10시였을 거야.

3 정중한 간청이나 질문

Querría *(= Quisiera)* hacerlo yo mismo.	제 자신이 그것을 하기를 원합니다.
Desearíamos que hicieras esta pequeña encuesta.	우리는 네가 이 조그만 앙케이트 조사에 응해주기를 원한다.

2 완료시제

직설법에서 완료시제는 일정 시점을 기준으로 그 이전에 행위가 시작되어 기준시점에서 계속되거나 완결되는 상황을 표현하며, 이를 시각적으로 구성해 보면 다음과 같다.

완료시제의 구성

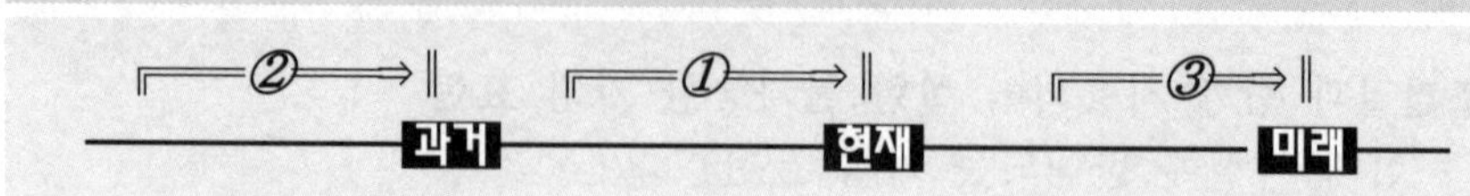

그림에서 ①은 현재완료로 과거의 시점에서 행위가 시작되어 현재까지 지속되거나 현재에 완결된 행위를 표현하고, ②는 과거완료로 기준시점인 과거보다 이전에 행위가 시작되어 그때까지 지속되거나 완결된 행위를 표현하고, ③은 미래완료로 기준시점인 미래보다 이전에 행위가 시작되어 그때까지 지속되거나 완결된 행위를 표현한다. 이 외에도 가능법 완료와 완료형 부정사절도 존재하며, 접속법에서도 완료시제가 있으나 이 부분은 접속법을 배운 후 다루어야 하므로 추후에 공부하게 될 것이다.

1 완료시제별 동사 변화

I 현재완료: [haber의 현재형 + p.p.]

1	he	hablado	hemos	hablado
2	has	hablado	habéis	hablado
3	ha	hablado	han	hablado

2 과거완료: [haber의 불완료과거형 + p.p.]

1	había	hablado	habíamos	hablado
2	habías	hablado	habíais	hablado
3	había	hablado	habían	hablado

3 미래완료: [haber의 미래형 + p.p.]

1	habré	hablado	habremos	hablado
2	habrás	hablado	habréis	hablado
3	habrá	hablado	habrán	hablado

4 가능법완료: [haber의 가능법 + p.p.]

1	habría	hablado	habríamos	hablado
2	habrías	hablado	habríais	hablado
3	habría	hablado	habrían	hablado

다음의 일부 동사들을 사용하여 완료시제별 동사변화를 연습해 보도록 하자.

I	amar, cantar, comprar, estudiar, tomar, bañarse, lavarse, limpiarse
II	aprender, comer, vender, hacerse, ponerse, volverse
III	partir, permitir, recibir, vivir, dirigirse, irse

2 완료시제의 용법

I 현재완료(Pretérito perfecto de indicativo)

1 행위가 과거에 시작되어 현재에 완료 됨

Ignacio ***se ha ido.***	익나시오는 가고 없다.
Al fin ***ha llegado*** el día.	마침내 기다리던 날이 다가왔다.
Te ***han dado*** una ciudadanía norteamericana.	너는 미국시민권을 얻었다.
El rey ***se ha convertido*** en un tirano.	그 왕은 폭군으로 바뀌어 있다.

2 행위가 과거에 시작되어 현재까지 지속 됨

Siempre ***hemos pensado*** en ti.	우리들은 항상 너를 생각해 오고 있다.
¿***Has estado*** mal de salud hasta ahora?	너는 지금까지 건강이 나빴니?

3 현재까지 겪어본 경험

¿***Has probado*** los chorizos? -Sí, los ***he probado.***	너는 초리소를 먹어 본 적이 있니? -그래, 먹어본 적이 있어.
Nunca he estado en San Sebastián.	나는 결코 산 세바스티안에 있어본 적이 없어.

4 최근의 사건

No he podido terminar el trabajo.	나는 그 일을 끝낼 수 없었어.
He visto a Inés hace un momento.	나는 조금 전에 이네스를 보았어.
¿Quién te ***ha dicho*** eso?	누가 너에게 그걸 말했니?
¿***Has oído*** ese rumor?	그 소문 들었니?

2 과거완료 (Pretérito pluscuamperfecto de indicativo)

1 과거에 이미 완료된 행위

Habías cometido un gran error.	너는 커다란 실수를 저질렀었다.
Nunca lo había visto antes.	나는 전에 결코 그것을 본 적이 없었다.

2 부사절이나 주절시제 중에 과거가 있고, 그 보다 더 앞선 시제의 경우

Cuando llegamos al colegio, la clase ya ***había empezado.***	우리가 학교에 도착했을 때, 수업은 이미 시작되었었다.
Apenas ***había comido***, se marchó.	식사를 하자마자, 그는 가버렸다.
En cuanto ***habíamos terminado*** el trabajo, regresamos a casa.	그 일을 끝내자마자, 우리는 집으로 돌아왔다.

3 주동사가 현재완료/ 과거 /불완료 과거 시제이고 종속절의 시제가 그것보다 앞서는 경우

Me dijo que ya ***había partido*** el tren.	그는 내게 열차가 이미 떠났다고 말했다.
Me preguntó si ***había viajado*** por Europa.	그는 내게 유럽을 여행해봤냐고 물었다.
Te he dicho que ella ya ***se había marchado.***	나는 네게 그녀가 이미 떠났다고 말했다.
Me di cuenta de que ya ***habían solucionado*** el problema.	나는 그들이 이미 그 문제를 해결했었다는 사실을 깨달았다.

직전과거(Pretérito anterior de indicativo)

[haber의 부정과거 + p.p.]로 이루어지며 문학작품에서만 사용되던 직전과거는 과거보다 바로 앞선 시제를 표현하여, [... 하자마자 바로... 했다]라고 해석되는 구문을 만들어 낸다. después (de) que, luego que, cuando, en cuanto, tan pronto como, apenas, 등의 접속사로 유도되는 부사절에서만 사용된다.

1	**hube**	**hablado**	**hubimos**	**hablado**
2	**hubiste**	**hablado**	**hubisteis**	**hablado**
3	**hubo**	**hablado**	**hubieron**	**hablado**

Cuando ***hubo terminado*** de reírse, empezó a conducir el coche. = Cuando ***terminó*** de reírse, empezó a conducir el coche.	그는 웃음을 멈추자마자, 자동차를 몰기 시작했다.
Se marchó apenas ***hubo comido.*** = Se marchó apenas ***había comido.***	그는 식사를 끝내자마자 떠나버렸다.

3 미래완료

1 추측을 표현하는 문장부사와 함께 '현재에 완료되었으리라는 추측'을 표현

Tal vez ***se habrá olvidado*** ya de nosotros.	아마도 그는 우리를 이미 잊어버렸을 거다.
Probablemente ya ***habrá terminado*** el trabajo.	아마도 그는 이미 그 일을 끝냈었을 것이다.

2 미래의 한 시점을 기준으로 그 이전에 완료된 행위를 표현

Él ***habrá llegado*** mañana a esta hora.	그는 내일 이 시간에 도착해 있을 것이다.
El año próximo ya ***habrá vuelto*** aquí como profesional.	내년에 그는 이미 전문가가 되어 여기에 돌아와 있을 것이다.
Cuando llegues, ya ***habré terminado*** el trabajo.	네가 도착할 때, 이미 나는 그 일을 끝냈을 것이다.

4 가능법 완료

1 과거에서 본 미래완료를 표현

María me dijo que ***habría buscado*** un puesto unos días después.	마리아는 나에게 며칠 후에는 일자리를 찾아 놓고 있을 것이라고 말했다.
Le prometí que ***habría terminado*** el trabajo para el día siguiente.	나는 그에게 다음날까지는 그 일을 끝내 놓을 것이라고 약속했다.

2 과거의 완료 상황을 추측

En aquellos días ***se habría olvidado*** ya de nosotros.	그 당시 그는 이미 우리를 잊어 버렸을 것이다.
Ayer ya ***habrían terminado*** el trabajo.	그들은 어제 이미 그 일을 끝냈었을 것이다.

5 기타 특수한 구문의 완료형

1 부정사(infinitivo) 완료형

부정사도 완료형을 지닐 수 있으며, 주절의 시제보다 앞서는 행위를 표현한다. 즉, 주절의 시제가 현재나 과거인데도 완료형 부정사절은 동일한 모습으로 그들 시제보다 앞서는 상황을 표현하며, 주절 주어와 종속절의 주어가 동일한 경우에 사용된다. 그 두 주어가 다른 경우는 [que-절]이 나타나게 된다.

Inés se acordaba de { ***haber ganado*** la carrera. / **que** su amigo ***había ganado*** la carrera.

이네스는 (자신이) 경기에서 이긴 것을 / 그녀의 남자 친구가 경기에서 이긴 것을 기억하고 있었다.

Inés se acuerda de { ***haber ganado*** la carrera. / **que** su amigo ***ganó*** la carrera.

이네스는 (자신이) 경기에서 이긴 것을 / 그녀의 남자 친구가 경기에서 이긴 것을 기억한다.

Inés se acordará de	***haber ganado*** la carrera.
	que su amigo ***ganó*** la carrera.
이네스는	(자신이) 경기에서 이긴 것을 / 그녀의 남자 친구가 경기에서 이긴 것을 기억할 것이다.

2 현재분사(Gerundio) 완료형

이 경우, 종속절의 시제가 주절의 시제보다 앞서며, 종속절은 주절에 대해 상황보어 역할(이유, 결과, 원인, 등)을 한다.

Habiendo sufrido por la soledad, ella trata de ligar con un chico de su edad.	고독으로 시달려 왔기에, 그녀는 자기 또래의 소년을 사귀려고 한다.
Habiendo realizado el curso, ellos quieren recibir un diploma.	그 과정을 마쳤으므로, 그들은 졸업증서를 받고 싶어 한다.

3 수동구문 [ser/ estar + 과거분사(participio)]의 완료형

이 경우도 마찬가지로, 종속절의 시제가 주절의 시제보다 앞서며, 종속절은 주절에 대해 상황보어 역할(이유, 결과, 원인, ...)을 한다. 나아가, 여기서는 완료형의 종속절이 수동문으로 되어 있다.

Habiendo estado dado *de alta*, quería realizar de nuevo la carrera universitaria.	그는 이미 퇴원해 있었으므로, 그의 대학과정을 다시 밟기를 원하고 있었다.
Habiendo sido requerida *reiteradamente*, la compañía no ha facilitado ninguna respuesta.	반복해서 요청이 들어왔음에도, 그 회사는 어떠한 답변도 해주지 않고 있다.

Lección 12
Ejercicios

1 | 괄호 안의 동사를 미래시제로 변화시켜 넣으시오.

① Vosotros ( ) para Cuba mañana. (partir)
② Identifícate y así ( ) acceso a todas las zonas de la web. (tener)
③ Estamos seguros de que no ( ) decepcionados de aquí. (salir)
④ Algunas páginas ( ) la información que usted busca. (contener)
⑤ Tú ( ) preparado para el cambio. (mantenerse)
⑥ Cada equipo ( ) de 13 a 25 jugadores. (componerse)
⑦ Diez diputados ( ) a ese presupuesto. (oponerse)
⑧ Los programas ( ) hasta el 2004. (posponerse)
⑨ EE UU no ( ) en ese conflicto. (intervenir)
⑩ ¿Crees que ( ) segunda vuelta electoral para elegir presidente? (haber)
⑪ Ellos ( ) las diferencias entre los dos tipos de células. (saber)
⑫ ¿( ) todos nosotros en este ascensor? (caber)
⑬ Yo no ( ) que mis hijos sean unos ignorantes. (querer)
⑭ ( ) una evaluación individualizada de cada alumno. (hacerse)
⑮ El Señor no nos olvida, nos ( ). (bendecir)

2 | 괄호 안의 동사를 가능법시제로 변화시켜 넣으시오.

① ¿Qué medidas ( ) para cuidar tu dentadura? (tomar)
② No ( ) que iros. (tener)
③ Esa decisión ( ) fin al juicio antimonopolio. (poner)
④ El profesor me dijo que vosotros ( ) a visitarme. (venir)
⑤ No pensé que todo ( ) bien. (salir)
⑥ Los ladrones ( ) ser condenados a 3 años de cárcel. (poder)
⑦ ¿Qué ( ) tú que hiciera tu gatito? (querer)
⑧ Tus amigos nunca te ( ) daño. (hacer)
⑨ ¿A quién se lo ( ) tú? (decir)
⑩ Yo ( ) a los que te bendigan. (bendecir)

3 | 괄호 안의 동사를 미래 또는 가능법 시제로 변화시켜 넣어보자.

① Nosotros (   ) a la montaña el domingo que viene. (ir)
② Ella me dijo que (   ) a comprar una muñeca. (ir)
③ Yo (   ) lo que me diga usted. (hacer)
④ Nosotros todavía (   ) adquirir al contado una cantidad similar a la que hemos adquirido. (poder)
⑤ A partir de mañana tú (   ) aprender a navegar en un ambiente divertido. (poder)

4 | 괄호 안의 동사를 현재/ 과거/ 미래/ 가능법 완료시제로 변화시켜 넣어보자.

① Los alumnos (   ) a Estados Unidos. (viajar)
② Ella me dijo que ya (   ) un ordenador. (comprar)
③ Quizás tú (   ) de mí unos días después. (olvidarse)
④ Me dijeron que (   ) la carrera universitaria tres años después. (terminar)
⑤ El mes próximo Juan ya (   ) esa obra. (escribir)

5 | 문장 내 틀린 부분을 찾아 바로 잡아 보자.

① Pasado mañana ellos fueron al colegio.
② Magdalena tuvo sesenta años ahora.
③ Te prometí que iré a buscarte el día siguiente.
④ Ella me avisó que el tren ya partió hace tres horas.
⑤ Juan me comunicó que habrá vuelto a casa un día después.
⑥ Carmen se acuerda de su amigo haber ganado el premio.
⑦ Haber terminado el curso, Juan quiere conseguir un diploma.

고야

예술적 전통이 전무(全無)하던 18세기 스페인에서 Francisco de Goya(1746-1823)는 스페인 민족을 대변하는 진정한 화가였다. 18세기의 유럽 미술은 대부분 인습적이었으나, 고야는 자발적이고 활기찬 스타일로 예술에 있어 혁명을 가져왔다. 고야는 근대 인상파의 대가이자 선구자였다.

Aragón의 미천한 가정에서 태어난 고야는 장난스럽고 정서가 불안한 소년이었으며 이런 성격들은 전(全)생애를 통해 유지되었다. 1766년 경 마드리드로 갔으며, 거기서 로마로 건너가 1775년까지 살았다. 마드리드 귀환 후 당시 저명화가 Francisco Bayeu의 도움으로 명성을 얻기 시작했다. 1786년 국왕 까를로스 4세(Carlos IV)시절 왕실 화가로 임명되었으나, 왕가의 모든 모순과 부끄러운 모습들을 대담하게 그림에 담았다.

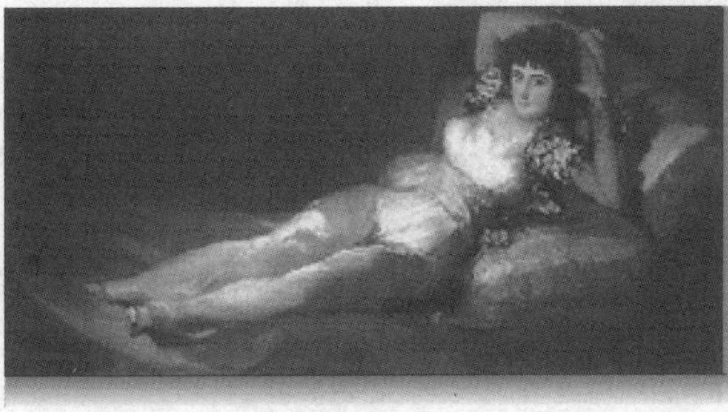

고야는 귀족적이고 우아한 아름다운 Alba공작부인을 여러 번 그렸으며, 그녀와의 교류와 예술적인 경험을 통해서 영감을 얻어 마침내 그 유명한 2개의 그림인 <전라(全裸)의 선녀(善女)>(La maja desnuda)와 <의복(衣服)한 선녀(善女)>(La maja vestida)를 그리게 되었다.

위대한 화가 고야는 생애의 중반기에 거의 귀머거리가 되었으며, 나폴레옹 군대의 침략으로 전쟁의 공포를 목격하였고, 그것을 그림으로 그려냈다. 고야는 말년에 폭군 Fernando 7세를 피해 프랑스에서 망명생활을 하다가 81세에 세상을 떠났다.

프랑꼬총통

스페인 역사에 있어 다시 군부가 주도권을 잡게 되었다. 봉건세력을 등에 업은 군부는 **Francisco Franco** 장군의 주도하에 쿠데타를 선언하고 **1936**년 **7**월 **17**일 내란을 일으켰다. 스페인 내전은 국제전으로 비화되어, 히틀러와 무솔리니가 프랑꼬를 지원하고, 러시아, 멕시코, 영국, 프랑스 그리고 미국이 공화주의자들을 지원했다. 그러나 이들 민주주의 국가들의 불개입 소극 정책에 반해, 전체주의 국가들의 적극적 개입을 등에 업은 프랑꼬가 마침내 승리를 하게 되었다.

내란이 끝난 후 싸우다 전사한 사람들을 추모하기 위하여 대규모의 위령 묘역이 건설되었으며, 이것이 바로 '전사자들의 계곡'(**El Valle de los Caídos**)으로, **El Escorial**수도원 가까이 있는 **Guadarrama**산맥에 있다. '전사자들의 계곡'은 전쟁포로들과 공화주의자 정치범들에 의해 건설되었으며, 그곳에 프랑꼬장군도 묻혀 있다.

내전이후 초기 **10**년 동안에 스페인민족은 모든 외부세계로부터 버림받은 채 고립되어 있었으며 전례가 없는 기아와 좌절을 겪었다. 제**2**차 세계대전 동안에, 프랑꼬는 매우 외교적이고 잘 계산된 정책을 채택하였다. 나치독일로부터 예전에 받은 원조에 답하기 위해 히틀러를 도왔으나, 동시에 연합군 측 강대국들에게 전쟁을 선포하지는 않았다.

프랑꼬는 **1936**년 **10**월 **1**일 국가수반과 군총사령관으로 모든 권력을 독점한 채, **40**년 장기 독재를 하였으나, **1969**년 현재의 스페인 국왕인 브르봉가의 **Juan Carlos**를 왕자로 임명하였다. **1975**년 **11**월 프랑코의 사후 왕정이 복구되었고 민주화가 정착되게 되었다.

제 13 장 접 속 법

접속법은 한국어에는 없는 생소한 문법개념으로 처음에는 어렵게 느껴질 것이나 곧 익숙해 질 수 있다. 쉽게 이해하자면, 종속절 내의 어법이 주절 동사의 영향을 받는 경우이다.

접속법은 접속사와 밀접한 연관을 맺고 있으나, 모든 접속사가 접속법을 요구하지는 않는다는 사실에 주의를 해야 할 것이다. 즉, 접속법은 종속접속사 중 일부에 의해 이끌어지며, 종속절의 동사가 주절동사 또는 다른 요소에 의해 영향을 받아 그 실현가능성이 현저히 낮아질 때 나타난다.

접속사(Conjunciones)는 종속접속사(Conjunciones subordinantes)와 대등접속사(Conjunciones coordinantes)로 나뉘어지며, 종속접속사는 접속법과 밀접한 관계를 유지하고 있는 바 본 장에서 상세히 다루게 될 것이다. 반면, 대등접속사는 접속법과는 무관하며, 다음과 같이 간략하게 소개하겠다.

I 대등접속사(Conjunciones coordinantes)

1 [그리고/ 와]: y (i, hi로 시작되는 단어 앞에서는 e로 바뀜)

Juan y yo llegamos tarde a la clase.	환과 나는 강의실에 늦게 도착한다.
Miguel e Ignacio quieren ir allí.	미겔과 익나시오는 그곳에 가기를 원한다.
Hay una relación íntima entre ***padre e hijo.***	아버지와 아들 사이의 관계는 돈독하다.

단, y가 hie로 시작되는 단어 앞에서는 e로 바뀌지 않는다: carbón y hierro [yéř̄o] (석탄과 철), flores y hierbas (꽃과 풀).

Esa zona está rodeada de ***nieve y hielo.***	그 지역은 눈과 얼음으로 둘러싸여 있다.

※ 물론, y앞에서도 바뀌지 않는다: hija y yerno (딸과 사위).

2 [혹은/ 아니면]: o (o나 ho로 시작되는 단어 앞에서는 u로 바뀜)

¿Quieres *jugar al tenis* **o** *nadar en la piscina climatizada?*	너는 테니스 치기를 원하니 아니면 실내 수영장에서 수영하기를 원하니?
¿Os vais ***u os quedáis?***	너희들은 가니 아니면 머무니?
Le pedí ***siete u ocho*** *manzanas.*	나는 그에게 7개 혹은 8개의 사과를 요구했다.

문장 시작 지점에서는 u가 아닌 o로 유지되며, 숫자 사이에서는 ó로 표기된다.

¿O os quedáis?	혹은 너희들 머물거니?
Marque un opción de las ***2, 3 ó 4.***	2, 3 또는 4중에서 하나를 선택해 마크하시오.

3 [그러나]: pero

Tú quieres regresar a casa, ***pero*** *yo no.*	너는 집에 돌아가기를 원하지만 나는 아니야.
No es murciélago, ***pero*** *vive colgado.*	그것은 박쥐가 아니다 그러나 매달려 산다.

4 [-가 아니고 -다]: no - sino -

El turista ***no*** quiere vino, ***sino*** agua mineral.	그 관광객은 술이 아니라 탄산수를 원한다.

5 [-뿐만 아니라 -도]: no sólo - sino también -

No sólo vinieron sus padres, ***sino también*** sus abuelos.	그의 부모님뿐만 아니라 조부모님도 오셨다.

2 종속접속사: que, cuando, para que, aunque, ...

종속접속사는 접속법(modo subjuntivo)과 밀접한 관련을 맺고 있다. 즉, 주절 동사의 의미가 불확실성을 내포하고, 주절 주어와 종속절의 주어가 상이한 경우 종속절의 동사는 접속법이 된다.

Quiero ***que vayas*** *a China pronto.*	나는 네가 곧 중국에 가기를 원한다.
Cuando vengas *aquí,* te lo diré.	네가 여기에 올 때, 나는 네게 그걸 얘기할 것이다.

1 접속법 현재

1 규칙동사

동사 / 인칭	제1변화 동사(-ar 형)		제2/ 3변화 동사(-er / ir 형)	
	단 수	복 수	단 수	복 수
1	-e	-emos	-a	-amos
2	-es	-éis	-as	-áis
3	-e	-en	-a	-an

접속법현재 규칙변화는 직설법 현재 규칙변화와 비교하여 쉽게 터득할 수 있다. 즉, -ar형 접속법은 직설법 -er형과 연계시키고(1인칭 단수만 -o대신에 -e), -er 및 -ir형 접속법은 직설법 -ar형과 결부시키면(1인칭 단수만 -o대신에 -a), 쉽게 접속법 변화를 파악할 수 있다.

자 함께 다음 접속법 현재 규칙변화 동사들을 변화시켜 보도록 하자.

cant*ar*		**vend*er***		**abr*ir***	
cant*e*	cant*emos*	vend*a*	vend*amos*	abr*a*	abr*amos*
cant*es*	cant*éis*	vend*as*	vend*áis*	abr*as*	abr*áis*
cant*e*	cant*en*	vend*a*	vend*an*	abr*a*	abr*an*

다음의 동사들을 사용하여 동사변화를 해 보도록 하자.

I	alabar, amar, bailar, comprar, estudiar, hablar, llevar, tomar
II	aprender, comer, comprender, correr, creer, leer
III	cubrir, escribir, partir, compartir, vivir, convivir

2 어간모음 불규칙 동사

접속법 현재의 어간모음 불규칙 동사는 직설법 현재의 어간모음 불규칙 변화와 동일하며, 어미만 접속법 현재로 바꾸면 된다.

	A) E➡IE		B) O➡UE		C) U➡UE		D) I➡IE	
1	-ie-	***-e-***	-ue-	***-o-***	-ue-	***-u-***	-ie-	***-i-***
2	-ie-	***-e-***	-ue-	***-o-***	-ue-	***-u-***	-ie-	***-i-***
3	-ie-	-ie-	-ue-	-ue-	-ue-	-ue-	-ie-	-ie-

자 함께 다음 동사들을 변화시켜 보도록 하자.

sentar		**poder**		**jugar**		**adquirir**	
siente	sentemos	pueda	podamos	juegue	juguemos	adquiera	adquiramos
sientes	sentéis	puedas	podáis	juegues	juguéis	adquieras	adquiráis
siente	sienten	pueda	puedan	juegue	jueguen	adquiera	adquieran

다음의 동사들을 사용하여 동사변화를 해 보도록 하자.

A	**-ar** calentar, comenzar, despertar, empezar, negar, nevar
	-er atender, defender, encender, entender, perder, querer
B	**-ar** acordar, almorzar, colgar, contar, costar, mostrar, sonar, soñar
	-er conmover, devolver, llover, mover, morder, soler, volver
C	cf. conjugar: *conjugue, conjugues, conjugue, conjuguemos, conjuguéis, conjuguen*
D	inquirir

그러나 어간모음 불규칙 동사 중에서 1,2인칭 복수에서 직설법과 접속법이 차이가 나는 경우가 있다, 그러나 마찬가지로 어미는 접속법 변화형을 그대로 따르게 된다.

	A) E➡IE		B) O➡UE		C) E➡I	
1	-ie-	***-i-***	-ue-	***-u-***	***-i-***	***-i-***
2	-ie-	***-i-***	-ue-	***-u-***	***-i-***	***-i-***
3	-ie-	-ie-	-ue-	-ue-	***-i-***	***-i-***

※ 이런 유형의 동사들은 직설법 [1,2인칭 복수 어간모음 변화형]과 차이가 보이고 있음을 유의해야 한다.

[직설법(어간모음불규칙)]

A) E➡IE		B) O➡UE		C) E➡I	
-ie-	***-e-***	-ue-	***-o-***	-i-	***-e-***
-ie-	***-e-***	-ue-	***-o-***	-i-	***-e-***
-ie-	-ie-	-ue-	-ue-	-i-	-i-

자 함께 다음 동사들을 변화시켜 보도록 하자.

sent*ir*		dorm*ir*		ped*ir*	
s*i*ent*a*	s*i*nt*amos*	d*ue*rm*a*	d*u*rm*amos*	p*i*d*a*	p*i*d*amos*
s*i*ent*as*	s*i*nt*áis*	d*ue*rm*as*	d*u*rm*áis*	p*i*d*as*	p*i*d*áis*
s*i*ent*a*	s*i*ent*an*	d*ue*rm*a*	d*ue*rm*an*	p*i*d*a*	p*i*d*an*

다음의 동사들을 사용하여 동사변화를 해 보도록 하자.

I	advertir, convertir, consentir, divertir, herir, mentir, preferir
II	morir, adormir
III	competir, despedir, medir, servir, vestir, seguir, perseguir

3 현재 불규칙 1인칭 단수에 의거한 접속법 형성

	A) -GO➡-GA		B) -ZCO➡-ZCA		C) -YO➡-YA	
1	-ga	-gamos	-zca	-zcamos	-ya	-yamos
2	-gas	-gáis	-zcas	-zcáis	-yas	-yáis
3	-ga	-gan	-zca	-zcan	-ya	-yan

자 함께 다음 동사들을 변화시켜 보도록 하자.

A) tener		B) conocer		C) influir	
ten***ga***	ten***gamos***	cono***zca***	cono***zcamos***	influ***ya***	influ***yamos***
ten***gas***	ten***gáis***	cono***zcas***	cono***zcáis***	influ***yas***	influ***yáis***
ten***ga***	ten***gan***	cono***zca***	cono***zcan***	influ***ya***	influ***yan***

다음의 동사들을 사용하여 동사변화를 해 보도록 하자.

A	hacer, deshacer, rehacer, satisfacer
	decir, bendecir, contradecir, maldecir, predecir
	traer, atraer, caer, contraer, oír, desoír
	poner, componer, oponer, valer, equivaler, salir, asir
	venir, convenir, intervenir, prevenir
	contener, obtener, sostener
B	agradecer, conducir, crecer, introducir, merecer, nacer, obedecer, producir
C	concluir, constituir, construir, destruir, disminuir, huir, sustituir

이러한 유형의 동사에 caber (직설법 현재: *quepo*, cabes, ...)도 포함된다.

caber	*quepa*	*quepas*	*quepa*	*quepamos*	*quepáis*	*quepan*

4 원래의 발음에 따른 접속법 형성

-CAR	-que	-ques	-que	-quemos	-quéis	-quen
-GAR	-gue	-gues	-gue	-guemos	-guéis	-guen
-ZAR	-ce	-ces	-ce	-cemos	-céis	-cen
-CER	-za	-zas	-za	-zamos	-záis	-zan
-GE(I)R	-ja	-jas	-ja	-jamos	-jáis	-jan
-GUIR	-ga	-gas	-ga	-gamos	-gáis	-gan

보다시피 원형동사의 마지막 음절의 발음에 따라, 각 인칭별 변화형의 해당 발음이 같은 음이 되도록 한다. 자 함께 다음 동사들을 변화시켜 보도록 하자.

to***car***	to***que***	to***ques***	to***que***	to***quemos***	to***quéis***	to***quen***
pa***gar***	pa***gue***	pa***gues***	pa***gue***	pa***guemos***	pa***guéis***	pa***guen***
empe***zar***	empie***ce***	empie***ces***	empie***ce***	empe***cemos***	empe***céis***	empie***cen***
ven***cer***	ven***za***	ven***zas***	ven***za***	ven***zamos***	ven***záis***	ven***zan***
diri***gir***	diri***ja***	diri***jas***	diri***ja***	diri***jamos***	diri***jáis***	diri***jan***
se***guir***	***siga***	***sigas***	***siga***	***sigamos***	***sigáis***	***sigan***

다음의 동사들을 사용하여 동사변화를 해 보도록 하자.

-CAR	aplicar, buscar, explicar, pescar, picar, tocar, volcar
-GAR	colgar, conjugar(어간불변), jugar(u➡ue), negar, pagar, tragar
-ZAR	alcanzar, almorzar, comenzar, empezar
-CER	convencer, vencer, torcer(o➡ue); esparcir, zurcir
-GE(I)R	coger, escoger; corregir(e➡i), dirigir, elegir, exigir
-GUIR	seguir, conseguir, distinguir, extinguir, perseguir

5 악센트를 첨가하는 동사

다음 동사들은 동사 변화가 될 경우 악센트를 첨가하여야 한다.

variar	var*íe*	var*íes*	var*íe*	var*iemos*	var*iéis*	var*íen*
graduar	grad*úe*	grad*úes*	grad*úe*	grad*uemos*	grad*uéis*	grad*úen*
reír	*ría*	*rías*	*ría*	*riamos*	*riais(riáis)*	*rían*

다음의 동사들을 사용하여 동사변화를 해 보도록 하자.

I	confiar, criar, enfriar, enviar, fotografiar, guiar, vaciar
II	acentuar, actuar, continuar, efectuar, insinuar, situar, evacuar
III	sonreír

6 기타 불규칙 동사

다음의 접속법 현재 불규칙 동사들은 이전의 어떠한 유형에도 속하지 않으므로 반드시 암기하여 사용하여야 한다.

ser	***sea***	***seas***	***sea***	***seamos***	***seáis***	***sean***
estar	***esté***	***estés***	***esté***	***estemos***	***estéis***	***estén***
ir	***vaya***	***vayas***	***vaya***	***vayamos***	***vayáis***	***vayan***
ver	***vea***	***veas***	***vea***	***veamos***	***veáis***	***vean***
dar	***dé***	***des***	***dé***	***demos***	***deis***	***den***
haber	***haya***	***hayas***	***haya***	***hayamos***	***hayáis***	***hayan***
saber	***sepa***	***sepas***	***sepa***	***sepamos***	***sepáis***	***sepan***

※ dar동사의 변화형 dé는 전치사 de와 구별하기 위해 악센트를 넣는다.

2 접속법 과거

접속법 과거(Pretérito imperfecto de subjuntivo)는, 접속법 현재와 같은 구문적 특징을 지니며, 주동사가 접속법을 요구하는 동사로 과거 또는 불완료 과거인 경우 종속 동사 자리에 나타난다.

1 규칙동사

접속법 과거 규칙변화는 **[동사어간 + 변화어미]**로 이루어지며, 다음과 같이 -RA형과 -SE형 두 가지 유형으로 구분되며 -RA형이 많이 사용된다.

1 -RA형

동사 / 인칭	제1변화 동사(-ar 형)		제2/ 3변화 동사(-er / ir 형)	
1	-ara	-áramos	-iera	-iéramos
2	-aras	-arais	-ieras	-ierais
3	-ara	-aran	-iera	-ieran

2 -SE형

동사 / 인칭	제1변화 동사(-ar 형)		제2/ 3변화 동사(-er / ir 형)	
1	-ase	-ásemos	-iese	-iésemos
2	-ases	-aseis	-ieses	-ieseis
3	-ase	-asen	-iese	-iesen

cant*ar*		com*er*		part*ir*	
cant*ara*	cant*áramos*	com*iera*	com*iéramos*	part*iera*	part*iéramos*
cant*aras*	cant*arais*	com*ieras*	com*ierais*	part*ieras*	part*ierais*
cant*ara*	cant*aran*	com*iera*	com*ieran*	part*iera*	part*ieran*

cantar		comer		partir	
cant*ase*	cant*ásemos*	com*iese*	com*iésemos*	part*iese*	part*iésemos*
cant*ases*	cant*aseis*	com*ieses*	com*ieseis*	part*ieses*	part*ieseis*
cant*ase*	cant*asen*	com*iese*	com*iesen*	part*iese*	part*iesen*

다음의 동사들을 사용하여 동사변화를 해 보도록 하자.

I	amar, apagar, bailar, comentar, comprar, dominar, estudiar, hablar, levantar, llorar, preparar, tomar,
II	aprender, comer, comprender, vender
III	abrir, descubrir, escribir, partir, vivir

2 불규칙 동사

[직설법과거 3인칭 복수 변화형]을 기준으로 접속법 과거가 만들어진다. 따라서 직설법 과거형과 접속법 과거형을 비교하면 훨씬 쉽게 터득할 수 있다.

I [불규칙 동사 I]

I) pedir	pedí	pediste	pidió	pedimos	pedisteis	***pidieron***
	pidiera	***pidieras***	***pidiera***	***pidiéramos***	***pidierais***	***pidieran***
II) morir	morí	moriste	murió	morimos	moristeis	***murieron***
	muriera	***murieras***	***muriera***	***muriéramos***	***murierais***	***murieran***
III) leer	leí	leíste	leyó	leímos	leísteis	***leyeron***
	leyera	***leyeras***	***leyera***	***leyéramos***	***leyerais***	***leyeran***

[동일유형]

I	advertir, competir, convertir, despedir, divertir, elegir, freír, herir, hervir, medir, mentir, preferir, referir, repetir, reír, seguir, sentir, servir
II	dormir, adormir
III	caer, creer; concluir, construir, destruir, huir, influir, oír

2 [불규칙 동사 II]

동 사	직설법과거	접속법과거 (-ra형/ -se형)					
ser **ir**	fui,... ***fueron***	*fuera*	*fueras*	*fuera*	*fuéramos*	*fuerais*	*fueran*
		fuese	*fueses*	*fuese*	*fuésemos*	*fueseis*	*fuesen*
estar	estuve,... ***estuvieron***	*estuviera*	*estuvieras*	*estuviera*	*estuviéramos*	*estuvierais*	*estuvieran*
		estuviese	*estuvieses*	*estuviese*	*estuviésemos*	*estuvieseis*	*estuviesen*
tener	tuve,... ***tuvieron***	*tuviera*	*tuvieras*	*tuviera*	*tuviéramos*	*tuvierais*	*tuvieran*
		tuviese	*tuvieses*	*tuviese*	*tuviésemos*	*tuvieseis*	*tuviesen*
andar	anduve,... ***anduvieron***	*anduviera*	*anduvieras*	*anduviera*	*anduviéramos*	*anduvierais*	*anduvieran*
		anduviese	*anduvieses*	*anduviese*	*anduviésemos*	*anduvieseis*	*anduviesen*
poder	pude,... ***pudieron***	*pudiera*	*pudieras*	*pudiera*	*pudiéramos*	*pudierais*	*pudieran*
		pudiese	*pudieses*	*pudiese*	*pudiésemos*	*pudieseis*	*pudiesen*
haber	hube,... ***hubieron***	*hubiera*	*hubieras*	*hubiera*	*hubiéramos*	*hubierais*	*hubieran*
		hubiese	*hubieses*	*hubiese*	*hubiésemos*	*hubieseis*	*hubiesen*
poner	puse,... ***pusieron***	*pusiera*	*pusieras*	*pusiera*	*pusiéramos*	*pusierais*	*pusieran*
		pusiese	*pusieses*	*pusiese*	*pusiésemos*	*pusieseis*	*pusiesen*
querer	quise,... ***quisieron***	*quisiera*	*quisieras*	*quisiera*	*quisiéramos*	*quisierais*	*quisieran*
		quisiese	*quisieses*	*quisiese*	*quisiésemos*	*quisieseis*	*quisiesen*
saber	supe,... ***supieron***	*supiera*	*supieras*	*supiera*	*supiéramos*	*supierais*	*supieran*
		supiese	*supieses*	*supiese*	*supiésemos*	*supieseis*	*supiesen*
caber	cupe,... ***cupieron***	*cupiera*	*cupieras*	*cupiera*	*cupiéramos*	*cupierais*	*cupieran*
		cupiese	*cupieses*	*cupiese*	*cupiésemos*	*cupieseis*	*cupiesen*

dar	di,...	*diera*	*dieras*	*diera*	*diéramos*	*dierais*	*dieran*
	dieron	*diese*	*dieses*	*diese*	*diésemos*	*dieseis*	*diesen*
hacer	hice,...	*hiciera*	*hicieras*	*hiciera*	*hiciéramos*	*hicierais*	*hicieran*
	hicieron	*hiciese*	*hicieses*	*hiciese*	*hiciésemos*	*hicieseis*	*hiciesen*
venir	vine,...	*viniera*	*vinieras*	*viniera*	*viniéramos*	*vinierais*	*vinieran*
	vinieron	*viniese*	*vinieses*	*viniese*	*viniésemos*	*vinieseis*	*viniesen*
decir	dije,...	*dijera*	*dijeras*	*dijera*	*dijéramos*	*dijerais*	*dijeran*
	dijeron	*dijese*	*dijeses*	*dijese*	*dijésemos*	*dijeseis*	*dijesen*
traducir	traduje,...	*tradujera*	*tradujeras*	*tradujera*	*tradujéramos*	*tradujerais*	*tradujeran*
	tradujeron	*tradujese*	*tradujeses*	*tradujese*	*tradujésemos*	*tradujeseis*	*tradujesen*
traer	traje,...	*trajera*	*trajeras*	*trajera*	*trajéramos*	*trajerais*	*trajeran*
	trajeron	*trajese*	*trajeses*	*trajese*	*trajésemos*	*trajeseis*	*trajesen*

또 몇몇 대표적인 동사들과 동일한 유형으로 변화하는 동사들이 있으며, 그 내용은 다음과 같다.

tener형	contener, detener, entretener, mantener, obtener, retener, sostener
poner형	componer, descomponer, disponer, exponer, imponer, oponer, posponer, proponer, suponer
hacer형	deshacer, rehacer, satisfacer
venir형	convenir, intervenir, prevenir
decir형	bendecir, maldecir, contradecir, predecir
traducir형	conducir, introducir, producir, reducir
traer형	atraer, contraer

3 직설법과 접속법

1 직설법과 접속법의 구분

동사는 문장의 핵심으로 주어와 목적어의 유무, 목적어의 수를 관장하고 있다. 동사는 굴절 어미에 법(modo), 시제(tiempo), 일치(concordancia), 상(aspecto)을 내포하고 있다. 동사의 굴절(flexión)은 하나의 단어로 이루어져 있는 단순시제형과 [haber + p.p.]로 구성되어 있는 복합시제형으로 대별된다.

동사의 활용(conjugación)은 3가지 법(法), 즉, 직설법(modo indicativo), 접속법(modo subjuntivo), 그리고 명령법(modo imperativo)으로 이뤄진다. 직설법단순시제는 현재(presente), 과거(pretérito perfecto simple), 불완료과거(pretérito imperfecto), 미래(futuro) 및 가능법(condicional)로; 접속법단순시제는 현재(presente), 과거(pretérito imperfecto) 그리고 미래(futuro)로 구성되어 있다. 명령법은 단지 현재(presente)시제만 갖는다.

직설법		접속법	
단순시제	복합시제	단순시제	복합시제
현 재	현재완료	현 재	현재완료
과 거	과거완료	과 거	과거완료
불완료과거	직전과거		
미 래	미래완료	미 래	미래완료
가 능 법	가능법완료		

이러한 동사의 굴절에는 인칭과 수의 형태소가 없는 세 가지 비인칭형태들 즉, 부정사(infinitivo), 현재분사(gerundio), 과거분사(participio)도 포함된다.

2 직설법과 접속법의 용법상의 차이점

직설법은 동사가 자체적으로 문장의 중심을 이루며, 독립적인 시제를 갖고 있다. 단문(oración simple)의 경우 거의 모두가 직설법을 사용하며, 복문의 경우는 주절 동사가 접속법을 요구하지 않는 경우 나타난다.

이러한 직설법과 접속법의 차이를 이해하는 것은 매우 중요하다.

직설법	**S + V + O** (S-주어, V-동사, O-목적어)
접속법	**S_1 + V + que + S_2 + V + O** ($S_1 \neq S_2$: 주절 주어와 종속절 주어가 상이)

현 재	**직설법**	Antonio ***escribe*** la carta.
	접속법	***Quiero*** que Antonio ***escriba*** la carta. ***He querido*** que Antonio ***escriba*** la carta. ***Diga*** a Antonio que ***escriba*** la carta.
과 거	**직설법**	Antonio ***escribió*** la carta.
	접속법	***Quise*** que Antonio ***escribiera*** la carta. ***Quería*** que Antonio ***escribiera*** la carta. ***Querría*** que Antonio ***escribiera*** la carta.
미 래	**직설법**	Antonio ***escribirá*** la carta.
	접속법	***Querré*** que Antonio ***escriba*** la carta.

접속법은 주로 종속절의 동사로 나타나며, 독립적인 시제를 갖고 있지 못하며 항상 주절시제의 영향을 받는 상대적 시제를 갖고 있다. 주절 동사의 의미적 영향으로 종속절 동사의 실현여부가 불확실한 경우에 나타난다.

직 설 법		접 속 법	
Creemos	que ella ***viene*** ahí. que ella ***vendrá*** ahí.	***No creemos***	que ella ***venga*** ahí.
Creemos	que ella ***ha venido*** ahí. que ella ***habrá venido*** ahí.	***No creemos***	que ella ***haya venido*** ahí.
Creemos	que ella ***vino*** ahí. que ella ***venía*** ahí. que ella ***vendría*** ahí.	***No creemos***	que ella ***viniera*** ahí.

보다시피, 종속절 내의 동사가 직설법인 경우 주동사의 시제와 직접 연관되지 않고 다양한 시제가 출현할 수 있는 데, 반해 종속동사가 접속법인 경우 주절 시제의 영향을 받으며, 접속법 현재가 현재 및 미래 시제를, 접속법 완료형이 현재완료 및 미래 완료, 그리고 접속법 과거가 과거, 불완료과거, 가능법 시제를 포괄하는 대응관계를 이룬다.

종속절이 직설법인 긍정문도 부정문으로 바뀌게 되면 주절동사의 의미가 불확실성을 표현하게 되어 종속절 동사가 접속법으로 바뀌어야 한다.

Creo *Pienso*	que Inés ***está*** en casa.	나는 이네스가 집에 있다고	믿는다. 생각한다.
No creo *No pienso*	que Inés ***esté*** en casa.	나는 이네스가 집에 있다고	믿지 않는다. 생각하지 않는다.
Veo *Oigo*	que ***estás*** muy en forma.	나는 네가 컨디션이 매우 좋다고	본다. 듣고 있다.
No veo *No oigo*	que ***estés*** muy en forma.	나는 네가 컨디션이 매우 좋다고	보지 않는다. 듣지 않고 있다.
Digo *Parece*	que ***tienes*** razón.	나는 네가 옳다고 말한다. 나는 네가 옳은 것 같다.	
No digo *No parece*	que ***tengas*** razón.	나는 네가 옳다고 말하지 않는다 나는 네가 옳은 것 같지 않다.	
Es *Resulta*	que José ***es*** un sinvergüenza.	사실 호세는 철면피야. 사실 호세는 철면피로 판명이 나는군	
No es *No resulta*	que José ***sea*** un sinvergüenza.	사실 호세는 철면피가 아니야. 사실 호세는 철면피로 판명이 나지 않아.	

나아가, 긍정문의 직설법이 부정문에서는 직설법과 접속법으로 혼용되는 경우도 나타난다. 이러한 구문의 의미론적인 세부 상황에 대해서는 해당 단락에서 자세히 배우게 될 것이다.

Sospecho	que ***ha venido*** esta mañana.	나는 그가 오늘 아침에 왔다는 것을 의심한다.
No sospecho	que ***ha venido*** esta mañana. que ***haya venido*** esta mañana.	나는 그가 오늘 아침에 왔다는 것을 의심하지 않는다.
Recuerdo	que ***ha venido*** esta mañana.	나는 그가 오늘 아침에 왔다는 것을 기억한다.
No recuerdo	que ***ha venido*** esta mañana. que ***haya venido*** esta mañana.	나는 그가 오늘 아침에 왔다는 것을 기억하지 못한다.

Lección 13 ejercicios

1 | 동사를 접속법 현재와 접속법 과거로 변화시켜 보자.

① tomar
② escribir
③ entender
④ hablar
⑤ aprender
⑥ abrir
⑦ partir
⑧ comprar
⑨ correr
⑩ vivir

2 | 동사를 접속법 현재와 접속법 과거로 변화시켜 보자.

① tener
② divertirse
③ ir
④ sentarse
⑤ pagar
⑥ dormir
⑦ estar
⑧ querer
⑨ jugar
⑩ seguir
⑪ empezar
⑫ decir
⑬ ser
⑭ poner

3 | escribir동사를 접속법시제에 맞게 변화시켜 넣어보자.

① Espero que Antonio ( ) la carta.
② He deseado que Antonio ( ) la carta.
③ Diga a Antonio que ( ) la carta.
④ Quise que Antonio ( ) la carta.
⑤ Desearía que Antonio ( ) la carta.
⑥ Esperaba que Antonio ( ) la carta.
⑦ Querré que Antonio ( ) la carta.

4 | 괄호 안의 동사를 알맞게 변화시켜 넣으시오.

① Creo que ella viene ahí.
➡ No creo que ella (   ) ahí.
② Creo que ella vendrá ahí.
➡ No creo que ella (   ) ahí.
③ Creo que ella ha venido ahí.
➡ No creo que ella (   ) ahí.
④ Creo que ella habrá venido ahí.
➡ No creo que ella (   ) ahí.
⑤ Creo que ella vino ahí.
➡ No creo que ella (   ) ahí.
⑥ Creo que ella venía ahí.
➡ No creo que ella (   ) ahí.
⑦ Creo que ella vendría ahí.
➡ No creo que ella (   ) ahí.

5 | 질문에 스페인어로 답해 보자.

① ¿Crees que Juan viene a vernos?
② ¿Cuándo crees que María llegó a la estación?
③ ¿Cuántas personas piensa Ud. que asistieron a la fiesta?
④ ¿Dónde piensa ella que se celebrará el simposio?
⑤ ¿Quién creías que era ese hombre?
⑥ ¿Qué querías que hiciera yo?

6 | 문장 내 틀린 부분을 찾아 바로 잡아 보자.

① Carmen e yo iremos juntos a la biblioteca.
② Tú estudias mucho y yo no.
③ Esta silla es de madera e hierro.
④ ¿Os da la gana nadar o os apetece?
⑤ La reconciliación entre padre y hijo es muy importante en nuestros tiempos.

피카소

Pablo Picasso(1881-1973)는 세계적 명성을 지닌 스페인 화가로 프랑스 화가 브라크(Georges Braque)와 함께 입체파(cubismo)를 창안하였다.

삐까소는 스페인 남쪽의 Málaga시에서 평범한 미술관 관리인의 아들로 태어났다. 15세에 가족과 함께 스페인 동북부의 Barcelona시로 갔고, 그곳에서 본격적으로 그림을 그리기 시작하였다. 19세 때 예술의 도시 파리로 갔으며, 그곳에서 생애의 대부분을 보냈다. 그러나 삐까소의 예술 혼은 결국 스페인을 바탕으로 하고 있으며 프랑스는 단순히 작품 활동을 하는 장소였다. 그는 자주 고향땅으로 돌아와 우정을 나누었으며, 유년기와 청소년기의 낯익은 장소들을 돌아다녔다. 1918년과 1940년 사이에 삐까소는 유럽에서 가장 특출한 화가로서 명성을 얻었다. 그는 그림으로 유명하였으나, 조각, 데생, 종이 접기, 도자기 등으로도 작품영역을 확대하였으며 20세기 최대의 예술가가 되기까지 모든 표현방법들을 두루 섭렵하였다. 아래의 그림은 스페인 내란 중 나치의 폭격으로 파괴된 도시 게르니카를 묘사한 세계적인 유명작품 <게르니카>이다.

삐까소의 그림 양식 및 특징은 시기에 따라 구분이 되며, 생애를 통해 많이 바뀌었다. 청색 시기(época azul, 1901-1904)에는 죽음과 슬픔에 초점을 맞추었으며, 장미 빛 시기(época rosa, 1904-1906)에는 보다 차분하고, 젊고 연약한 면을 부각시켰으며, 입체주의 시기(cubismo, 1907-1917)에는 그를 세계적 거장의 반열에 올려놓은 새로운 미학 개념을 창안하였다.

제 14 장 명 령 법

1 명령법의 구성

명령법은 화자가 청자에게 관심을 불러일으키거나 어떤 행위를 하도록 하기 위해 사용되며, 제1변화 동사(-ar), 제2변화 동사(-er), 제3변화 동사(-ir) 모두 다음과 같은 규칙에 따라 변한다.

동사 / 인칭	긍정명령		부정명령	
	단 수	복 수	단 수	복 수
1	-	접속법	-	접속법
2	직설법3인칭단수	-r → -d	접속법	접속법
3	접속법	접속법	접속법	접속법

참고로, 이미 배운 접속법 동사 변화는 다음과 같이 이루어진다.

동사 / 인칭	제1변화 동사(-ar 형)		제2/ 3변화 동사(-er/ ir 형)	
1	-e	-emos	-a	-amos
2	-es	-éis	-as	-áis
3	-e	-en	-a	-an

명령법은 일상생활에서 매우 흔하게 사용되므로, 잘 활용할 수 있도록 준비해야 한다. 참고로 명령법의 특징에 대하여 간략하게 소개하겠다.

① 직접 화자-청자 간에 이루어지는 관계로 항상 현재시제를 사용한다.
② 1인칭 자신에게 명령은 불가능하다(단, 자신을 2인칭화 하여 사용할 수 있다).
③ 1인칭 복수 명령형은 자신이 포함된 관계로 청유형이 된다.
④ 3인칭은 Ud./ Uds.(청자로 원래 2인칭이나 문법에서 3인칭으로 분류)만 명령법에 적용된다.

또, 접속법동사와 명령법동사의 구분은 접속법동사가 주로 종속절 내에서 사용되나, 명령법동사는 주절에서 사용되며, 주어가 나타나는 경우 주어는 반드시 명령법 동사 뒤에 나타난다.

접속법	Quiero que ella ***estudie*** más.	나는 그녀가 더 열심히 공부하기를 원한다.
명령법	***Estudie*** (Ud.) más.	(당신) 더 열심히 공부하시오.

자, 그럼 몇몇 동사를 사용하여 명령법을 만드는 방법을 소개해 보기로 하겠다.

동사	긍 정 명 령		부 정 명 령	
	—	*Hablemos*	—	*No hablemos*
hablar	***Habla*** *(tú)*	***Hablad***	*No hables*	*No habléis*
	Hable (Ud.)	*Hablen (Uds.)*	*No hable*	*No hablen*
	—	*Aprendamos*	—	*No aprendamos*
aprender	***Aprende*** *(tú)*	***Aprended***	*No aprendas*	*No aprendáis*
	Aprenda (Ud.)	*Aprendan (Uds.)*	*No aprenda*	*No aprendan*
	—	*Abramos*	—	*No abramos*
abrir	***Abre*** *(tú)*	***Abrid***	*No abras*	*No abráis*
	Abra (Ud.)	*Abran (Uds.)*	*No abra*	*No abran*

다음의 동사들을 사용하여 명령법을 구사해 보도록 하자.

I	alabar, amar, bailar, bajar, cantar, comprar, estudiar, llevar, tomar
II	comer, comprender, correr, creer, leer, vender
III	descubrir, escribir, partir, compartir, vivir, convivir

2 불규칙 명령법

명령법에서는 대부분 위에서 배운 명령법 구성 규칙에 따르므로 불규칙형이 많지 않다. 또 아래에 소개할 불규칙 명령법도 단지 2인칭 단수 tú에 대한 명령만 불규칙하게 이루어지고 나머지는 규칙에 따르고 있음을 알 수 있다.

	yo	tú	usted	nosotros	vosotros	ustedes
ser	—	**sé**	sea	seamos	sed	sean
	—	no seas	no sea	no seamos	no seáis	no sean
ir	—	**ve**	vaya	**vamos**	id	vayan
	—	no vayas	no vaya	no vayamos	no vayáis	no vayan
decir	—	**di**	diga	digamos	decid	digan
	—	no digas	no diga	no digamos	no digáis	no digan
hacer	—	**haz**	haga	hagamos	haced	hagan
	—	no hagas	no haga	no hagamos	no hagáis	no hagan
poner	—	**pon**	ponga	pongamos	poned	pongan
	—	no pongas	no ponga	no pongamos	no pongáis	no pongan
tener	—	**ten**	tenga	tengamos	tened	tengan
	—	no tengas	no tenga	no tengamos	no tengáis	no tengan
venir	—	**ven**	venga	vengamos	venid	vengan
	—	no vengas	no venga	no vengamos	no vengáis	no vengan
salir	—	**sal**	salga	salgamos	salid	salgan
	—	no salgas	no salga	no salgamos	no salgáis	no salgan
haber	—	**he**	haya	hayamos	habed	hayan
	—	no hayas	no haya	no hayamos	no hayáis	no hayan
valer	—	**val**	valga	valgamos	valed	valgan
	—	no valgas	no valga	no valgamos	no valgáis	no valgan

위와 같이 tú에 대한 명령형이 불규칙인 동사들은 다음과 같다.

tener형	contener, detener, entretener, mantener, obtener, retener, sostener
poner형	componer, descomponer, disponer, exponer, imponer, oponer, posponer, proponer, suponer
hacer형	deshacer, rehacer, satisfacer ➡ 단, satisfacer는 satisface, satisfaz 모두 가능
venir형	convenir, intervenir, prevenir

참고 사항

- 이러한 유형의 파생동사 중 tú에 대한 불규칙형이 -n으로 끝나는 경우 악센트가 추가된다는 점도 주의해야 한다: contén, compón, intervén, etc.
- decir형인 bendecir, contradecir, maldecir, predecir 등의 tú에 대한 명령형은 규칙적으로, bendice, contradice, maldice, predice 등이 된다.

3 명령법의 용법

1 긍정명령문과 부정명령문

Abre (tú) la puerta.	(너는) 문을 열어라.
➡ ***No abras*** (tú) la puerta.	(너는) 문을 열지 말거라.
Apaga la luz.	불을 꺼라.
➡ ***No apagues*** la luz.	불을 끄지 마라.
Encienda la televisión.	텔레비전을 켜세요.
➡ ***No encienda*** la televisión.	텔레비전을 켜지 마세요.
Aplaudan a Carmen.	까르멘을 칭찬하십시오(-에게 박수를 보냅시다).
➡ ***No aplaudan*** a Carmen.	까르멘을 칭찬하지 마십시오.
Bendice a mi familia.	나의 가족을 축복해 주어라.
➡ ***No bendigas*** a mi familia.	나의 가족을 축복해 주지 마라.

2 대명사와 명령문

명령문에서 대명사가 사용되는 경우 긍정명령과 부정명령에 따라 상이한 모습을 보여준다. 긍정명령인 경우 대격 또는 여격대명사는 동사어미에 접목되며, 이 경우 동사의 악센트 위치가 변할 경우 원래의 위치에 악센트를 표시해 주어야 한다. 부정명령인 경우 [No - 여격대명사 - 대격대명사 - 동사]의 어순이 나타난다. 또 대명사들이 함께 나타나는 경우 항상 [재귀대명사 - 여격대명사 - 대격대명사 - 동사]의 어순이 된다.

Ábrela (tú).	(너는) 그것을 열어라.
➡ ***No la abras*** (tú).	(너는) 그것을 열지 말라.
Apágala.	그것을 꺼라.
➡ ***No la apagues.***	그것을 끄지 말라.
Enciéndala, por favor.	미안하지만, 그것을 켜세요.
➡ ***No la encienda,*** por favor.	미안하지만, 그것을 켜지 마세요.
Dímelo.	나에게 그것을 말해라.
➡ ***No me lo digas.***	나에게 그것을 말하지 말라.
Imagíneselo.	그것을 상상해 보세요.
➡ ***No se lo imagine.***	그것을 상상하지 마세요.
Comámosla.	그것을 먹읍시다.
➡ ***No la comamos.***	그것을 먹지 맙시다.
Pegadlos.	그것들을 붙여라.
➡ ***No los peguéis.***	그것들을 붙이지 말라.

3 명령문과 재귀대명사

앞에서 보았듯, 다른 대명사들과 함께 올 경우 재귀대명사가 가장 먼저 나온다. 나아가 긍정명령 1/2인칭 복수의 경우 동사 어미의 -s와 -d를 떼고 재귀대명사를 접목시킨다.

levantarse (일어나다)			
—	***levantémonos***	—	*no nos levantemos*
levántate	***levantaos***	*no te levantes*	*no os levantéis*
levántese	*levántense*	*no se levante*	*no se levanten*

irse (가버리다)			
—	***vámonos***	—	*no nos vayamos*
vete	***idos***	*no te vayas*	*no os vayáis*
váyase	*váyanse*	*no se vaya*	*no se vayan*

※ 스페인한림원(RAE)이 2인칭 복수의 경우 불규칙한 형태인 Idos를 표준으로 삼고 있으나, 실제로 Iros를 주로 사용한다. RAE는 후자를 통속적이라 주장하며 사용하지 말 것을 권한다.

ponerse (-되다, 쓰다, 입다)			
—	***pongámonos***	—	*no nos pongamos*
ponte	***poneos***	*no te pongas*	*no os pongáis*
póngase	*pónganse*	*no se ponga*	*no se pongan*

재귀동사	acostarse, bañarse, cortarse, despertarse, ducharse, quitarse, sentarse, ponerse, ponérselo, quitárselo

Ponte nervioso.	긴장해라.
➡ ***No te pongas*** nervioso.	긴장하지 말거라.
Ponte esta cazadora.	이 점퍼를 입어라.
➡ ***No te pongas*** esta cazadora.	이 점퍼를 입지 마라.

Vete ahora mismo.	지금 당장 가거라.
➡ ***No te vayas*** ahora mismo.	지금 당장 가지 말거라.
Levántate temprano.	일찍 일어나라.
➡ ***No te levantes*** temprano.	일찍 일어나지 말거라.
Córtate las uñas de los pies y de las manos.	손발톱을 잘라라.
➡ ***No te las cortes.***	그것들(손발톱)을 자르지 말거라.
Quitémonoslo despacio.	그것을 천천히 벗읍시다.
➡ ***No nos lo quitemos*** despacio.	그것을 천천히 벗지 맙시다.
Date prisa.	서둘러라.
➡ ***No te des*** prisa.	서두르지 마라.

4 기타 명령문

1 [현재가 때때로 명령]을 표현하며, 이 경우 명령법보다 더 강한 의미를 띤다.

Vas a la escuela inmediatamente. ¿De acuerdo?	너 지금 당장 학교에 간다. 알겠지?
Vienes conmigo si estás libre.	너 할 일 없으면 나와 함께 간다.
Ahora mismo ***te lavas*** las manos.	너는 지금 당장 손을 씻는다.

2 [미래를 통한 명령]은 미래에 초점을 맞춘 명령을 표현한다.

Vendrás a mi casa esta tarde.	너는 오늘 오후에 내 집에 오거라.
No se quedará allí, esperando regresar a este pueblo.	이 마을로 돌아오기를 바라면, (당신) 그곳에 머물지 마시오.

3 [Que 접속법]형식(주동사 생략)으로 명령을 표현할 수 있다.

(Te mando) ***Que se lo digas*** a ella.	너는 그녀에게 그것을 말해라.
(Te digo) ***Que no te enfades*** conmigo.	너는 내게 화내지 말거라.

4 ¿Por qué no ...?구문 이용하여 명령을 표현하기도 한다.

¿Por qué no me miras? (=Mírame)	나 좀 쳐다보지.
¿Por qué no vienes al aeropuerto a recibirme? (=Ven al aeropuerto a recibirme.)	너는 공항으로 나를 마중 나와야지.

5 [querer INF] 의문문을 이용하여 명령을 표현할 수도 있다.

¿Quieres callarte?	조용히 좀 해 주겠니?
¡Niños, ***¿queréis callaros?***	얘들아, 조용히 좀 해 주겠니?

6 [A + INF]구문으로 명령을 표현한다.

¡Chicos, ***a dormir!***	얘들아, 자러 가렴.
¡A caminar!	자 걸어라.

7 [동사원형(INF)]은 대중을 상대로 하는 명령에 사용된다.

No fumar. (=No fumen)	금연 (담배 피지 마시오.)
No tirar colillas. (=No tiren colillas)	담배꽁초 버리지 마시오.
Todos, ***subir*** al tren.	모두, 열차에 타십시오.

※ **대중을 상대로 2인칭 복수를 사용하는 경우를 볼 수 있으나 올바른 표현이라고 볼 수 없다:** No fuméis.

8 [명사/ 부사/ 전치사]등을 사용하여 명령을 표현한다.

¡Silencio!	조용히 하세요.	***¡Cuidado!***	조심하세요.
¡Socorro!	사람 살려!.	***¡Aplausos!***	박수(칩시다)!
¡Alto!	정지(꼼짝 맛)!	***¡Largo!***	가버려!
¡Fuera de aquí!	여기서 나가세요!	***¡De prisa!***	서두르세요!

Lección 14 ejercicios

1 | 다음을 인칭별(tú, usted, nosotros, ...) 명령법으로 바꾸어보자.

① Practicar español
② Comprar una corbata
③ Llevar a Juan a la escuela
④ Aprender coreano
⑤ Comer esta paella
⑥ Correr rápido
⑦ Tener cuidado con el alcohol
⑧ Abrir las ventanas
⑨ Escribir una carta al maestro
⑩ Partir ahora para la montaña
⑪ Hacer un viaje al extranjero
⑫ Vivir tranquilo
⑬ Ser un buen hombre
⑭ Ir a la biblioteca
⑮ Decirlo a los compañeros

2 | 다음을 인칭별(tú, usted, nosotros, ...) 명령법으로 바꾸어보자.

① No hablar en voz alta
② No salir de la clase
③ No decir tonterías
④ No cerrar la puerta
⑤ No irse de juerga
⑥ No tener miedo a este perro
⑦ No dar un paseo por el parque
⑧ No compartir el piso con Paco

3 | 긍정명령문을 부정명령문으로 바꾸어보자.

① Apaga la televisión. ➡
② Dime lo que te interesa. ➡
③ Fumad en este lugar. ➡
④ Vete ahora a la escuela. ➡
⑤ Ponte aquí. ➡

4 | 부정명령문을 긍정명령문으로 바꾸어보자.

① No nos pongamos la corbata. ➡
② No os deis prisa. ➡
③ No me lo diga. ➡
④ No seas un hombre tímido. ➡
⑤ No nos levantemos temprano. ➡

5 | 문장 내 틀린 부분을 찾아 바로 잡아 보자.

① No ven aquí.
② Ponte relajados.
③ Coman tranquilo en el comedor.
④ Vamonos a la iglesia.
⑤ No poned el libro en la mesa.

안또니 가우디

Antoni Gaudí(1852-1926)는 스페인의 까딸루냐지역 출신으로 건축 분야에서 세계적 명성을 얻은 인물이다. 모든 전통적인 건축양식을 섭렵하고 이를 채택하여, 풍부하고 천재적인 상상력을 바탕으로 새로운 건축 형태와 양식을 창조하였다. 그는 자신이 태어난 도시 바르셀로나시 도처에 훌륭한 건축물들을 남겨놓았다. 가우디의 모더니즘 건축물 중 하나가 <밀라의 집>**(Casa Milá, 1907)**이다. 가장 유명한 그의 건축 작품은 신고딕 양식의 대성당, <성가>(聖家, **La Sagrada Familia**)로 **1882**년 건축가 **Francisco de P. del Villard**에 의해 건설이 시작되어, 가우디가 이어받아 <탄생의 정면>**(La Fachada del Nacimiento)** 등 여러 부분을 건설하였으며, 아직까지도 건축이 진행 중이다.

스페인 왕가

Franco총통이 1975년 세상을 뜨고 장기독재가 끝나게 됨에 따라, 새로이 왕정이 복구되고 부르봉가의 Juan Carlos 1세가 국왕으로 취임하게 되었다.

프랑스의 부르봉왕가는 1589년 앙리 4세에서 시작, 프랑스대혁명(1789-1799년)을 거쳐 1830년 샤를 10세에 끝나며, 그 분가인 스페인왕가는 1700년 Felipe 5세에서 시작, 세기 반 지속되다가 1868년 이사벨 2세의 퇴위로 막을 내렸다가 1874년Alfonso 12세와 함께 재개되었다. 제2공화국시기(1931-1939)와 프랑꼬체제(1939-1975년)의 공백기 이후, 프랑꼬의 명에 의해 왕조가 복구되고, 현재의 까를로스 1세가 왕위에 오르게 되었다.

현재의 국왕은 프랑꼬 독재의 잔재를 청산하고 스페인을 민주화의 길로 유도하였으며, 그 결과 지금 스페인은 완전한 서구 민주주의 국가가 되어있다.

제 15 장 접속법의 용법

1 명사절에서의 접속법

이미 접속법 동사를 배울 때 접속법과 직설법의 차이를 설명한 바 있다. 주동사가 종속절동사에 대해 의미적으로 영향을 미치고 종속절동사의 실현가능성에 대한 주절동사의 확신이 결여된 경우에 종속절동사는 접속법이 된다.

$$S_1 + V_1 + que + S_2 + V_2 + O$$

$[S_1 \neq S_2]$, $[V_1$ ▶ V_2에 영향] ➡ V_2 *[접속법]*

또 주절시제가 현재, 현재완료, 명령법이면 종속절동사는 접속법 현재로, 주절시제가 과거, 불완료 과거 또는 가능법이면 종속절동사는 접속법 과거, 주절시제가 미래면 종속절동사는 접속법현재가 된다.

주절 주어	주절 동사	접속사	종속절 주 어	종속절 동 사	종속절 목적어	예 문
S_1	현 재	que	S_2	접속법 현 재	O	***Deseo*** que ella ***estudie*** español.
	현재완료					***He deseado*** que ella ***estudie*** español.
	명 령 법					***Dile*** a ella que ***estudie*** español.
S_1	과 거	que	S_2	접속법 과 거	O	***Deseé*** que ella ***estudiara*** español.
	불완료과거					***Deseaba*** que ella ***estudiara*** español.
	가 능 법					***Desearía*** que ella ***estudiara*** español.
S_1	미 래	que	S_2	접속법 현 재	O	***Desearé*** que ella ***estudie*** español.

그러나 주절주어와 종속절의 주어가 같으면 부정사절이 나타난다.

Deseo ***He deseado***	***estudiar*** español.
Deseé ***Deseaba*** ***Desearía***	***estudiar*** español.
Desearé	***estudiar*** español.

자 이러한 종속명사절 내 접속법을 요구하는 주절동사를 유형별로 분류하여 파악해 보도록 하자.

1 주절동사: 소망

주절동사가 소망을 표현하는 desear, esperar, preferir, querer 등이 나타나는 경우 종속절동사는 접속법이 된다.

Deseo **Espero** **Quiero**	que ***salgas*** pronto.	나는	네가 곧 나가기를	바란다. 희망한다. 원한다.
Deseaba **Esperaba** **Quería**	que ***salieras*** pronto.	나는	네가 곧 나가기를	바라고 있었다. 희망하고 있었다. 원하고 있었다.
Desearé **Esperaré** **Querré**	que ***salgas*** pronto.	나는	네가 곧 나가기를	바랄 것이다. 희망할 것이다. 원할 것이다.

2 주절동사: 간청

주절동사가 간청을 표현하는 pedir, rogar, solicitar, suplicar 등이 나타나는 경우 종속절동사는 접속법이 된다.

Me piden	que ***me encargue*** de ese asunto.	당신들은 내게	내가 그 일을 떠맡으라고	요구한다
Me ruegan				청한다.
Me solicitan				간청하다.
Me suplican				의뢰하다.
Me pidieron	que ***me encargara*** de ese asunto.	당신들은 내게	내가 그 일을 떠맡으라고	요구했다.
Me rogaron				청했다.
Me solicitaron				간청했다.
Me suplicaron				의뢰했다.
Me pedirán	que ***me encargue*** de ese asunto.	당신들은 내게	내가 그 일을 떠맡으라고	요구할 것이다.
Me rogarán				청할 것이다.
Me solicitarán				간청할 것이다.
Me suplicarán				의뢰할 것이다.
Pídanme	que ***me encargue*** de ese asunto.	당신들은 내게	내가 그 일을 떠맡으라고	요구하시오.
Ruéguenme				청하시오.
Solicítenme				간청하시오.
Suplíquenme				의뢰하시오.

3 주절동사: 감정, 느낌

주절동사가 감정 또는 느낌을 표현하는 alegrarse de, lamentar, temer, sentir 등이 나타나는 경우 종속절동사는 접속법이 된다.

Se alegra de	que Antonio ***regrese*** a su patria.	그는	안또니오가 그의 조국으로 귀환하는 것을	기뻐한다.
Lamenta				한탄한다.
Teme				두려워한다.

Se alegró de *Lamentó* *Temió*	que Antonio ***regresara*** a su patria.	그는	안또니오가 그의 조국으로 귀환하는 것을	기뻐했다. 한탄했다. 두려워했다.
Se alegrará de *Lamentará* *Temerá*	que Antonio ***regrese*** a su patria.	그는	안또니오가 그의 조국으로 귀환하는 것을	기뻐할 것이다. 한탄할 것이다. 두려워할 거다.
Alégrese de *Lamente* *Tema*	que Antonio ***regrese*** a su patria.	(당신)	안또니오가 그의 조국으로 귀환하는 것을	기뻐하시오. 한탄하시오. 두려워하시오.

4 주절동사: 반대, 불신

주절동사가 반대나 불신을 표현하는 negar, oponerse a, dudar, sospechar 등이 나타나는 경우 종속절동사는 접속법이 된다.

Niegas *Te opones a* *Dudas* *Sospechas*	que yo ***sea*** responsable.	너는	내가 책임이 있다는 것을	거부한다. 반대한다. 의심한다. 수상하게 여긴다.
Negaste *Te opusiste a* *Dudaste* *Sospechaste*	que yo ***fuera*** responsable.	너는	내가 책임이 있었다는 것을	거부했다. 반대했다. 의심했다. 수상하게 여겼다.
Negarás *Te opondrás a* *Dudarás* *Sospecharás*	que yo ***sea*** responsable.	너는	내가 책임이 있다는 것을	거부할 것이다. 반대할 것이다. 의심할 것이다. 수상하게 여길 것이다.

Niega	que yo ***sea*** responsable.	너는	내가 책임이 있다는 것을	거부해라.
Oponte a				반대해라.
Duda				의심해라.
Sospecha				수상하게 여겨라.

이런 동사들은 접속법을 요구하나, 부정문에서는 불확실성이 제거된다고 볼 수 있으므로 직설법이 나타날 수도 있다.

No niegas	que yo ***{soy/ sea}*** responsable.	너는	내가 책임이 있다는 것을	부정하지 않는다.
No dudas				의심하지 않는다.
No sospechas				수상하게 여기지 않는다.

참고 사항

- oponerse a의 경우는 부정문이 되어도 종속절동사로 접속법만 허용한다.

  No te opones a que yo ***sea*** responsable. 너는 내가 책임이 있다는 것에 반대하지 않는다.

5 주절동사: 명령, 강요

주절동사가 명령이나 강요를 표현하는 decir, hacer, mandar, ordenar, exigir, obligar 등이 나타나는 경우 종속절동사는 접속법이 될 수도 있고 부정사가 될 수도 있다.

Le dicen	que ***se vaya*** a Corea.	그들은 그에게	한국에 가라고	말한다.
Le hacen				시킨다.
Le mandan				명령한다.
Le ordenan				명령한다.
Le obligan a				강요한다.

Le dijeron				말했다.
Le hicieron				시켰다.
Le mandaron	que ***se fuera*** a Corea.	그들은 그에게	한국에 가라고	명령했다.
Le ordenaron				명령했다.
Le obligaron a				강요했다.
Le dirán				말할 것이다.
Le harán				시킬 것이다.
Le mandarán	que ***se vaya*** a Corea.	그들은 그에게	한국에 가라고	명령할 것이다.
Le ordenarán				명령할 것이다.
Le obligarán a				강요할 것이다.
Díganle				말하시오.
Háganle				시키시오.
Mándenle	que ***se vaya*** a Corea.	(당신들) 그에게	한국에 가라고	명령하시오.
Ordénenle				명령하시오.
Oblíguenle a				강요하시오.

참고 사항

● '명령 또는 강요'를 의미하는 주절동사는 decir동사만 제외하고는 모두 부정사절을 허용한다.

Le {hacen/ mandan/ ordenan/ obligan a}	
Le {hicieron/ mandaron/ ordenaron/ obligaron a}	***irse*** a Corea.
Le {harán/ mandarán/ ordenarán/ obligarán a}	
{Háganle/ Mándenle/ Ordénenle/ Oblígenle a}	

6 주절동사: 충고, 금지, 허락

주절동사로 aconsejar, prohibir, dejar, permitir, 등이 나타나는 경우 종속절동사는 접속법이 될 수도 있고 부정사가 될 수도 있다. 그 차이는 접속법 구문에서는 주동사가 종속절동사에 영향을 끼치나, INF구문에서는 주동사가 확증을 표현하게 된다.

Nos has aconsejado	que ***cantemos.***	너는 우리에게	노래하라고	충고해 오고 있다.
Nos has prohibido			노래하는 것을	금지해 오고 있다.
Nos has dejado				허용해 오고 있다.
Nos has permitido				허락해 오고 있다.
Nos habías aconsejado	que ***cantáramos.***	너는 우리에게	노래하라고	충고해 왔었다.
Nos habías prohibido			노래하는 것을	금지해 왔었다.
Nos habías dejado				허용해 왔었다.
Nos habías permitido				허락해 왔었다.
Nos aconsejarás	que ***cantemos.***	너는 우리에게	노래하라고	충고할 것이다.
Nos prohibirás			노래하는 것을	금지할 것이다.
Nos dejarás				허용할 것이다.
Nos permitirás				허락할 것이다.
Aconséjanos	que ***cantemos.***	너는 우리에게	노래하라고	충고하거라.
Prohíbenos			노래하는 것을	금지하거라.
Déjanos				허용하거라.
Permítenos				허락하거라.

참고 사항

● '충고, 금지 또는 허락'를 의미하는 주절동사는 부정사절도 허용한다.

Nos has {aconsejado/ prohibido/ dejado/ permitido}	***cantar.***
Nos habías {aconsejado/ prohibido/ dejado/ permitido}	
Nos {aconsejarás/ prohibirás/ dejarás/ permitirás}	
{Aconséjanos/ Prohíbenos/ Déjanos/ Permítenos}	

7 주절동사: 전달 또는 의견

주절동사가 '전달 또는 의견'(decir, mencionar, etc.)을 표현하는 경우, 긍정문에서는 종속절동사가 직설법이 되고 부정문에서는 접속법이 된다.

Te digo ***Te menciono*** ***Te afirmo*** ***Te explico***	que Inés ***ha venido*** a vernos.	나는 네게	이네스가 우리를 보러 왔다고	말한다. 언급한다. 단언한다. 설명한다.
Te dije ***Te mencioné*** ***Te afirmé*** ***Te expliqué***	que Inés ***había venido*** a vernos.	나는 네게	이네스가 우리를 보러 왔었다고	말했다. 언급했다. 단언했다. 설명했다.
Te diré ***Te mencionaré*** ***Te afirmaré*** ***Te explicaré***	que Inés ***ha venido*** a vernos.	나는 네게	이네스가 우리를 보러 왔다고	말할 것이다. 언급할 것이다. 단언할 것이다. 설명할 것이다.

[부정문]

No te digo ***No te menciono*** ***No te afirmo*** ***No te explico***	que Inés ***haya venido*** a vernos.	나는 네게	이네스가 우리를 보러 왔다고	말하지 않는다. 언급하지 않는다. 단언하지 않는다. 설명하지 않는다.
No te dije ***No te mencioné*** ***No te afirmé*** ***No te expliqué***	que Inés ***hubiera venido*** a vernos.	나는 네게	이네스가 우리를 보러 왔었다고	말하지 않았다. 언급하지 않았다. 단언하지 않았다. 설명하지 않았다.
No te diré ***No te mencionaré*** ***No te afirmaré*** ***No te explicaré***	que Inés ***haya venido*** a vernos.	나는 네게	이네스가 우리를 보러 왔다고	말하지 않을 것이다. 언급하지 않을 것이다. 단언하지 않을 것이다. 설명하지 않을 것이다.

8 주절동사: 지각(知覺)

주절동사가 육체적 또는 정신적 지각(ver, oír, observar, etc.)을 표현하는 경우, 긍정문에서는 종속절동사가 직설법으로 나타나나, 부정문에서는 종속절동사가 접속법이 된다.

María ***ve***	que José ***sale*** de casa.	마리아는	호세가 집에서 나가는 것을(소리를)	본다.
María ***oye***				듣는다.
María ***observa***				바라본다.
María ***vio***	que José ***salía*** de casa.	마리아는	호세가 집에서 나가는 것을(소리를)	봤다.
María ***oyó***				들었다.
María ***observó***				바라보았다.
María ***verá***	que José ***sale*** de casa.	마리아는	호세가 집에서 나가는 것을(소리를)	볼 것이다.
María ***oirá***				들을 것이다.
María ***observará***				바라볼 것이다.

※ María ***verá*** que José ***saldrá*** de casa.도 가능하며, saldrá는 미래를 표현하나, sale는 현재와 매우 가까운 미래를 표현하게 된다.

[부정문]

María ***no {ve/ oye/ observa}***	que José ***salga*** de casa.	마리아는	호세가 집에서 나가는 것을 (소리를)	{보지/듣지/바라보지}못한다.
María ***no {vió/ oyó/ observó}***	que José ***saliera*** de casa.			{보지/듣지/바라보지}못했다.
María ***no {verá/ oirá/ observará}***	que José ***salga*** de casa.			{보지/듣지/바라보지}못할 것이다.

참고 사항

● ver, oir동사는 종속절로 원형절을 자주 허용한다(observar INF구문은 거의 사용 안 됨).

María {ve/ oye}	***salir*** de casa a José.
María {vió/ oyó}	
María {verá/ oirá}	

9 주절동사: 정신적 활동

주절동사가 정신적 활동(pensar, recordar, creer, opinar, etc.)을 표현하는 경우, 긍정문에서는 종속절동사가 직설법으로 나타난다. 부정문에서는 종속절동사가 종속절의 내용이 불확실한 경우 접속법이, 그 내용이 확실한 경우 직설법이 된다.

Piensas	que ella ***vivía*** allí.	너는	그녀가 그곳에 살고 있었다고	생각한다.
Recuerdas				기억한다.
Crees				믿는다.
Opinas				생각한다.
Pensaste	que ella ***había vivido*** allí.	너는	그녀가 그곳에 살고 있었었다고	생각했다.
Recordaste				기억했다.
Creíste				믿었다.
Opinaste				생각했다.
Pensarás	que ella ***vivía*** allí.	너는	그녀가 그곳에 살고 있었다고	생각할 것이다.
Recordarás				기억할 것이다.
Creerás				믿을 것이다.
Opinarás				생각할 것이다.
Piensa	que ella ***vivía*** allí.	너는	그녀가 그곳에 살고 있었다고	생각해라.
Recuerda				기억해라.
Cree				믿어라.
Opina				생각해라.

[부정문]

No piensas	que ella ***{viviera/ vivía}*** allí.	너는	그녀가 그곳에 살고 있었다고	생각하지 않는다.
No recuerdas				기억하지 않는다.
No crees				믿지 않는다.
No opinas				생각하지 않는다.

No pensaste	que ella ***{hubiera vivido/ había vivido}*** allí.	너는	그녀가 그곳에 살고 있었었다고	생각하지 않았다.
No recordaste				기억하지 않았다.
No creíste				믿지 않았다.
No opinaste				생각하지 않았다.
No pensarás	que ella ***{viviera/ vivía}*** allí.	너는	그녀가 그곳에 살고 있었다고	생각하지 않을 것이다.
No recordarás				기억하지 않을 것이다.
No creerás				믿지 않을 것이다.
No opinarás				생각하지 않을 것이다.

또, 부정명령문에서는 화자 및 청자가 종속절의 내용에 대해 인지하고 있다는 전제가 있어야 하므로 직설법만 허용된다.

No pienses	que ella ***vivía*** allí.	너는	그녀가 그곳에 살고 있었다고	생각하지 말아라.
No recuerdes				기억하지 말아라.
No creas				믿지 말아라.
No opines				생각하지 말아라.

1-**9**까지의 접속법은 종속절이 주절동사의 목적어 역할을 하는 경우, 주절동사의 의미에 따른 종속절동사의 접속법 사용 여부에 관한 내용을 다루었다. 그러나 다음 **10**에서는 종속절이 주어절로 나타나는 경우의 접속법에 관해 살펴보도록 하겠다.

10 주어 명사절에서의 접속법

명사절(oraciones sustantivas)이 주어 역할을 하는 구문에서 주절의 술어가 감정, 느낌 등 불확실성을 내포하는 경우, 주어 명사절 내의 동사는 접속법이 된다.

SER + **주격보어** + que + S_2 + V_2 + O

[주격보어의 의미]가 V_2에 영향 ➡ V_2 [*접속법*]

ser동사 다음의 주격보어가 bastante, conveniente, dudable, increíble, mejor, necesario, preciso, posible, imposible, probable, 등으로 이루어져, 화자의 감정, 느낌, 의심, 추측, 등을 표현하는 경우 주어 명사절의 동사는 접속법이 된다.

Es mejor	que ***terminemos*** el trabajo lo más pronto posible.	우리가 그 일을 가능한 한 빨리 끝내는 것이	더 좋다.
Es necesario			필요하다.
Es posible			가능하다.
Era mejor	que ***termináramos*** el trabajo lo más pronto posible.	우리가 그 일을 가능한 한 빨리 끝내는 것이	더 좋았다.
Era necesario			필요했다.
Era posible			가능했다.
Será mejor	que ***terminemos*** el trabajo lo más pronto posible.	우리가 그 일을 가능한 한 빨리 끝내는 것이	더 좋을 것이다.
Será necesario			필요할 것이다.
Será posible			가능할 것이다.

그러나 주격보어가 cierto, evidente, indudable, seguro, verdad, 등으로 이루어져 '확실성'을 표현하게 되면 주어 명사절 내 동사는 직설법이 된다.

Es cierto	que María ***viene*** aquí.	마리아가 여기에 오는 것은	확실하다.
Es evidente			분명하다.
Es indudable			의심할 바 없다.
Es seguro			확실하다.
Es verdad			사실이다.

그러나 이러한 술어에 no가 나타나 확실성이 사라지게 되면, 주어 명사절 내 종속절동사는 다시 접속법이 된다.

No es cierto	que María ***venga*** aquí.	마리아가 여기에 오는 지는	확실하지 않다.
No es evidente			분명하지 않다.
No es seguro			확실하지 않다.
No es verdad			사실이 아니다.

indudable 대신 반의어인 dudable가 오면 당연히 주어 명사절 내의 종속절동사는 접속법이 된다: Es dudable que María *venga* esta tarde.

참고 사항

● 명사절인 que-절 앞에는 정관사 el 또는 동격구문인 [el hecho de ...]가 나타날 수 있다. 명사절이 추상적인 내용을 지닌 중성의 범주에 해당하나, 그 일치는 남성단수형으로 이루어진다(이미, Es *seguro* que ...에서 주격보어가 남성단수형인 것을 보았다). 따라서 명사절 앞에 관사를 붙일 경우 el을 사용하고, 문두에 나타나는 주어 명사절은 주로 [el hecho de ...]나 정관사 el을 동반한다.

El hecho de que no venga ***El que*** no venga ***Que*** no venga	no tiene nada que ver con su enfermedad.	그가 오지 않는다는 것(사실)이 그의 병과는 아무 관련이 없다.

11 비인칭 구문에서의 접속법

비인칭 동사[비확실성] + que + S + ***V_2*****[접속법]** + O

비인칭 동사가 감정, 느낌, 가능성, 놀람, 등 확실성이 결여된 의미를 표현하는 경우 종속절 내 동사는 접속법이 된다. 이러한 비인칭 동사들로는 bastar con, convenir, desagradar, extrañar, fastidiar, gustar, importar, molestar, poder (ser), sorprender 등이 있으며 항상 3인칭 단수로 나타난다.

Basta con	que ella ***haya llegado*** a casa a tiempo.	그녀가 집에 제때에 도착한 것	만으로 충분하다.
Conviene			이 바람직하다.
Extraña			이 이상하다.

Bastó con	que ella ***hubiera llegado*** a casa a tiempo.	그녀가 집에 제때에 도착했던 것	만으로 충분했다.
Convino			이 바람직했다.
Extrañó			이 이상했다.
Bastará con	que ella ***haya llegado*** a casa a tiempo.	그녀가 집에 제때에 도착한 것	만으로 충분할 것이다.
Convendrá			이 바람직할 것이다.
Extrañará			이 이상할 것이다.
¿Te fastidia	que ***fume?***	내가 담배 피는 것이	너는 괴롭니?
¿Te importa			네게 상관있니?
¿Te molesta			너를 불쾌하게 하니?
¿Te sorprende			너는 놀랍니?
¿Te fastidiaba	que ***fumara?***	내가 담배 폈다면	너를 괴롭혔겠니?
¿Te importaba			네게 상관있었겠니?
¿Te molestaba			너를 불쾌하게 했겠니?
¿Te sorprendía			너는 놀라웠겠니?
¿Te fastidiará	que ***fume?***	내가 담배 피는 것이	너를 괴롭힐까?
¿Te importará			네게 상관있을까?
¿Te molestará			너를 불쾌하게 할까?
¿Te sorprenderá			너에게 놀라울까?

그러나 이러한 비인칭 구문에서 동사가 확실성을 표현하는 경우(constar, parecer, suceder 등)는 종속절 내 동사가 직설법이 된다.

Consta	que ella ***ha llegado*** a casa a tiempo	그녀가 집에 제때에 도착한 것	은 분명하다.
Parece			같다.
Sucede			은 사실이다.

2 형용사절에서의 접속법

형용사절(일명, 관계사절)에서도 접속법이 나타날 수 있으며, 이 경우 선행사는 불특정성을 내포하고 있다. 이러한 경우들의 예를 세분하여 살펴보기로 하자.

1 선행사: 불특정성 표현

선행사에 관사가 없거나 부정관사를 동반하여 불특정성을 표현하는 경우 관계사절(형용사절)내의 동사는 접속법이 된다.

Busco una chica que ***pueda*** hablar en español.	나는 스페인어로 말할 수 있는 한 소녀를	찾는다.
Buscaba a ***una*** chica que ***pudiera*** hablar en español.		찾고 있었다.
Buscaré a ***una*** chica que ***pueda*** hablar en español.		찾을 것이다.

Busco a ***(unas)*** chicas que ***puedan*** hablar en español.	나는 스페인어로 말할 수 있는 (몇몇) 소녀들을	찾는다.
Buscaba a ***(unas)*** chicas que ***pudieran*** hablar en español.		찾고 있었다.
Buscaré a ***(unas)*** chicas que ***puedan*** hablar en español.		찾을 것이다.

이러한 구문에서 선행사가 사람을 지칭하는 단수 명사로 부정관사를 동반하는 경우에는 불특정성을 표현한다. 단수명사가 목적어로 나타나는 경우, 전치사 a를 동반하지 않으면 존재 여부가 불투명한 매우 막연한 사람을 지칭하며 이 명사를 수식하는 관계사절의 동사는 접속법이 된다. 그러나 a가 나타나면 구체적이지 않으나 존재한다는 가정을 하게 되며, 그 명사를 수식하는 관계사절은 동사에 직설법과 접속법을 공히 허용한다. 선행사가 정관사를 동반하면 매우 구체적인 사람을 언급하게 되며, 관계사절에는 직설법이 사용된다.

Busco ***una*** chica que ***pueda*** hablar en español.	나는 스페인어로 말할 수 있는 한 소녀를 찾는다.
Busco a ***una*** chica que ***{pueda/puede}*** hablar en español.	
Busco ***a la chica*** que ***puede*** hablar en español.	나는 스페인어로 말할 수 있는 그 소녀를 찾고 있다.

그러나 선행사가 복수명사인 경우 정관사가 나타나더라도 특정성뿐만 아니라 불특정성도 표현할 수 있다. 따라서 그 의미적 특징에 따라 직설법과 접속법이 각각 사용된다.

Te recomendaré **a los chicos** que ***no han ido*** de vacaciones.	나는 네게 휴가 가지 않은 그 소년들을 추천할 것이다. [특정 소년들]
Te recomendaré **a los chicos** que ***no hayan ido*** de vacaciones.	나는 네게 휴가 가지 않은 소년들을 추천할 것이다. [불특정 소년들]

한편, 주동사가 과거 또는 불완료 과거인 경우, 과거는 이미 행위가 종결된 상황을 의미하므로 목적어를 수식하는 관계사절 내에 직설법이 나타나고, 불완료 과거는 행위가 완료되지 않은 상황을 표현하므로 목적어를 수식하는 관계사절 내에 접속법이 나타난다.

Busqué a *una* chica que ***podía*** hablar en español.	나는 스페인어로 말할 수 있는 한 소녀를	찾았다.
Buscaba a *una* chica que ***pudiera*** hablar en español.		찾고 있었다.

2 선행사: 자의적 해석이 되는 경우

선행사가 자의적으로 해석이 되는 경우 종속절에 접속법이 사용된다.

Hago *lo que* ***pueda*** hacer.		한다.
Iba a hacer *lo que* ***pudiera*** hacer.	나는 내가 할 수 있는 것을	하려 하였다.
Haré *lo que* ***pueda*** hacer.		할 것이다.
Cuento *con quien* ***venga*** primero.		의지한다.
Contaba *con quien* ***viniera*** primero.	나는 먼저 오는 사람에게	의지하려 하였다.
Contaré *con quien* ***venga*** primero.		의지할 것이다.

그러나 이미 실현된 내용을 표현하는 선행사를 수식하는 경우 관계사절의 동사는 직설법이 된다.

Hizo lo que ***pudo*** hacer.	그는 할 수 있는 것을 했다.
Conté *con* quien ***vino*** primero.	나는 먼저 온 사람에게 의지했다.

3 선행사: 부정대명사

의문문이나 부정문에서 선행사가 부정(不定)대명사인 경우 관계사절의 동사는 접속법이 된다.

¿Hay ***alguien*** que ***pueda*** acompañarme a la fiesta?	나와 함께 축제에 갈 사람이 있을까?
No tengo a ***nadie*** que ***pueda*** acompañarme a la fiesta.	나는 함께 축제에 갈 사람이 아무도 없다.
No tenía a ***nadie*** que ***pudiera*** acompañarme a la fiesta.	나는 함께 축제에 갈 사람이 아무도 없었다.
No tendré a ***nadie*** que ***pueda*** acompañarme a la fiesta.	나는 함께 축제에 갈 사람이 아무도 없을 것이다.

참고 사항

● **부정**(不定)**대명사**: algo, alguien, alguno, nada, nadie, ninguno

¿Hay ***algo*** en el frigorífico? ***-No, no*** hay ***nada.***	냉장고에 뭐가 있니? 아니, 아무것도 없어.
¿Quieres tomar ***algo*** fresco? ***-No, no*** quiero tomar ***nada.***	시원한 것 마시고 싶니? 아니, 아무것도 마시고 싶지 않아.
¿Hay ***alguien*** en casa? ***-No, no*** hay ***nadie.***	집에 누군가 있니? 아니, 아무도 없어 RAE: alguno/ ninguno(?)

3 부사절에서의 접속법

이미 알고 있듯, 부사(adverbio)는 문장에서 주변적인 위치에 나타나 주로 동사, 형용사, 타 부사, 문장 전체를 수식한다(기타 특이한 용법들은 [부사]편을 참고할 것). 반면에, 부사절(oraciones adverbiales)은 종속절로서 문장의 한 요소를 수식하지 않고 주절 전체와 관련을 맺고 있다. 부사절의 존재 유무가 문법성에 영향을 미치지는 않으나, 주절에 다양한 의미를 부여할 수 있는 수식문으로 시간, 양보, 목적, 조건, 이유, 등을 표현한다. 부사절은 다음 표에서 볼 수 있듯 다양한 유형의 접속사(conjunción) 또는 접속사구(locuciones conjuntivas)에 의해 이끌어지며, 직설법과 접속법을 허용하는바 그 자세한 용법을 잘 익혀 두어야 한다.

부사절	허용어법	접속사
시간절	직설법/ 접속법	cuando, en cuanto, hasta que, antes/después (de) que, siempre que, a medida que, mientras, tan pronto como, etc.
양보절	직설법/ 접속법	aunque, a pesar de que, aún cuando, sin embargo de que, pese a que, etc.
목적절	접속법	para que, a fin de que, con el fin de que, de modo que, de suerte que, etc.
조건절	si: 직설법/접속법 si이외: 접속법	si, con (tal) (de) que, a no ser que, en caso de que, siempre que, como, a condición de que, mientras, etc.
원인절	직설법	porque, ya que, puesto que, pues, como, etc.
결과절	직설법	así que, por eso, entonces, de modo que, etc.

1 시간절

시간절(oraciones temporales)은 cuando, en cuanto, hasta que, antes (de) que, después (de) que, siempre que, a medida que, mientras, tan pronto como 등의 접속사 또는 접속사구와 더불어 구성된다. 시간절은 주절의 행위가 일어나는 시간을 표현하며, 그 시간적 상관관계를 바탕으로 동시성(simultaneidad), 선행성(anterioridad), 후행성(posterioridad)으로 세분할 수 있다. 이러한 내용을 도표화하여 제시해보면 다음과 같다.

시간		접속사 또는 접속사구
선행성		antes de que
동시성	동시발생	mientras (que), en tanto (que)
	병존	cuando, al (mismo) tiempo que, a la vez que, en tanto (que), mientras (que)
	일치	cuando
	동시적 반복	cada vez que, cuando, siempre que
	동시적 진행	conforme, según, a medida que
후행성	(중립적) 후행성	después (de) que, luego (de) que, cuando, una vez que, luego que
	후행적 반복	siempre que, cada vez que
	인접후행성	apenas, tan pronto como, así que, nada más que, inmediatamente que, enseguida que
좌측으로의 한계		desde que
우측으로의 한계		hasta que

선행성, 후행성 그리고 동시적 반복을 뜻하는 접속사구의 기저 어휘유형은 부사(antes, después, siempre)에 속하며, 좌측으로의 한계와 우측으로의 한계에서의 출발점은 전치사(desde, hasta)이다. 단지 동시성에서만 다른 범주에서 유래하지 않은 접속사 cuando와 mientras가 나타난다.

부사절의 내용이 경험이나 실제 이루어지는 상황을 표현할 때 직설법을 사용하고, 예상 또는 미래의 상황을 표현할 때는 접속법을 사용한다.

[경험]

Cuando				우리가 만날 때	
En cuanto	***nos encontramos,***	me ***saluda.***	그는	우리가 만나자마자	내게 인사한다.
Siempre que				항상 우리가 만날 때마다	

	cuando			우리가 만날 때	
Salúdeme	*en cuanto*	***nos encontramos.***	(당신)	우리가 만나자마자	내게 인사하시오.
	siempre que			항상 우리가 만날 때마다	

[예상]

Cuando				우리가 만나게 될 때	
En cuanto	***nos encontremos,***	me ***saludará.***	그는	우리가 만나게 되자마자	내게 인사할 것이다.
Siempre que				항상 우리가 만나게 될 때마다	

	cuando			우리가 만나게 될 때	
Salúdeme	*en cuanto*	***nos encontremos.***	(당신)	우리가 만나게 되자마자	내게 인사하시오.
	siempre que			항상 우리가 만나게 될 때마다	

[경험]

Ella no lo ***dice*** a nadie	*hasta que le **aviso.***	그녀는	내가 그녀에게 알릴 때까지	아무에게도 그걸 얘기하지 않는다.
	*mientras **estás callado.***		네가 침묵하고 있는 한	

[예상]

Ella no lo ***dirá*** a nadie	*hasta que le **avise.***	그녀는	내가 그녀에게 알릴 때까지	아무에게도 그걸 얘기하지 않을 것이다.
	*mientras estés **callado.***		네가 침묵하고 있는 한	
No hables	*mientras **tengas** comida en la boca.*	(너는)	입에 음식이 있는 동안은	말하지 말아라.

[경험]

A medida que / *Según* / *Conforme*	***iban entrando,***	se lo ***decía.***	나는	그들이 들어가는 대로	그들에게 그것을 얘기해 주고 있었다.

[예상]

A medida que / *Según* / *Conforme*	***vayan entrando,***	se lo ***diré.***	나는	그들이 들어가는 대로	그들에게 그것을 얘기해 줄 것이다.

문장의 시제가 과거가 되면 이미 경험한 내용이므로 직설법이 사용된다.

Me ***saludó***	*cuando*	***nos encontramos.***	그는	우리가 만났을 때	내게 인사했다
	en cuanto			우리가 만나자마자	
	siempre que			항상 우리가 만났을 때마다	
No ***sabía*** nada	*hasta que*	*me lo* ***dijiste.***	나는	네가 내게 그것을 얘기했을 때까지는	아무것도 모르고 있었다.

그러나 antes de que는 [예상]의 의미를 내포하므로 시제에 관계없이 항상 접속법을 동반한다.

Me despierto	*antes de que*	***suene*** *el despertador.*	나는	자명종이 울리기 전에	깬다
Me desperté	*antes de que*	***sonara*** *el despertador.*	나는	자명종이 울리기 전에	깼다
Me despertaré	*antes de que*	***suene*** *el despertador.*	나는	자명종이 울리기 전에	깰거다.
Despiértame	*antes de que*	***suene*** *el despertador.*	나를	자명종이 울리기 전에	깨워라.

2 양보절

양보절(oraciones concesivas)은 aunque, a pesar de que, pese a que, sin embargo de que, aún cuando 등의 접속사 또는 접속사구와 함께 이루어진다. 주절이 표현하는 내용이 실현되는 데 역행하거나 어려움이 있음을 표현한다. 조건절과 유사하며, 양보(concesión)는 주절 행위의 실현을 방해하지 않는 조건이다.

양보절은 직설법과 접속법으로 나타날 수 있으며, 종속절의 행위가 경험적인 사실인 경우 직설법이, 실현되지 않은 상황이나 미래의 상황을 표현하는 경우 접속법이 나타난다.

[경험]

Aunque / *A pesar de que* / *Pese a que*	***estudia,***	no aprueba el examen.	그는	공부하는데도	시험에 합격하지 못한다.
Aunque / *A pesar de que* / *Pese a que*	*ha estudiado,*	no ha aprobado el examen.	그는	공부해 오는 데도	시험에 합격하지 못하고 있다.
Aunque / *A pesar de que* / *Pese a que*	***estudió,***	no aprobó el examen.	그는	공부했는데도	시험에 합격하지 못했다.

[비경험]

Aunque / *A pesar de que* / *Pese a que*	***estudie,***	***no probará*** el examen.	그는	공부를 해도	시험에 합격하지 못할 것이다.

Aunque tú no lo ***sepas,*** yo te he visto andar sola.	비록 네가 모르겠지만 나는 네가 혼자 거니는 것을 보아왔다.
Había que hacer una apuesta, *aunque* ***saliera*** *mal.*	비록 결과가 나빴을 지라도 모험을 해야 했었다.

경험에 관한 내용이라도 화자가 의심스럽게 표현하고자 하는 경우 접속법을 사용할 수 있다.

Aunque ***estés / estás*** *gorda,* te quiero.	네가 뚱뚱할지라도 / 네가 뚱뚱하지만	나는 너를 좋아한다.
Aunque ***sea / soy*** *español,* no me gustan los toros.	내가 스페인인이라해도 / 내가 스페인인이지만	나는 투우를 좋아하지 않는다. ※ 투우는 la corrida de toros라고도 한다.
Aunque ***estés / estás*** *gorda,* te quiero.	네가 뚱뚱할지라도 / 네가 뚱뚱하지만	나는 너를 좋아한다.
Les permitía jugar *aunque* ***hiciera / hacía*** *mal tiempo.*	비록 날씨가 나빴을 지라도 / 비록 날씨가 나빴지만	나는 그들이 놀도록 허락하곤 했다.

참고 사항

● 특이한 구문의 양보절

por más(mucho) / ADJ / ADV que + 접속법	**아무리 - 해도**

Por más que ***grite,*** / *Por mucho que* ***grite,***	nadie le prestará atención.	아무리 소리쳐도	아무도 그에게 관심을 기울이지 않을 것이다.
Por muy bonita que ***seas,***	no me atraerás.	아무리 예쁘다해도	너는 내 관심을 끌지 못할 것이다.

3 목적절

목적절(oraciones finales)은 para que, a que, a fin de que, con el fin de que, de modo que, de suerte que, 등의 접속사구와 함께 이루어지며, 주절동사의 행위에 대한 목적이나 의도를 표현한다.

항상 주절시제 보다 늦은 후행 시제를 표현하므로 접속법이 사용된다. 또, 주절주어와 종속절주어가 상이하여야 하며, 그 두 주어가 동일한 경우는 [para + INF]구문이 나타난다.

Compro este abrigo	*para que* / *a que* / *a fin de que* / *de modo que*	*te lo* ***pongas.***	나는	네가 입도록	이 외투를 산다.
Compré este abrigo	*para que* / *a que* / *a fin de que* / *de modo que*	*te lo* ***pusieras.***	나는	네가 입도록	이 외투를 샀다.
Compraré este abrigo	*para que* / *a que* / *a fin de que* / *de modo que*	*te lo* ***pongas.***	나는	네가 입도록	이 외투를 살 것이다.

이런 목적절 구문에서 [주절 주어]와 [종속절 주어]가 동일하면 INF구문이 사용된다.

Compro este abrigo	{*para/ a fin de*} ***regalártelo.***	나는 네게 선물하기 위해	이 외투를 산다.
Compré este abrigo			이 외투를 샀다.
Compraré este abrigo			이 외투를 살 것이다.

참고 사항

● 목적절도 상황보어인 경우와 동사에 의해 의무적으로 요구되어지는 경우로 구분되어진다.

Preparo las maletas ***para que viajes.*** ➡ Preparo las maletas.	나는 네가 여행하도록 짐을 꾸린다. ➡ 나는 짐을 꾸린다.
Las maletas sirven ***para que viajes.*** ➡ *Las maletas sirven. (목적절 생략이 문맥상 확인되면 정문)	그 가방들은 네가 여행하는데 쓰인다. ➡*그 가방들은 쓰인다.

● esperar동사는 목적절 및 명사절과 함께 나타날 수 있는바, 그 구별은 다음과 같다.

¿*A **qué*** esperamos? -Esperamos ***a que nos reciba Inés.*** [목적절]	우리는 뭘 (위해) 기다리지? -이네스가 우리를 마중 나오도록 기다린다.
¿***Qué*** esperamos? -Esperamos ***que nos reciba Inés.*** [명사절]	우리는 무엇을 원하는 건가? -이네스가 마중 나오길 원한다.

4 조건절

조건절(oraciones condicionales)은 si, con (tal) (de) que, a no ser que, a menos que, en caso de que, siempre que, como, a condición de que, mientras, salvo que 등과 함께 구성되며, 주절이 실현되는데 대한 조건이나 요건을 표현한다. 이러한 접속사나 접속사구 중에서 si만이 제한된 경우에 직설법을 허용하며, 대부분의 경우 접속법이 사용된다.

I si: 직설법과 접속법 허용

1 [si + 직설법]구문: 가능성이 있는 조건을 표현함

*Si **fuma,***	le regalo / regalaré un mechero.	그가 담배를 피면,	나는 그에게 라이터를 선물한다. / 선물할 것이다.
*Si **han llegado,***	me quedaré aquí.	그들이 도착하였다면,	나는 여기에 머물겠다.
*Si **leyó** mi aviso,*	pudo evitar el peligro.	그가 나의 통고를 보았다면,	그 위험을 피할 수 있었다.
*Si **naciste** en ese pueblo,*	eres mi paisano.	네가 그 마을에서 태어났다면,	너는 내 고향사람이다.

2 [Si + 접속법]구문

① [Si + 접속법과거, 가능법(주동사)]구문

현재의 사실에 반대되는 가정 또는 현재의 희박한 가능성을 표현한다.

*Si **fumara**,*	le ***regalaría*** un mechero.	그가 담배를 피운다면,	그에게 라이터를 선물하겠는데.
		※ '그가 피우지 않아서 선물하지 못함'을 표현	
*Si ella **viniera (viniese)**,*	***me quedaría.***	만약 그녀가 온다면,	나는 머물 텐데.
		※ '그녀가 오지 않으므로 내가 머물지 않음'을 표현	

② [Si + 접속법과거완료, 가능법완료/ 접속법과거완료(주동사)]구문

과거의 사실에 반대되는 가정 또는 과거의 희박한 가능성을 표현한다.

*Si **hubiera fumado**,*	le ***habría regalado*** un mechero.	그가 담배를 피웠다면,	그에게 라이터를 선물하였을 텐데
	le ***hubiera regalado*** un mechero	※ '피우지 않아서 선물하지 못하였음'을 표현	
Si ***hubiera tenido*** dinero,	te lo ***habría prestado.***	만약 내가 돈이 있었더라면,	네게 돈을 빌려 주었을 텐데
	te lo ***hubiera prestado.***	※ '돈이 없었기 때문에 빌려주지 못하였음'을 표현	

2 si이외의 접속사들: 접속법 출현

con (tal) (de) que, a no ser que, a menos que, en caso de que, siempre que, como, a condición de que, mientras, salvo que 등 접속사들은 접속법과 함께 나타난다.

Me *prestas* el dinero	*con tal de que* *a condición de que*	*te lo **devuelva.***	너는	되돌려준다는 조건으로	나에게 돈을 빌려준다.
Me *prestaste* el dinero	*con tal de que* *a condición de que*	*te lo **devolviera.***	너는	되돌려준다는 조건으로	나에게 돈을 빌려줬다.
Me *prestarás* el dinero	*con tal de que* *a condición de que*	*te lo **devuelva.***	너는	되돌려준다는 조건으로	나에게 돈을 빌려줄 것이다.
Préstame el dinero	*con tal de que* *a condición de que*	*te lo **devuelva.***	(너는)	되돌려준다는 조건으로	나에게 돈을 빌려 주거라.

Partiremos mañana	*a menos que* / *excepto que* / *salvo que*	***llueva.***	우리는	비가 오지 않으면	우리는 내일 출발할 것이다.
*A no ser que **se resuelva** ahora el malentendido entre tú y yo,* nunca puede ser resuelto.			너와 나 사이의 오해가 지금 풀리지 않으면, 결코 풀릴 수 없다.		

5 원인절

원인절(oraciones causales)은 주절의 행위가 일어나는 이유나 동기를 표현하며, porque, que, ya que, puesto que, pues, como 등의 접속사나 접속사구와 더불어 구성된다. 원인절에는 직설법이 사용되며, como가 이끄는 원인절은 주절에 앞서 나타나나, 그 외의 원인절은 주로 주절 뒤에 나타난다.

Abrígate bien,	***que** hace mucho viento.*	옷 잘 여며라.	왜냐면 바람이 많이 부니까.
No podemos verle,	***porque** se ha marchado.*	우리들은 그를 볼 수 없다.	왜냐하면 그는 이미 떠나고 없기 때문이다.
***Como** no están aquí,*	no podemos decírselo.	그들이 여기에 없으니	우리는 그것을 그들에게 얘기해 줄 수 없다.

참고 사항

● [porque] 접속사 (- 때문에)

No quiero comprarlo ***porque** es demasiado caro.*	너무 비싸서 나는 그것을 사고 싶지 않다.

● [por que] '전치사 por + 관계대명사'

Esta es la puerta ***por que** entraron los ladrones.*	이것(문)이 도둑들이 들어온 문이다.
Se desconoce la enfermedad ***por que** se murió Juan.*	환이 어떤 병 때문에 죽었는지 그 병명을 모른다.

● [por qué] 의문사 (Why, 왜-?)

¿Por qué no te llevas el paraguas, que va a llover?	비가 올 것 같은데 왜 너는 우산을 안 가져가니?
No sé ***por qué** Inés no ha asistido a la fiesta.*	나는 이네스가 왜 축제에 불참했는지 모르겠다.

● [porqué] 명사: 동기, 이유

Quiero saber el ***porqué*** de tu decisión.	나는 네가 그렇게 결정한 이유를 알고 싶다.
Me llaman la atención los ***porqués*** de su desaparición.	나는 그가 사라진 이유들에 관심이 있다.

6 결과절

결과절(oraciones consecutivas)은 주절의 행위에서 유래되는 결과를 표현한다. 즉, 주절이 원인이 되고, 그 결과를 결과절이 표현하게 된다. 스페인한림원은 결과절을 다음과 같은 2가지 유형으로 구분한다.

1 제1유형의 결과절

주절이 표현하는 강도나 정도에 의존하지 않는 결과를 표현하며, luego, con que, por consiguiente, por tanto, por lo tanto, así que, así pues, por eso, entonces, de modo que, 등과 함께 이루어진다.

*Pienso, **luego** existo.*	나는 생각한다. 그러므로 나는 존재한다.
*Has estudiado mucho, **por lo tanto** tendrás buenas notas.*	너는 열심히 공부해 왔다. 따라서 너는 좋은 성적을 얻을 것이다.
*Estaba muy sola, **por eso** se casó.*	그녀는 매우 외로웠으므로 결혼하였다.

2 제2유형의 결과절

주절이 표현하는 행위, 상황 또는 자질의 강도에 연동되어 있으며, 접속사 que에 의해 주절과 연결된다. 주절에서 강도를 지닌 상관관계에 있는 요소들은 tanto, tan, tal, así 등에 의해 이끌어진다.

양/질 표현	tan	형용사/부사	que
	tanto(a, tos, tas)	명사	
방법 표현	{tal/ así} + 명사 + que		

※ 부사 tanto: 형/부 앞 어미 -to 탈락; 형용사 tanto: 명사의 성·수에 일치

1 양이나 질의 표현

① 형용사

*Ella es **tan bonita que** no puedo menos que mirarla.*	그녀는 너무나 예뻐서 나는 그녀를 쳐다 보지 않을 수 없다.
*La comida era **tan picante que** la dejamos intacta.*	그 음식은 너무 매워서 우리들은 손도 대지 않았다.

El amor es ***tan hermoso, que*** *quizá no haya palabras para poder expresarlo.*	사랑은 너무나 아름다워, 아마도 그것을 표현할 말이 없을 것 같다.
La fortuna es ***tanta que*** *no puede gastar durante todo el resto de su vida.*	그 재산이 너무나 많아 그는 그의 여생 동안에는 다 쓸 수 없다.

② 부사

Lo guardas ***tan bien que*** *no lo encuentras.*	너는 너무나 잘 보관하여 그것을 발견하지 못하는구나.
Estudia ***tanto que*** *apenas puede dormir.*	그는 공부를 너무하여 잘 시간이 거의 없다.
Te amo ***tanto que*** *por ti moriría.*	나는 너무나 사랑하므로 너를 위해 죽을 수도 있다.

③ 명사

Hace ***tanto ruido que*** *no deja dormir a nadie.*	소음이 너무나 심하여 아무도 잠을 잘 수 없다.
Le debo ***tanto que*** *no podría recompensarle nunca.*	나는 그에게 신세를 너무 져서 결코 보답할 수 없을 것 같다.

2 방법의 표현

① 형용사

Tal era su mirada ***que*** *no pude atreverme a decirle la verdad.*	그의 시선이 그랬기에 나는 감히 진실을 얘기할 엄두도 못 냈다.
Así estaba enfadada ***que*** *no quiso ni hablar.*	그토록 화가 났기에 그녀는 말도 하고 싶어 하지 않았다.

② 부사

Así canta ella ***que*** *todo el mundo quiere verla.*	노래를 그렇게 잘 부르기에 모두가 그녀를 보고 싶어 한다.

③ 명사

Me echó ***tal*** *mirada* ***que*** *no pude cantar en voz alta.*	그가 그렇게 바라보니 나는 크게 노래할 수 없었다.
Me miró *de* ***tal*** *forma* ***que*** *no pude hablar alto.*	그가 그렇게 바라보아 나는 크게 말하지 못했다.
Daba ***tales*** *gritos* ***que*** *ensordecía a toda gente.*	그는 그런 고함을 처대어 모두의 귀를 멍하게 만들었다.

7 기타 부사절에서의 접속법

1 양보를 표현하는 구문

1 [접속법 + 관계사 + 접속법]구문

Venga quien venga, no me importa.	누가 오든 나는 개의치 않는다.
Diga lo que diga, no lo escucharé.	그가 무엇을 말하든 나는 듣지 않겠다.

2 접속법 형용사절을 이끄는 부정관계대명사

Quienquiera que llame, dile que no estoy.	누가 부르든 내가 없다고 해라.
Cualquiera que te guste, lo recibirás.	네가 무엇을 좋아하든 그것을 받을 것이다.
Dondequiera que vaya, todo el mudo le recibirá con gran entusiasmo.	당신이 어디를 가든 모든 사람들이 당신을 열렬히 맞이할 것이다.

3 [접속법 + o + no 접속법]구문

Venga o no venga, la reunión va a empezar a tiempo.	그가 오건 안 오건 간에 모임은 정시에 시작될 것이다.
Lo diga o no lo diga, su secreto es ése.	그가 그것을 얘기하건 않건, 그의 비밀은 그것이다.

2 [que + 접속법]구문: 주어의 물리적/ 정신적 인식 범위 표현

Que yo sepa, ella no cometió ni un error.	내가 아는 한, 그녀는 어떤 실수도 저지르지 않았다.
Que yo recuerde, la toma de Granada fue en 1492.	내가 기억하는 한, 그라나다의 점령은 1492년이다.
Que yo haya visto, nadie ha llegado.	내가 보아온 바 아무도 도착하지 않았다.

3 [sin que, como si, cual si + 접속법]구문: "방법" 표현

No me voy ***sin que*** *me pidas perdón.*	네가 용서를 구하지 않으면, 나는 안가겠다.
Juan come ***como (cual) si*** *estuviera muerto de hambre.*	환은 배가 고파 죽을 것처럼 먹고 있다. [cual si가 como si보다 의미가 강하다]

8 독립절에서의 접속법

1 [의심 또는 추측 부사가 이끄는 절]: 직설법 또는 접속법

의심이나 추측을 표현하는 부사가 문두에 올 때, 화자의 문장내용에 대한 확신이 있는 경우는 직설법이, 확신이 서지 않는 경우에는 접속법이 나타난다.

Tal vez/ Quizás/ Acaso	*viene*	a verme.	아마도	그가 나를 보러	올 것이다.	[확신]
	venga				올지도 모른다.	[불신]
	viniera				왔을지도 모른다.	[불신]
Posiblemente/ Probablemente	*se ha ido*	al campo.	혹시	그가 들판에	갔을 것이다.	[확신]
	se haya ido				갔을지도 모른다.	[불신]

2 ojalá가 이끄는 문장: 접속법

아랍어에서 유래한 소망 감탄사 ojalá가 문장을 이끄는 경우, 동사는 접속법이 되며, 그 구체적인 내용은 다음과 같다.

1 [ojalá + 접속법 현재/ 현재완료 시제]: 실현 가능한 소망 표현

¡Ojalá (que)	*venga*	a recibirnos!	오	그가 우리를 맞이하러 오기를!
	haya venido			그가 우리를 맞이하러 나와 있기를!

2 [ojalá + 접속법 과거/ 과거완료 시제]: 실현 불가능한 소망 표현

¡Ojalá (que)	*viniera*	a recibirnos!	오	그가 우리를 맞이하러 온다면!
	hubiera venido			그가 우리를 맞이하러 왔다면!

※ ojalá 다음에 접속사 que가 나타날 수 있다. 이러한 사실은 이 독립절이 항상 (화자의 소망을 표현하는) 생략된 주절의 종속절로 해석될 수 있다는 점을 의미한다.

3 [quién, así 등 + 접속법동사]: 감탄문

¡Quién	*lo dijera!*	누가	그것을 얘기해 주었으면!
¡Así		그렇게	(불가능한 소망을 표현)

4 접속법 과거형(querer, deber, 등): 정중한 표현

Quisiera pedirle un favor.	귀하께 청을 하나 드리고 싶습니다.
Debiera acompañarme.	귀하께서 저와 동행해 주셔야 하겠습니다.

4 접속사의 다의성

접속사는 경우에 따라서 다양한 의미를 지닐 수 있으며, 그 의미적 내용과 관련지어 직설법 또는 접속법 동사와 함께 나타날 수 있다.

1 접속사 mientras (que)

mientras (que)는 주로 동시동작을 표현하며 "-하는 동안"이라는 의미를 지니나, "조건", "비교" 등의 의미를 지니기도 한다. 또한 내용이 현재 경험을 다루면 직설법이, 미경험(미래)의 내용을 표현하면 접속법이 사용된다.

1 "-하는 동안"

Mientras que	***estás ahí,***	no te olvides de escribirme.	그곳에 있는 동안	너는 내게 편지 쓰는 것을 잊지 말거라.
	estés ahí,		그곳에 있게 될 동안	

2 "-하는 동안" + "조건"

No te hablaré, ***mientras (que) no me pagues.***	네가 내게 지불하지 않는 한 나는 네게 말하지 않을 꺼야.

3 "반면에"

Yo viajo mucho, ***mientras que tú no has salido de Seúl.***	나는 여행을 많이 한다. 반면에 너는 서울에서 나간 적이 없다.

4 "비교"

Mientras más lo *piensas*, ***menos*** lo *entiendes.*	네가 그것을 더 생각할수록, 그것을 더 이해하기 어렵다(경험).
Mientras más lo *pienses*, ***menos*** lo *entenderás.*	네가 그걸 더 생각하게 될수록, 더 이해하기 어려울 것이다(미경험).

※ **이런 구문은 cuanto más..., menos...구문과 동일한 의미를 표현한다.**

Cuanto más lo piensas, ***menos*** lo entiendes.

2 접속사 como

접속사 como는 전치사 como(-와 같은)와 동음이의어이나 그 용법이나 문법적 기능은 완전히 다르다. "이유"를 나타내는 경우 como가 이끄는 절이 주절에 앞서 나타나며, "방법"을 나타내는 종속절인 경우 주절 뒤에 나타난다.

이유	***Como*** *tengo mucho que hacer*, no puedo salir.	나는 할 일이 많아서, 외출할 수 없다. [직설법]
방법	Hazlo ***como*** *quieras.*	네가 원하는 대로 해라. [주로 접속법]

"방법"인 경우 경험적인 현재의 상황이면 직설법, 미래의 상황이면 접속법이 되나 주로 접속법 구문이 많이 사용된다.

3 접속사 siempre que

접속사 siempre que는 "때"나 "조건"을 뜻할 수 있으며, 경우에 따라 직설법과 접속법이 사용된다.

때	***Siempre que*** *llego puntual a la cita* no hay nadie allí para comprobarlo.	나는 정확히 약속시간에 항상 도착하지만, 그걸 증명해 줄 사람이 그곳에 없다.
	Aquí estaré ***siempre que*** *me necesites.*	네가 나를 필요로 할 때면 나는 항상 여기에 있을 것이다.
조건	Te invitaré a mi cumpleaños, ***siempre que*** *me invites al tuyo.*	네가 나를 네 생일에 항상 초대한다면, 나도 너를 내 생일에 초대할 것이다.

Lección 15 Ejercicios

1 | 괄호 안의 동사를 알맞게 변화시켜 넣으시오.

① Espero que tú (　　　　　) a Cuba a bailar la salsa. (ir)
② Pienso que nosotros (　　　　　) a ganar el premio. (ir)
③ Afirmáis que nosotros no (　　　　　) superar algunas pruebas. (poder)
④ Deseaba que aquel delicioso momento no (　　　　　) nunca. (acabar)
⑤ Me alegré de que mis amigos me (　　　　　) a una fiesta. (invitar)
⑥ Mi padre me había prohibido que (　　　　　) con Josefina. (casarse)
⑦ Era necesario que nosotros (　　　　　) a ayudaros. (venir)
⑧ Me ordenaron que (　　　　　) una lámpara a la sala. (traer)
⑨ Pídame que lo (　　　　　) a la estación. (llevar)
⑩ Temía que ellos no (　　　　　) a la conferencia. (asistir)
⑪ No dejarán que nadie extraño (　　　　　). (acercárseles)
⑫ Le obligaron a que (　　　　　) el abrigo y los zapatos. (quitarse)
⑬ Una corte negó que un feto (　　　　　) una persona. (ser)
⑭ Diles que (　　　　　) en la clase. (callarse)
⑮ Vi que el carro de la basura (　　　　　) recogiendo hojas de plantas. (estar)

2 | 다음 문장을 부정문으로 바꾸어 보자.

① Creemos que tienes razón.
➡
② Esperaré que ellos puedan acercárseme para pedir ayuda.
➡
③ Dígales que resuelvan el problema inmediatamente.
➡
④ Dudo que él pueda hacerlo.
➡
⑤ Es evidente que ellos llegan a la clase a tiempo.
➡

3 | 괄호 안의 동사를 알맞게 변화시켜 넣어보자.

① Te digo que ( ) a recibir a ese huésped. (ir)
② Te digo que Juan ( ) responsable del trámite. (ser)
③ No les dijimos que ( ) a recibirnos. (venir)
④ Ella me dijo que María ( ) estar conmigo. (querer)
⑤ Les hacen que ( ) un ratito en el banco. (sentarse)

4 | 괄호 안의 동사를 알맞게 변화시켜 넣으시오.

① Buscamos un hombre que ( ) hablar en ruso. (poder)
② He detectado el virus que ( ) llegar a borrar datos del disco duro. (poder)
③ Vi a quien ( ) primero. (venir)
④ No tengo a nadie que ( ) ayudarme. (poder)

5 | 괄호 안의 동사를 알맞게 변화시켜 넣으시오.

① Cuando nosotros ( ), quiere charlar conmigo. (encontrarse)
② Te acompañaré hasta que la muerte nos ( ). (separar)
③ No consigo ejecutar el programa, a pesar de que todo ( ) correcto. (estar)
④ Por muy bonita que ( ) una planta, sin agua no crece. (ser)
⑤ ¿Qué hago para que a mi hijo le ( ) leer. (gustar)
⑥ Si tú ( ) alguna duda, pregúntamela en seguida. (tener)
⑦ Nosotros habríamos ido a la playa si ( ) calor. (hacer)
⑧ No tome el medicamento durante muchos días salvo que el médico ( ) lo contrario. (indicar)
⑨ ( ) lo que ( ), la gente estará en contra de tu opinión. (decir)
⑩ Ojalá que te ( ) la lotería. (tocar)

6 | 괄호 안에 알맞은 접속사를 써 넣어보자.

① (   ) tienes libre albedrío, puedes quedarte aquí o marcharte.
② Hace tanto frío (   ) el agua se congela.
③ Pienso, (   ) existo.
④ Nada de eso, (   ) yo sepa, ha ocurrido en Seúl.
⑤ Me sentí tan bien (   ) dejé de tomar las medicinas.
⑥ Compórtate como (   ) estuvieras en casa.
⑦ Un delincuente resultó herido y detenido (   ) su cómplice escapó tras un tiroteo con un policía en Londres.
⑧ Hágalo (   ) quiera.

7 | 문장 내 틀린 부분을 찾아 바로 잡아 보자.

① Creemos que la Biblia sea la palabra inspirada de Dios.
② En un mundo civilizado, no hay nada que justifica la guerra
③ Es indudable que el progreso económico de un país dependa de su preparación científica y tecnológica.
④ Regresaremos al pueblo antes de que anochece.
⑤ Parece que mi mujer tenga anemia.

성주간

Semana Santa는 부활절 전의 일주간을 일컬으며, 그리스도가 로마군에 잡혀 빌라도의 재판을 통해 십자가에서 처형을 받기까지 지상에서 겪은 고난을 추념하는 기간이다. 십자가를 지고 나아가는 행렬을 뒤따르며, 그리스도가 인간으로서 겪은 죽음을 앞둔 번민과 온갖 수모, 그리고 고통을 기억하며, 추도하는 행사를 갖는다.

성체의 행렬은 안달루시아와 세비야 기원의 '영광의 종교행렬'과 여타 지역의 '피의 혹은 고난의 종교행렬'로 구분되나, 최근에는 '피의 혹은 고난의 종교행렬'이 주종을 이루고 있다. 종교행렬이 지나가는 길은 시민들과 관광객들로 발 디딜 틈 없이 혼잡하다. 뾰족한 모자 가면과 특이한 의복을 한 신도들이 인간의 죄를 대신한 그리스도 상이나 성모마리아 상을 메고 지나가고 뒤를 이어 발목에 쇠줄을 메고 힘겹게 걸어가는 신도들이 나타난다. 또한 악대들도 함께 지나가며 음악을 연주하여 뭇 사람들의 시선을 끈다. 이렇게 성주간 동안에는 스페인 전체가 온통 종교행렬과 거리를 가득 메운 시민 및 관광객들로 북적거린다.

세비야의 축제시장

4월말에 개최되는 세비야의 축제시장(Feria de Sevilla)은 축제와 장이 함께 시작된 1846년 이래 지금까지 지속되고 있다. 축제는 Los Remedios지역에서 개최되며, 세비야의 남성들과 여성들은 민속의상을 입고 말을 타거나 마차를 탄 채 거리를 행진한다. 수많은 무대가 세워지고, 사람들은 먹고 마시며 플라멩꼬의 일종인 sevillanas를 추기 위해 그곳으로 몰려든다. 축제지역은 무대와 거리가 어우러지는 지역과 푸짐한 음식과 튀김과자 및 서커스, 목마 등 다양한 볼거리가 몰려있는 먹거리 지역으로 양분되어 있다.

축제시장은 오전에 기수가 화려하게 장식된 말을 타고 축제지역을 누비며 퍼레이드를 함으로써 시작되고, 정오에는 사람들이 먹고 노래하고 춤추기 위해서 무대에 모여든다. 식사를 하고 잠시 휴식을 취한 후 사람들은 오후의 투우를 즐기기 위해 Real Maestranza투우장으로 향한다. 늦은 오후가 되면서 말들은 물러나고 도로는 다시 사람들로 가득 찬다. 해질 무렵 거리는 온통 오색찬란한 의상 물결로 넘치고 사람들은 무리 지어 손뼉을 치며 노래 부르고 마시고 논다. 먹거리 지역을 돌아다니며, 밤을 새워 노래하고 춤을 추면서 또 따뜻한 쵸콜렛을 마시면서 놀다가 새벽녘이면 휴식을 취하러 집으로 돌아간다.

제 16 장 관 계 사

1 관계사절

관계사절(oraciones de relativo)은, 두 개의 문장에 같은 요소가 있을 경우, 이 중 하나를 관계사(relativo)로 대체시켜 하나의 문장으로 연결(관계)시켜 복문(oraciones compuestas)을 구성할 때 나타나는 종속절(oraciones subordinadas)이다. 관계사는 자신의 문장 앞으로 이동하여, 그것이 지칭하는 선행사(antecedente)에 인접하게 된다. 관계사절은 형용사처럼 선행사를 수식하기 때문에 형용사절(oraciones adjetivas)이라고도 불린다. 이러한 과정을 도식화 해 보면 다음과 같다.

단문 1	Juan me va a dar ***el libro.***
단문 2	***El libro*** trata de la historia de España.
과정 I	**단문 1의 el libro를 관계사 que로 바꾸면** ➡ El libro (*Juan me va a dar [el libro ➡ que]*) trata de la historia de España. ➡ El libro (*que Juan me va a dar* __) trata de la historia de España. ➡ El libro *que Juan me va a dar* trata de la historia de España.
과정 II	**단문 2의 el libro를 관계사 que로 바꾸면** ➡ Juan me va a dar **el libro** (*[el libro ➡ que] trata de la historia de España*). ➡ Juan me va a dar **el libro** (*que* __ *trata de la historia de España*). ➡ Juan me va a dar **el libro** ***que trata de la historia de España.***

※ __ 표시는 관계대명사가 원래 있었던 자리이다.

참고 사항

● **명사절과 관계사절(일명, 형용사절)의 구분**

명사절	Quiero ***que te vayas.***	나는 네가 떠나기를 원한다.
	➡ ***Lo*** quiero. (명사 역할)	
	➡ [접속사 que] 종속절 내 역할 없음: 종속절 내 부족한 요소 없음.	
관계사절	Quiero **un libro *que trata de lingüística.***	언어학을 다루는 책을 원한다.
	➡ Quiero **un libro *lingüístico.*** [관계사절] 형용사 역할: 형용사로 대체 가능.	
	➡ [관계대명사 que] 종속절 내에서 주어 기능 수행.	

1 관계사절의 용법

관계사절은, 명사를 수식하는 형용사와 마찬가지로, 한정적 용법과 설명적 용법으로 구분되어 사용된다. 한정적 용법에서는 관계사절이 선행사의 의미를 한정 또는 제한하나, 설명적 용법에서는 선행사의 의미를 설명할 뿐 선행사를 제한하거나 구체화시키지 못한다.

I 한정적(제한적) 용법

관계사절이 선행사의 의미를 구체화하며, 복수인 경우 그 내용을 양적으로 제한한다. 이 경우 관계사절은 앞·뒤에 콤마를 지닐 수 없으며 선행사를 직접적으로 수식하는 보어 기능을 수행한다.

La casa *en que María vive* está al lado de esta calle.	마리아가 살고 있는 집은 이 길 옆에 있다.
Los libros *que me hacen leer* son muy aburridos.	나로 하여금 읽도록 한 책들은 매우 따분하다.

두 번째 예문의 경우 많은 책들이 있다는 전제 하에 그들이 내게 읽게 한 책들(전제한 전체 책들 중 일부)만 매우 따분하다는 의미를 표현하고 있다.

2 설명적(비제한적) 용법

관계사절의 앞·뒤에 콤마를 넣어 주절과 분리시키며, 선행사의 의미를 부연 설명하며, 선행사가 복수인 경우 그 전체를 다 포함시킨다.

La casa, ***en que María vive,*** está al lado de esta calle.	그 집은, 마리아가 살고 있는데, 이 길 옆에 있다.
Los libros, *que me hacen leer,* son muy aburridos.	그 책들은, 그들이 내게 읽게 하는데, 매우 따분하다.

두 번째 문장에서, 그 책들 전체를 지칭하고, 모두를 그들이 내게 읽게 한다는 사실을 설명하고, 또한 그것들이 모두 매우 따분하다는 점을 표현하고 있다.

선행사가 유일성(unicidad)을 표현하는 고유명사나 대명사의 경우, 다른 개체로부터 구별하거나 많은 개체 중의 일부로 해석할 수 없는 바, 그 유일한 개체를 설명하는 방법 밖에 없으므로 항상 설명적 용법만을 허용하게 된다.

Yo, que soy responsable, te lo garantizo.	나는, 책임 있는 사람으로, 너에게 그것을 보증한다.
Ana suele seguir a ***Juan, quien no le presta atención.***	아나는 환을 늘 따라다니는데, 그는 그녀에게 관심이 없다.

2 관계사와 선행사

관계사(relativo)는 항상 선행사를 뒤따르며, 선행사(antecedente)는 대부분의 경우 외재적으로 나타난다. 그러나 선행사가 정해지지 않거나 화자에게 관심이 없는 경우 또는 causa, cosa, razón, motivo, asunto, hombre, persona, 등과 같은 쉽게 상호 이해되는 경우 나타나지 않을 수 있다.

Quien es bueno, no hace mal a nadie.	선한 사람은 아무에게도 나쁜 짓을 하지 않는다.
Yo no soy ***el que era antes.***	나는 예전의 내가 아니다.

또한 관계사는 종속절 내에서, 선행사는 주절에서 각각 다양한 기능을 수행하며 각자의 기능은 서로 연관이 없다.

예 문	관계사 - 기능	선행사 - 기능
Quiero ***el libro que trata de lingüística.***	que-주어	el libro-직접목적어
Los libros que me hacen leer son aburridos.	que-직접목적어	los libros-주어
Estimamos al ***chico a quien dieron el premio.***	quien-간접목적어	el chico-직접목적어
Me quedaré en ***la casa en que vive mi abuelo.***	que-전치격보어	la casa-전치격보어

2 관계사의 종류 및 용법

관계사(relativos)의 종류는 관계대명사(pronombres relativos), 관계형용사(adjetivos relativos), 관계부사(adverbios relativos)로 크게 구분할 수 있으며, 일치(concordancia), 선행사(antecedentes), 각각의 용법 부분에서 매우 다양한 특징들을 보여주며, 그 전체적인 내용을 요약하면 다음과 같다.

	관계사	일치	선행사	비고
대명사	que	-	사람/ 사물	사람-전치사 동반 불가/ 사물-전치사 동반
	quien	수	사람/ -	의인화된 사물은 선행사로 가능
	{el, la, los, las, lo} que	성/ 수	사람/ 사물	선행사 내포 가능
	{el, la, los, las, lo} cual(es)	성/ 수	사람/ 사물	선행사 내포 불가, 긴/생소한 전치사구
	cuanto	성/ 수	사람/ 사물	주로 선행사 내포, 양(量)표현
형용사	cuyo	성/ 수	사람/ 사물	선행사가 아닌 자신이 직접 수식하는 피 소유 명사에 일치된다.
	cuanto	성/ 수	사람/ 사물	
부사	donde	-	장소명사	타관계절로 대체가능, 선행사 내포 가능
	cuando	-	시간명사	타관계절로 대체가능
	como	-	방법명사	타관계절로 대체가능, 선행사 내포 가능
	cuanto	-	-	선행사 내포, 양(量)표현

※ **이미 알고 있듯, 이러한 관계사와 동형동음이의어**(同形同音異意語)**로 표기상 악센트만을 추가로 지니는 의문사들(interrogativos)이 있다:** qué, quién, cuánto, dónde, cómo, cuándo, 등.

1 관계대명사

I QUE

가장 널리 사용되는 관계대명사로, 성·수 불변이며 인칭과 사물에 공히 쓰이나 외재적 선행사가 존재하지 않는 경우 사용될 수 없다. 전치사는 사물을 받는 경우에만 단지 a, con, de, en, por만을 동반할 수 있으나 이것도 한정적 용법에만 가능하다.

1 [QUE = 인칭]: 주어로 많이 사용됨.

Mira a ese niño ***que trata de cruzar el río.***	강을 건너려 하는 저 소년을 보아라.
Algunos ***que quieran vernos*** deben llegar a tiempo al despacho.	우리를 보고 싶어하는 몇몇 사람들은 제때에 사무실에 도착해야 한다.
Hay dos ***que quieren participar en la conferencia.***	그 회의에 참석하기를 원하는 사람이 둘 있다.
No hay nadie ***que pueda ayudarme.***	나를 도와줄 사람이 아무도 없다.

[QUE = 인칭: 직접목적어]: 직접목적어가 인칭일 때 나타나는 전치사 a를 동반하지 않으며, QUIEN보다 자주 사용된다.

El hombre ***que(=a quien) tú amas*** no piensa en ti.	네가 사랑하는 그 남자는 너를 생각하지 않는다.
Allí vienen los niños ***que(=a quienes) estamos esperando.***	우리들이 기다리는 아이들이 저기에 온다.

참고 사항

● QUE가 인칭을 지칭하는 경우 전치사를 동반할 수 없으나, 예외적으로 de que로 구성될 때는 전치사 de가 계속 남게 된다.

¿Se acuerda del ***hombre de que le estoy hablando?***	내가 당신에게 얘기하고 있는 그 남자를 기억하십니까?

2 [QUE = 사물]: 선행사로 명사, 대명사, 의문대명사, 등.

Aquí está **el libro *que me regalaste.***	여기에 네가 내게 선물한 책이 있다.
¿Qué tienes tú ***que ver con ese asunto?***	너는 그 사건과 무슨 관련이 있니?

※ 마지막 예문에서 관계대명사 que는 선행사인 의문대명사 qué와 분리되어 있는데, 이유는 선행사 qué가 의문사 이동으로 문두로 이동했기 때문이다.

① QUE의 전치사 동반

QUE가 사물을 받는 경우 전치사는 단지 a, con, de, en, por만을 동반할 수 있으나 이것도 한정적 용법에만 가능하다.

Ésta es **la casa *en que vivía yo.***	이것이 내가 살던 집이다.
Ésta es **la novela *a que me refiero.***	이것이 내가 언급하는 소설이다.

따라서 다음 문장들은 모두 비문(틀린 문장)이 된다.

*Ésta es la casa, *en que vivía yo.* (설명적 용법: 불가)
*Ésta es la novela, *a que me refiero.* (설명적 용법: 불가)
*Éste es el templo *ante que se encuentra la estatua.* (전치사 ante 동반 불가)

② QUE 앞의 전치사 생략

선행사가 때를 의미하는 명사인 경우 QUE앞의 전치사를 생략할 수 있다.

No puedo olvidarme del **día *(en) que te vi primero.***	나는 너를 처음 본 그 날을 잊을 수 없다.
Fuimos a Valencia **el año *(en) que nos visitaron nuestros amigos.***	우리는 친구들이 우리를 방문했던 그 해에 발렌시아에 갔다.

③ QUE-관계사절과 EL CUAL-관계사절 사이 교호

단지 설명적 용법에서만 가능하며 제한적 용법에서는 불가능하다.

Los árboles, *que son altos,* han sido podados. ⇔ **Los árboles, *los cuales son altos,*** han sido podados.	그 나무들은, 키가 큰데, 모두 가지치기를 하였다.
Los árboles *que son altos* han sido podados. ≠ ***Los árboles *los cuales son altos*** han sido podados.	키 큰 나무들은(전체 나무들 중 일부) 가지치기를 하였다. (*표시는 비문을 뜻함)

2 QUIEN

QUIEN은 성에는 관계없이 수에만 일치하며, 복수형은 QUIENES이다. 선행사가 인칭이거나 의인화된 사물인 경우에만 사용된다. QUIEN은 또 선행사가 있는 경우와 선행사가 자체에 내포된 경우로 구분된다.

1 선행사가 있는 경우

La mujer *de quien me hablaste* es simpática.	네가 내게 말했던 여인은 친절하다.
Ayudo a **los minusválidos, *con quienes comparto las penas y alegrías.***	나는 장애인들을 돕는데, 그들과 함께 고통과 즐거움을 함께 나누고 있다.

QUIEN이 종속절의 주어인 경우 설명적 용법만 허용하며, 동일 구문이 제한적 용법으로 사용될 경우 QUE-관계사절이 이용된다.

Los chicos, *quienes vinieron a verme,* son favorables a nuestra opinión.	그 소년들은, 모두 나를 보러 왔는데, 우리들의 의견에 호의적이다.
Los chicos *quienes vinieron a verme son favorables a nuestra opinión.	*틀린 문장
Los chicos *que vinieron a verme* son favorables a nuestra opinión.	나를 보러온 소년들(전체 중 일부)은 우리들의 의견에 호의적이다.

2 선행사가 자체에 내포된 경우

Le voy a traer a Ud. a ***quien le pueda ayudar.***	나는 당신께 도와드릴 수 있는 사람을 데려올 것입니다.
Se refirió a ***quienes son favorables a nosotros.***	그가 우리들에게 호의적인 사람들을 거론했다.

이러한 용법은 문두에 사용되어 속담 또는 일반적 성격을 표현하기도 한다.

Quien bien te quiere te hará llorar.	너를 사랑하는 사람일수록 너를 울게 할 것이다. .(≈사랑스런 자식, 매로 다스려라)
Quienes trabajan más, ganan más dinero.	일을 더 열심히 하는 사람이 더 많이 번다.

3 관계대명사 [EL, LA, LOS, LAS, LO + QUE]

이 관계대명사는 사람, 사물, 중성 등을 표현하며 두 가지로 구분된다. 즉, [관사 + que]가 하나의 복합관계대명사로 쓰이는 경우와 [관사 + (명사) + que]구문으로 명사가 생략되어 있는 경우로 세분되어 진다.

1 복합관계대명사 [관사 + que]

관사와 que가 합쳐져 하나의 복합관계대명사를 형성하며, 다른 관계대명사로 대체되어질 수 있다.

Ha llegado **la chica** *de*	*la que* / *quien* / *que* / *la cual*	*te hablé.*	내가 네게 말했던 아가씨가 도착했다.
Allí está **el museo** *detrás*	*del que* / *del cual*	*se encuentra la RAE.*	저기에 미술관이 있고, 그 뒤에 스페인한림원이 위치하고 있다. ※ RAE: Real Academia Española
Hay **un grupo de gente**	*a los que* / *a quienes*	*puedo mandar.*	내가 명령할 수 있는 사람 한 그룹이 있다.
No estudió casi nada,	*lo que* / *lo cual*	*significa que le darán suspensos.*	그는 거의 전혀 공부하지 않았고, 그 사실은 낙제점들을 받을 것임을 의미한다.

※ 마지막 예문의 [lo que/ lo cual]의 선행사는 선행문 전체이다.

2 [관사 + (명사) + que]

이 구문에는 명사가 생략되어 있으며, [관사 + 생략된 명사]가 선행사 역할을 하고, que가 관계대명사 역할을 한다. 이 경우 선행사를 내포하는 관계대명사인 quien과 cuanto와만 대체가 가능하다.

Te voy a traer	*al que* (남) / *a la que* (여) / *a quien* (남,여)	*te pueda ayudar.*	나는 네게 너를 도와줄 수 있는 사람(남/여)을 데려올 것이다.

Se refirió a	*los que* (남) *las que* (여) *quienes* (남.여)	*son favorables a nosotros.*	그가 우리들에게 호의적인 사람들을 거론했다.
No comprendo	*lo que* *cuanto*	*me dijiste.*	나는 네가 내게 얘기한 것을 이해하지 못한다.
Imagínate	*lo que* *cuanto*	*me dieron.*	그들이 내게 준 것을 상상해 보렴.

[관사 + (명사) + que]구문은 다음과 같은 3가지 특징을 보여주고 있다.

① [관사 ⇔ 지시사] 교호 가능

Me comunicaré con	*los que* *aquellos que*	*están dados de alta en este buscador.*	나는 이 검색엔진에 가입한 사람들과 연락을 하겠다.
No comprendo	*lo que* *aquello que*	*me dijiste.*	나는 네가 내게 말한 것을 이해할 수 없다.

② 정관사 앞 todo, toda, todos, todas 허용

Me comunicaré con	*todos los que* *todos aquellos que*	*están dados de alta en este buscador.*	나는 이 검색엔진에 가입한 모든 사람들과 연락을 하겠다.
No comprendo	*todo lo que* *todo aquello que*	*me dijiste.*	나는 네가 내게 말한 것을 모두 이해할 수 없다.

③ [관사 + (명사) + 관계대명사]구조의 생략된 명사 복구 가능

Me comunicaré con	*los hombres que* *aquellos hombres que*	*están dados de alta en este buscador.*	나는 이 검색엔진에 가입한 사람들과 연락을 하겠다.

4 복합관계대명사 [EL, LA, LO + CUAL; LOS, LAS + CUALES]

성에 관계없이 수에만 일치하며, 주로 관계사 앞에 길거나 생소한 전치사구가 오는 경우 많이 사용된다. 또, 관계사가 선행사와 떨어져 있을 때 많이 사용된다.

La comunicación es **el proceso** ***por el cual se emiten mensajes.***	커뮤니케이션은 메시지들이 그것을 통해서 전송되는 과정이다.
Había **altos árboles** ***a través de los cuales se veía un lago.***	키 큰 나무들이 있었으며 그것들을 통해서 호수 하나가 보였다.
Juan me presentó a **ese chico** de nacionalidad española, ***el cual va a ir a EE UU a estudiar inglés.***	환은 내게 스페인 국적의 소년을 소개하였는데, 그는 영어를 공부하러 미국에 갈 예정이다.
La inmigración va en aumento, ***lo cual (=lo que) genera fuertes tensiones sociales.***	이민이 증가하고 있으며, 그 사실이 심한 사회적인 긴장들을 야기한다.

마지막 예문의 lo cual(=lo que)의 선행사는 선행문 전체이다. 또 이러한 복합관계사는 다른 관계사와 교호 가능하다.

Esa es **la razón**	***por la cual*** / ***por la que***	***juegan.***	그것이 그들이 노는 이유다.

또, 선행사의 일부를 이용하여 관계사절을 만들 때도 나타난다.

Eligieron a **diez representantes,** *cinco de* ***los cuales*** *fueron recomendados por mí.*	사람들은 10명의 대표를 선출하였으며, 그들 중 5명은 나에 의해 추천되었다.

나아가 설명적 용법으로 사용되어 소유관계형용사(cuyo)와 같은 기능을 수행할 때도 있다.

Ese miembro, *la existencia* ***del cual*** *no nos llama la atención,* se queda callado.	그 회원은, 그의 존재가 우리들의 시선을 끌지 못하는데, 가만히 있다.

※ **이 예문의** la existencia del cual**부분은** cuya existencia**로 대체할 수 있다:**
Ese miembro, ***cuya existencia*** *no nos llama la atención,* se queda callado.

5 CUANTO

수나 양을 표현하는 관계사로, 성·수 일치를 보여준다. [관사 + que]구문과 교호가 가능하다.

Te daré	(todo) *cuanto* (todo) *lo que*	*pueda tener.*	나는 가질 수 있는 모든 것을 네게 줄 것이다.
Recibimos	a (todos) *cuantos* a (todos) *los que*	*vienen a ver este país.*	우리는 이 나라를 보러오는 모든 사람을 맞이한다.
(Todos) *Cuantos* (Todos) *Los que*	*vinieron,*	recibieron un regalo.	왔던 사람들은 (모두) 선물하나를 받았다.

2 관계형용사

관계형용사(Adjetivo relativo)는 관계사와 형용사 기능을 동시에 수행하는 품사로서, 그 의미적 내용에 따라 소유관계형용사와 수량관계형용사로 구분할 수 있다. 관계형용사는 선행사가 아닌 자신이 수식해 주는 피수식 명사에 일치하여 성·수 변화를 한다.

1 소유관계형용사: cuyo, cuya, cuyos, cuyas

라틴어 소유격 cuius에서 유래하였으며, 원래부터 관계사(relativo)와 소유사(posesivo)의 이중적 가치를 지니고 있다. 선행사가 아닌 자신이 수식해 주는 명사에 일치하여 성·수 변화를 한다.

Me gusta **el piso** ***cuyas habitaciones son grandes.***	나는 방이 큰 아파트를 좋아한다.
Me gusta **el piso,** ***cuyas habitaciones son grandes.***	나는 그 아파트를 좋아하는데, 그 아파트의 방들은 크다.

Ese miembro ***cuya existencia no nos llama la atención*** se queda callado.	자신의 존재가 우리들의 관심을 끌지 못하는 그 맴버는 조용히 머문다.
Ese miembro, ***cuya existencia no nos llama la atención,*** se queda callado.	그 멤버는, 그의 존재가 우리들의 관심을 끌지 못하는데, 조용히 머문다.

이러한 예문들 중 설명적 용법만이 [관사 + cual]형으로 구성되는 관계사구문과 교호가 가능하다.

Me gusta **el piso,** ***las habitaciones del cual son grandes.***	나는 그 아파트를 좋아하는데, 그 아파트의 방들은 크다.
Ese miembro, la existencia del cual no nos llama la atención, se queda callado.	그 멤버는, 그의 존재가 우리들의 관심을 끌지 못하는데, 조용히 머문다.

2 수량관계형용사: cuanto, cuanta, cuantos, cuantas

수량관계형용사는 관계사와 수량(일명, 양화) 형용사 기능을 동시에 하며, 이 경우 선행사는 따로 존재하지 않으며, [cuanto + 명사]구문이 선행사를 내포하게 된다. 마찬가지로, 자신이 수식해 주는 명사에 일치하여 성·수 변화를 한다.

Mi padre me entrega ***cuanto dinero ha acumulado.***	나의 아버지는 그가 모은 모든 돈을 내게 양도하신다.
Ella leyó ***cuantos libros le di anteayer.***	그녀는 그저께 내가 줬던 책들을 다 읽었다.

이러한 [cuanto + 명사]구문은 [todo(s) + 명사 + que]구문과 의미적으로 교호가 가능하다.

Mi padre me entrega ***todo el dinero que ha acumulado.***	나의 아버지는 그가 모은 모든 돈을 내게 양도하신다.
Ella leyó ***todos los libros que le di anteayer.***	그녀는 그저께 내가 줬던 책들을 다 읽었다.

3 관계부사

관계부사(adverbios relativos)는 장소, 시간, 방법, 양 등의 의미를 표현하며, [전치사 + 관계대명사 que, el cual 등]의 구문으로 대체될 수 있다. 관계부사는 종속절 내에서 부사역할을 하지만 그것이 이끄는 절은 선행사를 수식하는 형용사절(관계사절)이 된다. 선행사가 내포되어 나타나는 경우도 있다.

I DONDE

선행사가 장소명사 또는 장소부사일 때 사용되며(이 경우 관계대명사절로 대체 가능), 또한 선행사가 내포되어 외부적으로 나타나지 않는 경우도 있다.

1 선행사가 존재하는 관계부사절

La casa *donde vivía yo* todavía sigue conservada bien.	내가 살았던 그 집은 아직도 잘 보존되고 있다.
Allí se ve **la aldea *a donde me dirijo.***	내가 향하고 있는 마을이 저기 보인다.

이러한 구문에서 선행사가 '장소'의 개념으로 해석되지만, 또한 명사로도 해석될 수 있어 관계대명사에 의한 관계절도 가능하며 필요시 전치사를 꼭 동반해야 한다.

La casa *en que vivía yo* todavía sigue conservada bien.	내가 살았던 그 집은 아직도 잘 보존되고 있다.
Allí se ve **la aldea *a la cual nos dirigimos.***	우리가 향하고 있는 마을이 저기 보인다.

2 선행사가 내포되어 나타나는 관계부사절

Queremos vivir ***donde todos se aman unos a otros.***	우리는 모두 서로서로 사랑하는 그런 곳에서 살기를 원한다.
Te seguiré ***a donde vayas.***	나는 네가 어디에 가든지 따라가겠다.

참고 사항

● **의문사 & 관계부사**: dónde/ adónde/ donde/ a donde/ adonde

¿Dónde estás?	-Estoy ***donde quiero.***	너 어디 있니? -나는 내가 원하는 곳에 있어.
¿Adónde vas?	-Voy ***a donde quiero.***	너 어디 가니? -나는 내가 원하는 곳으로 간다.
	-Voy al ***cine adonde fui ayer.***	-나는 어제 갔던 영화관에 간다.

2 CUANDO

cuando는 선행사가 시간명사 또는 시간부사일 때 사용된다.

El atentado ocurrió **entonces** ***cuando la víctima cruzaba la calle.***	그 테러는 희생자가 거리를 건너고 있었을 때 발생했다.
Recuerdo **el día** ***cuando nació mi hijo.***	나는 아들이 태어났던 그 날을 회상한다.

이러한 관계부사절도 관계대명사절로 대체가 가능하다.

Recuerdo **el día** ***en que nació mi hijo.***	나는 아들이 태어났던 그 날을 회상한다.

3 COMO

관계부사 como는 방법의 의미를 지니며, 선행사가 방법, 방식, 기술 등을 의미하는 경우 나타난다. 선행사가 나타나는 경우보다는 내포되어 있는 경우가 대부분이다.

1 선행사가 존재하는 경우

Hazlo **de la manera** ***como quieras.***	네가 좋아하는 방식대로 해라.
Así ***como me hablaron,*** se marcharon.	그들은 내게 말한 대로 떠나버렸다.

2 선행사가 내포된 경우

Hazlo ***como quieras.***	네가 좋아하는 방식대로 해라.
Puedes controlar la situación ***como quieras.***	너는 네가 원하는 대로, 그 상황을 장악할 수 있다.

4 CUANTO

양을 표현하며, 다음과 같은 대비를 이루는 구문에서 자주 사용된다.

Tanto ganamos ***cuanto*** *trabajamos.*	우리는 일하는 만큼 번다.
Cuanto más *nos esforzamos por escuchar las palabras,* **mejor** las oímos.	우리가 단어들을 들으려고 노력하면 할수록, 그것을 더 잘 듣게 된다.

3 관계사 구문의 기타 특징들

1 관계사 구문 간의 교호 가능성

이제까지, 관계대명사, 관계형용사, 관계부사 등에 관해 배웠다. 우리가 항상 궁금해 하는 것 중 하나가 그러한 관계사의 용법들이 상황에 따라 다양하게 사용될 수 있는가 하는 문제이다. 물론, 관계대명사 중 que는 성·수에 관계없이 사용되고 또 단어 형태도도 간단하여 가장 널리 사용되고 있다. 그러나 경우에 따라서는 다른 관계사를 사용하는 것이 바람직할 때도 있다. 이러한 관계사들 간의 교호 가능성을 한정적 용법과 설명적 용법 그리고 관계사의 종속절 내 기능을 중심으로 살펴보기로 하자.

1 주어

한정	La casa	*que* **la que*	*te interesa*	está en venta.	네가 관심이 있는 집이 매물로 나와 있다.
설명	La casa,	*que* *la que*	*te interesa,*	está en venta.	그 집은, 네가 관심이 있는데, 매물로 나와 있다.

* 표시는 비문을 뜻한다.

2 직접목적어

한정	La chica	*a la que* *a quien* *a la cual*	*quieres*	me envió un regalo.	네가 좋아하는 그 소녀가 내게 선물을 보냈다.
설명	La chica,	*a la que* *a quien* *a la cual*	*quieres,*	me envió un regalo.	그 소녀는, 네가 좋아하는데, 내게 선물을 보냈다.

3 간접목적어

한정	La chica	***a la que*** / ***a quien*** / ***a la cual***	***escribí***	me envió un regalo.	내가 편지를 쓴 그 소녀가 나에게 선물을 보냈다.
설명	La chica,	***a la que*** / ***a quien*** / ***a la cual***	***escribí,***	me envió un regalo.	그 소녀는, 내가 그녀에게 편지를 썼는데, 나에게 선물을 보냈다.

4 전치격 보어

한정	Ésta es **la casa**	***en la cual*** / ***en la que*** / ***en que*** / ***donde***	***vivía.***		이 집이 내가 살고 있었던 집이다.
설명	Esta casa,	***en la cual*** / ***en la que*** / ***en que*** / ***donde***	***vivía,***	está en venta.	이 집은, 이곳에서 내가 살고 있었는데, 매물로 나와 있다.

2 강조 구문

스페인어에도 강조 구문이 존재하며, 주로 강조문 혹은 분열문(Oraciones escindidas o enfáticas)이라고 불린다. 강조구문을 구성할 때, 영어에서는 가주어 it와 접속사 that가 사용되는데 반해, 스페인어에서는 관계대명사가 사용되며, 영어에서 보다 훨씬 다양한 방법으로 이루어진다.

스페인어	**ser** + 강조된 요소 + 관계절
영 어	**It is** + 강조된 요소 + **that** + ...

즉, "공부를 더 열심히 해야만 할 사람은 그 소년이다"라는 문장은 다음과 같이 각각 스페인어와 영어로 번역된다.

스페인어	*Es* **el chico** *quien debe estudiar más.*
영 어	*It is* **the boy** *that must study harder.*

주의해야 할 점은 강조된 요소가 명사인 경우 관계대명사는 선행사를 내포하는 quien이나 [관사 + que]형이 사용되고, 강조된 요소가 장소나 시간인 경우 선행사를 내포한 donde와 cuando가 각각 사용된다. 또 관계사가 전치사를 동반하는 상황보어인 경우 강조된 요소도 같은 전치사구로 나타나야 한다는 점이다. 강조된 요소가 명사인 경우 계사동사는 단·복수로 일치되나, 전치사구이면 단수가 된다.

1 강조된 요소 - 주어

① 단수: 남/여

Es **el niño**	*quien* / *el que*	*debe estudiar más.*	공부를 더 해야 할 사람은 그 아이다.
Era **la niña**	*quien* / *la que*	*debía estudiar más.*	공부를 더 했어야할 사람은 그 여자아이였다.

② 복수: 남/여

Son **los niños**	*quienes* / *los que*	*deben estudiar más.*	공부를 더 해야 할 사람들은 그 아이들이다.
Eran **las niñas**	*quienes* / *las que*	*debían estudiar más.*	공부를 더 했어야할 사람들은 그 여자아이들이었다.

2 강조된 요소 - 목적어

Es **al niño**	*a quien* / *al que*	*debes atender.*	네가 돌보아야 할 아이가 그 아이다.
Es **a los niños**	*a quienes* / *a los que*	*debes atender.*	네가 돌보아야 할 아이들이 그 아이들이다.

3 강조된 요소 - 전치격 보어(suplemento)

Es **de la niña**	*de quien* / *de la que*	*debes cuidar.*	네가 돌보아야 할 사람은 그 소녀다.
Es **de las niñas**	*de quienes* / *de las que*	*debes cuidar.*	네가 돌보아야 할 사람들은 그 소녀들이다.
No fue **por Inés** sino **por María**	*por quien* / *por la que*	*sufrí.*	내가 괴로웠던 것은 이네스때문이 아니라 마리아때문이었다.

4 강조된 요소 - 사물명사

이 경우, 관계대명사는 [el, la, los, las + que]형을 사용할 수도 있으며, 동시에 성·수에 관계없는 lo que를 사용할 수도 있다. 강조된 요소가 명사인 경우 계사동사는 단·복수로 일치되나, 전치사구이면 계사동사는 단수가 된다.

Es **aquel libro**	*el que* / *lo que*	*nos interesa.*	우리가 관심이 있는 것은 저 책이다.
Era **aquel libro**	*el que* / *lo que*	*nos interesaba.*	우리가 관심이 있었던 것은 저 책이었다.

Son **aquellos libros**	***los que*** / ***lo que***	***nos interesan.***	우리가 관심이 있는 것들은 저 책들이다.
Es **en aquellos libros**	***en los que*** / ***en lo que***	***tenemos interés.***	우리가 관심이 있는 것들은 저 책들이다.
Fue **por estas razones**	***por las que*** / ***por lo que***	***no fue allí.***	그가 그곳에 가지 않았던 것이 이런 이유들 때문이었다.

또 강조된 요소가 장소, 시간, 방법, 양을 표현하는 경우 관계사로는 각각 선행사를 내포한 donde, cuando, como, cuanto가 사용된다.

Es **aquí**	***donde***	***ha saltado la polémica.***	분쟁이 일어난 곳이 여기다.
Es **de este lugar**	***de donde***	***se ve mejor el lago.***	호수가 가장 잘 보이는 곳이 이곳이다.
Fue **a tiros**	***como***	***lo mataron.***	그를 죽인 방법은 총으로 쏴 죽였다.
Es **mojado**	***como***	***lleva el sombrero.***	그가 모자를 쓰고 다니는 상태가 젖은 상태이다.
Fue **entonces**	***cuando***	***le tiró una bala.***	그에게 한발을 쏜 때가 그때였다.
Fue **un día**	***cuanto***	***trabajaron.***	그들이 일한 기간은 하루였다.

참고 사항

● **일치(concordancia)문제**

다음과 같이 강조된 요소가 1, 2인칭인 경우 계사동사는 1, 2인칭 변화형이 된다. 그러나 관계사절 내의 동사는 문법적으로는 관계사에 일치하여 3인칭이 되나, 문체론적으로 강조를 위해 작품 속에서 강조된 1, 2인칭 주어와 일치할 수도 있으며 이를 의미적 일치(silepsis)라고 한다.

① **문법적 일치**

Soy **yo el que** te **buscó.**	너를 찾았던 사람이 나다.

② **의미적 일치**

Soy **yo el que** te **busqué.**	너를 찾았던 사람이 나다.

3 부정관계대명사

부정(不定)관계대명사(pronombres relativos indefinidos)는 부정대명사(pronombres indefinidos)에 속하며, 사람, 사물, 장소, 방법, 시간의 의미에 따라 아래와 같이 구분되어 사용된다. 복수를 만들 때는 예외적으로 단어의 끝이 아니라 합성어 중 앞을 구성하는 단어에 -es를 붙여 만든다.

	단수		복수	
사람	quienquiera	누구든지	quien*es*quiera	누구들이든지
	cualquiera	어떤 사람이든지	cual*es*quiera	어떤 사람들이든지
사물	cualquiera	어떤 것이든지	cual*es*quiera	어떤 것들이든지
장소	dondequiera	어디든지	-	
방법	comoquiera	어떻게든지	-	
시간	cuandoquiera	언제든지	-	

1 quienquiera

'누구든지'를 의미하며, 접속법 que-관계사절과 함께 나타난다.

Ayudaré a ***quienquiera que desee estudiar.***	나는 공부하길 원하는 사람은 누구든 지 도와줄 것이다.
Estaré en contacto con ***quienquiera que tenga interés en este tema.***	나는 이 테마에 관심을 지닌 사람이면 누구든지 접촉을 할 것이다.
Ellos, ***quienesquiera que fuesen,*** lo sabían bien.	그들이, 누구들이든지, 그것을 잘 알고 있었다.

2 cualquiera

'어떤 사람이든지' 또는 '어떤 것이든지'라는 의미를 표현하며, 부정대명사로 사용되거나, 부정형용사로 사용되어 남성뿐만 아니라 여성 단수 및 복수 명사 앞에서도 -a가 탈락한다.

Cualquiera puede hacerlo.	어떤 사람이든 그것을 할 수 있다.
El atentado puede ocurrir en ***cualquier momento.***	테러는 어느 순간에나 일어날 수 있다.

Se puede recibir mensajes desde ***cualquier parte del mundo.***	지구 어느 쪽에서도 메시지를 받을 수 있다.
No se pueden establecer ***cualesquier modificaciones*** en tales contratos.	그러한 계약들에서는 어떠한 수정들도 이루어질 수 없다.

cualquiera도, quienquiera와 마찬가지로, 접속법 que-관계사절과 함께 나타나기도 한다.

Cualquiera que te guste, lo recibirás.	어떤 것을 좋아하든 간에, 너는 그것을 받을 것이다.

3 dondequiera

'어디든지'를 의미하며, 접속법 que-관계사절과 함께 나타난다.

Desde ***dondequiera que estés***	puedes enviarme un correo electrónico.	네가 어디에 있든, 너는 내게 이-메일을 보낼 수 있다.
Dondequiera que vaya,	todo el mudo lo recibirá con gran entusiasmo.	그가 어디를 가든, 모든 사람들이 그를 열렬히 환영할 것이다.

4 comoquiera

'어떻게든지'를 의미하며, 접속법 que-관계사절과 함께 나타난다. 그러나 이미 과거에 확실히 이루어진 사실에 대해서는 직설법을 사용한다.

Comoquiera que sea,	no es cristiano el que no va a misa.	그가 어떤 품성을 지닌 사람이든지, 미사에 가지 않으면, 교인이 아니다.
Comoquiera que obtuvo la mayoría absoluta, el Partido Popular se dispuso a cumplir con su promesa electoral.		절대다수를 어떻게 획득했던 간에, 대중당은 그 선거공약을 이행할 준비가 되었다.

5 cuandoquiera

'언제든지'를 의미하며, 접속법 que-관계사절과 함께 나타난다.

Es importante para mí trabajar	***cuandoquiera que sea necesario.***	언제든 필요할 때 일하는 것이 내게 중요하다.

4 관계사 구문에서의 접속법

보통 관계사 구문에서는 현재, 과거, 미래 등 다양한 시제의 직설법이 주로 사용되나 경우에 따라서는 접속법이 나타날 수도 있다.

1 선행사가 정해지지 않은 막연한 명사 지칭: 종속절 내 접속법

Busco **una chica** ***que sepa hablar en español.***	나는 스페인어로 말할 수 있는 소녀를 찾고 있다.
Es atractivo **un hombre** ***que tenga simpatía aunque no sea guapo.***	멋있지 않아도 다정한 사람은 매력적이다.

※ 이 경우 선행사의 존재는 미리 전제되지 않는다.

2 미래의 상황을 표현하는 문맥: 종속절 내용도 막연함-접속법

Te seguiré ***adónde vayas.***	나는 네가 어디를 가든 따를 것이다.
¿Cuál será **el** ***que obtenga el premio?***	그 상을 획득할 사람은 누가 될까?
Será FIFA **la** ***que intervenga en la concesión del pase.***	이적의 허용에 참여할 단체가 FIFA가 될 것이다.

5 관계사절의 병렬접속

관계사절도 병렬접속(coordinación)을 허용하며, 이 경우 반드시 접속사(y, pero, o등)가 나타나야 한다.

Hay hombres ***que son ricos*** **y** ***que quieren más dinero.***	부자이면서 더 많은 돈을 원하는 사람들이 있다.
Los avaros son hombres ***que son ricos*** **pero** ***cuyos deseos de tener más dinero no cesan.***	수전노들은 부자이나 그러나 돈을 더 갖겠다는 끝없는 욕망을 지닌 사람들이다.

Lección 16
Ejercicios

I | 두 문장 내의 표시된 명사를 관계사로 바꿔 한 문장으로 만들어 보자.

① Esta es ***la casa.***
María quiere vender ***la casa.***
➡

② Juan es ***el chico.***
El chico se acuesta boca abajo.
➡

③ No me gusta ***la chica.***
Conocí a ***la chica*** ayer.
➡

④ ***La gente caza a los animales inocentes.***
Eso es un acto cruel.
➡

⑤ Ellos preparan ***unos vídeos ecológicos.***
A través de ***los vídeos ecológicos*** puede apreciarse la vida silvestre.
➡

⑥ Walt Disney es ***un lugar ideal.***
Las historias de duendes se hacen realidad en ***ese lugar.***
➡

⑦ Se quedó dormido durante ***el día.***
Ese día no tuvo intenciones de dormir una siesta.
➡

⑧ Me gusta dibujar el paisaje ***de esa manera.***
El pintor lo hace ***de esa manera.***
➡

2 | 괄호 안에 적절한 관계사를 넣어보자.

① (　　　　) bien te quiere te hará llorar.

② Allí se ven unos árboles a través de (　　　　　) veo un lago bonito.

③ Comprendí (　　　　) me dijiste.

④ Los chicos, la mayoría de (　　　　　) son coreanos, tienen mucho interés en la literatura española.

⑤ Recibí con cariño a (　　　　　) vinieron a celebrar esta fiesta.

⑥ Iremos a un chalet, (　　　　) dueño es el padre de Pablo.

⑦ El banquero no nos quiere entregar (　　　　) dinero debe pagarnos.

⑧ La ciudad (　　　　) vive mi amiga se encuentra muy lejos de aquí.

3 | 다음 강조구문을 완성해 보자.

① Fue el chico (　　　　) la llevó a un médico.

② Son las mujeres (　　　　　) sacrifican su vida profesional para dedicarse a sus hijos.

③ Es la casa (　　　　　) mi padre ha comprado.

④ En las universidades es a las mujeres (　　　　　　) más atrae esta carrera.

⑤ No fue por ellas (　　　　　) sufrimos.

⑥ Es por esta razón (　　　　　) el dólar ha comenzado a bajar en relación al euro.

⑦ Fue aquí (　　　　　) el escritor empezó a escribir esa obra.

⑧ Es precisamente de aquí (　　　　　　) sale el aire.

⑨ Fue a pie (　　　　　) fuiste al colegio.

⑩ Soy yo (　　　　　) estudia más en la escuela.

4 | 두 문장의 의미상 차이점을 얘기해 보자.

① ⓐ Los árboles que están cerca de las líneas eléctricas tienen que podarse.

ⓑ Los árboles, que están cerca de las líneas eléctricas, tienen que podarse.

② ⓐ Tenemos que atender a los animales que han sido abandonados.

ⓑ Tenemos que atender a los animales, que han sido abandonados.

5 | 문장 내 틀린 부분을 찾아 바로 잡아 보자.

① Allí está Juan que era mi ex alumno.

② ¿Quién es ese chico con que anda Inés?

③ Los alumnos quienes toman esta asignatura deben estudiar mucho.

④ Sabes cuál es la causa por el que tu perro comenzó a actuar así.

⑤ Ésta es la aldea que vivía mi padre.

⑥ Éste es el edificio delante de que se celebró la procesión.

⑦ A este colegio asisten alumnos cuyos edades están entre los 8 y los 13 años.

⑧ Quiero recibir con cariño a los invitados, quienquieras que sean.

⑨ Tengo que llevar estas llaves conmigo dondequiera que voy.

⑩ Somos yo los que tienen que ir de picnic.

플라멩꼬

매우 재미있고 다양한 스페인의 민속음악은 자손 대대로 구전으로 지금까지 전승되어 오고 있다. 모든 스페인 지역에서 향토적인 노래와 춤이 진정한 대중예술로 자리 잡고 있다.

Flamenco는 안달루시아지방의 대중음악 및 무용으로, 그것은 동양, 아랍 그리고 집시로부터 유래하였다. **Flamenco**의 음은 너무나 특이한 불협화음으로 이루어져 있고 쉬운 멜로디가 전혀 없어, 적응되지 않은 사람을 당혹시키기까지 한다. 안달루시아 지역에는 지역에 따라 **60**개 이상의 다양한 유형의 **Flamenco**가 존재하고 있으며, 대표적인 것들로 **Granada**의 **granadinas**, **Málaga**의 **malagueñas**, **Sevilla**의 **sevillanas** 등이 있다.

Flamenco는 춤과 노래가 함께 어우러지며, 정열적이며 항상 기타, 손뼉, 관객들의 고함소리 그리고 격려와 더불어 이루어진다. **Flamenco**의 어조는 인간의 삶과 마찬가지로 낙천적이거나 염세적이고 즐겁거나 슬프다. 그토록 매혹적이고 요란스러운 이 안달루시아 음악은 **Federico García Lorca**와 같은 위대한 스페인 시인들에게 영감을 주어왔다.

제 17 장 비교급 및 최상급

1 비교급 및 최상급의 형성

형용사나 부사의 의미는 수정되어질 수 있다. 즉, 형태적으로 또는 통사적으로 다양한 급(grados)으로 표현되어 질 수 있다. 형태론적으로는 어미변화를 통해 그리고 통사론적으로는 여러 단어를 활용하여 형용사나 부사의 급(gradación del adjetivo)을 구성하며, 두 가지로 구분할 수 있다.

비교급 구문	동일 자질을 언급하면서 둘 또는 그 이상의 개념 사이의 비교
최상급 구문	형용사나 부사에 의해 표현된 자질의 단순한 강조

비교급은 우등비교(comparación de superioridad), 열등비교(comparación de inferioridad), 동등비교(comparación de igualdad)로, 최상급은 절대최상급(superlativo absoluto)과 상대최상급(superlativo relativo)으로 구분된다.

우등비교급	más	+	형용사/ 부사	+	que
열등비교급	menos	+	형용사/ 부사	+	que
동등비교급	tan	+	형용사/ 부사	+	como
	tanto(ta,tos,tas)	+	명사	+	como

절대최상급		형용사 + ísimo
		muy + 형용사 / muy poco + 형용사
상대최상급	형	정관사 + (명사) + más/ menos + 형용사 + (de, entre, etc.)
	부	más/ menos + 부사 + (de, entre, etc.)

또, 몇몇 형용사와 부사는 불규칙한 형태의 비교급 및 최상급을 지니고 있는 바, 이러한 형태들은 꼭 암기하여 사용하여야 한다.

불규칙한 비교급 및 최상급			
형용사	**부 사**	**비 교 급(형/부 동일)**	**최 상 급(형용사만 해당)**
mucho	**mucho**	***más***	***lo más***
poco	**poco**	***menos***	***lo menos***
bueno	**bien**	***mejor***	***óptimo*** ***el, la, (los, las) mejor(es)***
malo	**mal**	***peor***	***pésimo*** ***el, la, (los, las) peor(es)***
grande	-	***mayor/ (más grande)***	***máximo*** ***el, la, (los, las) mayor(es)***
pequeño	-	***menor/ (más pequeño)***	***mínimo*** ***el, la, (los, las) menor(es)***

이러한 불규칙한 형태들은 교양 라틴어(latín culto)에서 직접 유래하였으며, 그 외에도 다음과 같은 것들이 있다.

superior	보다 우등한	***inferior***	보다 열등한
interior	내부의	***exterior***	외부의
citerior	더 가까운	***ulterior***	더 먼

2 비교급

1 우등비교

우등비교는 둘 이상의 형용사나 부사의 내용에 대해 그 정도의 차이를 비교하는 것이다. 예를 들면, 그녀는 예쁘다(Ella es *bonita*) 그리고 나도 예쁘다

(Yo soy *bonita*) 그렇지만 두 사람의 미모를 비교하여 '그녀는 나보다 더 예쁘다(Ella es ***más*** *bonita* ***que*** yo)'라고 말하게 되면 우등비교가 형성된다. 이러한 우등비교의 경우들을 세분하여 살펴보기로 하자.

1 형용사 우등비교

más + 형용사	+ **que**
불규칙한 비교급 **(mayor, mejor, ...)**	

1 형용사가 주격보어인 경우

Juan es ***más alto que*** yo.	환은 나보다 키가 크다.
Yo soy ***más bajo que*** Juan.	나는 환보다 더 작다.
Estas flores son ***más bonitas que*** aquéllas.	이 꽃들은 저것들보다 더 예쁘다.
Ellos son ***mejores que*** yo.	그들은 나보다 더 좋은 사람들이다.
Esta casa es ***peor que*** aquélla.	이 집은 저것보다 더 나쁘다.

2 형용사가 명사의 수식어인 경우

Ella es *una chica* ***más bonita que*** yo.	그녀는 나보다 더 예쁜 소녀다.
Ellas son *unas chicas* ***más bonitas que*** yo.	그녀들은 나보다 더 예쁜 소녀들이다.
Este ordenador tiene una pantalla con *una resolución* ***mejor que*** las de las ordinarias.	이 컴퓨터는 일반 화면의 해상도보다 더 좋은 해상도의 화면을 지니고 있다.

2 부사의 우등비교

más + 부사	+ **que**
불규칙한 비교급 **(más, mejor, ...)**	

Ignacio corre ***más rápido que*** yo.	익나시오는 나보다 더 빨리 달린다.
Ella llegó ***más temprano que*** nosotros.	그녀는 우리보다 더 일찍 도착했다.

Ellas cantan mucho ***mejor que*** yo.	그녀들은 나보다 더 잘 노래한다.
Te agradezco ***más*** por haber estudiado mucho ***que*** por agradarme con las buenas notas.	나는 네가 좋은 성적으로 나를 즐겁게 하는 것보다 열심히 공부를 하였다는 점이 더 고맙다.

2 열등비교

1 형용사의 열등비교

menos + 형용사
불규칙한 비교급 **(menor, peor, ...)** + **que**

1 형용사가 주격보어인 경우

Ella es ***menos bonita que*** yo.	그녀는 나보다 덜 예쁘다.
Estas flores son ***menos bonitas que*** aquéllas.	이 꽃들은 저것들보다 덜 예쁘다.

2 형용사가 명사의 수식어인 경우

Ella es *una chica* ***menos bonita que*** yo.	그녀는 나보다 덜 예쁜 소녀이다.
Ellas son *unas chicas* ***menos bonitas que*** yo.	그녀들은 나보다 덜 예쁜 소녀들이다.

2 부사의 열등비교

menos + 부사
불규칙한 비교급 **(menos, peor, ...)** + **que**

Ella corre ***menos rápido que*** yo.	그녀는 나보다 덜 빨리 달린다.
Ella llegó ***menos temprano que*** nosotros.	그녀는 우리보다 덜 일찍 도착했다.
Ella canta ***peor que*** yo.	그녀는 나보다 노래를 더 못한다.

참고 사항

● **특이한 형식의 비교급 구성**

El edificio tiene una altura ***superior a*** la montaña.	그 빌딩은 산보다 더 높다.
Este modelo es ***inferior a*** aquél.	이 모델이 저것보다 더 못하다.
Antonio es ***inferior a*** José en el tenis.	안또니오는 테니스에서 호세보다 못하다.
Juan persigue un fin económico ***más que*** político.	환은 정치적이기보다는 경제적인 목적을 추구한다.

3 비교급과 수식

1 동형이의(同形異義)의 más나 menos

다음 예문의 más나 menos는 명사를 수식해 주는 형용사 mucho와 poco의 비교급이거나 동사를 수식해 주는 부사 mucho와 poco의 비교급으로, 비교급 구문 [más/ menos + 형/ 부 + que] 내부의 más/ menos와는 상이하다.

1 명사 수식 형용사 mucho와 poco의 비교급

Ella tiene ***más***	***dinero*** ***libros***	***que*** yo.	그녀는 나보다	돈이 책이	더 많다
Ella tiene ***menos***	***dinero*** ***libros***	***que*** yo.	그녀는 나보다	돈이 책이	더 적다

2 동사 수식 부사 mucho와 poco의 비교급 más와 menos

Ella corre	***más*** ***menos***	***que*** yo.	그녀는 나보다	더 많이 더 적게	달린다.

2 비교급 수식

1 비교급 부사 más/ menos 앞에서의 수식

일반적으로 타 부사를 수식하는 muy, tan, cuan은 그 앞에 불허하나 mucho, un poco, bastante, tanto, cuanto는 허용한다.

Ella es	***mucho***	***más*** bonita ***que*** yo.	그녀는 나보다	훨씬	더 예쁘다.
	bastante			상당히	
	un poco			조금	
Ella corre	***mucho***	***menos*** rápido ***que*** yo.	그녀는 나보다	훨씬	덜 빨리 달린다.
	bastante			상당히	
	un poco			조금	

2 비교급 형용사 más/ menos 앞에서의 수식

más/ menos의 수식은 정도부사가 하는 것이 자연스럽다고 생각되나, 실제로는 형용사인 alguno, mucho, poco, tanto, harto 등이 수식한다. 또 이 형용사들은 ***más 또는 menos 뒤에 있는 명사와 성·수일치를*** 하여야 한다.

Juan bebe ***poca más agua que*** yo	환은 나보다 조금 더 많은 물을 마신다.
Leo ***muchos más libros*** *sacados de la biblioteca* ***que*** comprados	나는 산 책 보다는 도서관에서 꺼내온 책들을 훨씬 더 많이 읽는다.
Te escribo con ***algún más cariño.***	나는 네게 약간 더 다정하게 편지를 쓴다.
Son ***muchos más*** los que lo quieren.	그걸 원하는 사람들이 훨씬 더 많다.
Tienes una cámara de vídeo de ***mucha mejor resolución que*** las actuales disponibles.	너는 지금 구할 수 있는 것들보다 훨씬 좋은 해상도의 비디오카메라를 가지고 있구나.

※ 단, mayor, mejor, menor, peor 앞의 수식은 불가함: *Hay ***muchas mayores flores que*** ayer.

3 양화사를 통한 비교급 수식

Ella es	***un año***	***más*** vieja ***que*** yo.	그녀는 나보다	1년 더	늙었다.
	tres años			3년 더	

Juan gana ***tres veces más que*** yo.	환은 나보다 세배나 더 많이 번다.

참고 사항

● 형용사와 그 비교급 형태는 부정대명사를 꾸며주는 경우 그 뒤에서 수식한다.

¿***Algo más***? -***Nada más***, gracias.	뭐 더 원하세요? -더 이상 없습니다, 감사합니다.
Me va a pasar ***algo bueno***.	뭔가 좋은 일이 내게 일어날 것이야.

4 동등비교

tan	형용사/ 부사	**como**
tanto(ta, tos, tas)	명 사	

여기서 부사 tanto는 형용사와 부사 앞에서 어미가 탈락되어 tan이 되며, 형용사 tanto는 명사와 성·수 일치한다(tanto, tanta, tantos, tantas).

1 형용사의 동등비교

1 형용사가 '주격보어'인 경우

Ella es ***tan bonita como*** yo.	그녀는 나만큼 예쁘다.
Estas flores son ***tan bonitas como*** aquéllas.	이 꽃들은 저것들만큼 아름답다.
Eres ***tan guapa como*** ellos.	너는 그들만큼 멋있다.

2 형용사가 '명사수식어'인 경우

Ella es una chica ***tan bonita como*** tú.	그녀는 너만큼 예쁜 소녀이다.
Ellas son unas chicas ***tan bonitas como*** tú.	그녀들은 너만큼 예쁜 소녀들이다.
Ella es ***tan bonita como*** sabía.	그녀는 내가 예전에 알았던 만큼 예쁘다.
Ella es ***tan viva como*** callada (es) María.	그녀는 마리아가 조용한 것만큼 활기 차다.

2 부사의 동등비교

부사는 성·수일치가 없으며 비교급에서도 마찬가지이다.

Ella corre ***tan rápido como*** yo.	그녀는 나만큼 빨리 달린다.
Ellas cantan ***tan bien como*** vosotros.	그녀들은 너희들만큼 잘 노래한다.
Ella corre ***tanto como*** ellos.	그녀는 그들만큼 많이 달린다.

※ 마지막 예문의 tanto는 그 자체로 동등비교 부사로 기능한다.

3 명사의 동등비교

이 경우 tan이 아닌 tanto가 사용되며, 명사의 성·수에 일치하여 변한다.

Ellos ganan ***tanto dinero como*** yo.	그들은 나만큼 많은 돈을 번다.
Nos diferencian ***tantas cosas como*** nos unen.	우리들을 결합시켜주는 만큼 우리들을 상이하게 만든다.
No sé ***tanto como*** dicen.	나는 사람들이 얘기하는 것만큼 알지 못한다.

※ 마지막 예문의 tanto는 그 자체로 동등비교 명사로 기능한다.

4 여타 다양한 방식의 동등비교

Ella me atiende ***igual que*** tú.	그녀는 너와 마찬가지로 내게 관심을 기울인다.
Él se despidió de mí ***lo mismo que****(=igual que)* siempre.	그는 항상 그랬듯이 내게서 작별을 했다.
Francia entrará en ***el mismo*** *grupo* ***que*** Italia.	프랑스는 이탈리아와 같은 그룹에 들어갈 것이다.
La casa de María es ***la misma que*** la de su madre.	마리아의 집이 바로 그녀의 어머니의 집과 동일한 것이다.
La política ***no*** es ***otra cosa que*** la continuación de la guerra.	정치는 전쟁의 연속에 지나지 않는다.
Este punto de vista es ***similar****(=análogo)* ***al*** de Saussure.	이 관점은 소쉬르의 그것과 유사하다.
Estas chicas son ***tanto*** guapas ***como*** inteligentes.	이 소녀들은 영리하기도 하고 또 그만큼 멋있다.
Su política es apoyada ***a la vez*** de la derecha ***y*** de la izquierda.	그의 정책은 우파와 마찬가지로 좌파로부터도 지지를 받고 있다.
Preferimos que las cosas sigan ***como*** están.	우리들은 일이 지금 그대로 진행되기를 원한다.
La economía recuperará su competitividad ***tal y como*** han previsto los expertos.	경제는 전문가들이 예견했던 대로 경쟁력을 회복할 것이다.

3 최상급

스페인어 최상급(superlativo)에는 절대최상급(superlativo absoluto)과 상대최상급(superlativo relativo)이 있으며, 절대최상급은 "매우 -한", 상대최상급은 "-중에서 가장 -한"의 의미를 표현한다.

1 절대최상급

절대최상급은 형용사에 -ísimo를 붙여 만들며, [muy + 형용사] 또는 [muy poco + 형용사]의 의미를 지닌다.

형용사	+	ísimo

Antonio es	***guapísimo.*** ***muy guapo.***	안또니오는 매우 멋있다.
Ellos son	***guapísimos.*** ***muy guapos.***	그들은 매우 멋있다.
Ellas son	***guapísimas.*** ***muy guapas.***	그녀들은 매우 멋있다.
Estamos	en una ***pésima*** situación. en una ***muy mala*** situación.	우리들은 최악의 상황에 처해 있다.
Juan me dijo	algo ***aburridísimo.*** algo ***muy poco interesante.***	환은 매우 따분한(매우 재미없는) 것을 내게 말했다.

절대최상급을 구성하는 방법은 규칙적인 것과 불규칙적인 것으로 구분된다. 규칙적인 것은 [-모음]으로 끝나는 형용사는 그 모음을 탈락시키고, 자음으로 끝난 형용사는 그 상태로, [-ísimo]를 붙인다. 불규칙적인 것은 대부분 [-ísimo]를 붙이면서 발음이 변하여, 이를 원래의 발음으로 바꾸어 주거나, 표기상, 또는 접미사가 붙는 경우 어간모음의 단모음화 현상 등에 기인한다.

절대최상급 형성 방법				
구분	어 미	형 성 방 법	결 과	동일 유형의 동사들(일부)
규칙	-모음	탈락 ➡ +*ísimo*	bonito ➡ bonit*ísimo*	*guapo, pequeño, tonto, dulce, verde*
	-자음	존속 ➡ +*ísimo*	fácil ➡ facil*ísimo*	*difícil, formal, especial, azul*
불규칙	-co	-co ➡ *-quísimo*	poco ➡ po*quísimo*	*rico, blanco, flaco, seco*
	-go	-go ➡ *-guísimo*	largo ➡ lar*guísimo*	*amargo, vago*
	-z	-z ➡ *-císimo*	feliz ➡ feli*císimo*	*capaz, eficaz, fugaz, veloz*
	-ble	-ble ➡ *-bilísimo*	amable ➡ ama*bilísimo*	*agradable, noble, probable*
	기타	bueno ➡ ***bonísimo*** fiel ➡ ***fidelísimo*** sagrado ➡ ***sacratísimo*** pobre ➡ ***paupérrimo***		fuerte ➡ ***fortísimo*** antiguo ➡ ***antiquísimo*** libre ➡ ***libérrimo*** mísero ➡ ***misérrimo***

이 외에도 2가지 형태의 절대 최상급을 지니는 형용사도 있다.

amigo ➡ ***amicísimo, amiguísimo***	cruel ➡ ***cruelísimo, crudelísimo***

절대최상급 형성 시 ① 원래의 악센트는 소멸되며(difícil ➡ ***dificilísimo***), ② [절대최상급 + mente]형 부사도 가능하다(dificilísimo ➡ **dificilísima*mente***).

2 상대최상급

형용사	정관사 (명사) + **más/ menos** + 형용사 + (de, entre, etc.)
부 사	**más/ menos** + 부사 + (de, entre, etc.)

상대최상급은 형용사와 이뤄지는 경우 관사가 나타나나 (때론 명사까지 나타나나), 부사와 함께 구성되는 경우 관사가 나타나지 않는다.

1 형용사

Ella es	la	**más** / **menos**	**bonita**	*de todas las chicas.*	그녀는 모든 소녀들 중에서 가장 / 가장 덜 예쁘다.
Estas flores son	las	**más** / **menos**	**bonitas**	*en esta tienda.*	이 꽃들은 이 가게에서 가장 / 가장 덜 예쁘다.
Aquella flor es	la	**más** / **menos**	**fea**	*entre todas.*	저 꽃은 모든 꽃들 중에서 가장 / 가장 덜 밉다.

정관사 다음에 명사가 나타날 수 있다.

Ella es	la chica	**más** / **menos**	**bonita**	*de todas.*	그녀는 모두 중에서 가장 / 가장 덜 예쁜 소녀다.
Ellas son	las chicas	**más** / **menos**	**bonitas**	*en la escuela.*	그녀들은 학교에서 가장 / 가장 덜 예쁜 소녀들이다.
Ellos son	los	**mejores** / **peores**	**amigos**	*suyos.*	그들은 그의 가장 좋은 / 가장 나쁜 친구들이다.

2 부사

Ella corre	**más** / **menos**	**rápido**	*en la escuela.*	그녀는 학교에서 가장 / 가장 덜 빨리 달린다.
Ella canta	**mejor** / **peor**		*en esta clase.*	그녀는 이 반에서 노래를 가장 잘 / 가장 못 한다.
Las cosas le van	**mejor.** / **peor.**			그에게 일이 가장 잘 / 가장 못 풀려간다.

또 부사 최상급은 다음과 같이 관계사구문으로 연결시켜 표현하기도 한다.

Ella es	la que corre	**más** / **menos**	**rápido**	*en la escuela.*	그녀는 학교에서 가장 / 가장 덜 빨리 달리는 사람이다.
Ella es	la que canta	**mejor** / **peor**		*en esta clase.*	그녀는 이 반에서 노래를 가장 잘 / 가장 못 하는 사람이다.

4 비교급 및 최상급의 특이한 용법

1 [크기]와 [나이] 구분

'크기가 더 크다/ 작다'를 표현하고자 할 때는 [... {más/ menos} grande que ∴.]구문을 사용하나, '나이가 더 많다 또는 적다'는 [... mayor/ menor que ...]구문으로 표현한다. 그러나 사물의 경우 두 구문 모두 '크기의 의미'로 사용되고 있다.

1 크기

Esta chica es	***más / menos*** ***grande que***	aquélla.	이 소녀는 저 소녀보다 더 크다. / 작다.
Esta chica es	***la*** ***más / menos*** ***grande***	*de todas.*	이 소녀는 모든 소녀들 중에서 가장 크다. / 작다.
Esta casa es	***más / menos*** ***grande que***	aquélla.	이 집은 저것보다 더 크다. / 작다.
Tu casa es	***mayor / menor*** ***que***	la mía.	네 집은 내 것보다 더 크다. / 작다.
Esta casa es	***la*** ***más / menos*** ***grande***	*de todas.*	이 집은 모든 집들 중에서 가장 크다. / 작다.

2 나이

Esta chica es	***mayor / menor*** ***que***	aquélla.	이 소녀는 저 소녀보다 나이가 더 많다 / 적다
Esta chica es	***la*** ***mayor / menor***	*de todas.*	이 소녀는 모두 중에서 나이가 가장 많다 / 적다
Juan se va haciendo ***mayor.***			환은 커가고 있다.

참고 사항

- '형'과 '남동생'은 *hermano mayor, hermano menor*로 표현한다.
- 이 외에도 mayor와 menor는 고유명사나 추상명사에 수식어로 등장하기도 한다.
  고유명사: Mallorca Menor, Mallorca Mayor, Calle Mayor, etc.
  추상명사: {mayor/ menor} anchura/ frecuencia/ fuerza/ intensidad/ pontencia/ peso/ etc.

2 [...이상/ 이하] & [단지]

[más/ menos de 숫자]는 [...이상/ 이하]로 해석되며, [no ... más/ menos de 숫자]는 [최대/ 최소 ...이다]를 의미한다. [no ... más que 숫자] 구문은 [단지]를 뜻하며, sólo 또는 solamente와 동일한 의미를 표현한다.

Tengo	***más*** / ***menos***	***de***	*diez mil wones.*	나는 만원 이상/이하 을/를 갖고 있다.
No tengo	***más*** / ***menos***	***de***	*diez mil wones.*	나는 최대/최소 만원을 갖고 있다.
No tengo	***más que***		*diez mil wones.*	나는 ***단지*** 만원을 갖고 있다.
= Tengo ***{sólo/ solamente}*** *diez mil wones.*				

참고 사항

- "나는 네가 가진 것보다 더 {많은/ 적은} 원화를 지니고 있다"는 다음과 같이 구성된다.
  Tengo ***{más/ menos} wones de los que*** tienes.

3 비교의 대상이 특이한 경우

[{생각하는/ 믿는/ 상상하는/ 필요한/ etc.} 것보다 더 -하다]라는 표현은 다음과 같은 특이한 구문으로 표현된다.

más / **menos**	**형용사/ 부사/ 명사**	**de**	**lo que ...**
			el/ la/ los/ las que ...
			lo + 형용사 / 과거분사

Ella canta	***mejor*** / ***peor***	***de lo que***	*creemos.*	그녀는 우리가 믿는 것보다 노래를 {더 잘 / 더 못} 한다.
Inés tiene	***más*** / ***menos***	***dinero del que***	*le hace falta.*	이네스는 필 요한 돈보다 {더 많은 / 더 적은} 돈을 가지고 있다
Él consume	***más*** / ***menos***	***agua de la que***	*realmente necesita.*	그는 실제로 필요한 물보다 {더 많이 / 더 적게} 소비한다.
Soy	***más*** / ***menos***	***inteligente de lo que***	*crees.*	나는 네가 믿는 것보다 {더 / 덜} 영리하다.
Ella vino	***más*** / ***menos***	***temprano de lo que***	*nos imaginábamos.*	그녀는 우리가 상상했던 것보다 {더 / 덜} 빨리 왔다.

4 [no poder menos {que/ de} INF] ➡ [-하지 않을 수 없다]

No pude ***menos que*** escribirle a ella.	나는 그녀에게 편지를 쓰지 않을 수 없었다.
Ella ***no*** pudo ***menos que*** venir a vernos.	그녀는 우리를 보러 오지 않을 수 없었다.
José ***no*** pudo ***menos de*** sonreír al verlo.	호세는 그걸 보고 미소 짓지 않을 수 없었다.

5 [... tanto ... cuanto] ➡ [-하는 양만큼 -하다]

Te daré ***tanto*** dinero ***cuanto*** quieras.	나는 네게 원하는 만큼의 돈을 주겠다
Tanto ganamos ***cuanto*** trabajamos.	우리는 일하는 만큼 그만큼 번다

6 [Cuanto {más/ menos} ..., {más/ menos/ mejor/ ...}]

➡ [더 {많이/ 적게} -하는 만큼 더 {많이/ 적게} -하다]

Cuanto	***más*** / ***menos***	trabajamos,	***más*** / ***menos***	ganamos.	우리가 {더 많이 / 더 적게} 일할수록 우리는 {더 많이 / 더 적게} 번다.
Cuantos más, mejor.					다다익선(多多益善)

Lección 17
Ejercicios

1 | 아래 형용사의 비교급 및 최상급을 써보자.

[원 급]	[비 교 급]	[최 상 급]
① amable	________	________
② alto	________	________
③ mucho	________	________
④ bueno	________	________
⑤ malo	________	________
⑥ grande	________	________
⑦ pequeño	________	________

2 | 빈 칸을 우등비교급으로 구성하여 보자.

① Eres (　　) (　　　) que José María. (atractivo)
② Esta autoescuela es (　　) (　　) que la media española. (caro)
③ Estoy (　　　　) que el año pasado. (bien)
④ Estas vacas comieron (　　　　) que aquéllas. (mucho)
⑤ En los adolescentes varones ocurren cambios uno o dos años (　　) (　　　) que en las niñas. (tarde)

3 | 빈 칸을 열등비교급으로 구성하여 보자.

① Su amiga es (　　) (　　　) que la mía. (hermoso)
② Los cerros son (　　　) (　　　) que las montañas. (alto)
③ Pienso que llegar tarde es algo (　　　　) que no llegar. (malo)
④ Es injusto que las mujeres ganen (　　　　) que los hombres. (poco)
⑤ El ave vuela (　　　) (　　　) que el avión. (rápido)

4 | 빈 칸을 동등비교급으로 구성하여 보자.

① Miriam y Alfonso son (　　) (　　　　) como nosotros. (aplicado)
② Ellos son (　　　　) (　　　　) como nosotros. (alto)
③ Nunca te he oído hablar (　　) (　　　　　) como ahora. (elegantemente)
④ Nunca he visto en mi vida una mujer (　　　) (　　　) como ella. (guapo)
⑤ Julia tiene (　　　　) libros (　　　　) él.

5 | 빈 칸을 절대최상급 또는 상대최상급으로 구성하여 보자.

① Don Juan la invitó a bailar con (　　　　　) palabras. (dulce)
② Beatriz es (　) (　　　) (　　　　　) de todas las mujeres. (hermoso)
③ Los platos cubanos son (　　　　　　). (rico)
④ Echamos de menos a esas damas (　　　　　　). (noble)
⑤ Quiero que te vaya (　　　　) en la vida. (bien)

6 | 문장 내 틀린 부분을 찾아 바로 잡아 보자.

① Esperamos una inversión superior que 55 millones de euros.
② Sebastián tiene dinero más que yo.
③ El planeta tenía mucho más agua que ahora.
④ Carmen es cinco años más viejos que Magdalena.
⑤ Te quiero igual a ayer.
⑥ Éstos son ordenadores menos potentes de los que uno se imagina.
⑦ Mario tiene más que diez mil wones.
⑧ No pudieron menos como salir.

투우

사람이 사나운 소를 상대로 싸우는 투우(la corrida de toros)는 스페인에서 국기(國技)로 되어 있다. 투우는 뜨거운 태양이 작열하는 봄과 여름 오후 5시 정각에 시작되며 가을과 겨울에는 경기가 없다. 매 경기마다 여섯 마리의 소와 세 명의 살우사(殺牛士, matador)가 등장한다. 각 살우사(투우사)는 두 마리씩을 죽인다. 투우 내용은 투우사들의 용기, 기술과 기교, 그리고 심지어 소들의 사나움과 기품에 좌우된다.

투우사(torero)에는 주역을 맡는 살우사가 있고, 작살을 꽂는 "작살꽂이군"(banderillero)과 말을 타고 장으로 소의 등을 찌르는 "장창찌름군"(picador)이 있으나 주로 살우사를 의미한다.

투우는 투우사들이 관중 앞에서 사열하는 하례행사 paseillo로 시작되며, 트럼펫신호로 다음과 같이 진행된다.

[첫 단계] 먼저 "분노유발군"(burladero)이 등장, 빨간 색의 capote를 이리저리 휘두르면서 소를 화나게 한다. 트럼펫이 울리면, 온통 보호막을 한 말을 탄 "장창찌름군"이 등장, 교묘하게 말을 몰면서 창으로 소의 등을 찔러 붉은 피가 흐르게 한다.

[두번 째 단계] "작살꽂이군"이 작살단창 3쌍을 투우의 등에 꽂는다. 이미 극도로 흥분하여 자제력을 잃고 미쳐 날뛰는 투우소를 향해 banderillero가 돌진하면서, 한번에 두개씩 세 번, 여섯 개의 작살을 차례로 소의 등에 꽂는다. 짧은 작살이 꽂힐 때마다 소는 분노로 미쳐 날뛰며, 투우장

은 흥분의 도가니로 바뀌게 된다.

[마지막 단계] matador가 중세기풍의 금 · 은 장식의 화려한 복장을 하고, 엄숙하고 찬란한 동작으로 특유의 투우 분위기를 만들어 낸다. matador가 모자를 벗어 던져 모자의 위쪽이 하늘을 향하도록 하여 최고의 행운을 빈다. matador는 붉은 muleta를 날렵한 장검에다 걸치고 등장하여 분노를 삭이지 못하고 있는 소를 유인하며, 아슬아슬하게 몸을 피하는 연기를 약 20분간 계속한다. matador가 투우장 중앙에서 자신은 거의 움직이지 않으면서, muleta로 소를 다루는 장면은 하나의 아름다운 예술이다. 장내의 흥분이 최고조에 달할 무렵, matador는 정면에서 돌진해오는 소의 앞발 위쪽 목 뒷부분을 향해 온 몸을 던져 칼을 찌르고, 그 긴 날렵한 칼이 끝 부분까지 깊이 꼽혀, 소의 심장을 관통하면, 500킬로그램이 넘는 거대한 소는 갑자기 동작을 멈추게 된다. 죽어가는 소는 앞에서 muleta를 살랑 살랑 흔드는 matador를 노려보다가 갑자기 땅이 꺼질 듯 추락해 간다. 이렇게 해서 투우는 끝난다.

훌륭한 투우를 한 투우사에게는 전리품으로 정도에 따라 소의 귀 한 개 또는 두 개가 수여되며, 최고의 투우사에게는 꼬리까지 주게 된다. 관중들은 손수건을 흔들면서 투우행사 위원장에게 전리품 수여를 요구하고, 그는 마지막 순간에 관중들의 요구에 응한다. 특별히 훌륭한 투우를 한 투우사에게 부여되는 가장 큰 영광은 군중들의 어깨에 무등 태워진 채 투우장에서 나가는 것이다.

제 18 장 의문문과 감탄문

의문문과 감탄문은 유사한 점이 매우 많으며, 의문사와 감탄사도 그 형태가 동일하며, 다음과 분류해 볼 수 있다.

	대명사	형용사	부 사	일 치	내 용
의문사	qué	qué		-	무엇(사물), 직업(사람)
	quién	-		수	누구(사람)
	cuál	cuál(드뭄)		수	어느 것(사물), 누구(사람)
	cuánto	cuánto	cuán(to)	성/ 수	얼마나 많은(사람/ 사물)
			cuándo	-	언제
			dónde	-	어디에
			cómo	-	어떻게
감탄사	qué	qué		-	감탄/ 경멸
	quién	-		수	감탄·의문
	cuál	cuál		수	감탄·의문
	cuánto	cuánto	cuán(to)	성/ 수	감탄·양

※ 여타 부사와 마찬가지로 [의문 및 감탄 부사 cuán(to)]도 성·수 불변이다.

참고 사항

● 영어의 why는 [por qué]로 [전치사(이유) + 의문대명사 qué]로 구성됨

*¿**Por qué** vienes tan tarde?* 너 왜 이렇게 늦게 오니?

● 의문형용사 cúyo(소유자를 언급): 이미 사용되지 않으나 문학작품에서 가끔 나타남.

*¿**Cúyo (=De quién)** es este libro?* 이 책은 누구 것이지?

1 의문문

의문문(Oraciones interrogativas)은 직접의문문(oraciones interrogativas directas)과 간접의문문(oraciones interrogativas indirectas)으로 구분된다. 스페인어 직접의문문은 [주어-동사]의 어순을 [동사-주어]의 어순으로 도치하고 앞·뒤에 ¿...?부호를 붙이면 된다.

직접의문문	전체의문문	판단의 진위에 대해 질문	대답: 긍정이면 sí, 부정이면 no
	부분의문문	문장의 한 요소를 의문사로 바꾸어 질문	대답: sí/ no 불필요
간접의문문(명사절)		의문문이 다른 문장 속에 내포	의문부호/ 억양 없음: 주절동사가 대신함
		다양한 명사 기능 수행: 주어, 목적어, 형용사 및 부사의 보어, 전치사의 보어, 등	

※ 전체의문문: Oraciones interrogativas totales 부분의문문: Oraciones interrogativas parciales

전체의문문 ¿V + S + O?

-¿***Tiene usted*** un ordenador en casa?	-당신은 집에 컴퓨터를 갖고 있습니까?
-***Sí***, lo tengo en casa.	-예, 집에 그것을 갖고 있습니다.

부분의문문 ¿의문사 + V + S?

-¿***Qué*** tiene Juan en la mano?	-환은 손에 무엇을 갖고 있습니까?
-Tiene ***una botella de coñac*** en la mano.	-그는 손에 꼬냑 한 병을 갖고 있습니다.

직접의문문 의문문이 주절과 분리됨

Él me preguntó: ***¿Tienes una videocámara?***	그가 내게 물었다: 너는 비디오카메라가 있니?
Él me preguntó: ***¿Cuántos disquetes compraste ayer?***	그가 내게 물었다: 너는 어제 얼마나 많은 디스켓을 샀니?

간접의문문 의문문이 주절 속에 내포됨

Él me preguntó ***si tenía una videocámara***	그가 내게 비디오카메라가 있냐고 물었다.
Él me preguntó ***cuántos disquetes había comprado el día anterior.***	그가 내게 그 전날 얼마나 많은 디스켓을 샀냐고 물었다.

위에서 보면, 직접의문문에서 간접의문문이 도출될 수도 있음을 파악할 수 있다. 물론, 동사의 일치 및 시제 그리고 때를 표현하는 부사는 상황에 맞게 변화

되어야 한다. 또, 전체의문문이 간접의문문으로 바뀌는 경우 si가 나타난다는 점에 주의해야 한다. 단, 모든 간접의문문이 다 직접의문문에서 유래하는 것은 아니다. 예를 들어, saber동사로 이루어지는 다음 문장에는 간접의문문이 내포되어 있으나, 해당하는 직접의문문은 존재하지 않는다.

Él no sabía ***cuántos disquetes había comprado yo el día anterior.***	그는 내가 전날 디스켓 몇 개를 샀었는지를 알지 못했다.
*Él no sabía: ¿Cuántos disquetes compraste ayer?	* 틀린 문장

참고 사항

● 감탄문(Oraciones exclamativas)은 감탄의 의미를 표현하며, 의문문과 마찬가지로, 직접 및 간접 감탄문으로 구분된다. 의문대명사에 의해 이끌어지는 관계로 의문문과 유사하나 그만큼 구분이 까다로워진다는 점에서 주의해야 한다.

1 의문대명사와 의문형용사

1 의문대명사와 의문형용사의 용법

의문대명사와 의문형용사의 용법을 종류별로 구분하여 살펴보도록 하자.

1 Qué

Qué는 의문문에서 주로 사물, 즉 [무엇]을 지칭하나, 사람의 직업을 뜻하는 경우도 사용되며 대명사와 형용사 기능을 수행한다.

¿***Qué*** quieres tomar?	너는 무엇을 먹고 싶니?
¿***Qué cosa*** quiere comprar María? [형]	마리아는 무슨 물건을 사고 싶어 하니?
¿***Qué*** es Juan? -Juan es médico.	환은 직업이 뭐죠? -환은 의사입니다.

2 Quién

Quién은 [누구]를 뜻하며, 대명사 기능을 수행하며 형용사로는 사용되지 않는다.

¿***Quién*** ha aparcado el coche allí?	누가 저기에 차를 주차해 뒀지?

¿*De quiénes* son estas corbatas?	이 넥타이들은 누구들 것이지?
Dime *a quién* vas a dirigirte.	네가 누구에게 갈지 얘기해라.

"누구의 책이 거기에 있지?"를 스페인어로 표현하려면 '¿De quién es el libro que está allí?'로 우회적으로 표현해야 한다. *¿{El libro de quién/ De quién el libro} está ahí?와 같은 직접적인 표현은 불가능하며, *¿De quién está ahí el libro?와 같이 명사의 보어인 의문사를 포함한 전치사구(SP)가 분리되어 문두로 나갈 수도 없다.

그러나 대화체에서는 의문전치사 구문뿐만 아니라 의문명사구가 원래의 위치에 나타난 상태로 의문문이 가능하며, 특히 생략구문에서 널리 허용된다. 이 경우 문장 끝의 억양이 상승한다.

El libro de Juan está ahí. - ¿El libro *de quién*?	환의 책이 거기에 있네. -누구의 책이라고?
¿(Este es) El libro *de quién*?	(이것) 누구 책이지?
¿(Vas a regalar) Esta novela *a quién*?	(너는) 이 소설을 누구에게 (선물할 꺼니)?
¿(Preparas la maleta) Para viajar *por dónde*?	(너는) 어디로 여행하기 위해 (가방을 준비하니)?

3 Cuál

Cuál은 [어느 것/ 어떤 사람], 즉, 여럿 중 선택을 의미하며, 사람과 사물을 공히 언급할 수 있다. 스페인한림원(RAE)에 따르면, 주로 대명사 기능을 수행하나 형용사로 기능하는 경우도 가끔 있다.

¿*Cuál* es tu nombre completo?	네 전체 이름은 무엇이지?
¿*Cuál* es el país más rico del mundo?	세상에서 제일 큰 나라는 어느 나라지?
No sé *cuál* ha sido la causa del dolor.	나는 통증의 원인 어떤 것인지 모른다.
¿*Cuál* es tu especialización (académica)? -Es {español/ inglés/ educación/ biología}. -Es la literatura medieval.	네 전공이 무엇이지? -{스페인어/ 영어/ 교육학/ 생물학}입니다. -중세문학입니다.

※ **직업 등에서 '전문분야'를 묻고자 하는 경우에는 'especialidad'를 사용한다.**
¿Cuál es tu especialidad en la cocina? -Pastas. 요리에서 네 전문분야가 무엇이지? -파스타입니다.

Cuál이 (드물지만) 형용사로 기능하면 qué와 교호할 수 있으나, 명사로 기능할 때는 교호할 수 없다, 그 이유는 qué는 '미지의 명사'를 뜻하나 cuál은 '전제된 명사 중 어느 것'인가를 의미하기 때문이다.

¿{**Qué** (多)/ **Cuál** (少)} **canción** te gusta más?	너는 무슨 노래를 가장 좋아하니?
¿**Cuál** quieres tomar?	너는 어떤 것을 마시고 싶니?
¿**Qué** quieres tomar?	너는 무엇을 마시고 싶니?

계사구문에서 보어로 사용되는 경우 cuál은 '확인'을 표현하며, qué는 '분류 및 특징'을 의미한다.

¿**Cuál** es tu amigo? ¿**Qué** es tu amigo?	너의 친구가 누구니? 너의 친구는 뭐하는 사람이니?	
¿{**Cuál**/ ***Qué**} es la diferencia?	차이가 뭐지?	*표시는 비문
¿{**Cuál**/ ***Qué**} es el problema?	문제가 무엇이지.	*표시는 비문

한글로 "무엇"이라고 번역되어도, '차이'나 '문제'라는 단어의 본질이 무엇인지를 묻는 것이 아니라 '차이가 x다'라는 의미, 즉 차이나 문제가, x, y, z, ...이 될 수 있는 가정 하에서 x를 의미할 때는 qué는 불가능하고 cuál이 사용된다.

4 Cuánto

Cuánto(얼마...?)는 양(量)을 표현하는 의문 대명사 및 형용사이다.

¿**Cuántos** han venido en la tertulia?	동아리모임에는 얼마나 많은 사람이 왔죠?
¿**Cuántos dólares** le debo?	나는 당신께 얼마나 많은 달러를 빚지고 있죠?
¿**Cuánto** pesas? - Peso 80 kilos.	몸무게가 얼마니? -80킬로야.
No sé **cuántos** van a asistir a la clase.	나는 얼마나 많은 사람이 수업에 올지 모른다.
¿**Cuántos años** hace que estás aquí?	네가 여기에 있은 지 몇 년이 되지?

2 의문대명사의 기능 및 위치

주어	¿***Quién*** te enseñó a nadar?	누가 너에게 수영을 가르쳤니?
주격보어	¿***Quién*** es ésa?	그 분은 누구죠?
직접목적어	¿***Qué*** vas a hacer esta tarde?	너는 오늘 오후 뭘 할꺼니?
간접목적어	¿***A quién*** vas a regalar esta novela?	너는 이 소설을 누구에게 줄 거니?
상황보어	¿***Con quién*** estás hablando?	너는 누구와 얘기하고 있니?
형용사의 보어	¿***De qué*** te sientes *responsable*?	너는 무엇에 대해 책임을 느끼니?

2 의문부사

의문부사는 cuándo(언제: 때), dónde(어디: 장소), cómo(어떻게: 방법)로 의문문을 이끌며 대부분의 경우 문두에 나타난다.

¿***Cuándo*** fuiste a la universidad?	너는 언제 대학에 갔었니?
¿***Cuándo*** es tu cumpleaños? -Es ***el 20 de enero.***	언제가 네 생일이니? -1월 20일이야.
¿***Dónde*** has estado?	너는 어디에 지금까지 있었니?
¿***Cómo*** has solucionado el problema?	너는 어떻게 그 문제를 해결했니?
¿***Cómo*** te va? - Me va todo bien.	어떻게 지내니? -모든 것이 잘 돼.

참고 사항

※ □는 원래의 의문사나 관계사의 위치이다.

● **의문사의 원래 위치와 이동**

의문사는 주로 문두에 나타나게 되나, 이 의문사가 종속절 내의 요소인 경우 그것은 종속절의 문두에 나타나는 것이 아니라 주절의 문두까지 이동한다는 사실에 주의해야 한다.

¿***Qué*** quieres que haga □?	너는 내가 무엇을 하길 원하니?
¿***Cuándo*** quiere que venga a verle □?	제가 언제 당신을 보러 오기를 원하세요?

이러한 현상은 관계사절에도 나타난다.

¿Es ésta la casa ***que*** esperas que compremos □?	이 집이 네가 우리가 사기를 원하는 집이니?
¿Qué es lo ***que*** esperas que (yo) haga □?	네가 내가 하기를 원하는 일이 뭐니?

2 감탄문

1 감탄사와 감탄문

감탄사는 감탄문(Oraciones exclamativas)을 구성하며 그 모습은 의문사와 동일하다. 감탄문은 의문문과 마찬가지로 직접감탄문(Oraciones exclamativas directas)과 간접감탄문(Oraciones exclamativas indirectas)으로 구분된다.

직접감탄문	감탄문이 주절과 분리됨
Mi amigo exclamó: ***¡Cuántos libros tienes!***	내 친구가 감탄했다: 너는 정말 많은 책을 가지고 있구나!

간접감탄문	감탄문이 주절 속에 내포됨
Es increíble ***cuántos libros tienes.***	네가 그토록 많은 책을 가지고 있다니 믿을 수 없구나.
No sé ***cuán entusiasmadamente estudió las matemáticas.***	나는 그가 얼마나 열성적으로 수학을 공부했는지 모르겠다.

2 감탄문의 구성 및 종류

감탄문은 여러 가지 방법으로 구성되는 바, 주요 구문을 소개하면 다음과 같다.

I [자질]을 표현하는 감탄문

1 명사를 축으로 이루어지는 감탄문

¡Qué + 명사 + tan + 형용사...! ➡ **¡Qué + 명사!**

위 구도에서 보다시피 완전한 문장형태에서 생략된 형태까지 구성할 수 있다.

¡Qué niño tan	***guapo***	eres!	너는 얼마나	멋있는	아이인가!
	feo			못생긴	
	alto			키가 큰	
	bajo			키가 작은	

¡Qué niño tan	guapo feo alto bajo	!	너는 얼마나	멋있는 못생긴 키가 큰 키가 작은	아이인가!
¡Qué niño!			그런 아이인가!(부정적인 의미만 지님)		

¡Qué calor tan sofocante	hace!	날씨가 얼마나 무더운가!
¡Qué calor tan sofocante!		얼마나 무더운 더위인가!
¡Qué calor!		어휴 더워라!

2 형용사와 부사를 축으로 이루어지는 감탄문

¡Qué + 형용사/부사 + 동사...! ➡ ¡Qué + 형용사/부사!

위 구도에서 보다시피 완전한 문장형태에서 생략된 형태까지 구성할 수 있다.

¡Qué	guapo feo alto bajo	eres!	너는 얼마나	멋있는가! 못 생겼는가! 키가 큰가! 키가 작은가!
¡Qué	guapo feo alto bajo	!	얼마나	멋있는가! 못 생겼는가! 키가 큰가! 키가 작은가!

※ 오늘날 젊은이들은 guapo보다 guay라는 표현을 많이 사용한다: ¡Qué guay eres!

¡Qué	cansado gordo triste	estoy!	나는 얼마나	피곤한지! 뚱뚱한지! 슬픈지!

¡*Qué*	*cansado* / *gordo* / *triste*	!	얼마나	피곤한지! / 뚱뚱한지! / 슬픈지!	
¡*Qué*	*rápido* / *lento* / *temprano*	has venido!	너는 정말	빨리 / 천천히 / 일찍	왔구나!
¡*Qué*	*rápido* / *lento* / *temprano*	!	정말	빠르구나! / 늦구나! / 이르구나!	

요약하면, 위에 제시된 패턴 외에도 [qué + 형용사 + 명사 +...]구문도 가능하며, 가능성이 희박한 경우 주동사가 접속법과거가 되기도 하며, 감정을 강화시키기 위해 qué다음에 demonio(악마) 등을 추가할 수도 있으나 원래 의미는 사라지고 없다.

¡***Qué mala suerte*** tenemos!	우리는 얼마나 운이 나쁜가!
¡***Quién*** lo ***supiera***!	누가 그걸 알 수 있을 것인가!(회의)
¡***Qué demonio*** está ocurriendo!	무슨 일이 일어나고 있는가!

위의 첫 예문은 Es lamentable *qué mala suerte tenemos.*로 의역할 수 있다.

또 위에서 제시된 구문 유형 중 가장 간단한 형태인 **[¡Qué + 명사/ 형용사/ 부사!]**구문이 가장 많이 사용된다.

명 사	¡Qué frío! 얼마나 추운가!, ¡Qué tontería! 얼마나 멍청한 짓인가!, ...
형용사	¡Qué rico! 얼마나 맛있는가!, ¡Qué fantástico! 얼마나 환상적인가!, ...
부 사	¡Qué bien! 아이고 좋아라!, ¡Qué pronto! 그토록 빨리!, ...

2 [양(量)]을 표현하는 감탄문

1 명사를 축으로 이루어지는 감탄문

¡Cuánto + 명사 + 동사...! ➡ ¡Cuánto + 명사!

위 구도에서 보다시피 완전한 문장형태에서 생략된 형태까지 구성할 수 있다.

¡***Cuántas personas*** vinieron a ver el paisaje!	얼마나 많은 사람들이 그 풍경을 보러 왔는가!
¡***Cuántas personas!***	얼마나 많은 사람들인가!
¡***Cuántos libros*** me ha dado mi profesor!	얼마나 많은 책들을 나의 선생님께서 나에게 주셨는가!
¡***Cuántos libros!***	얼마나 많은 책들인가!

2 형용사와 부사를 축으로 이루어지는 감탄문

¡Cuán + 형용사/ 부사 + 동사...! ➡ ¡Cuán + 형용사/ 부사!

마찬가지로 완전한 문장 형태와 축약된 형태 모두 가능하다.

¡***Cuán cansado*** estoy!	나는 얼마나 피곤한가!
¡***Cuán cansado!***	얼마나 피곤한가!
¡***Cuán rápido*** has venido!	너는 정말 빨리 왔구나!
¡***Cuán rápido!***	정말 빠르구나!

또한 cuánto자체가 부사로 사용될 수 있다.

¡***Cuánto*** te esperábamos!	우리가 너를 얼마나 기다리고 있었는지!

3 qué-감탄문과 cuán(to)-감탄문 사이의 교호

지금까지의 내용을 비교해 보면, qué로 이뤄지는 감탄문과 cuán(to)으로 구성되는 감탄문 사이에 몇몇 경우 교호가 가능할 때가 있음을 파악할 수 있다.

¡{***Qué frío/ Cuánto frío***} tengo!	나는 얼마나 추운가!

¡{***Qué cansado/ Cuán cansado***} estoy!	나는 얼마나 피곤한가!
¡{***Qué rápido/ Cuán rápido***} has venido!	너는 정말 빨리 왔구나!

4 [명사/ 형용사/ 부사/ 명령동사]를 사용한 감탄문

명 사	¡Cuidado!	조심해!	¡Socorro!	사람 살려!	¡Atención!	주목해!
형 용 사	¡Bravo!	잘 했어!	¡Horrible!	끔찍해!	¡Fantástico!	환상적이야!
부 사	¡Fuera!	나가세요!	¡Adelante!	들어오세요!	¡Afuera!	밖으로!
명령동사	¡Viva!	만세!	¡Vete !	당장 가버려!	¡Lárgate!	꺼져!

5 감탄사를 통한 감탄문

1 종교적 용어를 이용한 감탄사

¡Dios mío!	이런!	¡Por Dios!	제발!	¡Jesús!	저런!, 신의 가호가 있기를 (상대가 재채기 하면)
¡Qué diablo!	제기랄!	¡Qué demonio!	빌어먹을!		

2 감정표현

¡Ah!	아아!(고통, 슬픔)	¡Ay!	아아!(비애, 아픔)	¡Oh!	오!(놀라움, 슬픔, 기쁨)
¡Madre mía!	원!, 저런!	¡Caramba!	아뿔싸!(놀람)	¡Caray!	저런!(놀람)
¡Huy!	아야!(아픔), 이크!(놀람)	¡Olé!	잘한다!		

3 경멸, 불신

¡Qué barbaridad!	끔찍해라!	¡Qué va!	전혀!(강한 부정)	¡Bah!	흥!(경멸)

4 기타

¡Alto!	정지!	¡Largo!	꺼져!	¡Arre!	이랴!

Lección 18
Ejercicios

1 | 다음 물음에 스페인어로 답해 보자.

① ¿Qué queréis tomar?
② ¿Quiénes van a encargarse de reservar el hotel?
③ ¿Cuál es tu amigo?
④ ¿Qué es usted?
⑤ ¿Cuántos dólares quieres enviar a tu hijo?
⑥ ¿Cuánto mides?
⑦ ¿Cuántos días hace que estás en Cuba?
⑧ ¿Quiénes nos van a ayudar a esquiar?
⑨ ¿Desde cuándo escuchas la música de este grupo?
⑩ ¿Por qué quieren que esté en silencio?
⑪ ¿Cómo os va en Estados Unidos?
⑫ ¿Qué es lo que haces aquí?
⑬ ¿De qué eres culpable?
⑭ ¿Con quién está discutiendo ahí?
⑮ ¿Por dónde se puede pasear tranquilamente?

2 | 빈 칸을 감탄문으로 구성해 보자.

① ¡(   ) chico (   ) alto!
② ¡(   ) frío (   ) cruel hace hoy!
③ ¡(   ) cansada (   ) ella!
④ ¡(   ) rápido (   ) Antonio!
⑤ ¡(   ) buena suerte (   ) tú!
⑥ ¡(   ) espectadores vinieron a ver el concierto!
⑦ ¡(   ) hermosa estás!
⑧ ¡(   ) frío tengo yo!

3 | 다음 상황에 맞는 감탄사를 넣어 보자.

Alto	Arre	Ay	Buen viaje	Cuidado
Fuera	Olé	Qué rico	Qué va	Salud

① Al ver la mierda en la calle, Juan me dijo:"¡(　　　　　)!"
② Cuando salgamos de viaje, mis amigos me dirán:"¡(　　　　　)!"
③ Ella se enfada mucho conmigo y me exclama: "¡(　　　　　)!"
④ Cuando empezamos a beber, solemos decir: "¡(　　　　　)!"
⑤ Al ver a su hijo herido gravemente, la madre suspira: "¡(　　　　　)!"
⑥ El guardia le da un espuelazo al caballo diciendo: "¡(　　　　　)!"
⑦ Los soldados nos detuvieron gritando: "¡(　　　　　)!"
⑧ Ella me negó su ida a la fiesta repondiéndome: "¡(　　　　　)!"
⑨ En la plaza de toros la gente suele gritar: "¡(　　　　　)!"
⑩ Cuando tomamos un plato delicioso, decimos: "¡(　　　　　)!"

4 | 문장 내 틀린 부분을 찾아 바로 잡아 보자.

① ¡Qué mujer tan alto!
② Son increíbles cuántos libros tienen ellos.
③ ¡Qué rápida regresa ella a casa!
④ ¡Cuánto deprimido está Sancho!
⑤ ¡Cuán te esperamos!

산 페르민 축제

산 페르민 축제(Sanfermines)는 나바라주의 Pamplona시에서 7월 6일-14일 사이에 개최되며, 대규모 투우행사가 벌어진다. 축제는 빰쁠로나시 출신의 주교로 이 도시의 수호신인 3세기에 순교한 San Fermín을 추모하기 위한 것이다.

이 축제는 방문객에게 매우 개방적이고 우호적인 축제로, 어떠한 상식 밖의 행위도 타인에게 해가 되지 않으면 모두 수용되고 허용된다. 축제에는 모두가 주인공으로, 공식적인 부분과 대중적인 부분, 종교적인 면과 세속적인 면, 토속적인 면과 생소한 면, 낡은 면과 새로운 면, 질서와 혼돈이 7월 6일 정오에서부터 14일 자정까지 일주일간 함께 한다. 이 축제는 언제나 특별하며, 빰쁠로나가 조그마한 도시였을 때 이미 세계적 작가 Hemingway는 그 진면목을 간파하고, 그 내용을 1926년에 출판한 "태양은 다시 떠오른다"(The Sun Also Rises)에 담아 놓았다. 이 소설은 주머니 속의 성경이 되어, 이 매력 있는 도시에서의 짧은 체재기간 동안 많은 경험을 해 보고자 하는 수많은 관광객들의 필독서가 되었다.

7월 6일 낮 12시 정각에 빰쁠로나시는 이미 축제의 열기에 휩싸이기 시작하고, 시의원이 폭죽에 불을 댕기면, 화약이 불붙고, 몇 초 후 엄청난 폭음과 함께 수천 명의 사람들이 "산 페르민 만세"를 외치며 축제가 시작된다. 공식 행사는 최소한으로 줄이고 대부분의 축제 행사는 거리를 통해 자유롭게 이루어진다.

배고픔도, 인종적인 편견도 사라지고, 공원이건 인도건 원하는 곳이면 어디서건 잠을 잔다. 이 축제에서 가장 중요한 행사는 노래나 춤이 아니라 소들 앞·뒤에서 달리며 소를 몰아가는 소몰이(Encierro)행사이다. 비록 넘어져 다치고 심지어 목숨을 잃는 경우도 있지만 소 앞에서 달리지 않는 젊은이는 용기 있는 자로 여겨지지 않는다.

제 19 장 전 치 사

1 전치사의 정의 및 분류

전치사(前置詞, preposiciones)는 명사(구)앞에 위치하여(前置되어), 그 범주의 기능을 바꿔주는 역할을 한다. 예들 들어, en la escuela(학교에서)에서 전치사 en이 명사 la escuela가 부사역할을 하게 한다. 따라서 en la escuela는 문장María estudia en la escuela(마리아는 학교에서 공부한다) 속에서 상황보어로 기능하게 된다. 전치사는 자신의 보어를 꼭 필요로 하며, 그것과 통사적으로 그리고 음성학적으로 하나의 단위를 형성한다.

전치사는 스페인한림원(Real Academia Española)이 규정하고 있는 고유전치사 19개와 como, durante 등 기타 전치사, 그리고 여러 단어가 하나의 전치사 구실을 하는 전치사구(locuciones prepositivas)로 구성된다.

고유전치사				
	a	...에, ...로	**hacia**	...를 향해서, ...경에(시간)
	ante	...앞에	**hasta**	...까지
	bajo	...의 아래	**para**	...를 위해서
	cabe	...옆에	**por**	...때문에, ...를 통해
	con	...와 함께	**según**	...에 의하면
	contra	...에 대항하여	**sin**	...없이
	de	...의, ...에 대해	**so**	...아래에
	desde	...(로) 부터	**sobre**	...의 위에, ...에 관하여, ...경에
	en	...안에, ...로(교통편)	**tras**	...의 뒤따라
	entre	...사이에서		

기타 전치사				
	como	...처럼	**durante**	...동안에
	vía	...를 경유하여	**mediante**	...를 통해서
	salvo, excepto, menos			...제외하고

전치사구	**antes de ...**	...하기 전에	**después de ...**	...한 후에
	cerca de ...	... 가까이에	**lejos de ...**	...에서 먼
	debajo de ...	... 아래에	**encima de ...**	... 위에
	delante de ... **enfrente de ...**	... 앞에	**detrás de ...**	... 뒤에
	dentro de ...	... 안에	**fuera de ...**	...의 밖에
	a principios de ... **a comienzos de ...**	... 초순에	**a fines de ...** **a finales de ...**	... 하순에
	a mediados de ...	... 중순에	**a eso de ...**	... 경에
	al lado de ...	... 쪽에	**al otro lado de ...**	... 건너편 쪽에
	a través de ...	... 통해서	**a lo largo de ...**	... 따라
	además de ...	... 외에도	**de parte de ...**	...로부터
	junto a ...	... 함께	**gracias a ...**	... 덕분에
	a cambio de ...	... 대신에	**con destino a**	...로 향하는
	acerca de .../ en cuanto a .../ respecto a ...			...에 관하여
	a fin de .../ en beneficio de .../ en favor de ...			...를 위하여
	a pesar de .../ pese a .../ sin embargo de ...			...임에도 불구하고
	de acuerdo con .../ conforme a ...			...에 의거하여

위의 전치사 및 전치사구들은 제시된 의미 외에도 다양한 의미로 사용될 수 있으므로 구체적인 용법은 각각의 경우 잘 익혀야 한다. 예를 들어, 전치사 en은 문맥에 따라 다음과 같은 의미를 지닐 수 있다.

시간	Estamos ***en diciembre.***	지금 12월이다.
장소	Vivimos ***en Seúl.***	우리는 서울에 산다.
방법	Te lo dije ***en broma.***	나는 너에게 그것을 농담으로 얘기했다.

이 외에도 전치사는 동사구(일명, 우설법: perífrasis) 내에서 단순한 연결을 위해 사용되기도 한다: ir ***a*** INF.(...할 예정이다), volver ***a*** INF.(다시 ...하다), atreverse ***a*** INF.(감히 ...하다), 등.

2 전치사의 용법

1 고유전치사

1 A

1 직접목적어가 사람, 동물, 의인화된 사물인 경우와 간접목적어 앞에 나타남.

Queremos ***a nuestro profesor.***	우리는 선생님을 좋아한다.
De repente vio ***al lobo.***	갑자기 늑대를 보았다.
Le doy el libro ***a María.***	나는 마리아에게 책을 준다.
Dejó entrar ***al viento*** en el cuarto.	그는 바람이 방에 들어오도록 내버려뒀다.

2 어떤 장소로 이동하는 상황을 표현함.

Fuimos ***a la escuela*** ayer.	우리는 어제 학교에 갔다.
El tren llegó ***a la Estación de Seúl.***	그 열차는 서울역에 도착했다.
Me han traído ***a Corea.***	사람들이 나를 한국에 데려왔다.

3 구체적인 장소나 시간을 표현함.

Te esperaré ***a la puerta del edificio.***	나는 너를 그 빌딩의 문에서 기다리겠다.
Se sentó ***a la mesa*** para cenar.	그는 저녁을 먹기 위해 식탁에 앉았다.
Nos veremos ***a las doce.***	우리는 12시에 보게 될 것이다.

4 부정사 앞에서 '목적'을 표현함.

Voy allí ***a estudiar.***	나는 그곳에 공부하러 간다.
Vuelvo a casa ***a descansar.***	나는 휴식을 취하러 집에 돌아온다.

5 '방법'을 표현하는 경우 나타남.

Me saludaron ***a la coreana.***	그들은 내게 한국식으로 인사를 했다.
Les odio ***a muerte.***	나는 그들을 죽도록 증오한다.
Regreso a casa ***a toda velocidad.***	나는 최대한 빨리 집으로 돌아온다.
Quiero ir allí ***{a pie/ a caballo}.***	나는 {걸어서/ 말을 타고} 그곳에 가고 싶다.

6 [de - a -]구문에서 '시간이나 장소의 범위'를 표현함.

¿Qué distancia hay ***de Madrid a Barcelona?***	마드리드에서 바르셀로나까지는 얼마나 멉니까?
Van a quedarse aquí ***de las tres a las cinco de la tarde.***	그들은 여기에 오후 3시부터 5시까지 머물 것이다.

7 스포츠, 게임, 놀이 등의 표현에 사용됨.

Vamos a ***jugar al fútbol.***	우리 축구하자.
Quiero aprender a ***jugar al póker.***	나는 포커 치는 법을 배우고 싶다.
Juguemos al escondite.	우리 숨바꼭질하자.

참고 사항

● 기타 유사한 표현들

jugar al {béisbol/ baloncesto/ balonmano/ tenis/ voleibol/ ...} 야구/ 농구/ 핸드볼/ 테니스/ 배구/ ... 를(을) 하다

jugar al juego	게임을 하다	*jugar al columpio*	그네를 타다
jugar a las cartas	카드놀이 하다	*jugar a la gallina ciega*	술래잡기하다
jugar al bingo	빙고게임을 하다	*saltar a la comba*	줄넘기하다
jugar a las canicas	구슬치기하다	*correr al tobogán*	미끄럼틀을 타다

cf. esquiar(스키 타다), patinar(스케이트 타다); ir en trineo (de perros)((개썰매를 타고 가다)

8 '스포츠 스코어'를 표현할 때 사용됨.

Los dos equipos empataron ***dos a dos.***	두 팀은 2대2로 비겼다.
Cuarenta a quince.	포티 핍틴(테니스)
Iguales a treinta.	서티 올(테니스)

9 '맛, 냄새 등의 관용적 표현'에 사용됨.

Este helado sabe ***a plátano.***	아이스크림은 바나나 향기가 난다.
Esta ropa huele ***a pescado.***	이 옷은 생선냄새가 난다

10 다양한 전치사구의 일부로 나타남.

Faltó a la clase ***a pretexto de*** *la enfermedad.*	그는 아프다는 핑계로 수업에 빠졌다.
Faltó a la clase ***a causa de*** *la enfermedad.*	그는 아프기 때문에 수업에 빠졌다.
A lo largo de *este curso* nos reuniremos aquí.	이번 학기 내내 우리는 여기서 모일 것이다.

11 전치사 a가 '동사구(일명, 우설법)의 한 요소'를 구성하거나, 동사의 지배를 받아 나타나기도 함.

Aprendemos a nadar.	우리는 수영하는 것을 배운다.
Voy a ir a la montaña.	나는 산에 갈 예정이다.
Me ***invitaron a cenar.***	그들은 나를 저녁식사 하라고 초대했다.
Nos ***ayudaron a analizar*** la situación.	사람들이 우리가 상황을 분석하도록 도왔다.

12 [a + INF]구문은 '조건과 명령'을, [al + INF.]구문은 '때'를 표현함.

A decir *verdad*, era culpa mía.	사실을 얘기하자면, 내 잘못이었어.
¡Niños, ***a dormir!***	얘들아, 자거라!
Al entrar *yo en el cuarto*, ella estaba durmiendo.	내가 방에 들어갔을 때, 그녀는 자고 있었다.

13 '때'를 표현할 때 많이 사용됨.

¿A qué hora llegaste? -Llegué ***a la una.***	몇 시에 도착했니? -한 시에 도착했어.
A los veinte años volvió a su pueblo natal.	20세에 그는 자신의 고향에 돌아왔다.
Me ducho ***cinco veces a la semana.***	나는 일주일에 5번 샤워한다.
Inés siempre llega a clase ***a tiempo.***	이네스는 수업에 제 시간에 도착한다.

2 ANTE

Lo juro ***ante Dios.***	나는 하나님 앞에 그것을 맹세한다.
El edificio se encuentra ***ante el Parlamento.***	그 빌딩은 의회건물 앞에 위치해 있다.
No puedo opinar ***ante este atentado.***	이러한 테러 앞에 할 말을 잃는다.
Ante todo seamos honrados.	무엇보다도 우리는 정직해집시다.

3 BAJO

La temperatura alcanza veinte grados ***bajo cero*** en invierno.	기온이 겨울에는 영하 20까지 도달한다.
Prefiero sentarme ***bajo el árbol.***	나는 나무 아래 앉고 싶다.
También hay insectos ***bajo tierra.***	또한 땅 밑에도 곤충들이 있다.

4 CABE

'...옆에'의 의미를 지닌 고어로 현재는 사라지고 없음(al lado de... 사용).

Se sentó ***cabe (=al lado de) la pared.***	그는 벽 옆에 앉았다.

5 CON

1 동행

¿Vienes ***conmigo?***	너 나와함께 오겠니?
Tomamos un café ***con leche.***	우리는 밀크커피 한 잔을 마신다.

2 도구

Los moros comen ***con las manos.***	회교도들은 손으로 식사를 한다.
Escriba ***con lápiz*** o ***con pluma.***	연필이나 펜으로 쓰세요.

Puedes jugar a la bolsa ***con dinero virtual.***	너는 사이버머니로 증권투자를 할 수 있다.
Estaban sentados ***con los ojos llenos de lágrimas*** en un silencio de muerte.	사람들은 묵념시간에 눈에 눈물을 가득 담은 채 앉아 있었다.

3 방법

Ellos comen ***con apetito.***	그들은 맛있게 먹는다.
Los profesores me atienden ***con cariño.***	선생님들은 저를 애정으로 돌봐주신다.
Tira la pelota ***con efecto.***	볼을 스핀을 넣어 차라

4 내용물

Esta caja ***con monedas*** pesa mucho.	동전이 든 이 상자는 매우 무겁다.
Llevó un maletín ***con dinero negro.***	그는 검은 돈이 든 가방을 가져갔다.

5 지불 수단 및 할인

A partir del 1 de marzo de 2002 sólo podrá efectuar sus pagos en efectivo ***con euros.***	2002년 3월 1일 이후 단지 유로로 현금 지급만이 이루어지게 될 것이다.
Compré el televisor ***con el descuento de diez por ciento.***	나는 그 TV수상기를 10%할인하여 구매하였다.

6 사람이나 사물에 대한 감정 또는 느낌

Josefina es amable ***contigo.***	호세피나는 너에게 친절하다.
Todos estamos contentos ***con el resultado.***	우리 모두는 결과에 만족 해 한다.

6 CONTRA

'반대' 또는 '대항'을 의미함.

Se casó ***contra la voluntad de sus padres.***	그는 자신의 보모님의 뜻에 반하여 결혼을 하였다.

Mi coche chocó ***contra un árbol.***	나의 자동차는 나무에 부딪쳤다.
Contra lo que creen algunos, yo no soy pesimista.	몇몇 사람들이 믿는 것과는 반대로 나는 염세주의자가 아니다.

7 DE

전치사 de는 다양한 의미로 사용되며, 그 중 일부를 소개하면 다음과 같다.

1 소유

Esta es *la casa* ***de mi tía.***	이것은 나의 아주머니의 집이다.
¿***De quién*** es este portaminas?	이 샤프펜슬은 누구 것이지?

2 재료

Esta es *una casa* ***de madera.***	이것은 나무 집이다.
Quiero comprar *esta corbata* ***de seda.***	나는 이 비단넥타이를 사고 싶다.

3 내용(물) 또는 비유적 자질

Él compra *una botella* ***de vino blanco.***	그는 백포도주 한 병을 산다.
Tienen *la voluntad* ***de hierro.***	그들은 무쇠 같은 의지를 지니고 있다.

4 신분

Ella trabaja ***de portera*** del Colegio Mayor San Agustín.	그녀는 산 아구스틴 기숙사의 수위로 일한다.

5 기원 또는 출처

González es ***de Sevilla.***	곤잘레스는 세비야출신이다.
Tengo *dolor* ***de cabeza.***	나는 두통이 있다.
A mí me gusta más *el vino* ***de La Rioja.***	나는 리오하산 포도주를 가장 좋아한다.

6 원인

Me muero ***de hambre.***	나는 배가 고파 죽겠다.
Ella está loca ***de alegría.***	그녀는 즐거워 어쩔 줄 몰라 한다.
Enfermó ***de tanto beber.***	그는 술을 너무 마셔 병이 났다.

7 모습 또는 나이

Me acercó *una mujer* ***de treinta años.***	한 30세 여성이 내게 다가왔다.
Ella es *una chica* ***de pelo largo.***	그녀는 긴 머리 소녀이다.

8 시간적 또는 공간적 출발점

Antonio sale ***de casa.***	안또니오는 집에서 나간다.
De hoy en adelante estudiaré mucho.	오늘부터 나는 열심히 공부하겠다.
¿Qué distancia hay ***de aquí a Busan?***	여기부터 부산까지 얼마나 멉니까?

9 조건(DE + INF)

De haberlo sabido no hubiese venido.	그걸 알았었더라면, 오지 않았었을 터인데.

10 수동문에서 행위자 주어를 인도 (오늘날 por가 더 많이 사용됨)

Es muy respetado ***de (por) todos.***	그는 모든 이들에게서 매우 존경을 받는다.

11 형용사, 부사, 동사의 보어를 이끎.

Es un problema ***difícil de resolver.***	그것은 해결하기 어려운 문제이다.
Ella está ***bien de salud.***	그녀는 건강이 좋다.
La situación va ***de mal en peor.***	상황이 점점 악화되어 간다.

8 DESDE

'시간적 그리고 공간적으로 정확한 출발점'을 표현.

El tren va ***desde Seúl hasta Busan.***	열차는 서울에서 부산까지 간다.
Se quedó allí ***desde hace tres días hasta ayer.***	그는 거기에 3일전부터 어제까지 머물렀다.
He estado aquí ***desde 2002.***	나는 2002년 이후 여기에 머물고 있다.

9 EN

1 장소

Ellos trabajan ***en una fábrica.***	그들은 한 공장에서 일한다.
El avión cayó ***en la montaña.***	그 비행기는 산에 추락했다.

2 안으로의 이동

Ella entró ***en el coche.***	그녀는 자동차 안으로 들어갔다.
Juan lo metió ***en su bolsillo.***	환은 그의 주머니 속에 그것을 넣었다.

3 때(계절, 월, 년...)

Nadamos ***en verano.***	우리는 여름에 수영한다.
Iremos allí ***en octubre.***	우리는 10월에 거기에 갈 것이다.
El autor recibió el premio Nobel ***en (el año) 1995.***	그 작가는 1995년에 노벨상을 받았다.

4 도구 또는 수단

Fuimos a Madrid ***en coche.***	우리는 자동차로 마드리드에 갔다.
Me fastidiaron las 10 horas de vuelo ***en avión.***	10시간의 비행기 여행은 나를 지치게 만들었다.
Le conocí ***en la manera de caminar.***	나는 걷는 모습으로 그를 알아보았다.

5 가격 및 비율

Lo compré ***en cinco dólares.***	나는 그것을 5달러에 구입했다.
Me lo vendió ***en diez euros.***	그는 나에게 그것을 10유로에 팔았다.
El sueldo ha aumentado ***en un 10 por ciento.***	월급이 10% 인상되었다.

6 방법

Dígamelo ***en serio.***	제게 그것을 진지하게 얘기해 주세요.
Me interesa *una pantalla* ***en color.***	나는 칼라 모니터에 관심이 있다.

7 분야 또는 내용

Esta región abunda ***en naranjal.***	이 지역은 오렌지 밭이 많다.
Fue el último ***en terminarlo.***	그는 그것을 끝내는데 꼴찌였다.

10 ENTRE

시간·공간적으로 혹은 다른 상황의 둘 또는 그 이상의 극점 사이를 표현함.

La ciudad está ***entre Seúl e Inchun.***	그 도시는 서울과 인천 사이에 있다.
Te esperaré ***entre las dos y las tres de la tarde.***	나는 너를 오후 2시에서 3시 사이에 기다리겠다.
No hay malentendido ***entre tú y yo.***	너와 나 사이에 오해는 없다.
Entre el tío y el sobrino robaron el banco.	삼촌과 조카가 함께 그 은행을 털었다.
En casa hablan catalán ***entre sí (ellos).***	집에서 그들은 서로 까딸루냐어로 말한다.

11 HACIA

hacia는 '-를 향해서'(방향) 그리고 '-경에'(시간)의 의미를 표현함.

Fueron ***hacia Santiago de Compostela.***	사람들은 산띠아고 데 꼼뽀스뗄라를 향해 갔다.
La reunión tendrá lugar ***hacia las dos de la tarde.***	그 모임은 오후 2시경에 개최될 것이다.

12 HASTA

hasta는 '-까지'라는 의미를 지님.

Hasta {luego/ mañana/ ahora/ nunca}	{다음에/내일/금방} 봅시다/ 두 번 다시 보지 맙시다.
Leyó ***hasta la última página.***	그는 마지막 페이지까지 읽었다.
Estudió ***desde las dos hasta las cinco.***	그는 2시부터 5시까지 공부했다.
Te pagaré ***hasta diez mil euros.***	나는 네게 1만 유로까지는 지불하겠다.

※ 부사로 '심지어'라는 의미 표현: ***Hasta los niños*** pueden entenderlo. (심지어 아이들도 그것을 이해할 수 있다.)

13 PARA

1 '목적'을 표현함.

Busco *un hotel* ***para turistas.***	나는 관광호텔을 찾습니다.
Ignacio nació ***para poeta.***	익나시오는 시인자질을 타고났다.
Limpié la habitación ***para mi madre.***	나는 어머니를 위해 방을 청소했다.
Trabajo ***para ganar dinero.*** Trabajo ***para que mi hijo viva tranquilo.***	나는 돈을 벌기 위해 일한다. 나는 아들이 편히 살도록 일한다.

2 '방향(출발지에서 떨어진 장소를 향해서)'을 표현함.

Se marchó ***para Sevilla.***	그는 세비야를 향해서 떠났다.

3 '시간적 종점'을 표현함.

Terminaremos el trabajo ***para mayo.***	우리는 그 일을 5월까지는 끝낼 것이다.
Lo dejamos ***para pasado mañana.***	우리는 그것을 모레까지 연기한다.

4 '비교'의 의미를 표현함.

Para niño habla muy bien.	아이치고는 말을 매우 잘 한다.

14 POR

주로 '이유'를 표현하나 그 외에도 다음과 같은 다양한 의미를 지닐 수 있다.

1 이유

No lo aceptó ***por esa razón.***	그는 그것을 그 이유로 받아들이지 않았다.
No lo aprobó ***por no haber estudiado.***	그는 공부하지 않았기에 그걸 합격하지 못했다.
Lo dejé ***por imposible.***	나는 불가능하다고 그것을 포기했다.

2 목적

Luchaba ***por su patria.***	그는 자신의 조국을 위해 투쟁하고 있었다.
Trabaja ***por dinero.***	그는 돈을 위해 일한다.
Date prisa ***por no llegar tarde.***	늦게 도착하지 않도록 서둘러라.
Ella habla ***por hablar.***	그녀는 단지 말할 목적으로 말한다.

3 수단 또는 매개체

Te envié un mensaje ***por correo electrónico.***	나는 이메일로 너에게 메시지를 보냈다.
El programa se emite ***por radio, televisión e internet.***	그 프로그램은 라디오, TV 그리고 인터넷을 통해 방영된다.

4 장소

Pasaré ***por tu casa.***	나는 너의 집을 들르겠다.
No te olvides de dar un paseo ***por el Parque Nacional.***	그 국립공원을 산책하는 것을 잊지 말거라.

5 대략의 장소나 시간

Se fueron ***por allí.***	그들은 저곳 어느 곳으로 가버렸다.
Voy a pagar la multa ***por octubre.***	나는 10월 중 어느 때 과태료를 지불할 것이다.

6 대신에(=en lugar de, en vez de)

Dilo al profesor ***por mí.***	나 대신에 선생님께 그걸 얘기해 드려라.

7 수동문 형성(ser + 과거분사 + por)에 참여

El maestro ***es respetado por*** *todos.*	그 거장은 모든 이들에게서 존경을 받는다.
El chico es digno de ***ser amado por*** *alguna chica.*	그 소년은 어떤 소녀에게서 사랑을 받을 만하다.

8 단위 또는 분포

Me pagan ***50 euros por hora.***	나는 시간당 50유로를 받는다.
Los coches corren a una velocidad media de ***60 kilómetros por hora.***	자동차들은 평균시속 60km로 달린다.
Cada curso es de ***30 euros por persona*** para los no socios y de 24 euros para socios.	각 코스는 비회원인 경우 1인당 30유로, 회원인 경우 24유로이다.

15 SEGÚN

Según tú y yo, el Partido Popular ganará en las elecciones generales.	너와 나에 따르면, 대중당이 총선에서 승리할 것이다.
Según dicen está enfermo.	사람들이 말하는 바에 의하면 그는 아프다.
Inés habla con elegancia ***según la educación recibida.***	이네스는 교육받은 대로 우아하게 말한다.

16 SIN

Se atreven a casarse ***sin amor.***	그들이 사랑도 없이 감히 결혼하려 한다.
La ropa está ***sin lavar.***	옷은 세탁 안한 상태다.
No puedo vivir ***sin ti.***	나는 그대 없이는 살 수 없다.
Llevo años ***sin verte.***	너를 보지 못한지 수년이 된다.

17 SO (...아래에)

고어로 현재는 사용되지 않는다.

Rechazó nuestra propuesta ***so pretexto de la enfermedad.***	그는 아프다는 핑계 하에 우리들의 제안을 거절했다.

18 SOBRE

sobre는 위치(...의 위에), 시간(... 경에), 테마(...에 관한) 등을 표현한다.

Mira *esa pluma* ***sobre la mesa.***	탁자 위의 그 펜을 봐라.
Llegaron allí ***sobre la una de la tarde.***	그들은 오후 1시경에 저기에 도착했다.
Escribo una novela ***sobre la guerra civil.***	나는 내전에 관한 소설을 쓰고 있다.

19 TRAS

Se asomó una silueta ***tras la ventana.***	창 너머로 그림자 하나가 나타났다.
¿Quién sabe qué pasa ***tras la cortina?***	커텐 뒤에서 무슨 일이 일어나는지 누가 알겠소?
Las gaviotas suelen volar ***tras el barco.***	갈매기들은 항상 배를 따라 난다.

2 기타 전치사

1 COMO

como는 부사(-처럼), 접속사(...때문에, ...이므로, ...대로)로 사용되지만 전치사(-자격으로=en calidad de)로도 사용된다.

Participé en la clase ***como oyente.***	나는 청강생으로 그 수업에 참여했다.
¿Quién puede ser nombrado ***como tutor?***	누가 후견인으로 임명될 수 있을까?
Ella pasó un año ***como tutora de Inés.***	그녀는 이네스의 가정교사로 일 년을 보냈다.

2 DURANTE

La playa está llena de veraneantes ***durante las vacaciones.***	그 해변은 휴가 동안에 피서객들로 가득하다.

3 SALVO, EXCEPTO, MENOS

Todos asistieron a clase ***salvo / excepto / menos*** ***yo.***	나만 제외하고 모두는 강의를 들었다.

4 EDIANTE

Llegaron a un acuerdo ***mediante la larga disputa.***	그들은 긴 토론을 통해서 합의에 도달했다.

5 VÍA

Fuimos en avión de Seúl a Madrid ***vía París.***	우리는 파리를 경유하여 서울에서 마드리드까지 비행기로 갔다.

3 전치사구

전치사구(locuciones prepositivas)는 여러 단어가 모여 하나의 전치사 역할을 한다.

1 ANTES DE (...하기 전에) - DESPUÉS DE (...한 후에)

Usted debe marcharse ***antes de las dos.***	당신은 2시 전에 떠나야만 한다.
Puedo atenderte ***después de las nueve.***	나는 9시 이후 너를 돌볼 수 있다.

2 CERCA DE (...의 가까이에) - LEJOS DE (...에서 멀리)

¿Hay una farmacia ***cerca de aquí?***	여기 근처에 약국이 있습니까?
Mi casa está *muy* ***lejos de la escuela.***	나의 집은 학교에서 매우 멀다.

3 DEBAJO DE (...의 아래에) - ENCIMA DE (...의 위에=sobre)

Mira *ese gato* ***debajo de la mesa.***	탁자 밑에 있는 그 고양이를 봐라.
El gato juega ***encima de la mesa.***	고양이는 탁자 위에서 놀고 있다.

4 DELANTE DE (...의 앞에) - DETRÁS DE (...의 뒤에)

Hay un riachuelo ***delante de la casa.***	집 앞에는 시냇가가 있다.
Tengo una huerta ***detrás de la casa.***	나는 집 뒤에 과수원을 가지고 있다.

5 DENTRO DE (...의 안에) - FUERA DE (...의 밖에)

¿Qué tienes ***dentro de la caja?***	너는 상자 속에 무엇을 가지고 있니?
Lo terminaré ***dentro de dos semanas.***	나는 2주 이내에 그것을 끝낼 것이다.
Me siento solo ***fuera de mi pueblo natal.***	나는 고향을 떠나면 외로움을 느낀다.

6 A PRINCIPIOS(COMIENZOS) DE (...초순에)/ A MEDIADOS DE (...중순에)/ A FINES(FINALES) DE (...하순에)

Fui allí ***a principios de enero.***	나는 1월 초순에 그곳에 갔다.
Viajamos por Europa ***a mediados del año pasado.***	우리는 지난 해 중엽 유럽을 여행하였다.
Seré famoso ***a fines de este siglo.***	이 세기말에 나는 유명해질 것이다.

7 A ESO DE (...경에 =sobre)

Cada día me levanto ***a eso de las siete.***	나는 매일 7시경에 일어난다.

8 AL LADO DE (...옆에)/ AL OTRO LADO DE (...건너편에)

El almacén está ***al lado de esta calle.***	그 백화점은 이 길 옆에 있다.
El banco está ***al otro lado de la calle.***	그 은행은 길 건너편에 있다.

9 JUNTO A (...의 곁에)

Me quedaré ***junto a ti.***	나는 너의 곁에 머물 것이다.

10 A TRAVÉS DE (...통해서= mediante, por)

Se veía una luz intermitente ***a través de la ventana.***	창문을 통해 깜빡이는 불빛이 보이고 있었다.

11 A LO LARGO DE (...따라)

Unamuno vivió agonizado ***a lo largo de toda su vida.***	우나무노는 생에 내내 고뇌하며 살았다.
Nos agrada ver los árboles ***a lo largo del río.***	우리는 강을 따라 나무들을 보는 것이 즐겁다.

12 ADEMÁS DE (...외에도)

Además de ser amable, es generoso.	그는 친절한 외에도 너그럽다.
Además de estos libros, tiene otros en casa.	이 책들 외에도, 그는 집에 다른 것들을 가지고 있다.

13 DE PARTE DE (...편에서)

Somos *primos* ***de parte de madre.***	우리는 외사촌들이다
Es *una llamada* ***de parte del Sr. Kim.***	김씨로부터 온 전화통화이다

14 GRACIAS A (...덕분에)

He logrado gran éxito ***gracias a su ayuda personal.***	저는 당신의 개인적인 도움으로 큰 성공을 거두었습니다.
Gracias a Dios, hemos escapado de esa catástrofe.	다행스럽게도, 우리는 그 재앙으로부터 탈출하였습니다.

15 A CAMBIO DE (...대신에=en lugar de, en vez de)

Puedo pagar la matrícula con el cheque ***a cambio del dinero en efectivo.***	나는 등록금을 현금대신에 수표로 지불 할 수 있다.
Te prestaré este libro ***a cambio de ése.***	나는 너에게 그것 대신에 이 책을 빌려주겠다.

16 CON DESTINO A(...를 향해서=para)

Partieron ***con destino a Inglaterra.***	그들은 영국을 향해 떠났다.

17 ACERCA DE/ EN CUANTO A/ RESPECTO A (...에 대하여=sobre)

Acerca de	
En cuanto a esos etarras, no quiero comentar.	그러한 에따테러리스트들에 관해서는 언급하고 싶지도 않다.
Respecto a	

18 A FIN DE/ EN BENEFICIO DE/ EN FAVOR DE (...를 위하여=para)

Te buscaba	***a fin de*** ***en beneficio de*** ***en favor de***	***avisártelo.***	나는 그것을 알리기 위해 너를 찾고 있었다.

19 A PESAR DE/ PESE A/ SIN EMBARGO DE (...임에도 불구하고)

Lo alcanzaré	***a pesar de*** ***pese a*** ***sin embargo de***	***todas las dificultades.***	나는 모든 어려움에도 불구하고 그것을 달성하겠다.

20 DE ACUERDO CON/ CONFORME A (...에 일치하여, 의거하여)

Tú siempre estás ***de acuerdo conmigo.***	너는 항상 나와 의견이 맞다.
Conforme a esta regla, debemos conjugar los verbos.	이 규칙에 따라, 우리는 동사를 변화시켜야 한다.

Lección 19

Ejercicios

I 괄호 안에 알맞은 전치사를 넣어보자.

a	contra	en	salvo
ante	de	entre	sin
con	durante	por	tras

① Se sentaron ( ) la mesa para almorzar.

② Te quiero ( ) toda el alma.

③ Internet es una red de ordenadores conectados ( ) sí.

④ Me muero ( ) aburrimiento.

⑤ Llamamos despedirse ( ) la francesa a desaparecer de una reunión ( ) que nadie se de cuenta y ( ) despedirse ni dar las gracias al anfitrión.

⑥ Estudiaron anoche ( ) las nueve a las once de la noche.

⑦ ( ) una rueda de prensa, Aznar reiteró su disposición al diálogo.

⑧ Las selecciones de Yugoslavia y Eslovenia empataron ( ) uno en el partido perteneciente a las eliminatorias de clasificación de la Zona Europa del Grupo 1 de la Copa del Mundo de Fútbol 2002.

⑨ El maestro es respetado ( ) todos.

⑩ El presidente de EE UU ha decidido aplicar con mayor rigor el embargo económico impuesto ( ) Cuba hace 40 años.

⑪ El 15 ( ) ciento de los catalanes mayores de 15 años utiliza Internet habitualmente

⑫ La crisis de la huelga de pilotos obligó a la compañía ( ) cancelar todos sus vuelos.

⑬ Cuba se recupera ( ) el paso del huracán.

⑭ Vi por las calles a las niñas saltando ( ) la comba.

⑮ Iremos todos a la fiesta ( ) Carmen, que está de gripe.

2 | 괄호 안에 알맞은 전치사구를 넣어보자.

a eso de	cerca de	detrás de
a fines de	de parte de	en comparación con
a pesar de	debido a	en lugar de
al otro lado de	dentro de	encima de
antes de	después de	gracias a

① Nadie puede estar (　　　　　　　) la ley.
② ¿Hay vida (　　　　　　　) la muerte?
③ La farmacia está (　　　　　　　) de esta calle.
④ Quiero tenerte muy (　　　　　　　) mí.
⑤ ¿Qué hay (　　　　　　　) un teléfono celular?
⑥ Alicia encuentra la pequeña puerta (　　　　　　　) la cortina.
⑦ Recibí un mensaje (　　　　　　　) mi viejo amigo que está en el extranjero.
⑧ Los turistas que viajan a España consultaron Internet (　　　　　　　) viajar.
⑨ Esa línea aérea inicia sus vuelos internacionales (　　　　　　　) junio.
⑩ Ese país salió de la pobreza (　　　　　　　) la producción láctea y avícola.
⑪ Cada año más de 20.000 personas mueren (　　　　　　　) complicaciones causadas por la gripe.
⑫ Los pasajeros regresaron al aeropuerto (　　　　　　　) las dos de la madrugada.
⑬ Hay que elegir amar (　　　　　　　) odiar.
⑭ Los cibercafés chinos sobreviven (　　　　　　　) la censura.
⑮ Tus sufrimientos no son nada (　　　　　　　) los míos.

3 | 괄호 안에 알맞은 전치사를 넣어보자.

① Ellos viven (   ) barrios pobres.
② Los acusados vinieron (   ) buscar al abogado.
③ Los turistas recorrieron por la ciudad (   ) pie.
④ Acabo (   ) cambiar de dirección de correo electrónico.
⑤ El marido se enfadó (   ) su mujer porque ésta le llevó el almuerzo frío.
⑥ Él se atrevió (   ) traer la videocámara digital
⑦ Con esta videocámara podemos grabar y conservar vídeos en alta resolución (   ) formato digital.
⑧ Cuando las cosas se dejan a su aire, suelen ir (   ) mal en peor.
⑨ Como hay muchos atascos, prefiero viajar (   ) metro.
⑩ Es muy difícil (   ) mí ir al extranjero a estudiar.

4 | 문장 내 틀린 부분을 찾아 바로 잡아 보자.

① Estamos de acuerdo de esa propuesta.
② Recibí una llamada por parte de un informante.
③ ¿Qué pruebas necesito con saber si estoy embarazada?
④ Al largo de los siglos, muchos cambios alteran la vida de la ciudad.
⑤ Es una enfermedad fácil por prevenir.

파야스축제

파야스축제(Las Fallas)는 오렌지와 paella로 유명한 스페인 동부 지중해 연안의 항구도시 발렌시아에서 개최된다. 이 도시는 일 년 내내 이 축제를 준비한다. 축제 중 불태울 건조물인 파야는 발렌시아시 시청 앞을 위시하여 도시 내 거의 모든 사거리에 설치되고 그 규모는 4-5층 빌딩 높이에 해당하며, 그해 세계적으로나 스페인에서 세인들의 관심을 끈 인물 모습이나 테마를 표현하는 상징물로 구성된다. 그리고 인산인해가 된 거리를 밀려다니며 그 큰 건조물 속으로 사람들이 들어가 계단을 통해 아래 위 층을 이동하면서 엄청난 수의 다양한 장난감 조각품인 ninot을 감상하게 된다.

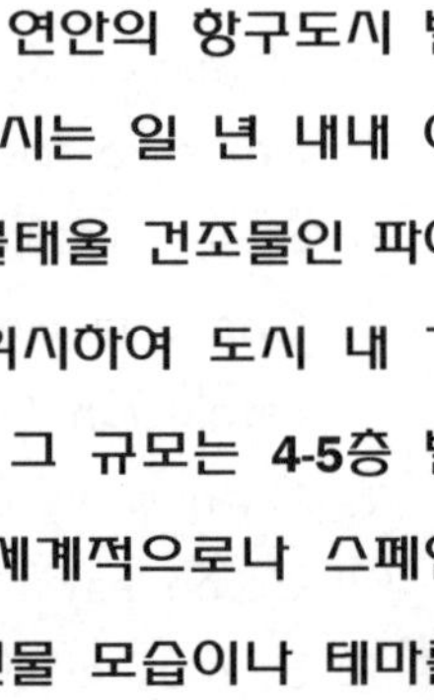

파야스축제는 3월 첫 째 주 일요일 발렌시아시의 시장이 Torres de Serranos에서 축제의 여왕을 대동한 채 축제에 초대한다는 선언으로 시작된다. 이어 니놋전시회, 니놋행렬, 희극적이고 풍자적인 가장행렬과 재미있는 가장퍼레이드가 행해진다. 매일 오후 2시 수많은 폭죽들이 굉음과 함께 시청광장을 뒤덮고 자정에는 강 고수부지에서 불꽃놀이가 이루어진다. 파야스 구경 기간 동안 쉼 없이 전통 민속의상을 입은 파야꾼들이 음악밴드에 맞추어 거리를 행진한다. 거리는 폭죽으로 가득하고, 투우와 무용 및 여타 행사들이 벌어진다. 따뜻한 쵸콜렛과 튀김과자를 먹으며 하루의 축제를 끝낸다.

축제의 절정은 San José 기념일인 3월 19일 자정에 파야스들을 불태우는 것으로, 도시 전체가 불바다를 이루고 사람들은 감동에 겨워 소리 지르며 그 수많은 파야스들과 니놋들이 불꽃 속에서 사라지는 것을 바라보며 안타까워한다. 이러한 아쉬움을 안고, 도시를 가득 메운 사람들이 인파에 밀리고 또 밀리면서 가장 크면서 웅장한 시청 앞 광장의 파야가 축제의 종말을 알리면서 한 시간 뒤인 새벽 1시에 별도로 불태워지는 장면을 보기 위해 시청 앞 광장으로 향한다. 시청 앞의 거대한 파야가 마지막으로 일순간 화염 속에 휩싸이면 도시는 온통 감동에 젖은 탄성과 고함으로 정신을 잃을 지경이 된다. 소녀들과 감상적인 사람들은 너무나 아쉬워 눈물을 흘리며, 진정한 불의 축제인 파야스축제는 다음 해를 기약하며 막을 내린다.

(Web Oficial de las Fallas de Valencia: www.fallas.com)

저자약력

마상영 한국외국어대학교 스페인어과 졸업 (학사)
한국외국어대학교 대학원 스페인어과 졸업 (석사)
마드리드국립대학교 스페인어과 졸업 (박사)

한국서어서문학회 총무-출판-정보화이사 및 부회장 역임,
각종 국가고시(사법, 행정, 외무) 스페인어 출제 위원 또는 선정위원,
교육부 스페인어 교육과정 심의위원,
중학교 생활스페인어, 고등학교 스페인어 청해,
고등학교 실무 스페인어 집필위원 등 역임,
서울대, 고려대, 외국어대, 경희대 강사 역임

현) 단국대학교 스페인어전공 교수
단국대학교 인문과학연구소 소장

저서 『스페인 문화예술의 산책』(단독) 『서반아어 1』(공저)

편역 『한국어(COREANO) I, II, III』(대한민국 문화체육부, 공역)

논문 「문장전환소」, 「SSNN interrogativos」,
「Las diversidades sintácticas del adverbio en español」,
「멀티미디어와 스페인어교육」,
「Adjunción de los adverbios...」,
「온라인교육을 위한 스페인어 폰트 운용 방안」, 등 다수

글로벌
스페인어 문법

초판인쇄 2008년 2월 25일
발 행 일 2008년 3월 3일
저 자 · 마상영
발 행 인 · 윤우상
등 록 일 · 76. 2. 2. 제9-40호
펴 낸 곳 · 송산출판사
120-094
서울·서대문구 홍제4동104-6
영 업 부 · (02)735-6189
편집부/팩스 · (02)737-2260
홈 페 이 지 · www.songsanpub.co.kr
E-mail · songsan1@korea.com
값 · 17,000원

♣잘못된 책은 바꾸어 드립니다.
ISBN 978-89-7780-115-8

Aula Virtual de Español

www.to-study.com

Gramática Española Global

Wah Sang Young

Aula Virtual de Español

www.to-study.com

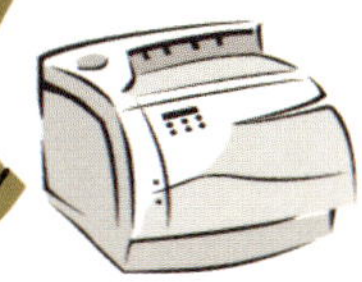

Gramática Española Global

Wai Sang Young